L'Alhambra et le Generalife

GUIDE OFFICIEL

JUNTA DE ANDALUCIA
Patronato de la Alhambra y Generalife
CONSEJERÍA DE CULTURA
TF. EDITORES

Présentation

Parmi les centres historiques du sud de l'Espagne, l'ancienne ville palatine nasride domine actuellement, comme par le passé, l'horizon du paysage urbain de Grenade, lui donnant un caractère tout à fait singulier. Il s'agit d'ailleurs du seul bien déclaré Patrimoine Mondial depuis 1984 directement géré par la Consejería de Cultura de la Junta de Andalucía à travers le Patronato de la Alhambra y Generalife, un organisme spécialisé dans la conservation et la restauration de cet ensemble patrimonial.

Depuis ces dernières années, cet ensemble est la destination privilégiée de millions de voyageurs du monde entier qui, grâce à une gestion durable, peuvent visiter l'Alhambra et le Generalife, et profiter de ce fantastique patrimoine culturel. Ce nouveau guide officiel a été conçu pour que vous puissiez profiter encore davantage de cette expérience. Il contient des éléments nouveaux et quelques-unes des dernières découvertes dans la connaissance scientifique du site, résultat du travail constant de l'équipe technique du Patronato de la Alhambra y Generalife, et d'un important groupe de professionnels issus de différentes disciplines qui collaborent régulièrement avec le Monument.

Outre les conseils pratiques concernant la visite du site, ce guide contient des plans détaillés qui orienteront les visiteurs, non seulement dans les différentes parties du parcours principal, mais également pour les différents accès depuis la ville.

Les textes évoquant les lieux traversés par l'itinéraire principal de la visite rendent parfaitement compte de la portée historique et de la valeur artistique de ce Complexe Monumental. Celles-ci sont également reflétées par de splendides photos, la plupart inédites, ou réalisées pour l'occasion. Ce guide offre également, pour la première fois, une interprétation équilibrée de la dimension patrimoniale de l'ensemble palatin nasride. En effet cet ensemble est envisagé comme un véritable système urbain intégré dans un territoire où l'eau du fleuve Darro, canalisée et captée à travers un intelligent système hydraulique, a fini par former un paysage culturel singulier et exceptionnellement bien conservé que nous pouvons admirer aujourd'hui.

Pour la Consejería de Cultura, la présentation de ce nouveau guide est un vrai motif de satisfaction, et nous avons la conviction qu'il deviendra un ouvrage incontournable pour tous ceux qui voudront jouir pleinement de la découverte de ce lieu.

Paulino Plata
Conseiller à la Culture de la Junta de Andalucía

L'Alhambra avec l'Alcazaba à gauche, le palais de Charles Quint à droite, et, au fond, le Generalife

Sainte, et plus précisément le Samedi Saint, la procession de Santa María de la Alhambra est l'événement principal de la journée pour les Grenadins et les visiteurs surpris par le défilé des processions dans l'enceinte de l'Alhambra et dans les bois alentours. Nous avons conçu ce nouveau guide officiel pour orienter le visiteur et lui faire profiter pleinement de cet ensemble patrimonial, mais également pour qu'il puisse approfondir et élargir sa connaissance scientifique du Monument et de son environnement. C'est à cet effet que l'on a actualisé les contenus, et incorporé un précieux matériel graphique ainsi qu'une nouvelle planimétrie. C'est à ceux qui voudraient en savoir davantage sur l'Alhambra, qu'est dédiée la dernière partie du guide destinée à approfondir des aspects significatifs de son histoire et son art, en particulier la mémoire de nombreux personnages qui ont joué un rôle dans son histoire. Sans pour autant renoncer à recommander d'agréables promenades incluant l'environnement urbain et naturel du Complexe Monumental. Nous encourageons par exemple le visiteur à contempler l'Alhambra depuis le quartier voisin de l'Albaicín. De là, il pourra apprécier la plénitude de son architecture et de son paysage. Federico García Lorca, qui disait de l'Alhambra qu'elle était l'axe esthétique de la ville, décrit le lever du soleil en été depuis cet endroit en ces termes : « Tous les bleus, jusqu'alors ternes et imprécis, se changent en luminosités splendides, et les vieilles tours de l'Alhambra deviennent de scintillantes étoiles rouges... Les maisons blessent par leur blancheur, et dans les ravins, les ombres ont fait place à des verts éclatants » (extrait de l'ouvrage *Impressions et Paysages*). L'Alhambra en poésie derrière les mots de son plus éminent poète. Sans aucun doute, le Complexe Monumental de l'Alhambra et du Generalife trouve dans ce guide officiel son meilleur ambassadeur. Nous espérons que vous l'apprécierez.

María del Mar Villafranca Jiménez
Directrice générale du Patronato de la Alhambra y Generalife

de la photographie à l'audiovisuel. À sa réalité historique et matérielle, il convient d'ajouter une autre réalité intellectuelle, le situant dans un présent imprégné de contenus très variés, qui le projette et l'enrichit dans sa dimension sociale et culturelle.

Depuis 1984, cet ensemble fait partie des biens inscrits au Patrimoine Mondial, et dans son dossier de déclaration, il est précisé que « L'Alhambra et le Generalife représentent une catégorie architecturale et urbaine exceptionnelle qui réunit des fonctions défensives, auliques, résidentielles et de loisir ».

À cette valeur universelle d'exception s'ajoutent ses caractéristiques d'authenticité et d'intégrité étroitement liées à l'histoire de sa conservation, à travers laquelle on peut analyser l'évolution de la pensée et de la critique sur la restauration architecturale dans notre pays. Ce qui émeut toujours le visiteur, indépendamment de son pays d'origine, de sa langue et de ses traditions culturelles, c'est que l'Alhambra est un ensemble qui, malgré ces transformations, conserve son essence patrimoniale. L'universalité de l'Alhambra touche tous ceux qui la visitent, au point qu'ils éprouvent le désir de demeurer éternellement en ce lieu si proche de l'idée que l'on se fait du paradis.

Il s'agit probablement du seul ensemble patrimonial dont les murs portent des messages précis nous aidant à mieux comprendre l'esthétique de l'art nasride. Les épigraphies de l'Alhambra sont des codes d'utopie chiffrés par les vizirs poètes de la Chancellerie Royale de la cour, créés pour perpétuer la gloire des monarques à l'origine de la construction du palais. Ces graphies se modulent au rythme des litanies de la spiritualité nasride et elles forment en même temps une tapisserie, avec une couleur, un rythme et une texture exceptionnels dans toutes les pièces du palais. À cela s'ajoutent les atauriques et les entrelacs, de délicates compositions qui, observées dans le détail, révèlent toutes leurs possibilités esthétiques, les contrastes de lumière, l'harmonie, la matérialité de son architecture -l'alternance de tours et de bastions défensifs datant de différentes périodes-, ou encore la richesse esthétique des fontaines et des colonnes, la sophistication de son architecture se retrouvant dans de majestueux bassins, le parfum des plantes et des fleurs, et la symphonie de sons, qui s'ajoutent à sa condition de mirador donnant sur la ville basse, la Vega, l'Albaicín et la vallée du Darro.

Le palais du Generalife est également la seule ferme royale conservée de cette époque, où les jardins et les potagers ont continué à être cultivés au cours des siècles. Son extraordinaire valeur patrimoniale complétée, à différents moments de son histoire, par de nouveaux espaces, permet non seulement de comprendre le caractère domestique des propriétés des rois nasrides, conçues pour la détente, le plaisir, et aussi l'exploitation ; mais elle offre également au visiteur un chef d'œuvre de jardinage et de flore ornementale.

À cet ensemble unique s'ajoute un autre exemple exceptionnel d'architecture universelle, le palais de Charles Quint. La cour circulaire circonscrite dans son bâtiment carré symbolise la culture humaniste de l'empereur, qui un jour rêva de convertir Grenade en capitale de l'Empire espagnol. Actuellement il héberge, au rez-de-chaussée, le Musée de l'Alhambra et à l'étage principal, le Musée des Beaux Arts. La chapelle et la crypte de ce bâtiment accueillent, quant à elles, différentes activités culturelles, en particulier des expositions temporaires. On y trouve aussi les salles de réunion du Patronato de la Alhambra et une petite salle de conférences.

Pour les habitants de Grenade, l'Alhambra constitue un des trésors les plus précieux de leur ville. C'est pourquoi ils n'hésitent pas à devenir les ambassadeurs de son histoire, de son art, et de sa légende, et à exprimer leur fierté lorsqu'ils la font visiter à leurs proches. Les Grenadins peuvent jouir du bois de Gomérez, des fontaines et des bassins et surtout, du Festival International de Musique et de Danse de Grenade organisé tous les étés dans l'Alhambra. Ils peuvent également se rendre à la traditionnelle Fête de la Prise de la Ville, qui a lieu le 2 janvier, et faire sonner les cloches de la tour du Guet, un rite païen pour que les femmes célibataires, et aujourd'hui également les hommes, puissent trouver un(e) fiancé(e) dans l'année ou, s'ils en ont déjà un(e), qu'ils se marient bientôt. Pendant la Semaine

Le Complexe Monumental de l'Alhambra et du Generalife : de la ville-palais nasride au Patrimoine Mondial

Le Complexe Monumental de l'Alhambra et du Generalife constitue actuellement un des sites patrimoniaux les plus visités au monde. Il s'agit, sans aucun doute, de la référence internationale associée à la ville de Grenade et son principal signe d'identité. Outre la valeur historique de cette cité palatine fondée par la dynastie nasride (XIIIème-XVème siècle) et dernier réduit du pouvoir de l'al-Andalus, il convient de souligner non seulement son excellence artistique et son esthétique raffinée, mais aussi, et surtout, son emplacement unique entre les sommets de la Sierra Nevada et la vallée de la Vega. Grâce à la domestication de l'eau du fleuve Darro, ce territoire est devenu un authentique paradis terrestre. À travers un système hydraulique sophistiqué composé de canaux d'irrigation, de puits, de roues, d'étangs, de bassins, de réservoirs et de sources, l'eau a pu déjouer profils et dénivelés. Un système qui s'est en grande partie conservé au cours des siècles, et dont les traces sont encore perceptibles.

C'est peut-être ce paysage qui, de par son caractère intégrateur, permet davantage encore d'envisager l'Alhambra et son environnement comme une construction culturelle. On ne peut expliquer l'existence de cette cité palatine sans prendre en compte la naissance d'une nouvelle dynastie au cours du dernier règne nasride de Grenade. Cette dynastie aspirait à légitimer une nouvelle lignée, ainsi qu'un nouveau symbole qui l'incarnerait, la citadelle palatine de l'Alhambra. À cette dernière allaient s'ajouter progressivement d'autres palais et jardins royaux, tels que le Generalife et les terres alentours, le palais des Alixares ou celui de Dar al-Arusa, autant dire un véritable système urbain, conférant à Grenade une exceptionnelle beauté.

Ici, au plaisir de la visite d'un patrimoine culturel s'ajoute une composante sensorielle et émotionnelle qui dépasse les frontières qui dépasse les frontières, mais également les conventions historiques et religieuses. Si cet ensemble est né dans un contexte de conflit, aujourd'hui il s'offre au visiteur comme un espace de médiation, où la mémoire peut élever les peuples vers une possible cohabitation. Conçu et développé par la culture nasride, si raffinée et si exquise, pendant plus de deux cent cinquante ans, c'est la culture castillane qui a su l'entretenir et le conserver pour en faire le seul témoignage existant des palais et des jardins médiévaux arabes de cette époque. Si son architecture et ses ornements ont été admirés et imités, cet ensemble a aussi permis la création d'autres réalités artistiques : de la littérature à la musique, de la peinture et la sculpture au design et à l'artisanat, de l'architecture au paysagisme, et

Alcôve latérale de la salle du Trône du palais de Comares

الله على سيدنا محمد وعلى اله وصحبه وسلم تسليما قل هو الله احد الله الصمد لم يلد ولم يولد

Nouveau guide officiel de l'Alhambra

Ce guide a pour but d'offrir au visiteur une vision à la fois générale et détaillée du Complexe Monumental de l'Alhambra.

L'Alhambra n'est pas seulement un monument, c'est également un territoire qui s'étend sur environ 3.455.000 m^2, dont 655.000 m^2 visitables, avec des bâtiments de différentes époques remplissant des fonctions diverses, des jardins, des murailles, des bois, des vergers, des terres vierges, des canaux d'irrigation et des vestiges archéologiques.

Nous évoquerons dans ce guide le monument en lui-même, mais également son environnement géographique et la façon dont l'histoire l'a modelé à travers les siècles.

Chaque chapitre commence par un résumé et un plan de situation sur une double page. Ensuite, certains particularismes de la région sont évoqués dans des encadrés contenant photographie et texte. Au début de chaque chapitre sont inclus, sur une double page, un résumé et un plan de situation.

Ce guide est illustré par de nombreuses photos. Tous les plans, gravures et photos anciennes, sauf indication contraire au bas de la photo, appartiennent au Patronato de la Alhambra y Generalife. D'abord nous évoquerons l'environnement géographique du site, ainsi que la relation de l'Alhambra avec la ville de Grenade et les différentes manières d'accéder à l'Alhambra et de pénétrer à l'intérieur des murailles.

Le visiteur peut, s'il le souhaite, suivre l'itinéraire recommandé par ce guide, ou bien sûr organiser sa visite à sa guise. Les différents espaces sont évoqués tour à tour, qu'ils puissent être visités ou non (certains, en raison de leur état délicat de conservation sont exclus de la visite générale de l'Alhambra). Possession des sultans nasrides, le Generalife, qui méritait bien qu'on lui consacre un chapitre, est une propriété rurale entourée de jardins et de potagers, située hors des murs de l'Alhambra mais bordant les murailles. Un autre chapitre est consacré aux restes archéologiques se trouvant dans la zone nord-est de l'ensemble, une zone plus montagneuse, et plus éloignée de la ville.

Ce guide s'achève avec deux chapitres théoriques : le premier donne certaines clés concernant l'architecture et la décoration, qui permettront de mieux comprendre l'Alhambra nasride ; le second relate les événements historiques qui se sont déroulés à l'Alhambra au cours des siècles, et propose une série de schémas explicatifs des différentes dynasties royaumes.

Les annexes, enfin, apportent des informations utiles, une sélection de personnages historiques ayant eu un lien avec l'Alhambra, un index onomastique dans lequel on retrouve les noms des personnages mentionnés dans le guide, un glossaire des termes techniques – ou peu usités –, ainsi qu'une brève bibliographie pour ceux qui souhaiteraient élargir leurs connaissances. Le guide s'achève avec un carnet de notes.

La tour de Comares, dans laquelle se trouve la salle du Trône, la salle principale de l'Alhambra nasride du XIVème siècle

13 Étapes historiques de l'Alhambra

14 Annexes

15 Carnet de notes

Index

Détail des stucs et de la céramique de la tour de la Captive

1 Grenade et l'Alhambra

De presque partout dans Grenade, on aperçoit l'Alhambra, située sur une des trois collines au nord à 100 m de hauteur. Au fil de l'histoire, leur relation a toujours été très étroite. Grenade, l'Alhambra et les espaces naturels – les fleuves Darro et Genil, la Vega et la Sierra Nevada – constituent un des ensembles les plus connus au monde.

L'Alhambra surplombe Grenade du haut de la colline de la Sabika, à environ 100 m au-dessus de la ville.

La relation qu'elles entretiennent d'un point de vue orographique est similaire à celle d'autres villes historiques avec leur environnement, telles Athènes, Jérusalem, Rome, Fès, Istanbul, Salzbourg, Tolède, etc... que les voyageurs du monde entier ont souvent comparé avec Grenade. De même que pour ces dernières, l'Alhambra entretient avec sa « ville basse » une relation de dépendance mutuelle, parfois idyllique, parfois chimérique, très souvent convulsive, mais dans tous les cas, il y a entre elles une inévitable symbiose urbaine.

L'Alhambra s'articule comme un des quartiers historiques de Grenade : le centre ville avec sa Cathédrale, l'Albaicín, le Sacromonte ou le Realejo.

De même, elle est considérée, avec les espaces naturels qui l'entourent – les fleuves et Genil, La Vega et la Sierra Nevada –, comme un des ensembles les plus connus au monde.

Environnement géographique

Grenade capitale est située à 37° 10' 18" de latitude Nord, et 03° 35' 56" de longitude Ouest (méridien de Greenwich), et à une altitude de 683 m par rapport au niveau de la mer.

Le climat de Grenade est de type méditerranéen continental, chaud en été, des hivers frais et une forte amplitude thermique entre le jour et la nuit, atteignant parfois les 20°C. Les faibles précipitations se concentrent

Anton van den Wyngaerde, Vue de Grenade, 1571, dessin à la gouache, Bibliothèque Nationale de Vienne
La perspective de Grenade depuis le sud, avec l'Alhambra et la montagne au fond, a été représentée d'innombrables fois depuis plus de quatre cents ans. Anton van den Wyngaerde, un artiste de la Renaissance qui voyageait en Europe pour dessiner ses villes, passa par Grenade en 1567. Ses dessins représentent un témoignage incontournable de Grenade et de nombreuses autres qu'il dessina au milieu du xvième siècle.

Vue panoramique de l'Albaicín, en premier plan, l'Alhambra, Grenade et la Vega
Page suivante : **Vue aérienne de l'Alhambra, avec le quartier du Realejo au premier plan**

en automne et au printemps, même s'il neige occasionnellement en Hiver ; les étés sont habituellement très secs.

Grenade est une ville relativement singulière en Andalousie, riche en contrastes physiques et humains. Elle se situe dans le centre géographique de la partie orientale de la région, dans ce que l'on appelle la Haute Andalousie, la région où se trouvent les cordillères Bétiques, dans le sillon intrabétique. C'est une véritable série de dépressions qui, de Ronda aux vallées de Baza et Vera, relie le Levant et la Méditerranée, en opposition à l'immense plaine du Guadalquivir et au bord montagneux de la Sierra Morena au nord, les deux autres grandes unités géographiques d'Andalousie.

Cette situationexplique son singulier passé historique, ainsi que les différentes phases de son développement économique.

Le royaume nasride correspondait à peu près à l'Andalousie délimitée par la grande Cordillère. Les cordillères Bétiques, résultat des plissements alpins au sud du massif ancien de Hercinia en Allemagne, origine du plateau actuel avec les Pyrénées et la cordillère Cantabrique, sont les plus jeunes et les plus hautes montagnes de la Péninsule Ibérique. Même si elle présente une forme moins abrupte, c'est là que se trouvent les plus hauts sommets, qui atteignent presque 3.500 m pour le Mulhacén et le Veleta. Une autre particularité de ce système montagneux est sa complexité géologique et géographique. Il comprend deux grandes zones, le Bétique au nord, qui longe la dépression du Guadalquivir, et le Pénibétique vers la Méditerranée. Vers l'intérieur, elle est jalonnée, de manière discontinue, par une série de dépressions qui, depuis le sud-ouest jusqu'au nord-est, augmentent progressivement en altitude.

C'est dans la dépression de Grenade, la plus grande et la plus centrée des dépressions intérieures des Bétiques, que fut fondée la cité de l'Alhambra. Grenade tire profit de cette situation car elle se situe au centre de cette voie de communication essentielle que constitue cette série de dépressions. La difficulté majeure, hormis en temps de conflit, est la communication nord-sud, pour laquelle, étant éloignée des deux grands

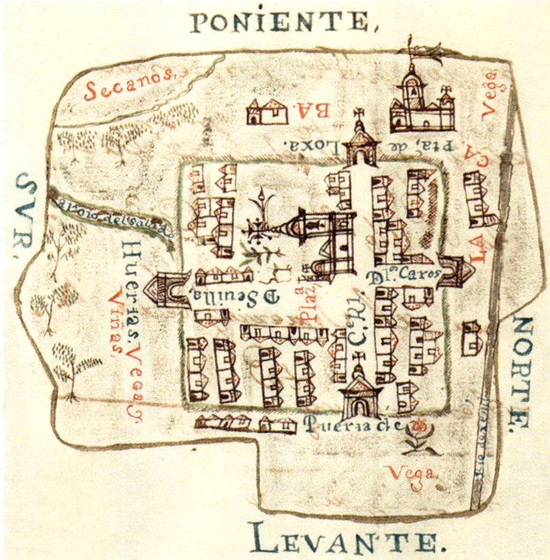

Plan de Santa Fe, ville fondée par les Rois Catholiques à la fin du xvème siècle. Archives Historiques provinciaux de Grenade. Cadastre du Marquis de la Ensenada

couloirs transversaux, celui du Guadalhorce à l'ouest, et celui du Guadiana Menor à l'est, elle est en net désavantage par rapport à d'autres villes voisines telles que Malaga ou Almeria.

En revanche, il s'agit de la dépression la plus étendue (plus de 50 km depuis Loja), et malgré son altitude (entre 500 et 600 m), la plus fertile, et en conséquence, la plus peuplée. Depuis l'arrivée des premiers habitants, cette fertilité constitue son grand avantage. Entourée par une ceinture montagneuse, avec le grand mur de la Sierra Nevada qui la protège par l'est, elle n'a pour seule ouverture que le passage enclavé du fleuve Genil vers le Guadalquivir par Loja. Il s'agit d'une dépression encaissée et constituée de terres sédimentaires, issues de la continuelle érosion des massifs alentours.

Les premiers habitants de cette plaine entourée de montagnes, appelée la « Vega » de Grenade, purent profiter de sa terre fertile. En plus de posséder de l'eau provenant de la fonte des neiges de la Sierra Nevada alimentant les aquifères, cette terre est composée de conglomérats, de sables, de limons et d'argiles, qui offrent un excellent sol pour l'agriculture.

C'est indiscutablement cette richesse naturelle qui, en plus d'attirer des populations, définit leur type et leur forme d'installation. Tous les noyaux urbains se trouvaient au bord de la dépression, dans les piémonts ou les contreforts de la montagne, et la ville en elle-même fut fondée dans les interfluves des fleuves Beiro, Darro et Genil, sur trois collines qui constituent les contreforts de la Sierra Nevada. Ces collines sont composées de grandes masses de conglomérats quaternaires de couleur rouge (appelé « conglomérat Alhambra »). Les fleuves, venant des montagnes, les ont creusées et érodées profondément, ce qui a donné lieu, dans la première barrière de conglomérats, à son actuelle formation topographique.

Elles ont toutes trois une altitude d'environ 750 m. Celle de San Cristóbal, très escarpée, s'élève jusqu'à 760 m. Celle de l'Albaicín, au centre, moins élevée et un peu plus plate, a connu, en particulier vers le Darro, un grand développement urbain.

Puis, là où se dresse l'Alhambra, au sud de la vallée du Darro, se trouve la colline Sabika, la plus haute (790 m) et la plus étendue.

Cette colline fortement escarpée, est, à l'est, séparée du Cerro del Sol (980 m) par le profond barranco del Rey Chico ou barranco de los Chinos. Elle est presque isolée de la Vega et des montagnes environnantes par des murs et des gorges abruptes et est elle-même divisée en deux parties par le talweg occupé par l'actuel bois de l'Alhambra : la Sabika, orientée de manière longitudinale, et le Mauror, moins élevé (760 m), où s'élèvent les tours Vermeilles.

C'est autour de ces collines, en particulier celle de l'Alhambra, que s'est construite la plus grande partie de la ville. Dans un premier temps, c'est sur le piémont tout proche, entre les trois fleuves, que s'établit la première médina arabe, opposée

Grenade à vol d'oiseau, **1853, avec la vue sur le Generalife, l'Alhambra et la ville au fond.** Lithographie de M. Aumont

Vue de l'Alhambra depuis Grenade au début du XIXème siècle. Au fond, à gauche, la tour du Guet, et à droite, les tours Vermeilles. Gravure colorée d'Alexandre Laborde, 1812

et complémentaire aux citadelles construites en hauteur, avec un tracé labyrinthique et bigarré. Plus tard, durant l'ère chrétienne, la ville avança timidement vers la plaine, mais toujours avec une préférence pour les collines, particulièrement celle de l'Alhambra, avec ses principaux repères visuels, la tour du Guet, les tours Vermeilles, la tour de Comares, etc.

C'est avec la croissance démographique et urbaine que Grenade s'est récemment étendue dans toute la plaine, plus encore vers le nord et le sud, et qu'elle tourne le dos à cet horizon visuel, remplacé par d'autres comme la montagne. Depuis quelques décennies, il y a eu un important développement urbain sur les grandes voies d'accès et les villages de la Vega. Au point qu'aujourd'hui, Grenade est une ville moyenne d'environ 300.000 habitants, mais dont le bassin de population atteint 600.000 habitants.

Suite à cette expansion, l'Alhambra, la cité palatine, a perdu peu à peu son rôle central dans le tissu urbain de Grenade.

D'un point de vue visuel, elle cesse également d'être une référence, car il existe dorénavant des quartiers depuis lesquels on ne voit pas l'ensemble monumental. Néanmoins, l'Alhambra demeure le principal repère dans le paysage urbain.

Territoire environnant

Le Complexe Monumental de l'Alhambra est formé par une enceinte fortifiée et une partie du territoire environnant où se trouvent certains éléments architecturaux inséparables de l'Alhambra.

En montant vers le nord dans le sens des aiguilles d'une montre, on trouve la vallée du fleuve Darro qui relie les deux villes. Le flanc de l'Alhambra se tourne vers le fleuve face à

L'Alhambra vue du sud. Au premier plan, les tours Vermeilles. Au fond, à droite, le Generalife

l'Albaicín, dans ce que l'on appelle aujourd'hui le bois de San Pedro, un terrain de plus de 60.000 m^2 qui, à l'époque médiévale, était probablement utilisé pour la fauconnerie et autres activités de ce type. Il était jonché de petits canaux d'irrigation, de fours et de roues, des éléments en lien donc avec le passage du fleuve, de grande valeur patrimoniale et environnementale.

Dressé sur la rive gauche du Darro, la plus proche de l'Alhambra, un vaste territoire de plus de 330.000 m^2, avec le Cerro del Sol et les terres du Generalife, borde et protège d'en haut l'arrière-garde des fortifications, la partie la plus éloignée de Grenade.

Plusieurs structures hydrauliques furent construites à l'époque médiévale pour l'approvisionnement de la cité palatine, telles des oasis entourées d'une grande étendue pour le pâturage et l'élevage de chevaux, et de terres cultivées en terrasses, séparées par de grands murs de contention. Avec le temps, ces structures hydrauliques ainsi que des populations diverses ont colonisé les versants méridionaux en pente douce. C'est à cet emplacement que se trouvait, vers la colline du Mauror, le Qasr al-Disar, le mythique palais des Alixares, aujourd'hui disparu. Sur ce versant, où s'installèrent les derniers camps militaires nasrides, on distribuait l'eau et on contrôlait les cols en direction du grand fleuve méridional, le Genil, au bord duquel se trouvaient des fermes. C'est là aussi que s'effectuait la communication entre la montagne, ses défilés, la vallée et la mer.

La rotation vers le sud-ouest se termine sur l'Antequeruela, un ancien quartier qui protégeait la Garnata al-Yahud, le quartier juif grenadin, depuis les tours Vermeilles, un authentique observatoire de Grenade relié à l'Alhambra par une muraille, à travers la vallée d'Almanzora, la Sabika et la Churra.

2 Comment accéder à l'Alhambra

On peut accéder à l'Alhambra de trois manières : en transport public – minibus ou taxi –, en véhicule privé ou à pied.
Nous vous recommandons d'entrer par la porte de la Justice, que vous pouvez rejoindre par ces trois moyens. Les trois accès piétons – la cuesta de Gomérez, la cuesta del Realejo et la cuesta del Rey Chico –, partent de trois quartiers différents : le Centre, le Realejo et l'Albaicín. Ce sont des chemins historiques qui traversent les bois environnants et permettent de contempler les éléments singuliers situés à l'extérieur de l'Alhambra

Avec cette configuration territoriale, les accès de Grenade vers l'Alhambra ont souvent changé, et se sont adaptés à chaque étape de son développement urbain. Aujourd'hui, le trajet peut s'effectuer de trois manières : en transport public, en véhicule privé ou bien a pied, par les sentiers pédestres des chemins historiques.

L'entrée de l'Alhambra la plus pratique et la plus importante d'un point de vue symbolique est la porte de la Justice. On y arrive depuis le pavillon d'accès où vouspourrez vous procurer les billets d'entrée, soit en empruntant le chemin qui longe la muraille par l'extérieur, soit par l'intérieur de l'enceinte.

Transport public

Un service municipal de minibus relie le monument avec le centre ville et l'Albaicín.

Vous trouverez des renseignements détaillés à ce sujet à chacun des arrêts.

De plus, la ville offre un service de taxis avec des arrêts proches des accès à l'Alhambra.

Accès véhicules et stationnement

On peut accéder en voiture à proximité du Complexe Monumental en empruntant le périphérique de Grenade, en direction de la station de ski de la Sierra Nevada et de la côte. Le parking en terrasse, d'environ 10.000 m^2, a une capacité de 600 places pour les voitures, et de 70 pour les autocars. Il est ouvert et surveillé 24 heures sur 24, avec des tarifs indépendants de la visite des monuments.

La cuesta del Rey Chico passe par la tour du Cadi

Chemins historiques menant à l'Alhambra

Trois chemins piétons historiques relient l'Alhambra à Grenade et ses quartiers traditionnels : la cuesta de Gomérez (accès habituel depuis le centre ville), la cuesta del Realejo (depuis le quartier populaire du même nom) et la cuesta del Rey Chico (communication directe avec l'Albaicín et le Sacromonte).

Ces trois chemins parcourent le « Bois de l'Alhambra », une vaste zone intermédiaire entre les deux villes dans laquelle on trouve des monuments intéressants, tels que les tours Vermeilles, le Carmen de Peñapartida, la fontaine de Charles Quint, la porte de Bibrambla ou encore les monuments dédiés à Ángel Ganivet et Washington Irving. Ces visites peuvent s'effectuer indépendamment et les explications se trouvent tout de suite après les accès.

Cuesta de Gomérez

Elle part de la Plaza Nueva de Grenade et s'achève à la porte des Grenades, une ouverture dans la muraille qui unit les tours Vermeilles à l'Alcazaba.

Selon Luis de Mármol Carvajal, historien du XVIème siècle, elle doit son nom à une dynastie nord-africaine qui donna renomma l'ensemble du quartier dans lequel elle s'était établie. À l'époque médiévale, un torrent séparait la colline de la Sabika, où se dresse l'Alhambra, de la colline du Mauror, surplombée par les tours Vermeilles. Ces deux constructions restent unies par une muraille transversale qui servait, et sert toujours, à marquer la limite entre la zone urbaine de Grenade et l'enceinte de l'Alhambra.

Accès à l'Alhambra

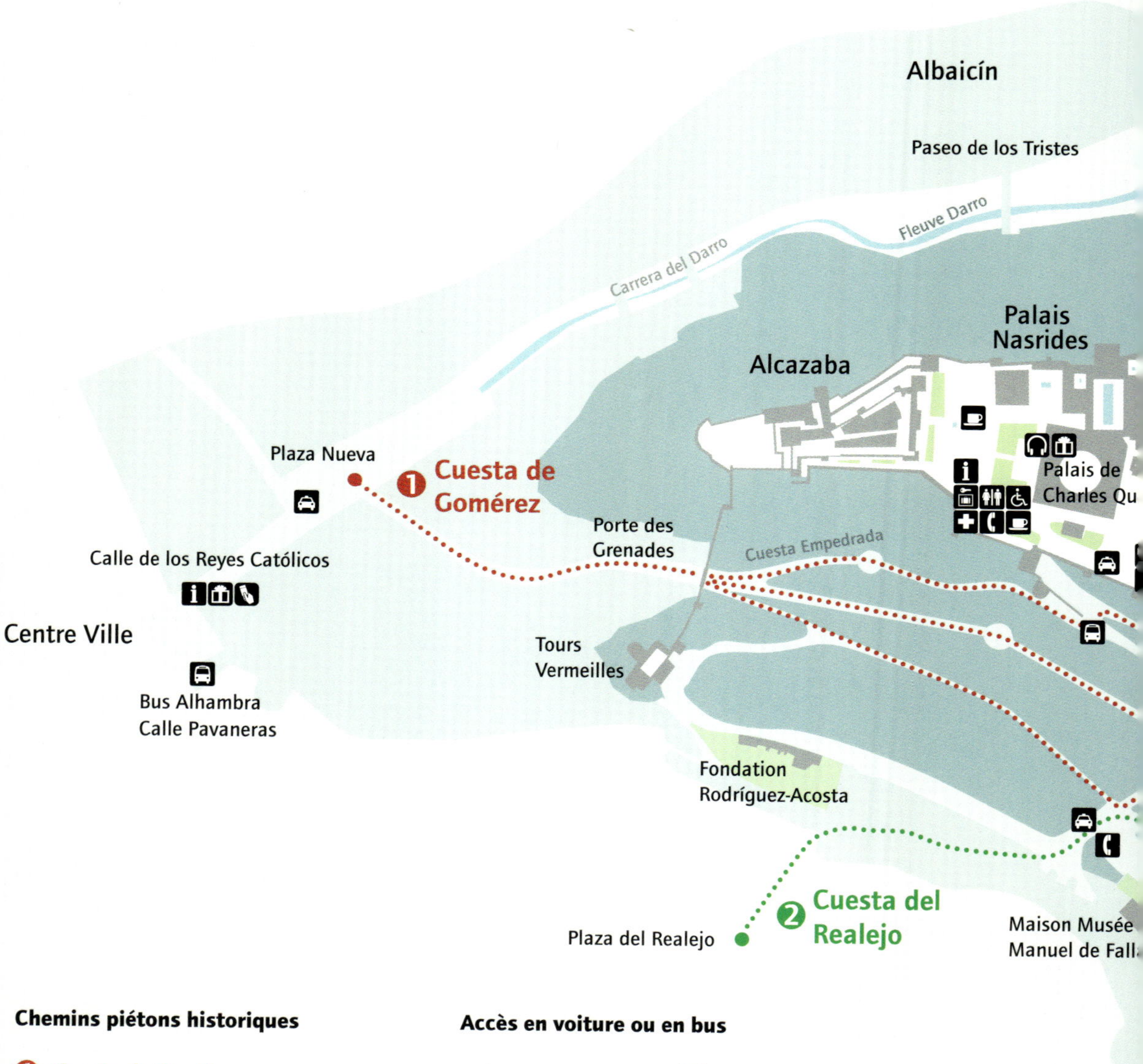

Chemins piétons historiques

❶ **Cuesta de Gomérez**
1.150 m depuis la Plaza Nueva dans le centre de Granade

❷ **Cuesta del Realejo**
890 m depuis la plaza del Realejo dans le quartier du même nom

❸ **Cuesta del Rey Chico**
860 m depuis le paseo de los Tristes dans l'Albaicín

Accès en voiture ou en bus

Voitures et autocars :
Accès par la Ronda Sur. Parking

En taxi : Tel. 958 280 654
Arrêts à l'Alhambra, face à l'église de Santa María de la Alhambra, l'hôtel Alhambra Palace et la porte du Generalife

En bus Alhambra :
Connexion entre le Centre ville, l'Alhambra et l'Albaicín, le Sacromonte et le Realejo

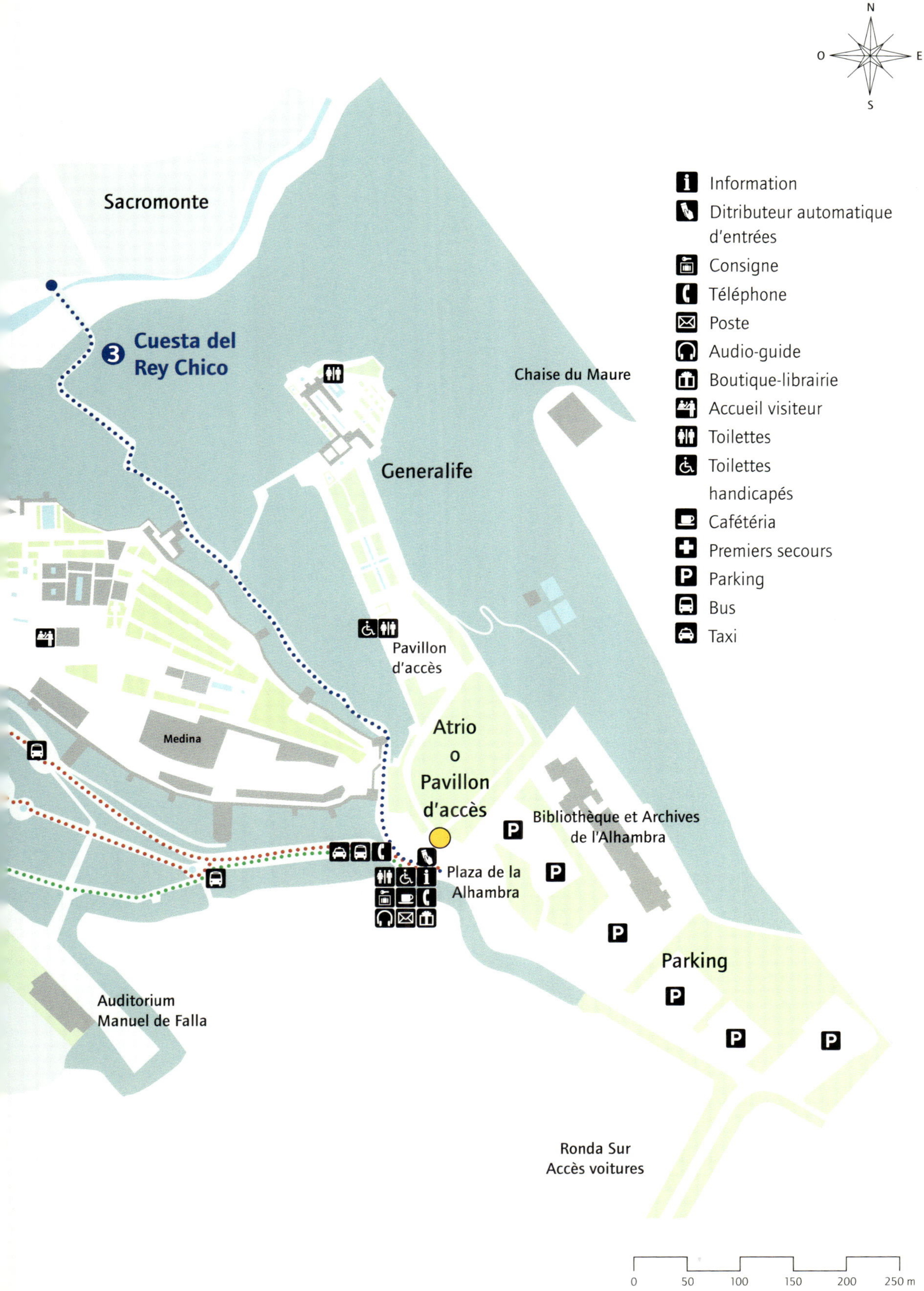
N
O
E
S
Information
Ditributeur automatique d'entrées
Consigne
Téléphone
Poste
Audio-guide
Boutique-librairie
Accueil visiteur
Toilettes
Toilettes handicapés
Cafétéria
Premiers secours
Parking
Bus
Taxi
Sacromonte
3 Cuesta del Rey Chico
Chaise du Maure
Generalife
Pavillon d'accès
Atrio o Pavillon d'accès
Medina
Bibliothèque et Archives de l'Alhambra
Plaza de la Alhambra
Parking
Auditorium Manuel de Falla
Ronda Sur Accès voitures
0
50
100
150
200
250 m

Porte des Grenades

C'est une des portes de l'ancienne muraille de Grenade, qui remplaça celle de l'époque médiévale.

Attribuée à Pedro Machuca, l'architecte qui dessina le palais de Charles Quint, elle fut bâtie vers 1536 pour honorer le triomphe de l'empereur lorsque celui-ci décida de se construire une résidence à l'Alhambra.

Avec un appareil à bossage, son fronton reproduit le blason impérial sur lequel sont représentées les figures allégoriques de la Paix et de l'Abondance, ainsi que trois grandes grenades, symboles de la ville. Elle a été récemment restaurée et ouvre sur le bois de l'Alhambra, le grand poumon végétal de la ville et antichambre de la forteresse de l'Alhambra.

Vers 1536, pour honorer l'arrivée de l'empereur, Pedro Machuca, l'architecte du palais de Charles Quint, construisit la porte des Grenades. Tout comme le palais, elle a été construite en pierre avec un appareil à brossage. Sur le tympan se trouve le blason impérial, avec les figures allégoriques de la Paix et de l'Abondance. Cette porte de la Renaissance, couronnée par les trois grandes grenades qui lui donnent son nom, en remplace une autre Islamique, dont une partie restaurée est visible juste à côté.

Derrière la porte s'étend le Bois de l'Alhambra, planté au XIXème siècle, et peuplé de spécimens d'ormes centenaires, de peupliers blancs, de marronniers d'Inde, etc. En partant de cet endroit,

Détail de la *Plateforme* d'Ambrosio Vico, vers 1614, où l'on voit la Cuesta de Gomérez et la muraille qui séparait Grenade de l'Alhambra. Bibliothèque de l'Alhambra

vous pouvez traverser le Bois par trois chemins, dont les bas-côtés sont exclusivement réservés aux piétons. Celui de droite conduit, entre autres, vers les tours Vermeilles, l'auditorium Manuel de Falla et le Carmen des Martyrs, alors que celui de gauche, anciennement appelé « cuesta Empedrada » (côte pavée), conduit au flan sud de la muraille de l'Alhambra, à la porte de l'Esplanade ou de la Justice. Historiquement, il s'appelait également « paseo de las Cruces », car, au fil du temps, des croix y avaient été installées. Le passage central a récemment été limité aux piétons en supprimant l'accès à tous les véhicules.

La cuesta de Gomérez est le chemin habituel pour se rendre à l'Alhambra depuis le centre de Grenade. Depuis la fin du XIXème siècle, diverses boutiques d'artisans grenadins se dédiant à la fabrication de guitares, à la céramique, à la marqueterie et à l'orfèvrerie, s'y sont installées. Elles offrent aujourd'hui un large panel de souvenirs typiques de la ville.

Depuis la Plaza Nueva, d'où démarre la cuesta de Gomérez, il y a une distance d'environ 1150 m jusqu'au Pavillon d'entrée de l'Alhambra, de 660 m jusqu'à l'intérieur du monument et de 1.000 m jusqu'au Centre Culturel Manuel de Falla et le Carmen des Martyrs.

Cuesta del Realejo

C'est le chemin le plus court, mais aussi le plus pentu, entre Grenade et l'Alhambra, et l'accès le plus direct depuis le quartier éponyme, un des plus typiques de la ville. Selon le professeur grenadin Manuel Gómez-Moreno, le Realejo doit son nom aux potagers royaux situés à cet endroit, où les sultans nasrides avaient coutume de venir se détendre. À la fin du XVème siècle, on l'appelait Campo del Rey (Champs du Roi). On supposa autrefois que le quartier juif se trouvait ici, sans doute à cause de l'historien et géographe de la fin du Xème siècle, al-Razi, qui s'y référait comme Garnata al-Yahud ou la Grenade juive.

Le quartier est centré autour de deux places très différentes : la plaza de Fortuny, anciennement appelée Plaza del Realejo Bajo, et le Campo del Príncipe. La première fut appelée ainsi en l'honneur du peintre catalan Mariano Fortuny, qui y vécut entre 1870 et 1871, et à qui la ville de Grenade dédia la place en 1874. C'est ici que se trouvait la Bab al-Fajjarín ou porte des Potiers, détruite en 1551, qui donnait accès au quartier du même nom. Juste à côté se trouve la plaza del Realejo, anciennement Realejo Alto, d'où démarre la côte en direction de l'Alhambra. Le point de départ de cette côte se situe plus précisément au pied d'une fontaine de pierre taillée datant de 1616, restaurée au milieu du XIXème siècle et ornée d'une grenade qui, là encore, fait référence à la ville.

La première partie de la côte longe le couvent Santa Catalina de Siena, installé ici depuis 1530.

La deuxième partie se faufile entre les murs de nombreux Carmens qui rappellent ceux de l'Albaicín. En haut de la côte, l'hôtel Alhambra Palace vous surprendra par son style « néo-arabe ». Cet hôtel de luxe fut conçu en 1910 par Modesto Cendoya, l'architecte conservateur de l'Alhambra, sous le patronage du Duc de San Pedro de Galatino.

Cet édifice, reflet de l'essor touristique que connut Grenade au début du XXème siècle, favorisa l'installation en 1908 d'un tramway à crémaillère le long de la cuesta del Caidero, aujourd'hui réservée aux véhicules.

La cuesta del Realejo s'achève au niveau de la propriété appelée Peñapartida, à côté de la calle Niño del Rollo, une zone de la ville dans laquelle se trouvent plusieurs établissements culturels. C'est par là que l'on accède à la maison-musée dans laquelle habita Manuel de Falla, le célèbre musicien de Cadix et grenadin d'adoption. À côté, l'architecte García de Paredes construisit l'auditorium Manuel de Falla en 1978, un des plus prestigieux du pays, qui abrite également le siège des archives et de la fondation du compositeur. À proximité vous trouverez le Carmen des Martyrs, un lieu de rencontres culturelles, entouré de très beaux jardins offrant une vue magnifique sur la ville.

Dans la calle del Niño del Rollo se trouve le siège de la Fondation Rodríguez-Acosta, un des espaces culturels les plus dynamiques de Grenade construit en 1920, grâce au patronage du peintre et mécène José María Rodríguez-Acosta. Dans cet espace se trouve aussi la Fondation Gómez-Moreno, qui abrite les archives de la saga familial de ces éminents chercheurs grenadins des XIXème et XXème siècles. En face, vous découvrirez le

Vue du Realejo Alto et de l'hôtel Alhambra Palace en construction depuis la huerta de Belén, vers 1908. Archives de l'Alhambra

Tramway à crémaillère

Le 22 décembre 1907, en plein essor touristique lié à la construction de l'hôtel de luxe Alhambra Palace, on inaugura un tramway à crémaillère. Il montait jusqu'à l'Alhambra par la cuesta del Caidero, actuellement ouverte aux véhicules. Cette ligne fonctionna jusqu'en 1944, puis fut fermée pendant la fête du Corpus en raison du manque d'usagers. Elle fonctionna encore les 15 et 16 juin 1944 pour les concerts de l'Orchestre Philarmonique de Madrid dans le palais de Charles Quint. Mais le 17, « le crémaillère » tomba en panne et ne refit plus ce trajet. Il portait ce nom car le rail central était dentelé afin d'augmenter l'adhérence dans les côtes raides menant à l'Alhambra. Carte postale imprimée. Bibliothèque d'Andalousie. Grenade.

Carmen de Peñapartida, la propriété historique, et plus loin dans la rue, les tours Vermeilles.

De là s'étend le bois de l'Alhambra, dont les chemins conduisent aux différents secteurs du Complexe Monumental.

Du début de la cuesta del Realejo, il y a une distance de 890m jusqu'au pavillon d'entrée à l'Alhambra, de 800 m jusqu'à l'intérieur du monument et de 620 m jusqu'au Centre Culturel Manuel de Falla et au Carmen des Martyrs.

Cuesta del Rey Chico

Des trois accès menant à l'Alhambra, c'est le plus proche des quartiers quartiers de l'Albaicín et du Sacromonte dont on dit qu'ils ont le plus d'essence grenadine. Cette côte démarre au bord du fleuve Darro, à la fin du paseo de los Tristes, à proximité de la cuesta del Chapiz, une sorte de « cordon ombilical » entre les deux quartiers, dominé par l'impressionnante muraille nord de l'Alhambra, que l'on voit de l'Albaicín.

Elle doit son nom à la célèbre légende selon laquelle Aixa, la mère du « Rey Chico », Boabdil, aida son fils à fuir pour rejoindre un groupe d'insurgés rassemblés dans l'Albaicín, et prendre la tête du mouvement de révolte contre son père. Parmi les nombreux noms qu'elle a reçus, le plus courant était celui de cuesta de los Molinos, le nom qui désignait le ravin séparant la colline du Generalife et de l'Alhambra. Aujourd'hui on peut encore voir plusieurs des moulins qui utilisaient l'eau du fleuve Darro, et des canaux d'irrigation qui partaient en direction de l'intérieur de la ville. À la fin du XIXème siècle, elle s'appelait cuesta de los Muertos, car elle était

Auditorium Manuel de Falla, une œuvre de l'architecte José Mª García de Paredes, siège de l'Orchestre de la Ville de Grenade, inauguré en 1978, avec le Carmen du Musicien.

Fondation Rodríguez-Acosta, créée conformément au testament du peintre et mécène grenadin José María Rodríguez-Acosta

le lieu de transit des cortèges funéraires de la ville vers le Campo Santo, alors nouvellement inauguré et situé dans la zone la plus élevée de la Sabika. Elle est communément appelée cuesta de los Chinos depuis que son tronçon initial a été pavé au début du XXème siècle. Le trajet débute au niveau du pont de l'Aljibillo, par lequel on accède également à l'un des lieux emblématiques de la fin du XIXème siècle, la fontaine du Noisetier. Cette fontaine donna son nom à un groupe d'intellectuels romantiques de Grenade, dont la figure principale était l'écrivain Ángel Ganivet.

Après un premier tronçon escarpé, parsemé de quelques habitations, le visiteur laisse la ville derrière lui et se dirige vers le ravin qui sépare l'Alhambra du Generalife. À droite on aperçoit la muraille et les tours de l'enceinte qui sont dominées par la tour des Dames dans le Partal, puis à gauche, la partie basse des jardins potagers du Generalife. À mi-chemin, on aperçoit un rempart d'époque chrétienne duquel se détache la porte de Fer, une structure défensive d'une des portes extérieures de l'Alhambra, celle du Faubourg, au pied de la tour des Pointes.

En face, un peu plus haut, se trouve l'accès médiéval du Generalife.

En continuant, la pente devient plus douce et elle longe la muraille de l'Alhambra par l'extérieur ainsi que les tours du Cadi, de la Captive, des Infantes et du Bout de la Rue. Elle atteint ensuite la zone appelée La Mimbre, après être, bien sûr, passée sous le pont et l'aqueduc reliant l'Alhambra et le Generalife. La Mimbre est une ancienne taverne, devenue aujourd'hui un des restaurants les plus typiques de la ville. Elle est située au pied de la tour de l'Eau, qui a été reconstruite, et à côté de l'ancienne entrée du Generalife, de laquelle on peut encore voir la grande porte arborant le blason de ses propriétaires, la famille Granada-Venegas.

À proximité de La Mimbre se trouve le pavillon principal d'accès au Complexe Monumental de l'Alhambra et du Generalife.

Depuis le début de la cuesta del Rey Chico, il y a une distance de 860 m jusqu'au pavillon d'entrée, de 1.220 m jusqu'à l'intérieur du monument, et de 970m jusqu'au Centre Culturel Manuel de Falla et au Carmen des Martyrs.

Cuesta del Rey Chico et tour depuis laquelle on contrôlait son passage, fermant le rempart situé face à la tour des Pointes

La Cuesta del Rey Chico était autrefois appelée cuesta de los Muertos car elle était le chemin traditionnellement emprunté par les cortèges funéraires pour aller vers le cimetière, situé dans la zone la plus élevée de la Sabika. Lithographie de J. F. Lewis, 1835

Bois de l'Alhambra

Les chemins historiques qui relient Grenade et l'Alhambra traversent cet espace immense et varié, appelé le bois de l'Alhambra. Aujourd'hui, ce poumon végétal, patrimoine naturel de la ville, marque un contraste, enrichit le patrimoine historique Monumental et joue le rôle d'antichambre.

Outre sa valeur environnementale, le bois offre un riche espace de créativité, on y trouve en effet certains éléments singuliers ayant un intérêt historique pour la ville : la porte de Bibrambla, la fontaine de Charles Quint et les monuments dédiés à Ángel Ganivet et Washington Irving.

De denses bosquets entourent le Complexe Monumental et couvrent les flancs qui descendent jusqu'au Darro et vers le centre ville de Grenade. Si son origine remonte à une époque récente, les plantations d'ormes rapportés par l'entourage de Jesús del Valle datent du début du XVIème siècle. On les retrouve en amont du fleuve Darro, pour orner et consolider les nouvelles voies pour piétons et pour véhicules, depuis la Cuesta de Gomérez.

On suppose qu'en raison du caractère militaire de la cité de l'Alhambra et du contexte de guerre dans lequel se trouvait un royaume de Grenade alors menacé par la chrétienté, la végétation autour de la forteresse ne devait pas être aussi dense autour de la forteresse à l'époque médiévale. Et ce, particulièrement sur les flancs orientés au sud et à l'ouest qui descendent relativement doucement jusqu'à la ville et la Vega de Grenade. En revanche, le flanc escarpé face à l'Albaicín descendant sur le Darro, orienté au nord et possédant de l'eau en abondance, a sans doute été couvert d'une dense végétation arbustive, voire arborée, avec des arbres de taille moyenne, telle que des chênes-verts, des rouvres, des aubépines, des alaternes, des fragons ou des chèvrefeuilles.

La reforestation progressive entreprise par les gouverneurs chrétiens qui se sont succédés à l'Alhambra, a probablement permis, dès le XVIIème siècle, que les flancs se recouvrent entièrement de végétation. Néanmoins, ce n'est pas avant le début du XIXème siècle que sont repeuplés lesdits « Bois de l'Alhambra », avec l'introduction d'espèces telles que des platanes et des marronniers d'Inde, provenant des jardins de toute l'Europe.

On nomme bois de Gomérez celui situé dans la vallée de la Sabika et traversé par des sentiers pour piétons et pour véhicules, et bois de San Pedro celui situé sur le flanc descendant vers le fleuve Darro, en face de l'église du même nom. La structure de la végétation dans chacun d'eux présente certaines particularités, en raison de leur orographie et de leur relation avec la ville. Dans le bois de Gomérez il y a davantage de grands arbres et une densité moindre car il est ouvert au public. Au contraire, celui de San Pedro, à l'accès restreint, possède une plus grande quantité de végétation mais de plus petite taille, car la couverture végétale doit garantir la protection du terrain contre l'érosion et les écoulements.

Il est constitué majoritairement d'arbres à feuille caduque. Dans sa structure, sa dynamique et la signification de ce paysage, l'orme (Ulmus minor) revêt une importance toute particulière jusqu'à ce qu'une maladie causée par un champignon n'ait dévasté, dans les années 90, toutes les populations d'Europe, sans épargner, bien évidemment, celle de Alhambra, où il ne reste que quelques dizaines d'exemplaires.

Actuellement, on peut trouver dans ces bois environ une centaine d'espèces arborées et arbustives, avec une majorité de micocouliers, de marronniers d'Inde, de platanes, de lauriers, de troènes, de noisetiers, de tilleuls, d'érables et de frênes.

Vue du bois de l'Alhambra sur le flanc de la Sabika, avec les Alixares et la Sierra Nevada au fond

Le rôle prépondérant de la végétation dans l'histoire de l'Alhambra et dans le paysage de la ville de Grenade a contribué à ce qu'elle soit considérée, d'un point de vue patrimonial et culturel, comme un élément indissociable des édifices de l'époque nasride. D'ailleurs, depuis que l'ensemble a été classé Monument National en 1870, le bois a bénéficié d'une grande protection juridique.

Tours Vermeilles

On suppose que la première construction des tours Vermeilles faisait partie d'un ensemble de tours vigies situées aux points stratégiques les plus élevés entourant la Vega de Grenade. Un ensemble auquel appartiendrait la construction originale de la Sabika, qui deviendra plus tard l'Alhambra. L'histoire des tours Vermeilles est

Bois de l'Alhambra

Les flancs de la Sabika qui regardent vers Grenade forment un espace naturel qui complète et enrichit le patrimoine artistique et culturel du monument. Il fait également office de poumon vert entre la ville et l'Alhambra. Sa configuration a varié selon les siècles, celle que nous connaissons aujourd'hui est récente, pour autant, vous pourrez profiter d'une grande variété d'espèces végétales d'une haute valeur environnementale, dont certaines sont importées d'autres pays d'Europe.

parallèle à celle de l'Alcazaba de l'Alhambra. Muhammad Ier, fondateur de la dynastie nasride, en serait le premier occupant, même si la fabrication de ses parements les plus anciens, très similaires à ceux de l'Alcazaba, remontent à une époque antérieure.

Aujourd'hui le Complexe Monumental se compose de trois tours, d'une tour centrale, (d'une plus grande taille) et d'un bastion avancé pour l'artillerie. L'ensemble témoigne d'une conséquente intervention à partir de la conquête chrétienne et plus particulièrement au XVIème siècle. Sur les parements intérieurs on retrouve de nombreuses dalles de pierres des sépultures musulmanes, ce qui prouve que l'intérieur des tours, principalement la tour centrale, fut renforcé à l'époque de la chrétienne. Les divisions intérieures de cette tour seraient également postérieures à 1492 car le dernier des trois étages possède une grande voûte circulaire datant de 1540. À l'intérieur, une citerne, possible adaptation d'une structure hydraulique antérieure à l'époque islamique.

Les tours Vermeilles communiquent directement avec l'Alcazaba de l'Alhambra au moyen d'une muraille encore conservée dans sa quasi-totalité, et perpendiculaire entre ces deux constructions, ce qui démontre que le tours

Les tours Vermeilles constituent une fortification stratégique qui faisait partie de la muraille reliant, au sud, l'Alhambra à Grenade

Perspective de l'Alcazaba de l'Alhambra vers midi avec les tours Vermeilles, le bois et la propriété de Peñapartida

jouaient un rôle important dans le système de surveillance et de défense de la ville palatine.

Les fortifications des tours Vermeilles furent très longtemps utilisées comme prison et caserne militaire et ce, presque jusqu'au milieu du XXème siècle. C'est la raison pour laquelle elles ont subi d'importantes modifications par rapport à leur disposition originale. Ces modifications sont attestées par la présence de nombreuses pierres tombales dans leurs murs ainsi qu'à d'autres endroits de l'Alhambra. Ces dernières, qui de par leur taille ont difficilement pu être transportées de loin, proviennent vraisemblablement du cimetière musulman situé à proximité. D'autre part, la colline du Mauror où siègent les tours, était traditionnellement connue pour sa population principalement juive, et était nommée la Garnata al-Yahud. Les tours offrent un magnifique panorama de la ville et le profil architectural le moins connu de l'Alcazaba de l'Alhambra.

Carmen de Peñapartida

Appelé également le Carmen des Catalans en raison de l'origine de ses propriétaires, la famille Miralles, qui au début du XXème siècle en firent l'acquisition auprès des héritiers d'Isabel de los Cobos et d'Antonio Porcel (1775-1832), éminent juriste, académicien et politicien libéral Grenadin, conseiller d'Etat et parlementaire à l'assemblée de Cadix. Dans une ambiance XIXème siècle, la famille embellit la propriété, et tout particulièrement le jardin à l'aide d'éléments et d'appareils aquatiques, de sentiers, de pergolas et de miradors lui octroyant un caractère particulier qu'il conserve encore aujourd'hui.

La propriété, dont l'extension avoisine les 20.000 m^2, s'intègre au paysage environnant et au bois de l'Alhambra. Connu également sous les noms de Carmen du Paradis ou du Caprice de Colomb, il est situé plein Nord sur la colline parallèle à l'Alhambra, et orienté vers le sud. Avec les tours Vermeilles, ils font partie du système défensif de la forteresse, dans la zone appelée en arabe Ahabu, à proximité de ce qui devait être maqbarat al-Sabika, un des cimetières de la ville. À l'époque nasride on creusa de nombreux silos pour stocker des provisions alors que la dynastie s'implantait dans la ville. Sa grande esplanade servit probablement de campement à l'armée, c'est pourquoi le flanc peu incliné de la colline était régulièrement le théâtre de parades et défilés. Dans la deuxième moitié du XVème siècle, de nombreux silos furent aussi utilisés pour enfermer des prisonniers chrétiens afin de les échanger contre des prisonniers musulmans.

On dit que les troupes des Rois Catholiques auraient franchi ces cols le 2 janvier 1492 au matin, en provenance du campement de Santa

Carmen de Peñapartida

En 2002, le Patronato de la Alhambra, après plus de vingt ans de litige judiciaire, a finalement acquis le Carmen des Catalans ou Peñapartida. Il s'agit de la plus grande propriété privée de cette zone (environ 20.000 m^2), et elle conserve d'importants vestiges archéologiques. On y trouve deux tours médiévales, un réseau hydraulique de la même époque qui descendait jusqu'à l'ancien quartier de la Antequeruela (actuel Realejo), une partie substantielle d'une maqbarat ou cimetière mais également « une cour des captifs », un ensemble de silos creusés dans la terre et faisant office de prison. Tous ces éléments font de la propriété une enceinte patrimoniale d'un grand potentiel pour la recherche archéologique.

Fe, et en direction de la porte des Sept Sols, pour prendre possession de l'Alhambra et, plus tard, libérer les prisonniers des oubliettes.

Depuis lors, on a nommé cette partie de la colline Champ des Martyrs et, en souvenir de cette prison, on appela l'enceinte de Peñapartida la cour des Captifs. Une chapelle fut aussi construite dans la partie haute de la colline, elle deviendra plus tard le monastère carmélite, dont Saint Jean de la Croix fut prieur : c'est aujourd'hui le Carmen des Martyrs. L'intérieur de Peñapartida n'a pas subi de grandes transformations. Avec les silos et la maqbarat, ce Carmen possède un grand potentiel archéologique.

Notons la configuration des différents espaces jardinés, pourvus de miradors aux endroits stratégiques, avec un souci d'intégrer des perspectives et des lieux d'intimité, si caractéristiques du traditionnel Carmen grenadin du XIXème.

Le Carmen des Martyrs ou de Peñapartida, qui fut autrefois un couvent carmélite, abrite aujourd'hui un petit palais du XIXème, entouré de jardins, de promenades et de miradors avec une vue sur la ville

Fontaine de Charles Quint

C'est une fontaine de la renaissance située en parallèle à la muraille de l'Alhambra, sous la porte de la Justice. Elle exerçait trois fonctions principales : elle servait d'abreuvoir aux chevaux de l'empereur, constituait un ingénieux mur de soutènement qui reliait l'esplanade supérieure de la porte nasride avec la petite place de la fontaine, et enfin, remplissait une fonction symbolique en portant aux nues la grandeur de l'empereur Charles Quint. Commandée par le comte de Tendilla, elle fut construite en 1545 par Nicolás de Corte, d'après le dessin de Pedro Machuca. En 1624, le sculpteur grenadin Alonso de Mena, pour la visite du roi Philippe IV à la ville, fit quelques modifications après lesquelles on l'appela fontaine des Cornets.

Sur un bassin rectangulaire très allongé et d'une largeur de plus de onze mètres, se dressent deux panneaux verticaux superposés. Le premier est divisé en trois sections par quatre pilastres décorés. Ceux des extrémités sont ornementés par les armoiries de la famille de Tendilla, et ceux du milieu par des grenadiers. Chacun des trois espaces encadrés par les pilastres présente en son centre un masque de la bouche duquel sort un jet d'eau. Ces trois jets d'eau symbolisent les trois fleuves de Grenade, et les masques sont ornés de représentations allégoriques. On retrouve donc le fleuve Genil avec l'été représenté par les épis de blé, le Beiro et le printemps par des fleurs et des fruits, le Darro et l'automne par des sarments de vigne et des grappes de raisins.

Au milieu du corps central, se trouve une tablette portant l'inscription en latin « IMPERATORI CAESARI KAROLO QUINTO HISPANIARUM REGI ». Cette tablette est encadrée par deux pilastres, celui de droite est orné de la toison, celui de gauche, de la colonne d'Hercule. Aux extrémités, des volutes inclinées donnent à la composition une forme triangulaire. Au-dessus de chacun des pilastres encadrant la tablette, un enfant portant une conque sur l'épaule, déverse de l'eau. L'ensemble est couronné par un grand demi-cercle renfermant un bouclier impérial avec un aigle bicéphale, et des rubans portant l'inscription « plus ultra ». De chaque côté, un angelot tient dans ses bras un dauphin debout, de la bouche duquel coule un jet d'eau en direction du bassin ; et le tout est couronné par un chérubin.

Fontaine de Charles Quint, dessinée par Pedro Machuca et réalisée en 1545 par le sculpteur italien Nicolás de Corte, une des œuvres majeures de la Renaissance espagnole que l'on trouve dans le bois situé à proximité de la muraille de l'Alhambra

Porte de Bibrambla. Elle fit partie de la muraille de Grenade jusqu'en 1873, puis elle a été reconstruite dans le bois de l'Alhambra

La fontaine est adossée contre un mur de presque sept mètres de haut, constitué de six pilastres de l'ordre dorique terminés par une corniche à la manière d'un entablement, ornée de petites têtes de lions, semblables à celles du palais de l'empereur. Entre les pilastres on observe quatre médaillons ornés de motifs en relief de la mythologie classique, des allégories de l'empereur et de l'Ordre de la toison d'or.

Porte de Bibrambla

La *Bab al-Ramla* ou porte de l'Arenal, couramment appelée Bibrambla ou Bibarrambla, également connue sous le nom d'Arc des Oreilles, alors sur la muraille de Grenade, fut détruite entre 1873 et 1884. Dans la plus pure tradition de la construction nasride, elle a été fabriquée principalement en pisé, avec quelques éléments formels et structurels en pierre. Lorsqu'elle fut détruite, certains éléments furent conservés au Musée d'Archéologie de Grenade jusqu'en 1933, date à laquelle l'architecte conservateur de l'Alhambra, Leopoldo Torres Balbás, la fit reconstruire dans le bois.

La porte constitue aujourd'hui un élément singulier de l'Alhambra, bien qu'il ne reste que quelques fragments des arcs, sommiers et voussoirs de sa structure originale, lesquels ne sont pas tous complets. Il reste également quelques pierres de taille du soubassement et de la façade extérieure, intégrés dans une structure architecturale conçue expressément pour ce lieu par Torres Balbás. Cette singulière installation architecturale et muséographique fait dorénavant partie du bois de l'Alhambra, sous la forme d'un jardin archéologique. Son statut de « ruine » lui confère une valeur d'exemple tardif du goût architectural de la « poétique des ruines », élaboré dans la culture européenne à partir du XVIIIème siècle.

Monument dédié à Ángel Ganivet

Ángel Ganivet (Grenade, 1865 - Riga, 1898) est un des intellectuels grenadins ayant eu la plus grande influence nationale de la Génération de 98. Diplômé en philosophie et en droit, puis travaillant comme diplomate, il fut nommé consul à Helsinki en 1895. C'est là qu'il allait rédiger ses œuvres les plus notoires, Granada la bellla, Idearium español ou Cartas finlandesas. Il produisit également des écrits littéraires dans la presse de Grenade. Ganivet est toujours resté lié à cette ville, dans laquelle il fonda la « Cofradía del Avellano », un groupe d'intellectuels défini comme une « sorte d'Académie hellénique d'amis grenadins ». C'est avec eux qu'il rédigea El libro de Granada, un ouvrage référence à l'époque, qui eut beaucoup d'influence sur les intellectuels. En 1898, il fut nommé consul à Riga, une ville où il poussa les limites de son esprit romantique en se jetant dans le fleuve Daugava le 29 novembre pour mettre fin à ses jours.

Cette sculpture, financée par des fonds populaires, a été réalisée par Juan Cristóbal González Quesada (Ohanes, Almería, 1898) et inaugurée dans le bois de l'Alhambra le 3 octobre 1921. Le sculpteur, formé dans le studio de Mariano Benlliure, obtint plusieurs prix lors des Expositions Nationales des Beaux Arts. Cette œuvre dédiée à Ángel Ganivet est une composition mythologique symbolisant les tensions entre la raison et l'instinct, la norme et la spontanéité, la tradition et la nouveauté ; ce groupe sculptural traduit métaphoriquement une grande partie de la pensée et de l'attitude d'Ángel Ganivet.

Monument dédié à Washington Irving

Le Patronato de la Alhambra a voulu rendre hommage à l'écrivain new yorkais Washington Irving (1783-1859) en installant une sculpture dans le bois du Complexe Monumental, pour le 150ème anniversaire de sa mort. L'écrivain, référence du voyageur romantique, a sans doute été le premier et le meilleur porte-parole de l'Alhambra du XIXème. Il parvint à se loger dans l'enceinte même du monument, et ses sensations lors de ses promenades dans les différentes salles lui ont servi de base pour ses *Contes de l'Alhambra,* un divertissement littéraire de légendes populaires sur l'Alhambra, basé sur des témoignages locaux de l'époque. Cet ouvrage, influencé par le courant orientaliste et romantique de l'époque, réunit la tradition orale et les qualités et la créativité de l'écrivain.

La sculpture, inaugurée le 29 décembre 2009, représente l'écrivain tenant dans sa main gauche le carnet où il notait ses impressions. Réalisée en bronze fondu, cette sculpture réaliste est complétée par une composition symbolique avec un chapiteau nasride inversé, une valise et une chemise pour ses dessins.

Le sculpteur Julio López Hernández (Madrid, 1930) choisit très tôt le style qui allait marquer son œuvre : le réalisme. Riche d'un long parcours professionnel d'expositions individuelles et d'œuvres publiques, professeur de modelage à l'École d'Arts et Métiers de Madrid depuis 1970, il devint membre de la Royale Académie des Beaux Arts de San Fernando en 1986.

Inauguration du monument dédié à Ángel Ganivet sur la plaza del Tomate de l'Alhambra. Bibliothèque de l'Alhambra

Monument dédié à Washington Irwing, œuvre de Julio López Hernández, dans le bois de l'Alhambra

3 L'Alhambra

La cité palatine de l'Alhambra, « la rouge » en arabe, fut édifiée par la dynastie nasride qui se déclara indépendante de l'autorité almohade en 1232, et établit sa capitale à Grenade. Ce fut la dernière dynastie musulmane à gouverner la Péninsule ibérique, et ce jusqu'en 1492, année où elle rendit l'Alhambra de Grenade, son dernier bastion, aux Rois Catholiques. C'est sur la colline de la Sabika, enclave qui réunissait les conditions nécessaires, qu'ils trouvèrent le lieu idéal pour construire leur résidence et exercer leur mandat.

Une ancienne chronique arabe raconte qu'un jour de 1238, le Sultan Muhammad Ier Ibn Nasr,al-Ahmar, monta « [...] au lieu appelé al-Hamra', l'examina, marqua les fondations du château et chargea un responsable de diriger les travaux. En moins d'une année, les chemins de ronde étaient terminés, et l'eau était acheminée du fleuve par un canal possédant son propre débit. [...] » (*Anonyme de Madrid et Copenhague*, Madrid, 1917).

Détail ornemental de la salle de la Bénédiction, dans le palais de Comares, où l'on peut lire l'inscription très présente à l'Alhambra « Gloire à notre seigneur le sultan »

La cité palatine de l'Alhambra

La meilleure définition pour l'Alhambra est celle de "cité palatine" : « cité » parce qu'elle a été pensée, planifiée, construite, et que son développement ultérieur fut régi par des lois d'urbanisme, un urbanisme islamique et hispano-musulman ; et « palatine » parce qu'elle a été conçue pour être le siège de l'administration d'un état, la cour d'un pouvoir qui s'étendait sur un territoire déterminé, délimité par des frontières à l'intérieur desquelles vivait une société empreinte de la culture andalousi.

Les Banu-l- Ahmar, des souverains de la dynastie nazari ou nasride, sous laquelle fut construite l'Alhambra, étaient originaires de la ville d'Arjona, dans l'actuelle province de Jaen. Ils se déclarèrent indépendants de l'autorité almohade en 1232 et établirent la capitale de leur nouvel état à Grenade en 1238. Les nasrides ajoutèrent le dernier maillon de cette chaîne musulmane sur la Péninsule ibérique. Cette chaîne débuta avec les *walís* ou gouverneurs dépendants du Calife omeyyade de Damas (711-756), puis suivirent l'émirat indépendant (756-929) et le califat de Cordoue (929-1031), dont la chute provoqua une première *fitna* ou guerre civile qui déboucha sur la naissance des Royaumes de Taifas (1031-1090). Le désordre régnant sur la péninsule facilita les invasions successives des dynasties nord-africaines des Almoravides (1056-1147) et des Almohades (*c.* 1121-1269). Toutes deux furent combattues par les troupes chrétiennes mais aussi par les Andalousis eux-mêmes, qui bien qu'étant coreligionnaires, les considéraient comme des étrangers. Non seulement les Nasrides luttèrent contre elles dans les principales villes, mais ils aidèrent également le roi Ferdinand III le Saint durant la conquête de Séville. Selon l'anecdote historique, à sa mort, le sultan grenadin ordonna

Figure peinte sur le toit de la salle des Rois dans le palais des Lions

Carte d'Espagne avec les limites génériques du Royaume nasride de Grenade

l'envoie d'un bataillon de choix pour veiller sur le cadavre de son ami le Roi Ferdinand.

Pendant approximativement deux cent cinquante ans, les Nasrides de Grenade se sont étendus progressivement d'Algesiras à Murcie, avec, pour limite septentrionale, la capitale du Saint Royaume, Jaen, et au sud, la méditerranée ; depuis les importants ports de Malaga et Almeria ils maintinrent un florissant échange commercial avec les pays voisins, plus particulièrement avec l'Egypte, la Tunisie, Venise ou Gênes. Cet échange favorisa l'établissement à Grenade d'importantes communautés d'artisans et de commerçants qui influèrent grandement sur les us et coutumes locaux.

Le XIIIème siècle fut marqué en Occident par une succession d'événements décisifs. Dans le domaine de l'art par exemple, le style gothique fit place au style Renaissance. Par ailleurs, après être nées au cœur du continent, les idées humanistes se répandirent et s'imposèrent dans toute l'Europe. Pendant ce temps-là, durant environ deux siècles et demi, dans un coin de la méditerranée occidentale, plus exactement dans le triangle formé par les provinces actuelles de l'Andalousie orientale, le temps semblait avoir suspendu son cours, une trêve semblait avoir été déclarée : cette région se repliait derrière ses frontières, alors faibles et instables. Ce territoire, situé sur le passage entre l'Afrique et l'Europe, avait pourtant servi de pont, depuis la nuit des temps, à de nombreuses cultures et civilisations.

Pendant cette période, cette société encore féodale tentait par tous les moyens de prolonger le Moyen Age, en se repliant sur elle-même et en construisant les fondations d'un oasis idyllique, en marge de ce qui se passait à l'extérieur. Les Nasrides basèrent donc leur survie sur d'innombrables pactes, tantôt avec leurs coreligionnaires du sud, tantôt avec les rois chrétiens du nord, presque toujours au prix de lourds tributs ou de concessions territoriales qui incluaient fréquemment des échanges de prisonniers. Par conséquent, un des atouts de la survie des Nasrides était la négociation, de sorte que la diplomatie, la parole, la maitrise de la langue comme moyen de communication Nasrides étaient primordiales. À tel point qu'ils en vinrent à choisir leurs vizirs, ou premiers ministres, au moyen de joutes poétiques. Le vainqueur était celui qui déclamait les louanges les plus emphatiques à son seigneur, et qui maniait le mieux la langue. L'Alhambra est ornée de nombreux poèmes et louanges « à notre seigneur le sultan », composés en chaque occasion par des poètes qui occupaient le poste de premier ministre, parmi lesquels al-Yayyab, Ibn al-Jatib, Ibn Zamrak, Ibn Furkún, qui formèrent la chancellerie Royale ou *Diwán al-Insá'*.

La cité palatine de l'Alhambra, comme tant d'autres villes hispano-musulmanes, fut pensée avec la nostalgie de Madinat al-Zahra', la mythique ville califale en ruine située aux alentours de Cordoue, capitale de l'Occident au Xème siècle. Malgré le temps, et d'une manière plus ou moins consciente, le souvenir qui fut gardé d'elle est celui du modèle qui rassemblait les trois conditions nécessaires à l'assise d'une dynastie : en premier lieu le domaine territorial, c'est-à-dire, la relation du lieu choisi avec son environnement, les conditions stratégiques pour le contrôle des communications militaires et commerciales pour l'approvisionnement des matières premières et la présence de ressources naturelles, tout particulièrement l'eau ; en second lieu une distribution structurelle du nouveau territoire qui assurera l'indispensable défense

Vue panoramique partielle de la colline de la Sabika depuis l'Albaicín, où fut construite l'Alhambra

militaire et les services de base pour la cour et les besoins administratifs. Enfin, il fallait également envisager la résidence aulique du seigneur féodal, en tenant compte de sa dimension à la fois privée et publique.

Toutes ces conditions étaient remplies par la colline de la Sabika, un promontoire légèrement dénivelé bordé de deux fleuves qui, grâce à de profondes gorges et aux glaciers environnants, ont un débit quasi permanent. Ces deux cours d'eau pénètrent dans une plaine agricole très fertile, dans le sous-sol de laquelle se trouve un lac souterrain de l'époque préhistorique au grand potentiel hydrique. Le sol de la colline possède un composant physique d'une grande résistance « qui suffit à lui seul pour faire du ciment », que les géologues appellent précisément « conglomérat Alhambra », sur lequel glissent d'irrégulières veines d'argile rouge, oxyde ferrugineux facilement extractible utilisé en maçonnerie et que la tradition locale nomme *alpañata*.

Dans cet idyllique paysage faisant face à la Sierra Nevada, au bord de la Vega, une plaine fertile où confluent les fleuves Darro et Genil, on a retrouvé des vestiges de peuplements humains extrêmement anciens. Le quartier de l'Albaicin, situé en face de l'Alhambra, quant à lui, a été déclaré, en 1994, Patrimoine Mondial de l'UNESCO. Il fut la capitale du royaume ziride de Grenade au XIème siècle. Son ancienne forteresse, l'alcazaba Qadima, s'établissait sur le vieux forum romain, sous lequel se cachaient des murailles en pierre de l'époque ibérique, fruit d'une superposition millénaire de colonisations.

La vue que l'on a aujourd'hui de la place de San Nicolás dans l'Albaicín doit être semblable à celle qu'appréciait al-Ahmar, Muhammad Ier, fondateur de la dynastie nasride. C'est sans doute pour cette raison qu'il fit le choix de ce lieu pour les fondations de la nouvelle forteresse, l'alcazaba Yadida, l'Alhambra, comme espace différencié pour consolider une nouvelle dynastie qui exercerait son pouvoir face à l'espace historique construit.

Tours, portes et rues de la Alhambra

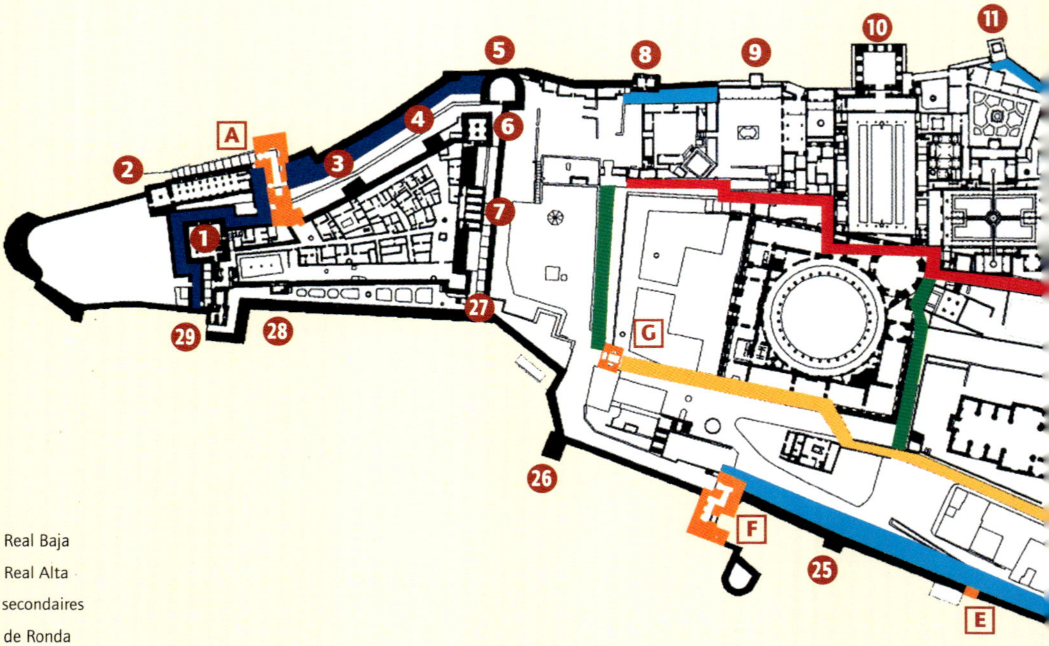

RUES

- Calle Real Baja
- Calle Real Alta
- Rues secondaires
- Calle de Ronda
- Calle del Antemuro et Ronda de la Alcazaba

TOURS

1 Guet
2 Hidalgos
3 Alquiza
4 Domestique du Docteur Ortiz
5 Cube
6 Donjon
7 Fendue
8 Muhammad
9 Machuca
10 Comares
11 Boudoir
12 Dames
13 Pointes
14 Cadii
15 Captive
16 Infantes
17 Bout de la Rue
18 Eau
10 Juan de Arce
20 Baltasar de la Cruz
21 Capitaine
22 Sorcière
23 Têtes
24 Abencérages
25 Barbe
26 Roches
27 Creuse
28 La Sultane
29 Poudre à canon

PORTES

A Armes
B Faubourg
C Fer
D Sept Sols
E Charrettes
F Justice
G Vin

Structure de l'ensemble

La cité palatine de l'Alhambra occupe une superficie d'un peu plus de cent mille mètres carrés et fut construite à proximité de la ville de Grenade. C'est la raison pour laquelle elle est fortifiée et entourée par une muraille de quelques deux milles mètres. Ces deux villes sont indépendantes même si elles entretiennent une communication directe.

L'intérieur de l'Alhambra se structure autour de trois espaces principaux :

L'Alcazaba : la *qasba* ou enceinte résidentielle militaire

Le Qasr al-Sultán : les palais, l'alcazar

La médina : ville palatine au service du Sultan

Ces espaces communiquent entre eux au moyen de trois éléments : les tours, les rues et les portes.

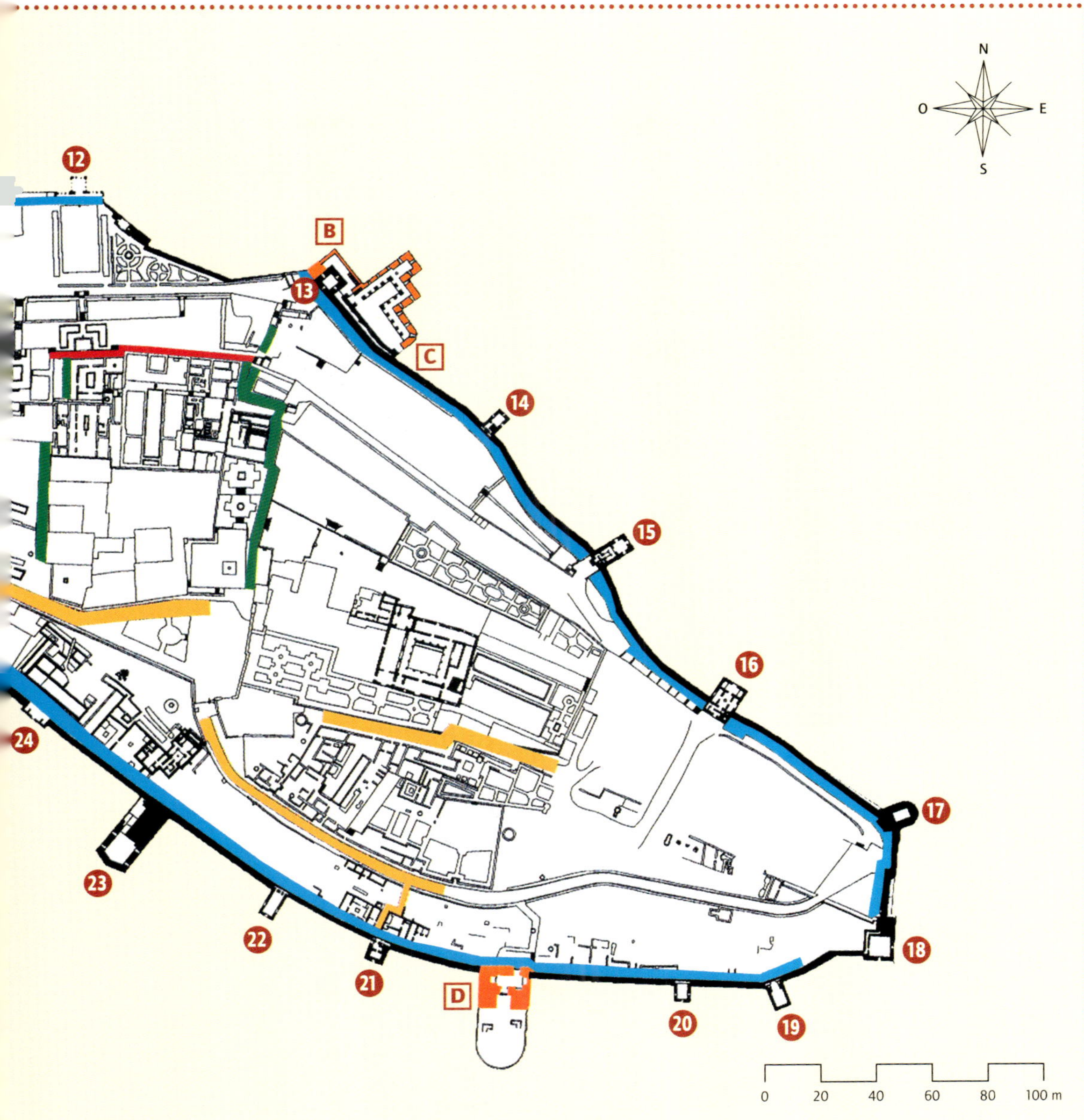

Les tours

Les tours remplissaient plusieurs fonctions qui pouvaient être complémentaires. Aujourd'hui on en connait une trentaine, normalement distribuées en saillies, à intervalles irréguliers le long de la muraille. Elles datent en majorité de l'ère nasride, même si certaines sont de l'époque chrétienne. D'autres furent reconstruites durant les différentes périodes de restauration au cours des deux derniers siècles, et une petite partie fut détruite ou disparut. Les tours islamiques sont, en général, à base carrée, alors que les tours circulaires sont de l'époque chrétienne. Ces dernières sont mieux conçues que les tours cubiques contre les impacts d'artillerie, et leur usage militaire se généralisa en Occident à partir du XVème siècle. Même si dans toutes les

Calle del antemuro de l'Alcazaba, avec les murailles superposées et la tour du Guet au fond

fortifications les tours ont une finalité défensive, dans l'Alhambra nasride on peut distinguer trois archétypes ou modèles : la tour *atalaya*, généralement de taille réduite, qui a une fonction militaire, interrompt le chemin de ronde et oblige le garde du secteur à informer des nouvelles ; la tour qui abrite en son sein une demeure palatine, poétiquement nommée *qalahurra*, permet, au moyen d'un tunnel ou d'une galerie, de ne pas interrompre le chemin de ronde tout en préservant l'intimité des lieux ; et la tour-pavillon, *bahw* ou mirador, qui fait partie de la structure du palais et qui en est même l'élément le plus remarquable.

Les rues

L'urbanisme de l'Alhambra était organisé autour de trois voies principales et de quelques voies secondaires, avec des ruelles, des préaux et des petites places qui formaient la trame urbaine. La majorité d'entre elles demeurèrent enfouie jusqu'au siècle dernier où les travaux de fouilles, de désencombrement et de réparation permirent de découvrir une grande partie de la voirie de l'Alhambra nasride, ce qui explique qu'étant inconnues, les noms des rues ne sont pas ceux d'origine.

La rue principale est la calle de Ronda, qui parcourt, le long de la muraille, la partie intérieure de l'enceinte et anciennement servait de tranchée en cas de siège, raison pour laquelle on la connait également sous le nom de calle del Foso. La calle Real Alta, ou calle Mayor, qui articulait la médina, va d'ouest en est dans une légère pente. Tout au long de son parcours furent bâtis, par ordre de hiérarchie, demeures, édifices publics (mosquée, bains), ateliers et petites industries. La calle Real Baja reliait et délimitait les différentes zones résidentielles palatines, et disposait d'ingénieux systèmes permettant leur fermeture afin d'empêcher le passage ou isolant les dépendances les unes des autres.

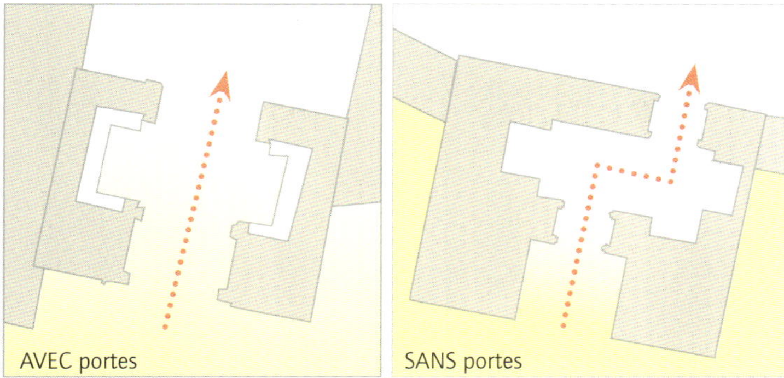

Schéma des deux types d'accès dans les portes de l'Alhambra
Sur le schéma de gauche nous voyons que l'accès est direct ou en ligne droite, caractéristique des portes intérieures, comme par exemple la porte du Vin.
Sur le schéma de droite, on distingue l'accès coudé, habituellement utilisé pour les portes extérieures, telle que la porte de la Justice.

Les portes

Leur fonction était de contrôler les accès, tant à l'enceinte fortifiée qu'aux différents espaces. On notera deux types de portes : les portes intérieures et les portes extérieures. Les premières fonctionnent comme des écluses qui ouvrent et ferment l'accès aux différents secteurs de la ville. Elles sont d'accès direct, c'est à dire, en ligne droite, et ont généralement en leur intérieur des bancs ou *mastabas* pour permettre aux gardes, qui par ailleurs pouvaient y résider, de se reposer. L'exemple le plus édifiant est la porte du Vin, d'où démarrent la calle Real Alta et la médina. Les portes extérieures s'insèrent dans la muraille, et bien que nécessaires, elles représentaient une faille dans la défense, c'est pourquoi elles furent spécialement fortifiées et leur accès évolua pour se développer dans une forme coudée.

La grande muraille qui entoure et protège l'Alhambra nasride possède quatre portes défensives principales, quasi équidistantes, deux au nord et deux au sud : au nord, la porte des Armes (*Bab al-Silah*) et celle nouvellement nommée porte du Faubourg, et au sud, la porte des Sept Sols (*Bab al-Gudur*) et la porte de la Justice *(Bab al-Sharía)*. Au-dessus d'elles se dressent des tours portant le même nom et remplissant la mission supplémentaire de surveillance.

Ci-après vous trouverez une description des portes extérieures de l'Alhambra dans le sens des aiguilles d'une montre, en marge de l'ordre de la visite.

Porte des Sept Sols

Sur le flanc de la muraille, au levant, se trouve la porte des Sept Sols, probablement édifiée dans sa configuration actuelle vers le milieu du XIVème siècle, sur une ancienne porte de taille plus réduite. Il s'agit de la porte la plus proche de la médina, et elle avait vraisemblablement un caractère cérémonial puisque si l'on se réfère à certaines chroniques, des joutes et des parades militaires se déroulaient devant elle.

Cette porte reste l'un des lieux les plus énigmatiques de l'Alhambra, certainement

Détail de la gravure de Hoefnagel, 1575, où est représentée la porte des Sept Sols avec l'inscription « Porta Castri Granatensis semper clausa ». Bibliothèque de l'Alhambra

Porte des Sept Sols, ou Bab al-Gudur, dans la partie sud de la muraille

en raison de la prolifération de légendes la concernant. On trouve entre autres celle qui a été reprise par Washington Irving dans son célèbre ouvrage *Contes de l'Alhambra*, intitulée « Le legs du Maure », à qui l'on doit le nom actuelle de la porte, car à l'origine, son nom était *Bab al-Gudur* en arabe, porte des Puits ou des Bassins.

C'est par elle qu'entrèrent les premières troupes castillanes après l'alliance passée entre les Rois Catholiques et Boabdil, à l'aube du 2 Janvier 1492. Une gravure de la fin du XVIème siècle porte l'inscription « Porta Castri Granatensis semper clausa », ce qui a prolongé le mystère jusqu'à nos jours. Cependant, selon ce qui figure dans les archives, on n'ordonna de la clôturer qu'en 1747, et elle ne fut rouverte qu'en 1812, lorsque les troupes napoléoniennes d'occupation la détruisirent presque entièrement à leur départ.

Avec les premières restaurations de l'Alhambra réalisées à la fin du XIXème siècle, on retira les décombres et on tailla même certaines pièces en marbre pour sa décoration. Dans le premier quart du XXème siècle on acheva le tracé de promenades et jardins, on élimina la végétation sauvage et on abattit, à l'extérieur, quelques constructions modernes qui la cachaient.

Grâce aux anciennes gravures conservées, elle put être reconstruite de manière assez fidèle, au milieu des années soixante-dix. On compléta l'intérieur de la voûte en berceau, avec des miroirs de la partie centrale de la porte. La façade nord, qui était jusqu'à peu, presque entièrement conservée au-dessus de la ligne d'impostes, fut consolidée et renforcée avec des briques de parement. Pour sa reconstruction on prit en compte la porte de la Justice, car bien que différentes, elles coïncident en de nombreux détails qui permirent de confronter des données comme par exemple la distance entre les montants, le plan du portail, etc.

Porte des Charrettes modifiée au niveau de la courtine sud de la muraille entre 1526 et 1536, pour pouvoir introduire, à l'intérieur de l'Alhambra, les matériaux de construction du palais de Charles Quint

Porte des Charettes

Cette porte n'est pas une ouverture d'origine de la muraille nasride de l'Alhambra, elle fut aménagée entre les années 1526 et 1536 pour les travaux du palais de Charles Quint.

Il fallut adapter toute la zone autour du Palais et niveler le terrain pour réaliser, devant les façades, une grande place d'Armes à arcades avec les petites places adjacentes. Bien que le projet n'ait pas été finalisé et que les travaux aient été interrompus, on utilisa une grande partie de la terre extraite pour les esplanades, le nom de tout ce secteur appelé Las Placetas en témoigne.

Pour pouvoir transporter la terre de l'esplanade ainsi que les pierres pour la construction du palais, on construisit une rampe sur le versant qui monte vers la muraille, et on ouvrit cette porte. Dans certains documents du XVIIème siècle, elle est également appelée « porte du Chemin ». Plus tard, elle subit plusieurs modifications et agrandissements, la dernière fois en 1792.

Le seuil de la porte est légèrement plus élevé que le niveau de la calle Ronda qui parcourt la partie intérieure de la muraille de l'Alhambra. Avec le temps, la porte des Charrettes devint la seule à offrir un accès facile aux véhicules, actuellement réservé aux clients des hôtels de l'enceinte, au transport public ou spécial, et aux véhicules d'entretien du Complexe Monumental.

Porte de la Justice

La porte de la Justice est sans aucun doute, des quatre portes extérieures de l'enceinte fortifiée de l'Alhambra, celle qui revêt le plus grand caractère monumental. Son aspect majestueux en fait un des symboles de l'Alhambra. On la connaît sous le nom de porte de l'Esplanade en raison de la vaste plaine qui s'étendait devant elle, aujourd'hui recouverte en partie par l'épaisseur du bois. Son nom en arabe, *Bab al-Sharía,* a une double acception : il signifie esplanade mais également justice, nom adopté par les chrétiens. L'importance symbolique de l'évènement historique du départ de Boabdil et de ses troupes de l'Alhambra, fut immortalisée face à cette porte sur le retable de l'autel de la Chapelle de Grenade.

Commandée en 1348 par le Sultan Youssouf Ier, cette porte, de fait, renferme un

Eléments symboliques de la porte de la Justice

Outre leur fonction, qui est de faciliter la communication et protéger l'enceinte fortifiée, les portes de l'Alhambra revêtent une valeur symbolique. Elles sont ornées d'éléments décoratifs, symboles de la culture musulmane. C'est le cas par exemple de la porte de la Justice qui arbore une clé et une main sur la clef de voûte. La clé était le symbole de la foi, et la main signifiait les cinq préceptes de la loi musulmane, c'est à dire qu'elle symbolisait la perfection. Après avoir beaucoup spéculé sur la représentation de ces deux éléments sur une même porte, on a considéré qu'il s'agissait d'une métaphore du pouvoir.

condensé de significations. Outre sa fonction structurelle, elle possède une des valeurs symboliques les plus notoires de l'Alhambra : la main qui orne la voute du grand arc extérieur, et la clé reproduite en haut de l'arc intérieur de l'entrée sont des symboles islamiques qui contrastent avec la figure gothique de la vierge à l'enfant, du sculpteur Roberto Alemán, placée par les Rois Catholiques sur la grande pierre tombale qui porte l'inscription arabe constitutive de la porte, se trouvant au-dessus de la clé.

Quatre colonnes jointes, dont les chapiteaux portent la profession de foi musulmane, encadrent la grande porte d'entrée, qui a conservé ses feuilles de placage en fer et autres ferrures originales. Entre le grand arc extérieur et le vestibule d'entrée reste un espace à ciel ouvert, ou soupirail, qui servait à l'origine à riposter face à l'éventuel assaillant.

L'intérieur, à l'image de ces constructions défensives, se développe en double coude et limite le dénivelé très prononcé. On peut encore apercevoir dans la partie haute des murs les supports ou perches destinés au dépôt des armes (piques et lances) des gardes. La variété de couvertures est typique de l'architecture nasride : voûtes d'arêtes, ou en canon avec lunettes et berceaux, ainsi que, sur les coupoles, la peinture imitant les briques rouges. Ce fut également caractéristique de la tradition de construction et de décoration des Almohades, prédécesseurs des Nasrides. En pénétrant à l'intérieur de l'enceinte, on aperçoit sur le mur de droite, un retable construit à la demande des voisins de l'Alhambra en 1588, une œuvre de Diego de Navas el Joven, en commémoration de la première messe célébrée après la Reconquête.

La façade intérieure de la porte donnant sur la muraille conserve une partie de ses ornements originaux dans les écoinçons de l'arc outrepassé, qui affiche une décoration en céramique de losanges polychromes. Face à cette porte, une large rue passe au pied de la muraille, qui fut construite durant la période chrétienne avec des pierres tombales.

Porte des Armes

La porte des Armes était celle qu'utilisaient historiquement les Grenadins pour accéder depuis la ville au siège administratif de la cour.

Elle était la seule à relier directement le centre de Grenade avec l'Alhambra, jusqu'à ce qu'au XVème siècle, suite à la conquête chrétienne, la ville s'étendit, ce qui modifia les us et coutumes de la population. Jusqu'alors, on montait par le versant de la colline, on traversait par un des ponts existant le long du fleuve Darro, jusqu'à la place d'Armes.

Coupole de l'intérieur de la porte des Armes

De structure intérieure coudée, à l'image des autres portes extérieures de l'Alhambra, elle est divisée en trois espaces séparés par des arcs outrepassés brisés, et pourvue de bancs pour le repos des gardes. L'enceinte centrale est couverte d'une voûte en berceau alors que les enceintes latérales sont ovales et peintes en imitant la brique, un procédé caractéristique du style nasride.
Les voûtes semi-circulaires ovales des pièces latérales sont entièrement recouvertes de peinture reproduisant de fines briques rouge avec des joints blancs, afin d'accentuer l'effet de profondeur des oves. Cette caractéristique est un héritage du style almohade.

Porte et tour de la Justice

Cette porte fut une des premières constructions réalisées dans l'Alhambra par les Nasrides à la fin du XIIIème siècle. C'est elle qui s'inspire le plus, tant sur la plan de la construction que de la décoration, de la tradition almohade, dont les Grenadins sont héritiers. En tant que porte extérieure d'une enceinte fortifiée elle possède une structure interne coudée, pour compliquer l'accès en cas d'offensive et donc mieux se défendre. Notons le portail formé d'un arc outrepassé brisé en briques, festonné de morceaux de verres colorés et quadrillé d'un alfiz de rubans qui s'entrecroisent et enserrent l'écoinçon, qui ont perdu presque tous leurs ornements ; les impostes desquels démarre l'arc sont en pierre.

L'intérieur, divisé en trois espaces séparés par des arcs outrepassés brisés est couvert de voûtes peintes en imitant des briques rouges, des voûtes ovales aux extrémités et en berceau au centre. Sur les côtés et au fond on retrouve des bancs pour les gardes.

À l'extrémité de la porte se trouve un espace cubique, tel un *iwān*, depuis lequel on contrôlait l'accès de face. Sur les côtés, deux portes avec des arcs outrepassés permettent les communications intérieures : celle de droite, vers l'intérieur de l'Alcazaba , et celle de gauche vers une cour avec des rebords pour faciliter la descente de cheval, d'où part une rue pavée qui mène à l'intérieur de l'Alhambra, la rue du rempart, protégée par les trois courtines superposées des murailles de l'Alcazaba.

Porte du Faubourg

La porte du Faubourg est située au pied de la tour des Pointes. Avec la porte des Armes dans l'Alcazaba, elle était un des accès septentrionaux qui reliait la ville à l'Alhambra. Érigée par Muhammad II, elle fut le principal accès aux premiers espaces palatins de l'Alhambra, et la plus proche du Generalife.

Elle présente un arc outrepassé brisé, en pierre, avec des impostes ; la clef de voûte,

Détail d'un renfort incliné de l'Alcazaba dans la rue du rempart appelé « alambor ». À droite, le portail intérieur de la porte des Armes

Porte du Faubourg, située à la base de la tour des Pointes, dans la partie nord de la muraille

Porte de Fer, sur le bastion de la tour des Pointes, dépassant au fond

aujourd'hui disparue, était probablement en marbre et ornée de la traditionnelle clé. Elle est traversée d'un étroit passage voûté donnant sur un bastion avec des casernes et des écuries, défendus par une tour avancée, qui fut transformée en résidence pour le personnel de l'Alhambra jusqu'à une époque récente.

Le bastion possède une galerie avec des arcs surbaissés, des voûtes à canons et des fenêtres rampantes pour l'artillerie, une probable adaptation du XVème siècle.

Porte de Fer

La porte de Fer fut réformée à l'époque des Rois Catholiques, dont les emblèmes, le joug et les flèches, se trouve encore aujourd'hui sur l'arc en anse de panier pourtant bien détérioré ; elle communique directement avec le palais du Generalife, en traversant la cuesta del Rey Chico.

La porte de Fer fait partie du bastion défensif de la porte du Faubourg, qui se trouve au pied de la tour des Pointes.

Visite de l'enceinte de l'Alhambra

L'Alhambra est une enceinte entourée de quelques milles mètres de murailles et d'une trentaine de tours. Pour avoir une vision de l'Alhambra comme enceinte fortifiée, il est recommandé d'y accéder par la porte de la Justice. Depuis le pavillon d'accès, où l'on peut obtenir les billets d'entrée et les renseignements concernant la visite, il suffit de suivre le chemin qui longe la muraille par l'extérieur, passer la porte des Sept Sols et plusieurs tours, dont celles des Têtes, pour arriver à l'esplanade de la porte de la Justice d'où, à gauche, vous pourrez apercevoir la fontaine de Charles Quint.

Itinéraire recommandé dans ce guide

Nous vous proposons un itinéraire pour faciliter la visite du Complexe Monumental de l'Alhambra et du Generalife. Il y a trois zones importantes : l'Alcazaba, les Palais et le Generalife.

L'index général de ce guide correspond à cet itinéraire, cependant, il est tout à fait possible de changer l'ordre de la visite. Le seul élément à prendre en compte dans l'organisation de la visite est l'horaire indiqué sur le billet d'entrée aux Palais Nasrides ; les autres lieux peuvent se visiter dans n'importe quel ordre.

Pour une compréhension globale du monument nous vous proposons le parcours suivant :

1 Pavillon d'accès
2 Promenade dans le bois jouxtant la muraille méridionale extérieure
3 Porte de la Justice
4 Place des Citernes

Façade extérieure et principale de la porte des Armes

Parcours recommandé

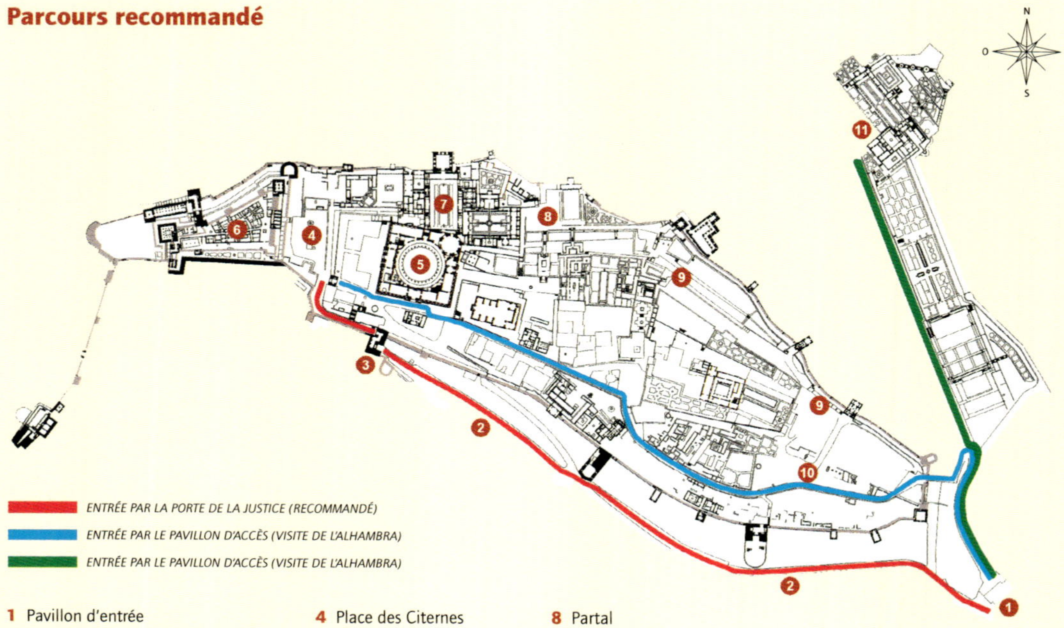

1 Pavillon d'entrée
2 Promenade dans le bois jouxtant la muraille méridionale extérieure
3 Porte de la Justice
4 Place des Citernes
5 Palais de Charles Quint
6 Alcazaba
7 Palais Nasrides
8 Partal
9 Promenade des tours
10 Médina, Alhambra haute
11 Generalife

5 Palais de Charles Quint
6 Alcazaba
7 Palais Nasrides
8 Partal
9 Promenade des tours
10 Médina, Alhambra haute
11 Generalife

Au-dessus de l'ensemble territorial de l'Alhambra s'étend le parc périurbain de la Dehesa du Generalife, un vaste espace naturel possédant d'importants restes archéologiques. Vous pourrez également profiter de ses sentiers, ses promenades et ses zones aménagées pour les activités sportives. De là, vous pourrez profiter d'une magnifique perspective du profil orographique de la ville. Dans ses contreforts, se trouve le Cimetière Municipal de Grenade.

Les accès piétonniers, tout comme les routes confluent vers une vaste zone d'accueil où se situent les guichets centraux du monument. À proximité, vous disposez de stationnements pour les véhicules privés et divers services d'hôtellerie et de restauration.

Pavillon d'entrée de l'Alhambra

Il se situe à l'extrême sud du Complexe Monumental. Dans le pavillon principal d'accès à l'Alhambra, vous pourrez obtenir des renseignements sur la visite, acheter les billets d'entrée et démarrer la visite.

Le Patronato de la Alhambra s'est engagé à récupérer cet espace, et pour cela un concours international d'idées a été lancé, afin d'améliorer et adapter cet espace.

D'ici vous pouvez commencer votre visite de l'intérieur de l'enceinte fortifiée par les rues principales : par la porte de la Justice ou par le pont du Generalife.

Entrée par la porte de la Justice

L'entrée à l'Alhambra par la porte de la Justice, qui suit un chemin de 675 m depuis le pavillon d'entrée, permet d'apercevoir la fortification de la ville depuis l'extérieur, ainsi que son implantation territoriale, malgré le fait qu'elle ait été vraiment transformée par le bois. Le parcours démarre à La Mimbre, le lieu d'où l'on

Esplanade de la porte de la Justice par laquelle il est recommandé d'accéder à l'Alhambra

Accès à l'intérieur de l'enceinte fortifiée par le pont Nouveau du Generalife

arrive depuis la cuesta del Rey Chico, jusqu'à la porte des Sept Sols, une des quatre portes extérieures de l'enceinte, puis continue le long de la face sud de la muraille et de ses tours. L'une des plus grande est la porte des Têtes, une porte hautement stratégique puisqu'elle protège les flancs des grandes portes méridionales de l'Alhambra, avec son grand bastion en saillie pour l'artillerie, appelé Bastion de l'Olivier dans des documents de la fin du XVème siècle.

Au cours du XVIème siècle, en contrebas de la muraille, une rampe fut aménagée pour faciliter l'acheminement des matériaux de construction du palais de Charles Quint, et une porte nommée porte des Charrettes, l'unique accès actuel pour la circulation des véhicules à l'intérieur de l'enceinte. Elle continue jusqu'à l'esplanade située face à la porte de la Justice, actuelle entrée principale à l'Alhambra.

Entrée par le pavillon d'accès

Cette deuxième option d'accès à l'Alhambra suit, en parallèle, celle que nous venons de décrire mais par l'intérieur de la muraille, et possède une extension de 740 m. Ce parcours traverse la médina supérieure de l'Alhambra, qui fut la zone résidentielle et artisanale au service de la cour, aujourd'hui aménagée en promenade archéologique, et la calle Real, principale voie de communication de l'Alhambra.

Elle débute au pavillon d'accès, sur la promenade des Cyprès, qui fut créée pour la visite de la Reine Isabelle II en 1862. Après un premier tronçon en pente, apparaît une bifurcation qui offre deux possibilités : soit continuer tout droit pour visiter le Generalife ; soit prendre à gauche, où l'on rejoint l'accès à l'Alhambra par un pont moderne qui relie la muraille, dans son extrémité orientale, avec la propriété du Generalife, évitant ainsi le fossé naturel de la cuesta del Rey Chico, une des montées depuis la ville.

À partir d'ici on continue parallèlement au Canal royal, qui alimentait en eau l'Alhambra et dont l'entrée peut être aperçue sur le pont de gauche, surveillé par la tour de l'Eau. Outre le début du Canal royal par l'aqueduc, on peut voir, tout au long du parcours, des restes de constructions, des fours à céramique, des tanneries et des maisons proches de la face interne de la muraille dont les tours furent en partie détruites lors de la retraite des troupes napoléoniennes en 1812.

4 Accès à l'enceinte fortifiée

En pénétrant dans l'enceinte fortifiée, le premier endroit qu'aperçoit le visiteur est une grande esplanade dominée par un édifice en pierre, le palais de Charles Quint. Le projet original prévoyait l'aménagement d'une grande place d'Armes à arcades, de style Renaissance, qui n'a finalement jamais été réalisée. Aujourd'hui il ne reste qu'un ensemble d'esplanades connues sous le nom de Las Placetas, d'où l'on peut accéder à l'Alcazaba, aux Palais Nasrides, ainsi qu'au palais de Charles Quint.

Une fois la muraille de l'Alhambra franchie, le visiteur entre dans une ville avec une complexe articulation de bâtiments, de rues, de places, de jardins, etc. Quels que soit le chemin par lequel on y accède, il conduit à un vaste espace ouvert où l'on distingue, en premier lieu, la structure de pierre du palais de Charles Quint, qui, comme le dit Manfredo Tafuri, ressemble à « une météore tombée accidentellement dans son enceinte ».

Las Placetas

Lors du projet original de cet édifice du XVIème siècle, une grande place d'armes à arcades était prévue devant l'entrée, mais elle ne fut jamais réalisée, même si, devant ses façades on prépara plusieurs esplanades, connues aujourd'hui sous le nom de « Las Placetas ».

C'est actuellement depuis cet espace, situé pratiquement au centre de l'Alhambra, que s'organise la visite des différents sites de l'enceinte.

Le palais de Charles Quint domine le site de Las Placetas et la place des Citernes. Photographie de J. Laurent, vers 1872

La place des Citernes à l'intérieur de l'enceinte de l'Alhambra, présidée par la tour Fendue et la tour du Donjon

Accès à l'enceinte fortifiée

En entrant dans l'Alhambra, le visiteur se retrouve à l'intérieur d'une ville entourée par une grande muraille, avec des édifices, des rues, des places et des jardins. Après avoir traversé la porte de la Justice, il arrive sur une vaste étendue à ciel ouvert délimitée par le palais de Charles Quint, les Palais Nasrides et l'Alcazaba. Cette grande place nivelée lors de la construction du palais de Charles Quint devait être une grande place d'Armes à arcades, servant d'antichambre au palais de style Renaissance. C'est aujourd'hui le point de départ des visites de l'Alhambra.

❶ Las Placetas

Devant la façade méridionale du palais de Charles Quint, sur l'espace appelé Las Placetas, des fouilles archéologiques permirent de découvrir les restes des murs de l'époque nasride, correspondant à une maison conçue autour d'une cour avec un bassin central entouré de pièces. Cette structure constitue un important témoignage de l'urbanisme de l'époque nasride, puisqu'il marque la cote de la rue principale.

❷ Porte du Vin

C'était une porte intérieure de l'enceinte donnant accès à la zone résidentielle. À l'étage supérieur résidait probablement le corps de garde chargé de sa surveillance. Sur la façade extérieure, à l'ouest, est reproduite une clé, symbole du pouvoir qui permettait d'ouvrir et de fermer les portes. La partie est de la porte possède de remarquables ornements d'azulejos de corde sèche et de stucs qui encadrent la fenêtre supérieure.

❸ Place des Citernes

Elle se nomme ainsi car sous la place se trouve une grande citerne que fit construire le comte de Tendilla, premier gouverneur de l'Alhambra après la conquête chrétienne. Cette grande esplanade, depuis laquelle on accède aux différents points de la cité palatine, fut, à de nombreuses reprises, le théâtre d'importants évènements culturels. Dans la zone contiguë à la muraille, les fouilles permirent de retrouver certains vestiges.

❹ Citerne de Tendilla

L'aventurier Hieronymus Münzer évoque déjà sa construction en 1494, soit immédiatement après la conquête de l'Alhambra par les Rois Catholiques. Le comte de Tendilla dirigea les travaux de fortification des portes, murailles et tours, ainsi que la construction des bastions, mais son œuvre majeure , qui porte d'ailleurs son nom, fut la citerne située sur un ravin, entre l'Alcazaba et lesPalais Nasrides, sous la place des Citernes.

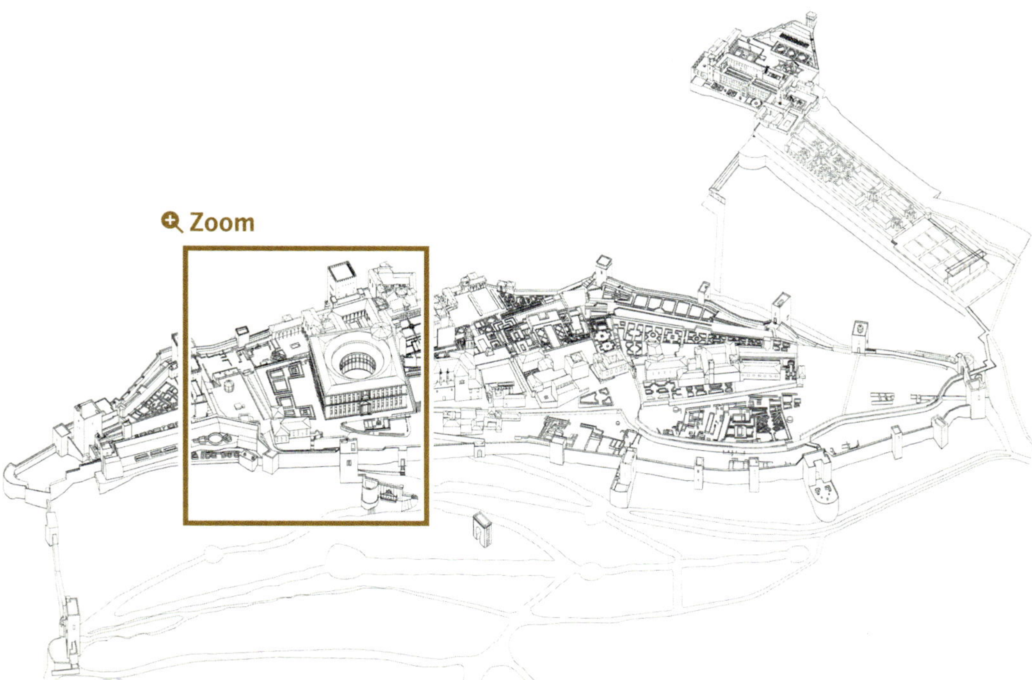

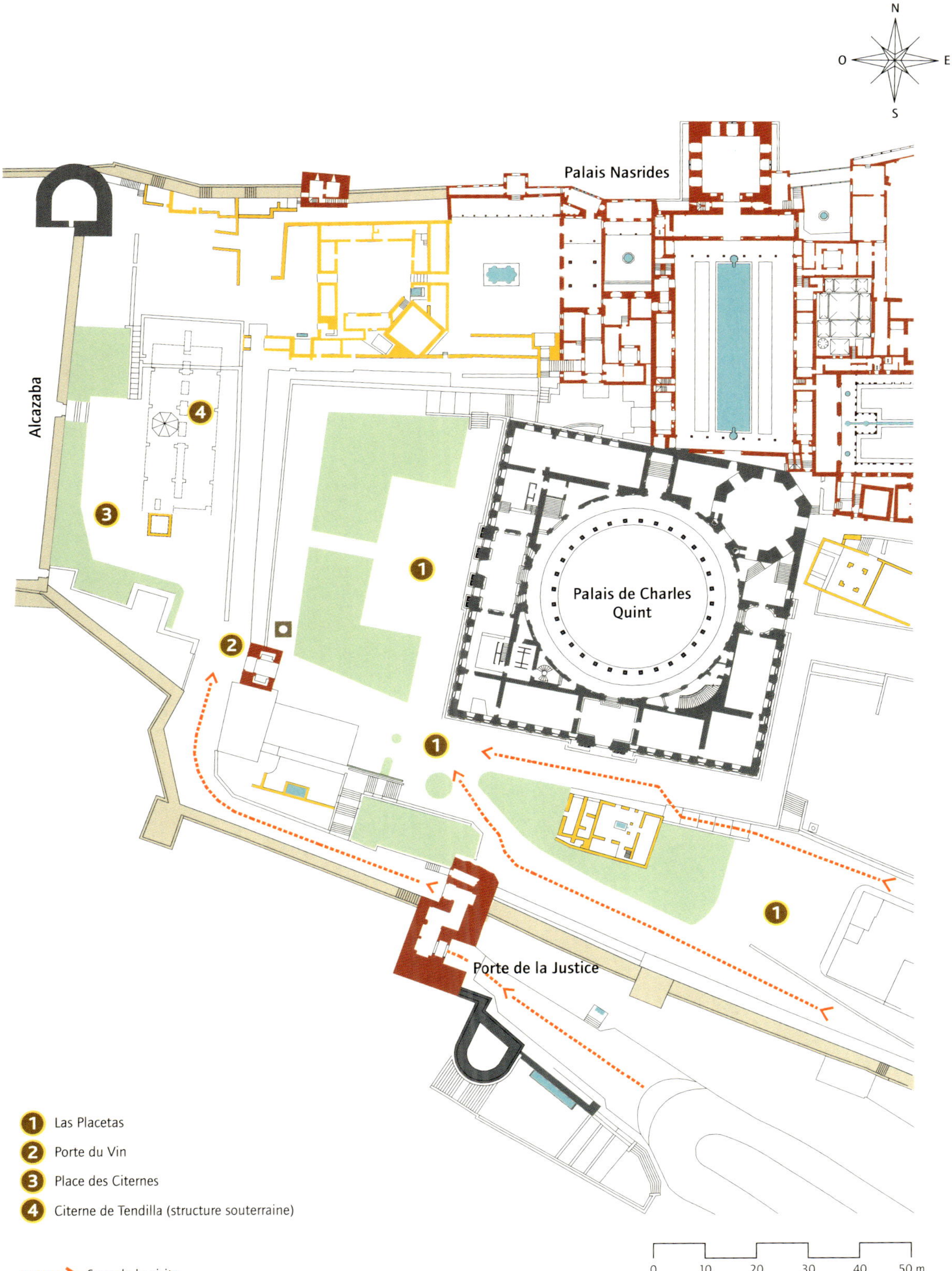

1 Las Placetas
2 Porte du Vin
3 Place des Citernes
4 Citerne de Tendilla (structure souterraine)

Sens de la visite

Muraille
Architecture nasride
Restes archéologiques nasrides
Architecture chrétienne
Jardins
Eléments hydrauliques
Oubliettes ousilo

Vestiges d'une maison nasride sur Las Placetas situés devant la façade sud du palais de Charles Quint

Las Placetas offrent un témoignage des différentes étapes de leur passé, comme ces vestiges des murs situés près de la façade méridionale du palais de Charles Quint. Ces murs appartiennent à la structure principale de la maison nasride construite autour d'une cour avec un bassin central entouré de pièces. On y distingue le seuil de quelques portes à mouchettes dont on suppose qu'elles seraient l'entrée de la maison depuis la calle Real. C'est une structure architecturale importante dans l'urbanisme de l'Alhambra médiévale, en effet elle marque la cote de la rue principale de la médina nasride qui passait par là. Toutes les pièces, qui

Détail de la façade méridionale du palais de Charles Quint, où l'on voit des canons en position verticale.
Photographie de J. Laurent, 1871

Canons sur affûts (photographie de gauche) qui étaient situés devant le palais de Charles Quint, et se trouvent aujourd'hui sur le garde corps de la muraille sud

ont conservé quelques-unes des dalles originales, se trouvent au même niveau, sauf l e corridor ouest, plus bas que le reste, dans l'axe duquel se trouve une porte, ayant pu appartenir à cette maison ou celle d'à côté. Le sol en graviers situé devant la façade vient probablement d'une place plus ancienne ou d'une rue perpendiculaire à la calle Real.

Ces constructions furent tirées des décombres en 1922 et consolidées dans la décennie suivante.

Face à elles, des canons en position verticale furent encastrés dans le sol. Les reliefs de la porte du palais renaissance, avec des références à l'artillerie, ont probablement favorisé leur installation dans ce lieu, connu au XIXème siècle comme la « Placeta de los Cañones ». Ils sont aujourd'hui placés sur des affûts recréés à la fin du XIXème siècle, situés sur le garde corps de la muraille méridionale de l'Alhambra.

Depuis Las Placetas, le visiteur peut observer un étonnant contraste entre le majestueux palais en pierre de la Renaissance, et le modeste appareil, quasi rural, de l'église de Santa María de la Alhambra, contraste qui se sentira également en 1576, lorsque la mosquée de l'Alhambra occupant ce terrain, alors en ruine, sera démolie.

A l'extrême opposé de la façade du palais de Charles Quint, sur l'angle, on peut remarquer les débuts d'un arc inachevé, prévu dans le projet comme une alternative à la porte du Vin, construction primordiale de l'Alhambra nasride dont la silhouette se distingue par ses arcs outrepassés.

Porte du Vin

Devenue un témoignage architectural, elle était à l'origine la principale porte d'accès à la médina de l'Alhambra, celle qui protégeait, à l'intérieur de l'enceinte fortifiée, le secteur résidentiel et artisanal au service de la cour. Elle continue, d'une certaine manière, à remplir la même fonction qu'à l'époque nasride. En tant que porte d'intérieur son accès est direct, en ligne droite, à la différence des portes extérieures dont l'entrée est coudée car elles devaient protéger l'enceinte. Elle conserve, en

Aquarelle de David Roberts, 1833, représentant la porte du Vin et le palais de Charles Quint. Archive de l'Alhambra

son intérieur, l'espace nécessaire et les bancs pour les gardes qui contrôlaient le passage. Ce bâtiment dispose d'un étage supérieur dans lequel, comme le voulait la tradition de la société corporative hispano-musulmane, devaient résider les corps de gardes en charge de la surveillance.

C'est un des bâtiments des plus anciens de l'Alhambra nasride, on estime qu'il fut construit à l'époque du Sultan Muhammad III (1302-1309), même si les ornements de ses deux façades correspondent à des époques différentes.

Bien que la pierre qui figure sur le linteau de l'arc mentionne le Sultan Muhammad V, qui gouverna durant la seconde moitié du XIVème siècle, la face ouest, la plus proche de l'Alcazaba, a dû être décorée à la fin du XIIIème siècle ou au début du XIVème. Comme elle était une façade extérieure, sur la clef de voûte de l'arc apparaît la traditionnelle et symbolique clé.

La façade intérieure, celle du levant, bien que suivant un schéma identique, fut décorée durant le second mandat du Sultan Muhammad V, et plus précisément après 1367, date des campagnes militaires de Jaen, Baeza et Úbeda. Parmi les ornementations, se distinguent les magnifiques pendentifs de l'arc, réalisés en azulejos de corde sèche, la composition de stucs qui encadre la fenêtre de l'étage supérieur, et les restes de peinture polychrome conservés à droite de l'arc. Une récente restauration à révélé que les

matériaux utilisés pour la décoration de la porte soulignaient son aspect rougeâtre.

La calle Mayor ou calle Real de l'Alhambra part en légère pente de la porte du Vin en direction de l'est. Cette ruel, principale voie de communication de la médina médiévale, est encore empruntée de nos jours. Une des principales valeurs de cette porte est sa dimension urbaine, que l'on peut encore apprécier en observant les alentours, car elle reste une référence, un repère pour les différentes communications internes de la ville.

Place des Citernes

Une des principales modifications structurelles exécutées à l'Alhambra depuis la conquête chrétienne, fut l'édification d'une grande citerne sur le lit du torrent qui séparait l'Alcazaba du reste de l'Alhambra. C'est Íñigo López de Mendoza, premier Marquis de Mondéjar, second comte de Tendilla et capitaine général de l'Alhambra, qui est à l'origine de ce projet. Sur les voûtes de cette citerne, où figure une inscription de1494, fut rapidement aménagée une vaste esplanade nommée encore aujourd'hui la place des Citernes.

Cet espace permet d'accéder aux divers secteurs de l'intérieur de l'enceinte fortifiée de l'Alhambra, une configuration presque semblable à celle de l'époque nasride.

La place se prolongeait jusqu'à la muraille nord, mais au milieu du XXème siècle, elle fut modifiée par les fouilles archéologiques qui permirent de restaurer une importante partie, encore inconnue, de l'Alhambra.

Avant sa configuration actuelle, cette place fut le théâtre d'importants évènements culturels tel que le Premier festival de « cante Jondo » (chant caractéristique du Flamenco) en 1922, incroyablement influant dans le panorama musical espagnol contemporain, ou encore les représentations de Saint-Sacrements.

Au centre, et dans son kiosque aujourd'hui disparu (rappelé par celui qui est aujourd'hui à cet emplacement), les Grenadins se retrouvaient pour discuter, et déguster le traditionnel morceau de sucre à l'eau de vie.

Citerne de Tendilla

« Dans l'Alhambra de Grenade, votre Majesté dispose de la meilleure citerne connue dans le monde entier, tant pour sa construction et sa capacité que pour la possibilité d'y conserver l'eau aussi froide que la glace, et très limpide et claire ; que les Seigneurs Rois Catholiques ont fait construire [...] » (Archive de l'Alhambra, Leg. L-238-4. *Citernes de l'Alhambra. Pétition contre la vente de l'eau des citernes aux porteurs d'eau).* Cette citerne fut construite sur le talweg existant entre l'Alcazaba et la médina intérieure de l'Alhambra, afin d'assurer l'approvisionnement en eau, non seulement de l'enceinte palatine mais également de la ville de Grenade. Sa structure rectangulaire possède deux nefs qui communiquent au moyen de six portes en arcs semi-circulaires.

Sur ces deux nefs couvertes par des voûtes en canon, on a ouvert des puits pour extraire l'eau. Au-dessus du toit de la citerne se trouve aujourd'hui la place des Citernes. De l'extérieur, seule la bouche d'entrée est visible car cette zone a subi tant de modifications depuis le XVIème siècle, qu'elle à perdu son aspect originel.

Face est de la porte du Vin. Elle était la porte intérieure principale de la médina de l'Alhambra

5 Palais de Charles Quint

Lorsque l'empereur Charles Quint et son épouse Isabelle de Portugal visitèrent l'Alhambra au printemps 1526, ils furent tellement impressionnés par ce lieu qu'ils décidèrent de construire une résidence à l'intérieur de ses murailles. Cette décision revêtait une valeur symbolique qui renforçait l'image d'un empereur considéré comme un des monarques les plus puissants au monde : cette enceinte avait été le dernier bastion musulman, et elle fut conquise par ses grands-parents, les Rois Catholiques.

Charles Ier d'Espagne, ou Charles Quint, roi et empereur élu, parcourait constamment l'Europe. Il visita Grenade au printemps 1526, après avoir célébré son mariage avec Isabelle de Portugal à Séville. Il ne pensait sans doute pas à Grenade pour être la capitale de son royaume, mais en revanche il voulut y édifier une imposante résidence royale. Ce choix revêtait une valeur symbolique profonde car il s'agissait de la citadelle musulmane conquise par ses grands-parents, les Rois Catholiques. Il procéda donc à la construction d'un imposant édifice en pierre auquel il intégra les trois figures géométriques qui, à cette époque, incarnaient le pouvoir : le carré extérieur (symbole du monde terrestre), le cercle de l'intérieur de la cour (symbole de la sphère céleste, de la Création), ces deux derniers connectés par la chapelle octogonale (une copie de celle d'Aix-la-Chapelle construite par son prédécesseur Charlemagne). Cette dernière relie elle-même le nouvel édifice avec le palais musulman de Comares par la crypte, située au sous-sol de la chapelle, mais en axe et au même niveau que ce dernier.

Vue aérienne du palais de Charles Quint et des Palais Nasrides

Porte méridionale du palais de Charles Quint

Palais de Charles Quint

Il s'agit d'un palais de style renaissance édifié au début du XVIème siècle par ordre de l'empereur Charles Quint qui voulait en faire une résidence impériale. Sa construction ne fut jamais achevée de son vivant : en 1637, et ce jusqu'au XXème siècle, on interrompit les travaux alors que la structure n'était même pas recouverte. Cet imposant bâtiment carré, à l'intérieur duquel se trouve une cour circulaire, a changé l'image de l'Alhambra. Comme le palais jouxtait le portique sud de la cour de Comares, son architecte, Pedro Machuca, voulait qu'il remplisse la fonction de portique noble pour les Palais Nasrides.

❶ Façades

Ce palais de deux étages possède quatre façades de même dimension ; la façade nord se trouve en partie cachée puisqu'elle jouxte le palais de Comares. Le long banc du soubassement, la corniche qui divise le bâtiment en deux étages et l'entablement qui couronne la partie supérieure donnent de l'horizontalité à ces façades, sur lesquelles domine le bossage accentué de l'étage inférieur.

❷ Portes

Le centre des façades méridionale et occidentale fut orné de deux grandes portes de marbre de forte influence romaine. Sur les reliefs est inscrit un programme iconographique où l'on l'empereur Charles Quint incarne la paix universelle.

❸ Cour

L'intérieur du palais est constitué d'une grande cour circulaire aux proportions harmonieuses, avec une longue façade à deux étages. Chacun d'eux est formé de trente deux colonnes, et ils sont séparés par un entablement de style renaissance fait de métopes et de triglyphes. Elle a été le siège d'importantes représentations théâtrales et musicales.

❹ Musée de l'Alhambra

Depuis le début des travaux de restauration en 1928, il a accueilli différentes manifestations, généralement culturelles. Actuellement, le rez-de-chaussée héberge le Musée de l'Alhambra, où sont conservés des objets provenant de l'Alhambra et de la civilisation qui l'a édifiée, comme par exemple, le vase aux Gazelles.

❺ Musée des Beaux Arts

Il se trouve à l'étage supérieur du palais. Il présente une collection de peintures et de sculptures majoritairement de l'école grenadine du XVIème au XXème siècle. Ses salles sont également utilisées pour des expositions temporaires.

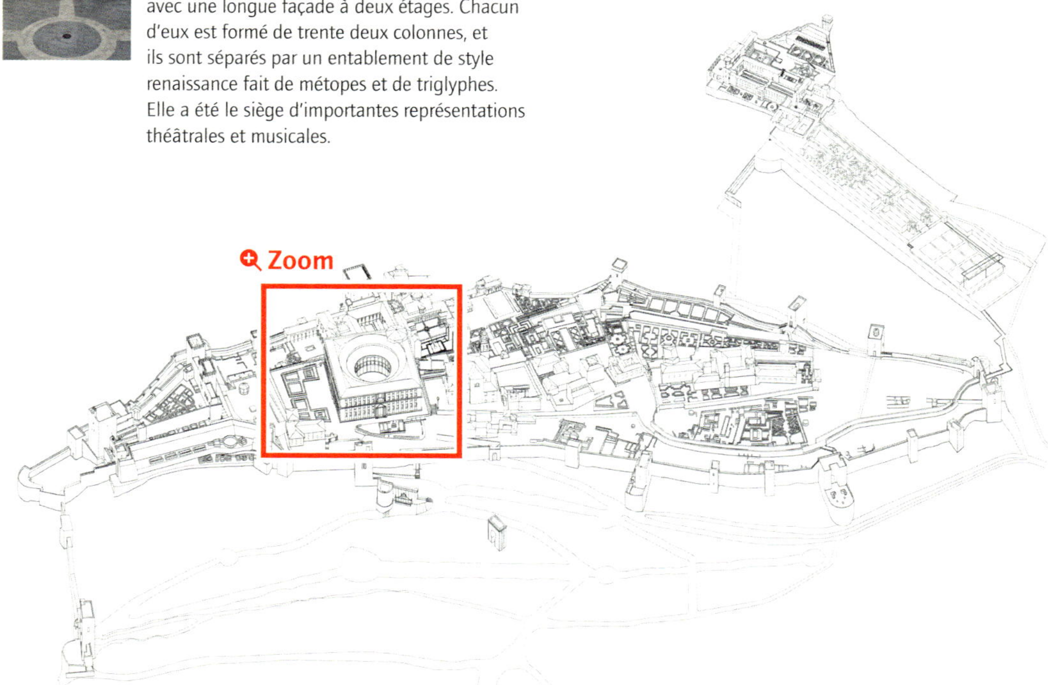

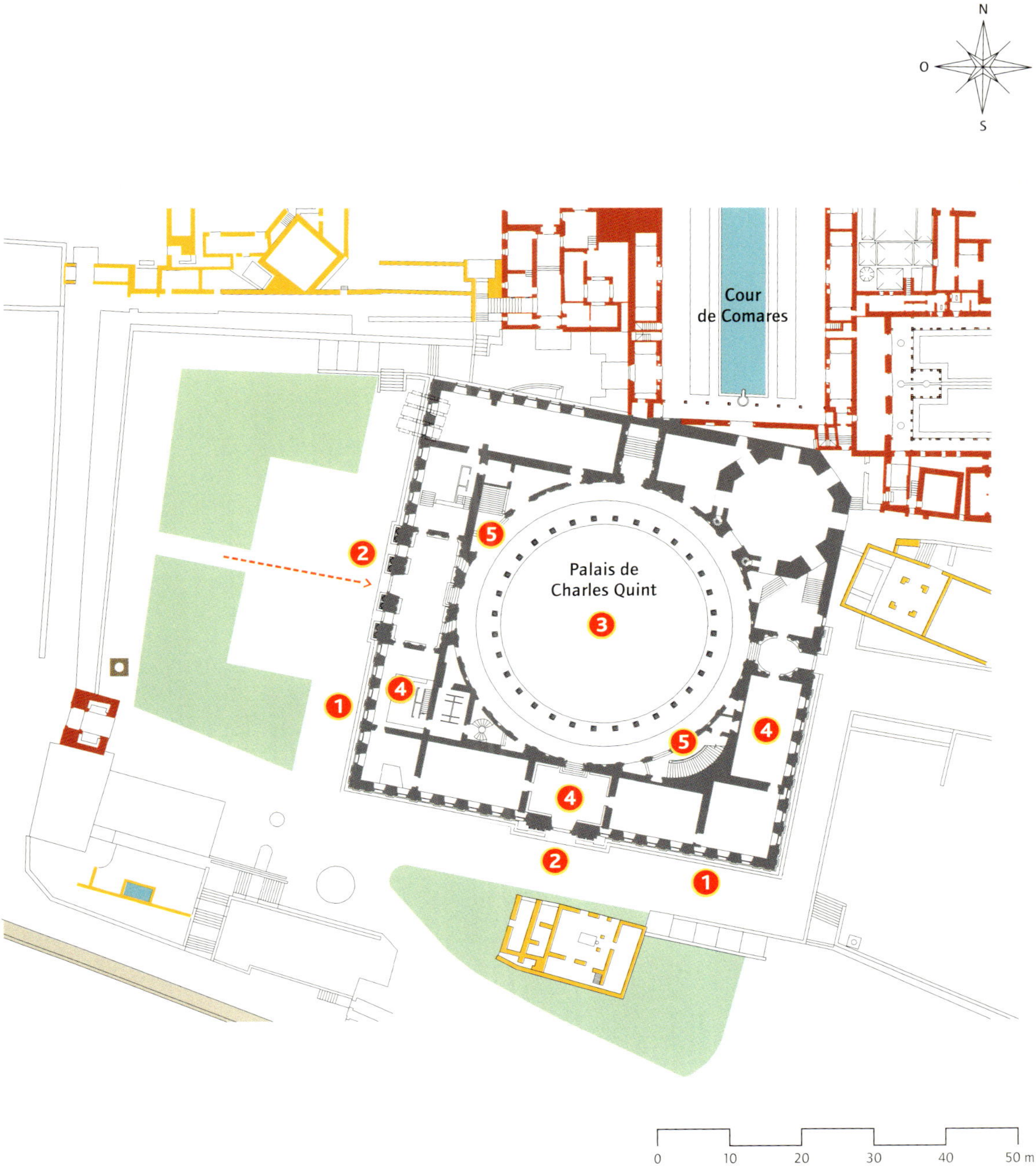

1 **Façades**

2 **Portes**

3 **Cour**

4 **Musée de l'Alhambra**

5 **Musée des Beaux-Arts de Grenade (étage du haut)**

Sens de la visite

Muraille
Architecture nasride
Restes archéologiques nasrides
Architecture chrétienne
Jardins
Éléments hydrauliques
Oubliettes ou silo

Le choix de l'Alhambra pour la construction de ce palais était une manière d'exprimer le triomphe de la Chrétienté sur l'Islam. Il était pour cela nécessaire de conserver les anciennes constructions islamiques qui allaient servir de contrepoint à l'échelle et au puissant caractère romain du nouveau palais. Les architectes de la Renaissance avaient une profonde admiration pour les modèles romains de l'Antiquité classique. Charles Quint lui même, en tant qu'empereur du Saint Empire romain germanique (Aix-la-Chapelle, 1520), se considérait comme un successeur des Empereurs romains. Une partie de ses efforts était destinée à contenir l'Empire ottoman en Europe (Hongrie et les Balkans) car, en 1529, Vienne fut assiégée, et en Méditerranée (expédition de Tunis en 1535).

La décision de construire le palais dans le style « romain » a certainement dû être influencée par le gouverneur de l'Alhambra et capitaine général Luis Hurtado de Mendoza, dont la famille joua un rôle important dans la diffusion de la culture italienne en Castille, même si le modèle du bâtiment a pu être suggéré par Baldassare Castiglione, un ami de Rafael Sanzio, de Giulio Romano et du gouverneur lui-même.

Le projet, dont on conserve encore deux plans originaux au Palais Royal de Madrid, doit son tracé à Pedro Machuca, un peintre, sculpteur et architecte, qui étudia en Italie avec Michel-Ange et se forma au sein du cercle artistique de la Rome de Léon X. Ceci explique qu'il ait été instruit dans la tradition de la Renaissance, dont il fut par la suite le pionnier en Espagne. Les travaux, financés par les contributions obligatoires des Morisques, débutèrent en 1527 sur ce qui, en grande partie, avait été un terrain où des chrétiens s'étaient installés de manière improvisée. Machuca dirigea les travaux jusqu'à sa mort en 1550, laissant les façades inachevées, hormis les grandes portes situées à l'ouest et au nord. Son fils Luis, qui lui succéda, réalisa la cour circulaire, mais les travaux furent suspendus pendant quinze ans en raison de la révolte des Morisques de Grenade en 1568. Lorsque Philippe IV visita Grenade en 1628, il ne put se loger dans le palais qui n'était toujours pas

Façade ouest du palais de Charles Quint

habitable après quatre-vingt-dix ans de travaux. En 1637, ils furent définitivement interrompus et la structure entière demeura à nu.

L'établissement du palais dans l'Alhambra, malgré une conception qui exprimait une volonté de l'intégrer, changea l'image de l'enceinte et modifia tant son tissu intérieur que sa connexion avec la ville. Le projet original prévoyait une grande place à arcades à l'ouest, et une plus petite au sud, ce qui supposait une importante modification des accès. En réalité, Machuca souhaitait que le nouvel édifice, avec ses places et ses façades, ait la fonction de portique noble pour les Palais Nasrides.

Les façades

Les façades du palais se caractérisent par leur unité chromatique et leur développement horizontal. En jouxtant l'édifice musulman, les deux façades principales du palais, les façades méridionale et occidentale, présentent un plus grand développement décoratif. L'horizontalité est fortement accentuée par le banc longeant la façade tel un soubassement, ou par la corniche qui sépare le corps inférieur du supérieur, mais aussi par l'entablement corinthien couronnant le tout. Expression significative du nouveau goût italien, le traitement à bossage *(bugnato rustico)* sur tout le corps inférieur, donne à l'ensemble un aspect peu commun en raison de l'intégration des pilastres dans l'appareil bossé, où sont fixés des anneaux de bronze. Ces anneaux sont soutenus par des têtes de lions, hormis dans les coins, où ce sont par des aigles.

À l'étage, on a cherché une alternance des éléments décoratifs, tant sur les emblèmes des plinthes sur lesquelles reposent les pilastres, que sur les linteaux. Sous leur couronnement, en forme de fronton, on a disposé d'étonnantes guirlandes droites renforçant l'horizontalité générale de la façade, et que certains auteurs considèrent comme un recours maniériste.

Les portes

Cette horizontalité n'est interrompue que par les portes marmoréennes, situées sur un plan avancé, à la façon d'arcs de triomphe, qui contrastent avec le reste par leur verticalité, même si elles respectent

Façade occidentale du palais de Charles Quint, avec sa porte principale

Anneaux en bronze, de tradition hispanique, fixés sur la partie basse de la façade, dont la fonction est purement symbolique (des têtes de lion, et dans les coins, d'aigle)

Détail du bossage entre pilastres, caractéristique du bas de la façade. On peut apprécier les différentes finitions que les tailleurs ont données à la pierre

la différenciation entre les deux corps. Les portes, en tant qu'élément indépendant, expriment le poids de la tradition espagnole face à la tradition italienne. La porte méridionale est délimitée de chaque côté par deux colonnes reposant sur des soubassements avec reliefs. Dans la partie basse, on trouve une grande porte, avec, de chaque côté, un pilastre d'ordre ionique, le même que les colonnes. Cette porte est couronnée d'un fronton triangulaire comportant les figures symboliques des Victoires. Les soubassements, avec des représentations en relief d'armes de l'époque et plus anciennes, se prolongent sur les côtés pour accueillir deux lions penchés. En haut, les colonnes corinthiennes reposent sur des soubassements comportant des reliefs mythologiques qui, contrairement à l'étage inférieur, se prolongent vers l'intérieur pour mettre en valeur la grande fenêtre à la manière d'une serlienne. Cette dernière est un procédé architectural de la Renaissance ayant recours à la combinaison

Relief de la façade occidentale

Sur la façade sont représentés des épisodes historico-allégoriques symbolisant la volonté de l'empereur d'obtenir la paix universelle. Au centre de la composition, les Victoires, arborant deux branches de laurier, soutiennent l'emblème impérial espagnol, les colonnes d'Hercule et le monde couronné. Dans les angles inférieurs, deux angelots mettent le feu avec leur flambeau au matériel de guerre gisant sur le sol, dorénavant inutile, puisque l'empereur impose la paix universelle.

d'un arc en plein cintre avec des linteaux déprimés sur les côtés, utilisé sur des portes, des façades, etc., très employé par Palladio ; on l'appelle serlienne car elle fut dessinée pour la première fois dans *l'Architettura* de Serlio (1537), bien qu'il s'agisse probablement d'une création de Bramante.

Sur la façade occidentale, on trouve la porte principale qui s'élargit sur les côtés, ce qui permit de faire deux autres accès plus réduits. Les demi-colonnes, jusqu'à huit à chaque hauteur, sont regroupées par deux, ce qui accentue la rupture avec l'horizontalité de la façade. Il faut souligner l'ornement symétrique en relief des soubassements du corps inférieur. Son iconographie, qui fait référence au désarmement faisant suite à la guerre, vise à associer le palais à un nouvel Ara Pacis universel, sous le patronage de l'empereur. Les demi-colonnes du corps supérieur contrastent de manière significative puisqu'elles reposent sur des soubassements dont les ornements sont géométriques, selon le goût herrerien de l'époque ; sur les frontons des fenêtres, on peut voir trois grands médaillons avec des reliefs représentant les exploits d'Hercule.

Cour

La cour circulaire, surélevée par rapport au niveau extérieur, présente deux galeries superposées. La galerie inférieure est couverte par une voûte annulaire en pierre, un élément, qui, bien qu'ancien, est sans précédent à la Renaissance. Elle fut probablement conçue pour recevoir des peintures à fresque. Trente-deux colonnes de l'ordre dorico-toscan en pierre poudingue de Loja, qui servent de support à un bel entablement comportant une frise de triglyphes et de métopes, constituent l'unique façade circulaire donnant sur la cour. Au-dessus de la cour se déploie un haut parapet avec la colonnade de la galerie supérieure. Elle fut réalisée en 1619 dans le style ionique et avec une disposition similaire à celle de l'étage inférieur, mais n'a été entièrement couverte qu'en 1967. Des deux grands escaliers, le principal, en angle, de l'architecte Fernández Lechuga, fut achevé en 1635.

Cour intérieure du palais de Charles Quint, de forme circulaire, qui s'inscrit dans la forme carrée du palais

À noter, la chapelle octogonale dans le coin le plus proche du palais de Comares, une figure géométrique qui est la deuxième structure centralisée du palais, un élément de grand prestige à la Renaissance.

L'escalier situé dans l'entrée nord du palais de Charles Quint descend depuis le niveau de la cour jusqu'à la partie occidentale du palais de Comares, et se termine là où se trouvait un banc de pierre correspondant à la salle basse de la résidence de ce palais, ce pour quoi il fut nécessaire de détruire le mur de contact entre les deux édifices. L'escalier est une structure très représentative du programme d'intégration du palais de Charles Quint avec les Palais Nasrides adjacents. La construction de ce singulier trait d'union semi-direct, qui date de 1580, figurait dans le projet initial du palais. Avec, au milieu du XXème siècle, l'établissement, à l'étage, du musée de l'Alhambra, la cage d'escalier a été condamnée et remplacée par une entrée directe au musée. Il a fallu également modifier la partie haute de l'entrée originale, puisque l'on voulut ouvrir la porte pour accéder au Musée. La récente restauration de l'embrasure et de la partie haute de la porte permet de se rendre compte à quel point la construction du palais de Charles Quint dans l'Alhambra musulmane s'est faite dans le respect des Palais Nasrides et de cet héritage historique.

Manifestations culturelles

Depuis le XVIIème siècle, ce monument a fait l'objet de différentes propositions quant à sa fonction. Outre celle de résidence royale, il y eut des propositions plus aventureuses telles que le projet, à la fin du XVIIIème siècle, de collège militaire pour la formation de nobles américains, ou encore celle de résidence pour le chef d'État à l'époque de Franco, mais aucune de ces propositions ne s'est concrétisée. L'enceinte a toujours été le centre d'attention culturelle de la ville. Dans la cour, on a même célébré des corridas et de nombreuses représentations théâtrales, de grands concerts et des récitals saisonniers. Son destin a même été discuté à l'Assemblée en 1902, mais le palais demeurait inachevé jusqu'à ce qu'en 1923, l'architecte Leopoldo Torres Balbás entreprit un programme de restauration de l'édifice.

Escalier construit en 1954 par Francisco Prieto Moreno pour relier les deux étages du palais

En 1928, on y ouvrit un petit Musée Arabe, le prédécesseur du Musée Archéologique de l'Alhambra, créé en 1942. Depuis lors, certaines niches, préaux et forgeages ont été restaurés pour aménager des bureaux, des archives et la bibliothèque du Patronato de la Alhambra, ainsi que pour accueillir des manifestations culturelles et protocolaires. À l'étage, on a inauguré en 1958, le Musée Provincial des Beaux-Arts. Récemment, on a renforcé la fonction culturelle du palais en tant qu'espace muséographique : le rez-de-chaussée a vu l'installation définitive du Musée de l'Alhambra ; l'étage, quant à lui, a été entièrement réaménagé pour le Musée des Beaux-Arts ; la chapelle et la crypte ont été restaurées en vue d'y célébrer des expositions temporaires ainsi que de nombreuses autres manifestations ; plusieurs salles, enfin, ont été aménagées afin d'accueillir des réunions, des conférences, ainsi qu'une librairie spécialisée.

Escalier de communication directe entre la cour du palais de Charles Quint et le palais nasride de Comares

Musée Archéologique de l'Alhambra
Le palais de Charles Quint demeura inachevé à la mort de l'empereur, et il en fut ainsi jusqu'à ce qu'au XXème siècle, l'architecte Torres Balbás entreprit la restauration du palais. Depuis lors, il remplit diverses fonctions, toujours dans le domaine culturel. En 1995, la volonté de consacrer son intérieur à la muséologie a enfin abouti, avec l'installation définitive du Musée de l'Alhambra. Sur la photo, la salle d'origine du Musée Archéologique de l'Alhambra, créé en 1942, embryon de l'actuel Musée de l'Alhambra et première utilisation du palais comme espace d'exposition. Archives de l'Alhambra .

Ce monument historique, chargé de symboles, remplit ainsi sa fonction culturelle d'espace muséographique de l'Alhambra.

Musée de l'Alhambra

Le Musée de l'Alhambra se trouve à l'intérieur du palais de Charles Quint, dans l'aile sud, et offre au visiteur la possibilité unique de contempler des objets artistiques et architecturaux du monument issus de la culture hispano-musulmane.

Créé en 1870, il fut nommé Musée National d'Art Hispano-musulman en 1962, et est inscrit depuis 1994, au Patronato de la Alhambra y el Generalife. Il a ensuite été transféré à son emplacement actuel et aménagé grâce aux techniques les plus avancées de la muséologie contemporaine. Il est composé de sept salles agencées chronologiquement dans lesquelles on peut apprécier l'évolution de l'art hispano-musulman et du monument en lui-même, avec, à ce jour, la plus belle collection d'art nasride, provenant surtout de fouilles et d'interventions dans l'Alhambra.

L'objet le plus connu du Musée est probablement le vase aux Gazelles (XIVème siècle), en faïence bleutée et dorée, accompagné d'un autre vase de la collection Simonetti, et des fragments d'autres vases, comme le goulot de la collection Hirsch. Parmi les objets en faïence, on trouve un plat califal provenant de Madinat al-Zahra' et de nombreuses pièces de mobilier de la période nasride, certaines d'une taille considérable. On trouve également des fragments de faïence fatimide provenant du Caire. Les pièces de céramique constituent un des fonds les plus importants du Musée, complété par un étonnant ensemble de petites pièces de jeux.

Les plinthes, comme celles de la salle des Aleyas dans le palais de Comares, qui étaient dans le Mexuar, et les azulejos (carreaux de céramique),

Copie du projet (1793) d'adaptation du palais de Charles Quint en siège du Collège militaire, projet qui n'a finalement pas été réalisé. Archives de l'Alhambra

Cour du palais durant le « couronnement » du poète romantique José Zorrilla, lauréat du concours du Poète National en 1889. Photographie d'Ayola

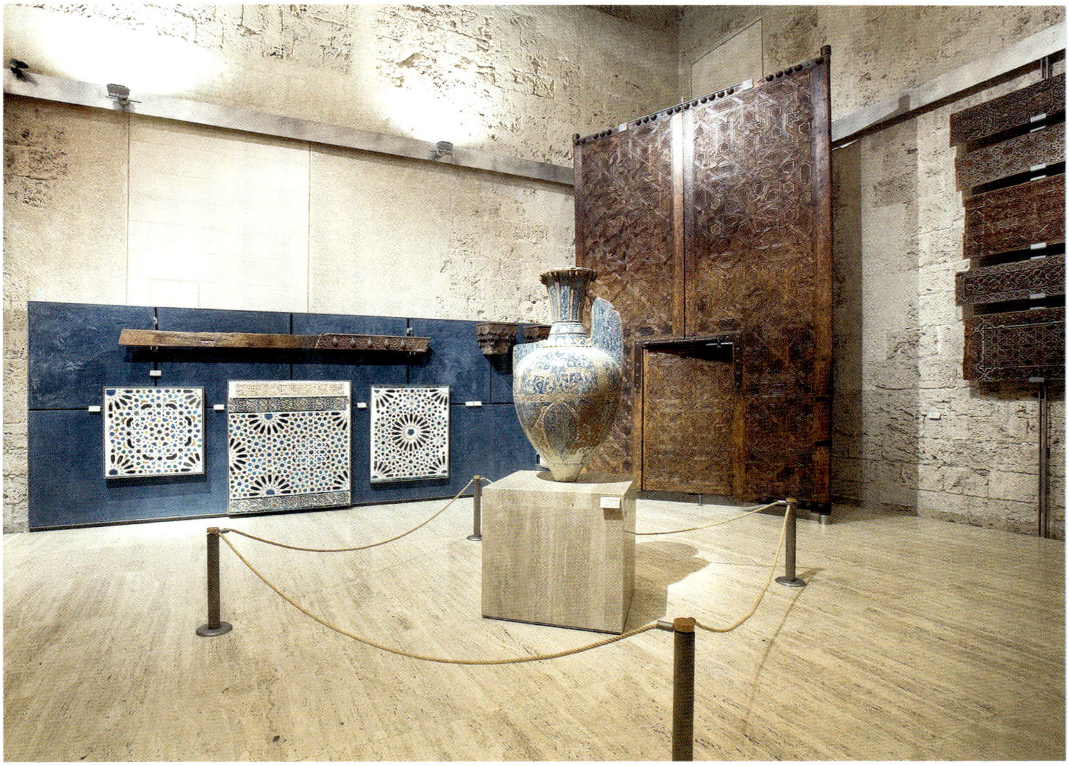

Salle du Musée de l'Alhambra avec, au centre, le vase aux Gazelles, et derrière, la porte de la salle des Deux Sœurs et autres objets trouvés dans l'Alhambra

comme ceux du Boudoir de la Reine, font partie des principaux échantillons de carrelages.

Parmi les nombreux stucs, en dehors de ceux qui proviennent des fouilles et des restaurations de l'ensemble de l'Alhambra, il convient de souligner ceux du mirador de la cour du Canal dans le Generalife, du palais des Alixares, ou du palais de Dar al-Arusa sur le Cerro del Sol.

En ce qui concerne les objets en bois, on trouve la porte et la jalousie de la salle des Deux Sœurs du palais des Lions. Les pièces incrustées, comme le petit coffre nasride portant des incrustations en marbre sur un des côtés, un *alacena* (placard à provisions) avec deux grandes portes, provenant de la résidence des Infants de Grenade, un fauteuil *jamuga,* fait de lanières de cuir et un étonnant échiquier. Tous ces objets datent du XIVème ou XVème siècle, citons également plusieurs armures nasrides et mudéjares grenadines, des fragments d'un auvent mudéjar de Tolède du XIème siècle, ou encore des tables almohades et protonasrides venant de la Maison des Tirs. Notons aussi la vasque califale venant du palais Alamiriya d'Almanzor, ainsi que plusieurs fontaines et vasques nasrides comme celle de Lindaraja ; mais aussi un chapiteau et une base califales du Xème siècle, mais aussi plusieurs chapiteaux, bases et fûts de colonnes nasrides de provenances diverses ; les pierres tombales des sultans nasrides et autres *maqabriyyas* en pierre ; la pierre fondatrice et les deux lions (XIVème siècle) du Maristán dans l'Albaicín et, bien qu'incomplet, un étonnant cadran solaire, ainsi qu'une collection variée de braseros en pierre de différentes époques.

Le Musée expose aussi une sélection de numismatique, de verres, de tissus ou encore de documents comme un Coran nasride. Et enfin, des objets métalliques, dont le *Yamur* en cuivre (XIème siècle) de la mosquée du Cadi, et plusieurs lampes à huile califales de provenances diverses.

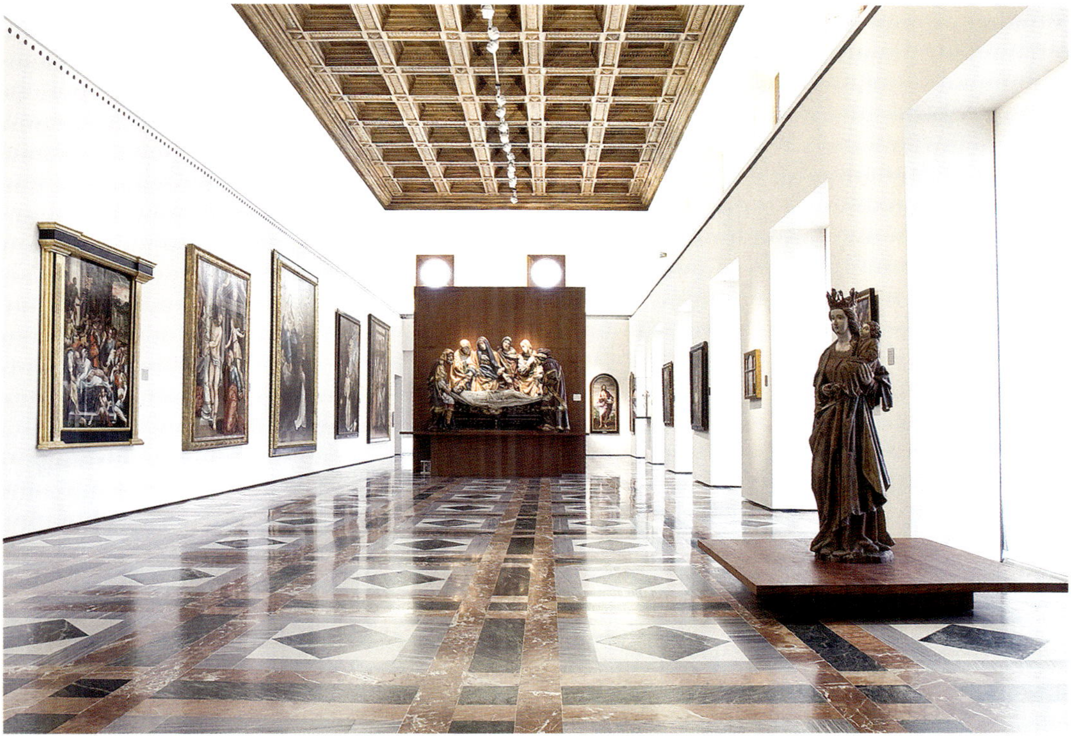

Salle du Musée des Beaux Arts de Grenade, qui abrite des pièces maîtresses de peinture et de sculpture

Le Musée est composé de plusieurs salles :

Salle I : La foi, la science et l'économie
Salle II : Art émiral et califal
Salle III : De l'art califal à l'art nasride
Salle IV : Art nasride. Edifices publics
Salle V : Art nasride. L'Alhambra et l'architecture
Salle VI : Art nasride. L'Alhambra, culture matérielle
Salle VII : Art nasride. L'Alhambra, culture matérielle

Musée de Beaux Arts de Grenade

Situé au premier étage du palais de Charles Quint, il possède une belle collection de peintures et accueille des expositions temporaires. Son origine remonte au moment du « désamortissement » lancé au XIXème siècle, c'est pourquoi une grande partie de sa collection est constituée de peintures grenadines au thème religieux réalisées entre le XVIème et XVIIème siècle. Il s'agit d'œuvres provenant de monastères comme celui de la Cartuja, ou de tableaux ayant orné les murs des couvents de San Francisco, de la Merced, des Trinitaires ou des Augustins déchaussés. Après avoir été à différents endroits de Grenade, en 1958, en raison de la célébration du IVème centenaire de la mort de l'empereur, il a été installé au premier étage du palais, où il demeure depuis lors.

Parmi ses pièces les plus significatives se trouve une porcelaine de Limoges, *El Entierro de Cristo*, de Jacobo Florentino, *El Bodegón del cardo* de Juan Sánchez Cotán, et des chefs d'œuvre du baroque, du néoclassique, du romantisme et de la peinture grenadine des XIXème et XXème siècles, parmi lesquels Manuel Ángeles Ortiz. Le musée conserve un important fond d'œuvres de cet artiste, notamment des œuvres des séries « Albayzín » et « Paseo de los Cipreses ».

Le vase aux Gazelles, un des chefs d'œuvre de la céramique médiévale islamique. Musée de l'Alhambra

6 La Alcazaba : la *Qasba*

Dans la partie ouest de la colline de la Sabika, la plus proche de la ville, s'élève l'Alcazaba avec la tour du Guet dominant la Vega et protégeant la cité palatine de l'Alhambra. Lorsque le premier sultan nasride du Royaume de Grenade, Al-Ahmar, choisit la Sabika comme siège du sultanat, il existait déjà à cet endroit un château ancien de couleur ocre, qui, après transformation, devint une forteresse défensive possédant plusieurs tours et jusqu'à trois courtines de murailles superposées, c'est là également, dans le quartier militaire, que vivait la garnison.

Une fois la construction d'une nouvelle ville entreprise, la dynastie nasride chercha à protéger la délicatesse de ses résidences et la magie des faubourgs du palais, et choisit la solide défense naturelle que représentait la colline de la Sabika. Dans sa partie la plus élevée se trouvait un ancien château de couleur rouge, l'édifice le plus ancien de l'Alhambra, qui, après transformation, servit de forteresse défensive pour toute l'enceinte.

Même si elle fut édifiée durant le Haut Moyen Age, et peut-être en partie sur la base d'une construction romaine tardive, elle reçut le nom d'Alcazaba Yadida, ce qui veut dire « nouvelle forteresse ». Les premiers textes évoquant son existence remontent à environ 860. Le premier sultan nasride, Al-Ahmar, refusa l'Alcazaba de l'Albaicín, l'ancienne Qadima, vieux forum romain fortifié sur la robuste muraille ibérique, et décida, vers 1238, de s'établir sur la montagne voisine, plus stratégiquement située. Il y établit la nouvelle Qasba de Grenade, le district des services pour la nouvelle administration, et le siège de son royaume durant les deux siècles suivants.

Sur la base de quelques tours en ruine, il reconstruisit la quasi totalité des murailles antérieures au XIème siècle, période à laquelle le château servait de protection à Grenade, alors capitale d'un des royaumes de taïfas, le royaume Ziride.

Structure de l'Alcazaba

L'Alcazaba est de forme triangulaire et son sommet occidental est celui qui est le plus proche de la ville de Grenade qu'il domine de manière

Vue aérienne de l'Alcazaba

L'Alcazaba a une base de forme triangulaire. Sur sa partie orientale, du nord au sud, elle est séparée du reste de l'Alhambra par un important renfort construit entre trois puissantes tours : la tour du Donjon, la tour Fendue et la tour Creuse. Trois autres tours ferment la structure par la fortification occidentale : la tour Hidalgos, la tour du Guet et la tour de la Poudre à canon. Cette enceinte militaire est intégrée dans l'Alhambra, mais totalement indépendante, elle est donc très largement fortifiée. Sur la photographie, prise du nord, on aperçoit, sur la partie supérieure, l'enceinte du XIème siècle à laquelle, à partir de l'époque nasride, furent ajoutées des tours de différentes caractéristiques pour renforcer les murailles.

La tour du Donjon, la tour Fendue et la tour Creuse ferment l'enceinte de l'Alcazaba vers l'est

L'Alcazaba

Elle occupe la face ouest de la colline, sur la zone qui, à l'image de la proue d'un navire, s'avance vers la ville. Sa fonction est clairement défensive, en attestent non seulement le caractère imposant des tours et des murs, mais aussi la présence d'un quartier militaire, où vivait la garnison en charge de la défense immédiate du sultan et de la ville palatine. Sur le sommet le plus proche de Grenade s'élève la tour du Guet, depuis laquelle on aperçoit le territoire environnant.

1 Tour du Donjon

Située sur la forteresse nord de la muraille, contiguë à la place des Citernes, c'est la tour la plus élevée de l'Alhambra : sa terrasse offre le panorama le plus étendu depuis l'Alhambra. À l'époque chrétienne, on construisit sur sa base la tour du Cube, servant de bastion circulaire pour améliorer la défense.

2 Quartier Militaire

À l'intérieur de l'Alcazaba fut récupérée la base des murs d'une série de bâtiments qui formaient un quartier homogène et complet, le quartier où résidaient les gardes du sultan et une partie de la garnison en charge de la surveillance et de la défense de l'Alhambra. Parmi les édifices on distingue les habitations équipées d'un moulin à farine accompagné d'un four, de latrines, de bains, d'une citerne, etc..

3 Porte des Armes

Située dans la tour du même nom, elle était la seule des quatre grandes portes extérieures de l'Alhambra qui, au début de l'époque nasride, communiquait directement avec la ville de Grenade. C'est par elle qu'arrivaient les Grenadins lorsqu'ils avaient besoin d'effectuer des démarches auprès du siège de la cour.

4 Tour du Guet

La tour du Guet ou Grande Tour, telle qu'elle se nomme depuis sa construction au XIIIème siècle, durant l'ère nasride, a toujours été une référence dans la vie des Grenadins. Selon la tradition, sur sa terrasse on leva les étendards des Rois Catholiques le jour même ou Boabdil remit les clés de la ville. La cloche de la tour a annoncé aux habitants de Grenade de multiples évènements.

5 Tour de la Poudre à canon

Située au sud de la tour du Guet, et dépassant de la muraille, elle fut un élément défensif majeur dans l'histoire de l'Alhambra. Elle est de taille réduite et à ses côtés démarre la muraille qui unit l'Alhambra aux tours Vermeilles.

6 Jardin des Chemins de ronde

Il occupe la place du fossé défensif de l'époque médiévale, entre les murailles et un mur érigé vers 1550 dans la partie méridionale de l'Alcazaba. La transformation du fossé ou chemin de ronde en jardin fut réalisée au XVIIème siècle quand, suite à l'expulsion des Maures en 1609, la menace cessa d'exister.

1. Tour du Donjon
2. Quartier Militaire
3. Porte des Armes
4. Tour du Guet
5. Tour de la Poudre à canon
6. Jardin des Chemins de ronde

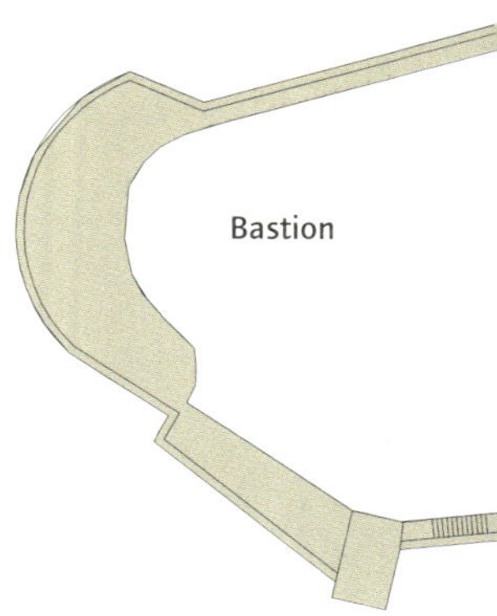

------> Sens de la visite

- Muraille
- Architecture nasride
- Restes archéologiques nasrides
- Architecture chrétienne
- Jardins
- Éléments hydrauliques
- Oubliettes ou silos

N
O
E
S
Zoom

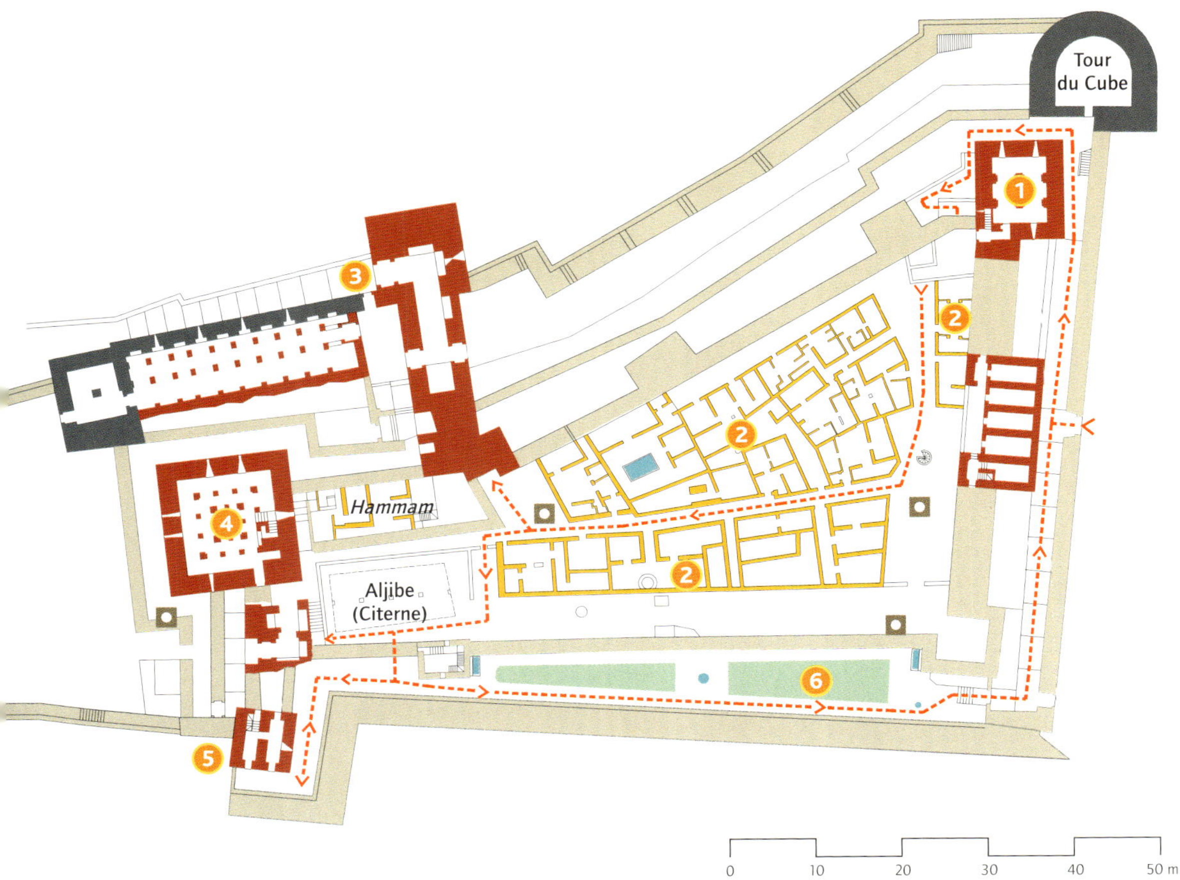
Tour du Cube
1
2
3
4
5
6
Hammam
Aljibe (Citerne)
0
10
20
30
40
50 m

Entrée à l'Alcazaba par la porte située en bas de la tour Fendue, sur la place des Citernes

privilégiée. Sur ce sommet fut construite la grande tour du Guet, depuis lors, symbole de la ville. Vers l'autre extrémité, du côté est, s'étend le reste de l'Alhambra, c'est pourquoi il fallut construire un important renfort de murailles entre trois puissantes tours : la tour du Donjon, la tour Fendue et la tour Creuse, du nord au sud, selon leur nom chrétien.

Après le passage des Nasrides, l'occupation de la forteresse de l'Alhambra par les Rois Catholiques supposa un vaste programme de transformation et par conséquent, son adaptation aux nouvelles techniques d'attaque et de défense de ce type d'enceinte, basées sur l'utilisation massive d'une artillerie alors émergente, la pyroballistique. Ces transformations débutèrent en 1492 avec la mise en place de bastions d'artillerie pour protéger les grandes portes de l'Alhambra, et s'achevèrent aux alentours de 1589 par la construction du cube d'artillerie, ou tour du Cube. Cette tour fut construite dans l'angle sud-est, sous la tour du Donjon, à l'emplacement de la porte du Moulin aujourd'hui disparue. Ce système défensif, qui semble complexe, était renforcé par le défilé naturel qui séparait le promontoire de l'Alcazaba du reste de l'Alhambra, un ravin dont les eaux s'écoulent vers la vallée septentrionale du fleuve Darro. Les modifications continuèrent en 1494 avec la construction de la citerne à deux nefs demandée par Tendilla, dont la couverture servit de plateforme à une vaste esplanade. Le projet de construction du palais de Charles Quint contribua à sa conformation. Même si, sur cette esplanade, la grande place d'armes prévue ne fut pas construite, la terrasse créée devint l'actuelle place des Citernes.

Visite de l'Alcazaba

L'entrée dans l'Alcazaba se fait par le chemin de ronde oriental. On perçoit immédiatement sa nature militaire, d'ailleurs son nom, *Alhizán*, d'origine arabe, définit très clairement son statut de château. Sur les murailles superposées s'élèvent les tours de renfort d'origine nasride, à l'extrême nord-est de ces murailles se concentre une grande partie de la stratégie défensive de l'Alhambra.

Tour du Donjon et tour du Cube

La tour du Donjon domine tout le périmètre de l'Alhamba, telle une sentinelle surveillant tout ce qui se passe à l'intérieur de la médina.

C'est sur sa terrasse que se trouve le point le plus élevé de la forteresse, ce qui permettait d'avoir un contact visuel avec les tours de guets dispersées dans les montagnes alentours, probablement à l'aide de miroirs ou de signaux de fumée, et d'obtenir ainsi, des informations précises sur les mouvements des troupes ennemies.

Les chrétiens, plus tard, renforcèrent sa base avec la tour du Cube, dont la forme cylindrique

La tour du Donjon est une des grandes tours défensives de l'Alcazaba. Au pied de cette tour fut construite, durant l'époque chrétienne, la tour du Cube

Coupe horizontale et verticale de la tour du Donjon

La tour du Donjon, qui compte six étages comme l'atteste le croquis ci-contre, était d'un point de vue stratégique, la plus importante de l'Alcazaba. Le point le plus élevé de la forteresse se trouve sur sa terrasse supérieure. C'était l'échauguette depuis laquelle on surveillait le territoire environnant, pour repérer toute éventuelle attaque. Autour de 1586, durant l'ère chrétienne, elle fut renforcée, dans sa partie basse, par la tour du Cube, de forme circulaire, pour mieux résister à l'artillerie.
Archives de l'Alhambra.

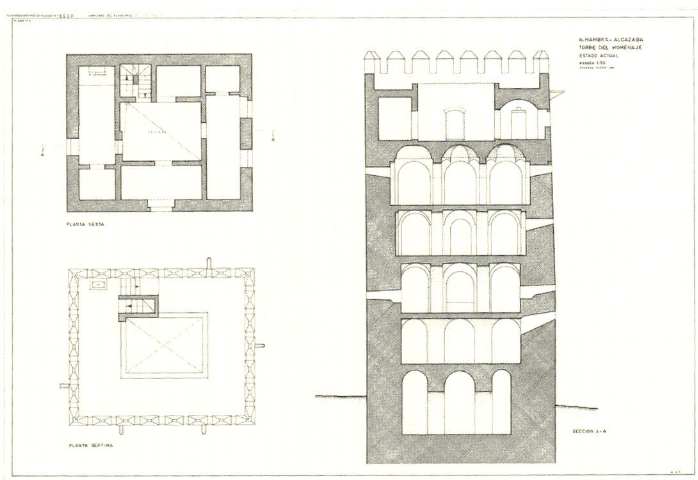

L'Alcazaba est renforcée par trois murailles : la muraille intérieure, la plus élevée, avec des petites tours saillantes massives ; la muraille intermédiaire, qui sert de fermeture à l'enceinte ; et la muraille inférieure, qui protège la voie d'accès depuis Grenade, et correspond au périmètre général de l'Alhambra

offre une meilleure protection face à l'artillerie que les tours nasrides de forme carrée, comme la tour du Moulin, qui fut enfermée en son intérieur. On peut apprécier la valeur stratégique de l'Alcazaba aussi bien depuis la terrasse du Cube que depuis le chemin de ronde qui parcourt la base de la tour du Donjon.

Cette zone septentrionale fait montre d'une disposition architecturale unique dans l'Alhambra, d'une grande beauté plastique, qui consiste en une superposition de trois courtines : la plus élevée appartient à l'enceinte de la taifa ziride du XIème siècle, avec trois petites tours massives en saillie ; l'intermédiaire, où se situe le chemin de ronde de la fortification nasride ; et l'inférieure, dont le chemin de ronde protège la large rue que les Grenadins de l'époque empruntaient pour se rendre à l'Alhambra.

C'est en ce lieu que sont réunis plusieurs éléments singuliers de la protection du Complexe Monumental. Sur la base des murailles superposées furent installés des dérivations ou escarpements, c'est à dire des renforts du mur en plan incliné, pour rendre l'assaut plus difficile. Au pied de la tour du Donjon fut installé un étonnant parapet perpendiculaire qui, en plus de d'obliger l'assaillant à le franchir durant l'attaque, cache la porte d'entrée à la forteresse et évite ainsi que l'on puisse épier les relèves des gardes qui effectuaient leur ronde.

On accède finalement à la porte de l'enceinte haute, formée en coude avec un tronçon du toit découvert pour ralentir l'éventuel assaillant.

Quartier militaire

L'intérieur de l'Alcazaba est aujourd'hui un espace à l'air libre occupé dans sa quasi totalité par un apparent labyrinthe de murs et de dalles. Il s'agit d'une anastylose, c'est à dire, une reconstitution architecturale d'un quartier militaire de l'époque nasride, au moyen de l'étude et de la récupération des restes archéologiques restés enfouis. Dans les

Le quartier militaire, découvert au début du XXème siècle, était un faubourg dans lequel vivait la garnison chargée de la défense du sultan et de sa cour. Il disposait, comme n'importe quel autre quartier résidentiel, de tous les services : un moulin à farine avec un four, des bains à vapeur, une citerne, etc.

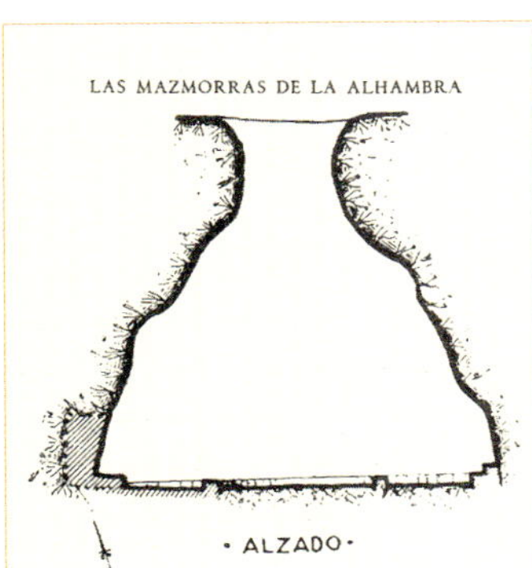

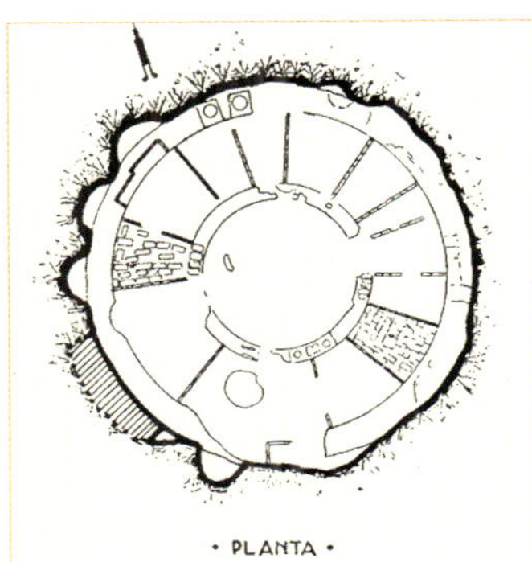

Les oubliettes de l'Alhambra

Sous la place d'Armes de l'Alcazaba, on découvrit vers 1930, au ras du sol, une oubliette de la hauteur d'une jarre de col étroit. La base est plus large et elle est divisée en cloisons radiales de briques qui formaient des cellules pour les captifs. Il n'y avait pas meilleur endroit que l'Alcazaba pour enfermer les prisonniers de valeur avant l'échange avec l'ennemi.

Dessins des coupes horizontale et verticale de Torres Balbás. Archives de l'Alhambra.

La terrasse de la tour des Armes constitue un impressionnant mirador duquel on peut apercevoir un vaste territoire alentour et apprécier la disposition de l'Alhambra par rapport à Grenade

premières années du XXème siècle, presque toute la surface était recouverte de terre et de décombres. Après les fouilles, on découvrit les fondations d'un faubourg de la ville palatine. Il était indépendant du reste de la ville, et c'est là que vivait la garnison militaire en charge de la protection de la cité. Elle était probablement choisie pour son absolue fidélité au sultan.

C'est la *qasba* de l'Alhambra, avec des habitations, des casernes et les services nécessaires à une communauté militaire.

La zone proche de la muraille nord était occupée par des habitations regroupées et organisées de manière identique à celle de n'importe quel quartier. Pour entrer dans ces maisons, on retrouve un accès en coude afin d'éviter les regards indiscrets depuis les petites rues ou les corridors. Elles étaient toutes de tailles différentes mais respectaient le même schéma. Elles s'orientaient autour d'une petite cour sur laquelle s'ouvraient, comme dans n'importe quelle habitation hispano-musulmane, la chambre principale, les latrines, la réserve et l'escalier d'accès à l'étage supérieur. Une rue longitudinale sépare ce secteur du secteur voisin situé plus au sud, dans lequel les murs de séparation et la distribution des espaces sont plus réguliers. Ce sont probablement des baraques ou des préaux pour les jeunes gardes qui ne vivaient pas encore avec leur propre famille, à l'image de leurs voisins.

On retrouve dans le quartier des éléments en relation avec la vie en caserne, tels que des oubliettes, des silos pour stocker les provisions, ou encore des dépôts pour les armes et les munitions. Tout comme chacun des quartiers avoisinants, il disposait du nécessaire pour la vie quotidienne : un four à pain pour cuire le repas du jour préparé par chaque famille, ou bien pour réchauffer la gamelle des soldats, un grand bain à vapeur pour

La tour du Guet avec le soleil de midi se reflétant sur la face ouest

l'hygiène quotidienne et rituelle, ainsi qu'une citerne, restaurée au XVIème siècle.

Il est aujourd'hui possible d'accéder à deux impressionnants miradors situés dans l'Alcazaba, d'où l'on peut observer un des éléments les plus précieux de l'Alhambra, sa relation avec le vaste territoire environnant. La tour-porte des Armes et la tour du Guet sont très différentes l'une de l'autre mais toutes deux offrent, depuis leur terrasse, une vue imprenable sur Grenade, la Vega, la vallée du fleuve Darro, la ville basse, l'Albaicín, le Sacromonte, etc. Mais elles offrent surtout une vision d'ensemble de l'Alhambra et du Generalife.

Porte des Armes

La porte des Armes, une des premières constructions de l'Alhambra datant du XIIIème siècle, est la seule des quatre grandes portes extérieures à communiquer directement avec la ville de Grenade, et ce jusqu'au XIVème siècle. L'avancée de la Reconquête entraîna de nombreux Andalous à chercher refuge dans les nouveaux faubourgs. Ce phénomène provoqua la croissance de la ville, ce qui transforma aussi bien son tissu urbain que les coutumes de la population locale, comme la nécessité de monter au palais pour gérer leurs affaires. Depuis la terrasse on observe, à l'ouest, la connexion avec la ville basse à travers la rive gauche du fleuve Darro, et, à l'est, l'entrée de la cité palatine par la calle del antemuro. On voit également la muraille septentrionale de Grenade qui la relie avec l'Alhambra, le haut Albaicin, le quartier du Sacromonte et la colline de San Miguel.

Tour du Guet

Toute la forteresse de l'Alhambra semble graviter autour de l'inexpugnable masse de la tour du Guet, nommée à juste titre durant l'ère nasride, la GrandeTour. Depuis le premier tiers du XIIème siècle,

Tour du Guet

Sur cette coupe verticale on remarque combien les espaces aux étages supérieurs sont de plus en plus larges pour alléger l'édifice. Après la conquête chrétienne de l'Alhambra, sur la terrasse de la tour du Guet, fut posée une cloche qui sera remplacée à plusieurs reprises. La cloche actuelle est de 1773, et elle se trouve à cet emplacement depuis 1840. La cloche de la tour du Guet a été très présente dans la vie des Grenadins, les prévenant de multiples évènements. Section verticale et gravure, Archives de l'Alhambra.

elle a en effet marqué la vie quotidienne des Grenadins.

Au XVIème siècle, elle s'appelait également la tour du Soleil, car à midi, le soleil se reflétait sur sa façade, créant ainsi une horloge solaire pour toute la ville. Les étages furent construits de belle manière, avec des piliers de brique, une voûte centrale, des galeries latérales également voûtées, des sous-sols avec des oubliettes, et une terrasse à l'étage supérieur. À l'image très caractéristique des grandes tours nasrides, les espaces intérieurs s'agrandissent au fur et à mesure que l'on monte, afin de diminuer le poids de l'édifice et d'assurer sa stabilité. L'escalier, au moins dans sa partie médiane, avait assurément un tracé différent de l'escalier l'actuel. Comme pour la majorité des tours de l'Alhambra il y avait, sur la terrasse, de grands créneaux qui, avec le temps et les fréquents séismes dans cette zone, se sont écroulés, laissant quelques pierres au pied de la tour. La tradition situe, sur cette terrasse, la fameuse cérémonie de la levée des drapeaux des Rois Catholiques après la prise de la ville le 2 Janvier 1492. Elle était aussi appelée la tour de la Cloche, car comme dans de nombreuses forteresses conquises aux musulmans, une cloche était placée pour sonner l'alarme. D'après ce qu'on peut constater sur certains documents, l'usure et la rigueur du temps ont fait que la cloche fut remplacée en 1569, 1598, 1624, 1640, 1655 et en 1773, date à laquelle fut réalisée celle qui est présente aujourd'hui.

Au milieu du XVIème siècle, l'iconographie montre la cloche dans l'angle nord-est de la tour, qui a été transférée vers son actuel emplacement en 1840. La foudre détruisit le clocher qui fut reconstruit en 1882. Avec ses différentes sonneries militaires, le jour comme la nuit, la cloche du Guet a marqué la vie de Grenade et de ses alentours. Jusqu'à une époque récente, sa sonnerie régulière a rendu service aux agriculteurs de la Vega pour la répartition des heures d'irrigation. Elle servait également d'alarme en cas d'incendie, de rébellion populaire ou de duels pour manquement à la royauté, raison pour laquelle en 1834, la Reine Isabelle II accorda le privilège d'inclure la tour du Guet sur l'écusson officiel de la ville. Au fil des années, elle sonna pour des commémorations, comme le 2 Janvier, jour de la prise de la ville, le 7 Octobre, célébration de la Virgen del Rosario et anniversaire de la bataille de Lepanto, le 12 Octobre, jour de l'hispanité, ou encore lors de la Semaine Sainte durant la procession de la confrérie de Santa María de l'Alhambra. Une des traditions grenadines les plus enracinées consiste à monter chaque année, le 2 janvier, en haut de la tour du Guet, pour toucher la cloche, ce qui est censé assurer aux jeunes filles de se marier dans l'année. Aujourd'hui les sonneries nocturnes régulières se font de manière automatisée.

Devant la tour du Guet s'étend le « Revellín », un bastion d'artillerie qui fut comparé à la proue d'un navire ancré sur la colline. Des documents de la fin du XVème siècle le nomment « Bastion de la Mosquée sur le Darro ». Face à lui, en plus des vestiges de la liaison primitive de l'enceinte avec la ville médiévale, se trouvent plusieurs éléments significatifs, comme la porte de l'enceinte haute de l'Alcazaba, avec une voûte circulaire en brique et une façade portant un arc outrepassé en pierre, à moitié caché par l'agrandissement de la muraille.

En bas de la tour du Guet passe la rue du rempart ou barbacane, qui était la voie naturelle d'entrée à l'intérieur de l'Alcazaba, indépendamment du reste de l'enceinte fortifiée. Elle communique avec la grande porte extérieure des Armes et le bâtiment des écuries, dont la structure est facilement reconnaissable.

Le Bastion, qui complète ce système apparemment complexe des murailles et des tours de l'Alhambra, est connecté, à son tour, aux murailles qui protègent Grenade par le sud, et qui croisent l'actuelle cuesta Gomérez jusqu'au Mauror, où se trouvent les tours Vermeilles.

Tour de la Poudre à canon

Dans ce programme défensif complexe, la tour de la Poudre à canon dut exercer un important rôle de sauvegarde et de contrôle, un rôle qui a traversé l'époque médiévale et s'est amplifié jusqu'à l'ère chrétienne. Il est très significatif de constater qu'avec le temps, elle a gardé son appellation, même si des documents du XVIème siècle la nomment tour de Cristóbal del Salto. Il s'agit d'une tour plus réduite que les grandes tours de l'Alhambra mais d'une haute importance stratégique. La tour de la Poudre à canon protégeait le flanc méridional de la tour insigne du Guet, et, telle une poterne, contrôlait la porte et l'avant-mur méridional, aujourd'hui enterrés

La tour de la Poudre à canon se détache de la plateforme fortifiée du XVIème siècle, récemment restaurée

sous le jardin des Chemins de ronde, un secteur qui vit accroître son importance stratégique au XVème siècle avec les progrès de l'artillerie et de la poliorcétique.

Deux siècles plus tard, profitant du terrassement de la zone entre les courtines de l'Alcazaba, elle devint le cadre d'un agréable aménagement jardinier, depuis lequel on aperçoit les tours Vermeiles et le Carmen de Peñapartida.

C'est peut-être pour cela qu'il fut le lieu choisit en1957 pour immortaliser, sur une pierre, les célèbres vers du poète mexicain Francisco de Icaza : « Fais-lui l'aumône, ô femme, car il n'y a plus grande peine que d'être aveugle à Grenade ».

Jardin des Chemins de ronde

L'espace occupé par le jardin des Chemins de ronde faisait partie du programme d'adaptation de l'Alcazaba pour l'artillerie. Programme pour lequel le fossé situé entre les murs méridionaux de la forteresse fut bouché jusqu'au niveau actuel au XVIIème siècle. On utilisa comme base l'extérieur déjà existant et on construisit, en appui sur lui, le mur de contention. Ce mur fut levé vers 1540, avec une technique très élaborée et particulièrement utilisée au XVIème siècle, qui consiste en l'utilisation de piliers verticaux en briques massives, et des rangées horizontales du même matériau qui enfermaient des caissons remplis de maçonnerie, le tout légèrement incliné. Le couronnement formait un long parapet en forme de tore et des pierres de taille de même profil, très efficace contre l'impact direct de l'artillerie. Cet espace fut, à l'origine, une vaste plateforme d'artillerie dessinée pour les pièces légères de l'artillerie de l'époque, dont les coups de feu depuis le dessus du parapet les faisaient reculer.

La première fois qu'apparut cette courtine entre bastion, ce fut sur le plan de l'Alhambra connu comme *La Planta grande* de 1528, attribué à Pedro Machuca. L'édification de ce mur se situe entre 1550 et 1555 d'après les documents relatifs à l'achat massif de briques et de corniches (pièces taillées en quart-de-rond, et de pierre calcaire de Alfacar avec lesquelles on arrondit le parapet). L'équipe technique qui acheva les travaux était composée de Luis Machuca, maître d'oeuvre, Gonzalo de Lorca, Maître-ouvrier et de Juan de Marquina qui était le métreur et qui mourut en 1552. Il fut remplacé par Bartolomé Ruiz.

Le mur suit un tracé parallèle à la muraille intérieure, formant un angle à son extrémité nord pour rejoindre la tour du Guet qui, de cette façon, reste incorporée au dispositif défensif en tant que bastion externe. Le mur de la face sud de cette

Fontaine du jardin des Chemins de ronde

La fontaine centrale du jardin des Chemins de ronde, en forme de timbale, fut placée en 1624 sur la fontaine de la cour des Lions, où elle demeura jusqu'en 1954. À cette date, la fontaine des Lions fut remise sur son emplacement originel supposé. On ne connait pas avec certitude le lieu où fut taillée cette autre fontaine, mais elle devait probablement se trouver dans une cité palatine. Photographie de J. Laurent,vers 1872.

Jardin des Chemins de ronde, ainsi nommé pour son emplacement entre les courtines de la zone méridionale de l'Alcazaba

tour compte deux créneaux d'artillerie d'excellente facture, avec des dérives latérales courbes et inférieures, et en dépression pour permettre à de petits canons orientés vers le bas, de battre le pied du mur.

L'utilisation militaire de cet espace ne dura pas longtemps, et ceci, principalement parce que la menace que représentait la communauté maure avait disparu, car entre 1568 et 1571 leur soulèvement fut neutralisé, ce qui entraina leur expulsion définitive en 1609.

Nous ne connaissons pas la date exacte de la transformation du chemin de ronde en jardin. Néanmoins, on a pu constater dans un document que le premier des deux piliers sur lequel, aujourd'hui encore, on peut voir une représentation de génies marins sur des dauphins, date de 1628. La restauration a donc due être effectuée aux alentours de cette date. La fontaine centrale en forme de timbale fut placée en 1624 sur la fontaine des Lions, où elle demeura jusqu'en 1954, date à laquelle cette dernière fut remise sur son emplacement originel. Ces transformations du chemin de ronde sont dues à Íñigo López de Mendoza et Mendoza, 5ème marquis de Mondéjar, qui hérita de ce titre après avoir reconquis le gouvernement de l'Alhambra en 1624. Elles sont restées gravées dans une très belle légende, une de ces nombreuses légendes que possède le patrimoine magique de l'Alhambra, selon laquelle, sur le chemin de ronde on trouva plusieurs vases en précieuse porcelaine remplis d'or. Ces vases furent probablement cachés durant la conquête.

Le marquis allait dédier une partie de cet or à la création de ce jardin ainsi qu'à son ornementation avec des fontaines. Certains de ces vases font sûrement partie de la série d'une vingtaine de vases de faïence dorée, aujourd'hui conservés dans les principaux musées et collections du monde. Deux d'entre eux sont au musée de l'Alhambra.

7 Les Palais Nasrides

La *Dar al-Mamlaka*, avec les nombreux palais royaux construits par les différents sultans de la période nasride, constitue ce que l'on connaît de nos jours comme les Palais Nasrides. Bien que placé dans un espace unique compartimenté, chaque palais reçoit le nom du sultan qui l'a fait construire. On compte actuellement trois espaces indépendants : Mexuar, Comares et Lions auxquels on peut ajouter le palais reconverti en Palais Royal chrétien, soit la zone des Palais Nasrides ayant subi un réaménagement en vue d'héberger l'empereur Charles Quint pendant la construction de son palais.

Vue de l'extérieur, surtout depuis l'Albaicín, l'Alhambra est une enceinte entourée de remparts, donc fortifiée, protégée par des tours magnifiques construites au bord de précipices escarpés qui la rendent difficilement accessible.

Cependant, les palais qui se trouvent derrière ces remparts durs ainsi qu'une grande partie des pièces qui constituent l'intérieur des tours sont des œuvres délicates, à l'architecture raffinée et à la décoration exquise. Le contraste est si marqué que l'émotion esthétique qui en résulte est inégalable.

Les Palais Nasrides sont les résidences utilisées par les différents sultans musulmans ayant habité l'Alhambra. Ils en ordonnèrent la construction et l'élargissement au fil de leurs règnes en fonction de leurs besoins personnels et de ceux de la cour.

Le palais de l'Alhambra ou *Dar al-Sultan*

Comme c'est le cas dans toutes les villes palatines de l'Islam, l'espace de pouvoir à l'Alhambra, *Dar al-Sultan* (la résidence des sultans où se déroule leur vie familiale et parfois cérémoniale), est l'axe autour duquel est structurée toute la ville se structure. Les Palais Nasrides constituent un espace unique organisé selon le modèle des colonies nomades traditionnelles ayant donné naissance aux premières villes musulmanes.

Pendant près de deux siècles et demi, l'Alhambra nasride a été témoin de nombreux travaux de construction, d'élargissement et de réaménagement, parfois radicaux et traumatisants. Chaque palais reçoit le nom du sultan ayant ordonné sa construction. Bien que l'espace aulique, le centre du pouvoir, devrait être un seul, il existe au moins une demi-douzaine de palais. Malgré leurs noms de palais de Comares, des Lions, du Partal ou encore Serrallo, palais d'été ou palais d'hiver, on ne fait référence qu'à un seul et même espace, le palais de l'Alhambra, ou en tous cas des espaces palatins de l'Alhambra.

Le Palais Royal

Dès la deuxième moitié du XIXème siècle, les manuels se référaient aux éléments du complexe en leur donnant une interprétation moderne, comme des « cuartos », ou chambres. Voilà pourquoi on trouve régulièrement la désignation « Chambre de Comares », « Chambre des Lions » etc. En fait, le mot arabe pour désigner l'espace habitable est *al-Dar* (la chambre, la maison) dont l'une des acceptions est justement celle de chambre. C'est d'ailleurs ainsi que les textes arabes appellent habituellement cet espace : *Dar al-Sultan*. Ceci permet de mieux comprendre pourquoi les palais musulmans de l'Alhambra ont été baptisés « Ancien Palais Royal » par opposition au « Nouveau Palais Royal », c'est-à-dire le palais de style Renaissance de l'empereur Charles Quint.

Ainsi, le complexe des Palais Nasrides est composé aujourd'hui de trois espaces indépendants bien que reliés entre eux : l'espace du Mexuar et des Chambre de Comares et Chambre des Lions. La plupart des appartements de deux de ces trois espaces palatins, Comares et Lions, existent de nos jours. Ceci est dû entre autres au fait qu'au fil de l'histoire, les mandataires au pouvoir ont toujours tenu fortement à préserver leur esprit et surtout à conserver leurs différents éléments.

Plan détaillé de la superposition des palais constituant le Palais Royal de l'Alhambra

Les Palais Nasrides

Siège de la cour du sultanat, l'Alhambra est avant tout l'ensemble des palais dont la construction a été ordonnée par les sultans nasrides. Derrière les murs dénudés complètement exempts d'ornements qui entourent l'enceinte, on trouve toute une série de bâtiments à l'architecture subtile et à la décoration aussi exquise que fragile, qui suscitent une forte émotion esthétique. Les différents sultans de l'étape nasride utilisèrent ces résidences pour eux-mêmes et pour leur cour. Elles sont de nos jours divisées en trois espaces principaux, indépendants mais reliés entre eux.

❶ Le Mexuar

C'est le plus ancien des espaces conservés. À l'époque nasride, le Mexuar servait comme salle d'audience et pour accueillir les réunions importantes. Deux cours donnent accès à la salle principale où le sultan prenait place sur une tribune surélevée. On trouve tout au fond une petite pièce qui servait d'oratoire et d'où l'on aperçoit l'Albaicín. Cette pièce est orientée différemment par rapport aux remparts dans le but de suivre les préceptes religieux. La décoration est le résultat des diverses interventions survenues entre le XVIème et le XXème siècle.

❷ Palais de Comares

Construit sous le règne de Youssouf Ier, c'est ce palais qui accueille la salle du Trône des sultans nasrides. C'était également la résidence du sultan et de sa famille. L'ensemble du palais, disposé autour de la cour des Myrtes ou de Comares, est un prodige architectural et décoratif. Il illustre la parfaite symbiose entre les bâtiments et la nature créée par la création d'un véritable microclimat et d'un degré d'humidité, d'aération et d'arômes qui contribuent au bien-être de ses habitants.

❸ Palais des Lions

C'est le plus connu des palais nasrides. Il date de la deuxième moitié du XIVème siècle. Sous Mohammed V, ses appartements se distribuent autour de la cour dite des Lions qui est l'espace le plus célèbre de l'Alhambra et qui donne son nom au palais à cause de sa fontaine centrale composée de douze lions faisant office de jets d'eau. Il a été construit dans le but unique de servir de résidence. Ses pièces abritent des ornements exquis et parmi elles, on soulignera la salle dite des Deux Sœurs.

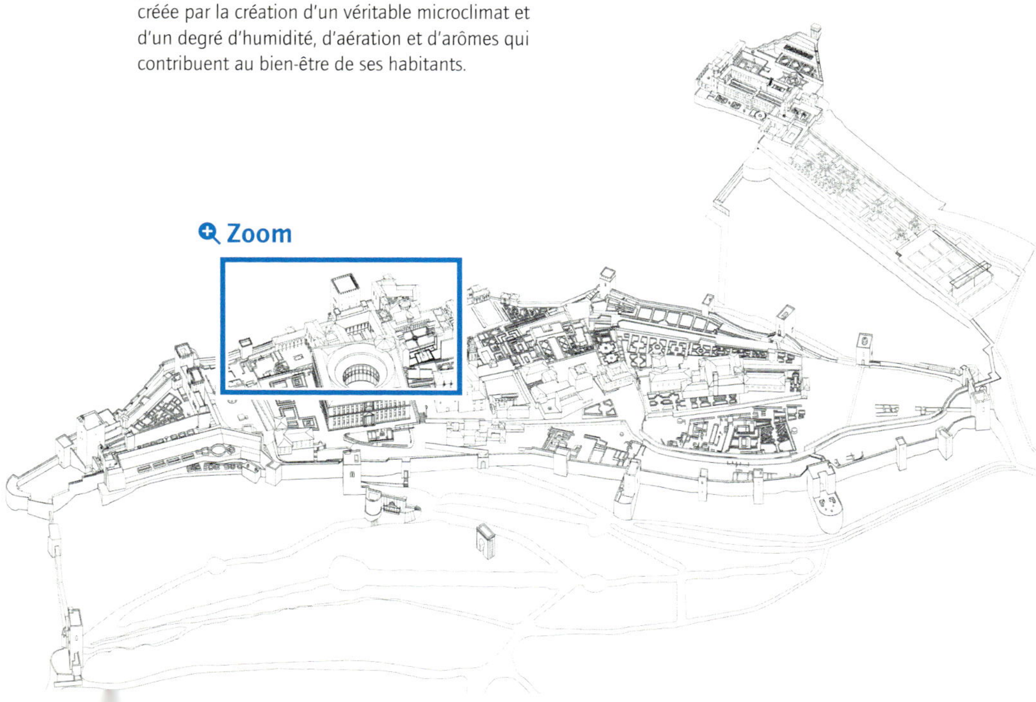

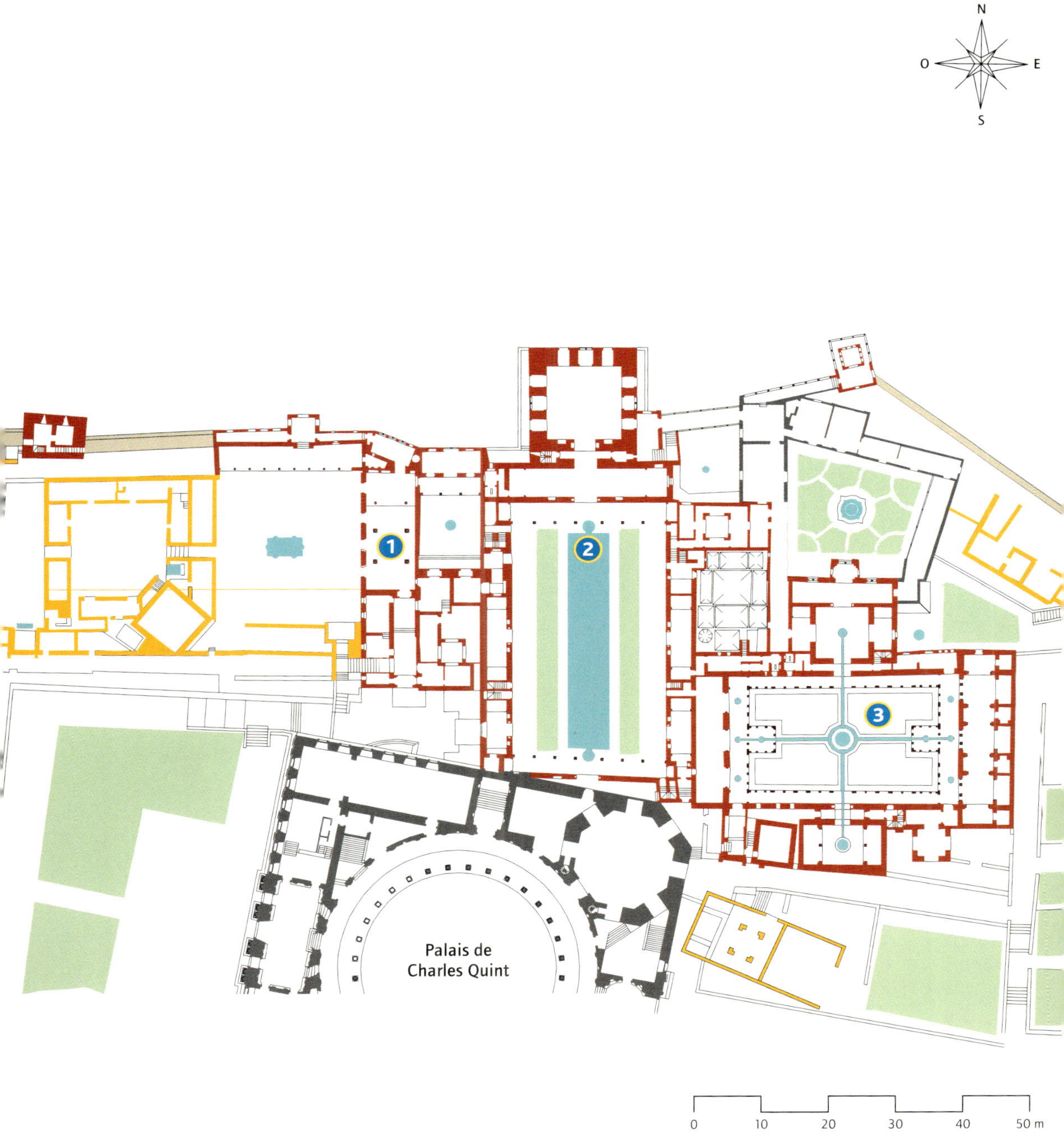

1 Le Mexuar

2 Palais de Comares

3 Palais des Lions

Muraille

Architecture nasride

Restes archéologiques nasrides

Architecture chrétienne

Jardin

Eléments hydrauliques

7.1 Le Mexuar

La zone qui reçoit le nom de Mexuar a subi de nombreuses modifications depuis sa construction première. Néanmoins, les descriptions de l'époque et les structures architecturales conservées de nos jours nous permettent de savoir qu'elle était divisée en trois espaces axés sur des cours posées à différents niveaux et sur des salles destinées à des usages multiples. Cette zone a été le noyau principal du premier palais nasride construit dans ce secteur. Le long du XIVème siècle, elle a été essentiellement destinée à la bureaucratie et à l'administration de la justice.

Les deux premières cours du Mexuar étaient destinées à la bureaucratie et à l'administration de la justice. Les fouilles archéologiques réalisées ont permis de les récupérer et on peut actuellement en identifier une bonne partie en retrouvant la base des murs surgissant au beau milieu des espaces verts aménagés. Cette zone constitue ce que l'on appelle d'une façon générale le Mexuar, c'est-à-dire le Conseil.

Grâce aux descriptions écrites de leur disposition d'origine et aux structures architecturales conservées (bien que plus ou moins transformées par les modifications de l'époque chrétienne), il est possible de reconnaître leur distribution selon trois espaces successifs : le Mexuar nouveau ou second Mexuar, le Mexuar privé ou initial et la salle du Trône.

Cour de la Mosquée

La première des cours est entourée de différentes salles en longueur qui servaient sans doute de bureaux à l'administration de la cour. Elles ouvrent sur une cour centrale. Il est probable que la salle située au sud soit celle que les textes appellent *Qubbat al-'Ard*, où les secrétaires s'occupaient de la correspondance officielle et des appels en justice et où il avait un espace réservé pour que le sultan puisse ponctuellement recevoir les salutations de son peuple. Pas loin de là, au dessus d'une fontaine réservée aux ablutions, se dresse ladite ancienne mosquée ou mosquée du sultan, petit oratoire avec son minaret contigu ; certains textes arabes disent qu'elle est « mal décorée » car elle n'est pas correctement orientée vers la Mecque. Construite par le sultan Ismaïl

Tracé de la reconstruction hypothétique des deux cours qui précèdent la salle du Mexuar, réalisée par l'Office Technique de l'Alhambra au cours des années 50. Archives de l'Alhambra

Salle du Mexuar avec la salle des Oraisons au fond

Le Mexuar

Sa structure architecturale et décorative a subi de nombreuses modifications au fil des siècles étant donné qu'après la conquête chrétienne un de ses espaces a été utilisé comme résidence des gouverneurs. Le Mexuar possède deux vastes cours qui présentaient probablement des constructions adossées aux remparts et une grande salle, la salle du Mexuar, qui elle aussi a été adaptée aux divers usages qui lui ont été attribués au fil de l'histoire.

❶ Cour de la Mosquée

La première cour a reçu le nom de « Médersa des Princes » au milieu du XXème siècle en raison de sa ressemblance apparente avec la médersa de Grenade. Elle présente des vestiges de diverses salles en longueur, peut-être les bureaux de l'Administration de l'État, ouvrant sur une cour centrale.

❷ Cour de Machuca

Un grand escalier mène à la deuxième cour, appelée cour de Machuca. Elle est axée sur un bassin aux bords lobulés que les textes arabes appellent « *zafariche* à la forme étonnante ». Cette cour a subi de profondes modifications à l'époque chrétienne, lorsque cet espace est devenu résidence des gouverneurs et de l'architecte Pedro Machuca.

❸ Salle du Mexuar

C'était la salle centrale du palais construit par Ismaïl Ier (1314-1325). Elle a été modifiée par Mohammed V et transformée en chapelle chrétienne au XVIème siècle. À certaines étapes de l'histoire, elle a aussi accueilli le trône du sultan.

❹ Salle des Oraisons

Il s'agit d'une petite mosquée, orientée comme il se doit vers la Mecque et qui au XIXème siècle ouvrait sur la salle du Mexuar. Il fallu donc percer le mur et rabaisser le sol. Depuis ses fenêtres, on apprécie une vue sublime de l'Albaicín.

❺ Cour et portique de la Chambre dorée

C'est là que les sultans du XIVème siècle recevaient leurs sujets. On y accédait par une porte étroite qui permettait à la garde de contrôler les entrées. Le portique est soutenu par de sveltes colonnes à chapiteaux réutilisés taillés en pierre. En face, se trouve la façade par laquelle on accès au palais de Comares

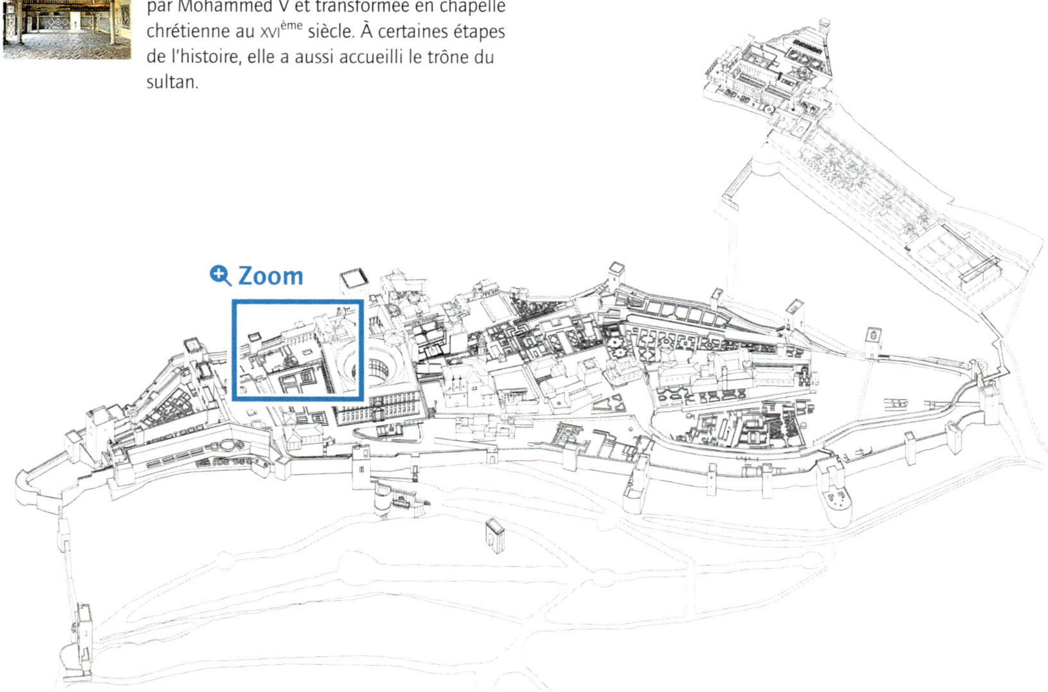

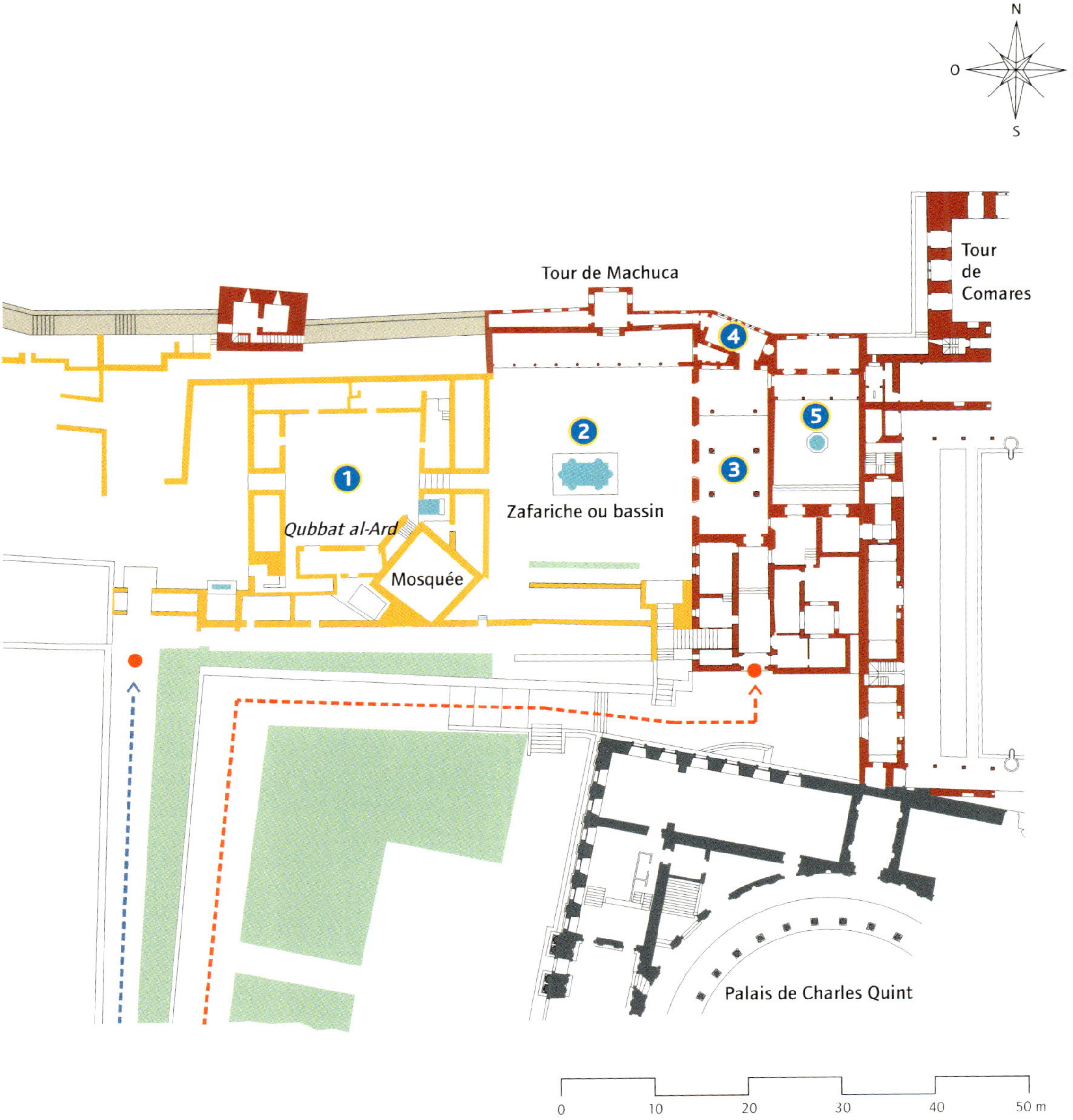

1 Cour de la Mosquée
2 Cour de Machuca
3 Salle du Mexuar
4 Salle des Oraisons
5 Cour et portique de la Chambre dorée

Entrée. Point de contrôle horaire
Accès groupes
Accès individuels

Muraille
Architecture nasride
Restes archéologiques nasrides
Architecture chrétienne
Jardin
Eléments hydrauliques

Détail d'une gravure de Les délices de *L'Espagne et du Portugal* (Lisbonne, 1715) montrant les bâtiments du Mexuar existant alors. Bibliothèque de l'Alhambra

Vue aérienne des cours du Mexuar. Au centre de la deuxième cour on distingue le bassin, ou « *zafariche* à la forme étonnante »

Ier. (1314-1325), elle a été respectée et intégrée aux réaménagements menés pendant la seconde moitié du XIVème siècle. Cette cour a reçu le nom moderne de « Médersa des Princes » en raison de son apparente ressemblance avec la médersa de la ville de Grenade. On considérait en outre et car on estimait que si elle se trouvait au palais, c'est qu'elle devait être consacrée à ses habitants.

Cour de Machuca

Un escalier mène à la deuxième cour construite autour d'un surprenant bassin aux bords lobulés que les textes arabes décrivent comme un « *zafariche* à la forme étonnante ».

À l'origine, les deux côtés les plus courts étaient munis de fontaines circulaires et de jets d'eau en forme de petits lions qui déversaient l'eau à l'intérieur. Mais tout cela a disparu. Sur le côté septentrional de la cour, une galerie à portiques à neuf arcs, récupérée grâce aux restaurations du début du XXème siècle, mène à une tour-mirador de petites dimensions en saillie sur les remparts. Elle a été construite sous le règne du sultan Youssouf Ier (1333-1354). Elle recevait à l'époque nasride le nom de tour de la Victoria (*al-Nasr* ou la Victoire), puis plus récemment le nom de tour des Poignards suite à la découverte d'une dague entre ses murs au cours d'une des restaurations dont elle a fait l'objet. La tour, de même que la cour, est aussi connue sous le nom de Machuca car elle a été la résidence de l'architecte de même nom. Une rangée de cyprès en forme d'arcs recrée la galerie méridionale aujourd'hui disparue qui servait d'accès à la salle du Trône. Tout ce secteur a bien changé suite aux aménagements réalisés à l'époque chrétienne notamment lorsqu'il a été reconverti en résidence des gouverneurs de l'Alhambra. Sur la *Planta grande* de 1528, attribuée à Pedro Machuca et conservée au Palais Royal de Madrid, on retrouve une description de cette zone : « patio del mexuar donde posaba la reyna germana » (cour du Mexuar où reposait la reine allemande). Quoi qu'il en soit, on peut imaginer à quoi elle ressemblait à l'époque nasride grâce à un texte original récemment divulgué. Il s'agit du récit consacré à la fête de commémoration du *Mawlid* pour la naissance du prophète Mahomet et qui a eu lieu dans cet espace à l'hiver 1362. Il s'agit d'un récit d'Ibn al-Khatib, vizir du sultan Mohammed V, le grand réformateur de l'Alhambra, au cours de la deuxième moitié du XIVème siècle.

Salle du Mexuar

L'évolution de la salle du Mexuar permet d'apprécier trois étapes principales : la première correspond à l'époque où elle constituait la structure centrale du palais construit par le sultan Ismaïl Ier (1314-1325) ; la deuxième, aux aménagements apportés par son petit-fils,

Mohammed V et la troisième, sa transformation en chapelle chrétienne au cours du XVIème siècle.

On accède à cette salle par une cour étroite débouchant sur une façade raffinée mais déprimée, caractéristique de l'architecture hispano-musulmane qu'attire l'attention du visiteur par le vaste surplomb de l'auvent en bois sur deux consoles-pilastres. Le carrelage du corps inférieur a disparu, mais le ravissant toit du seuil existe toujours. Cet espace pourrait correspondre à ce que les textes nasrides ont appelé le « Vestibule de l'Alcazar » et obéir à la condamnation de son entrée stuquée originale — dont une partie des restes encastrés dans les murs sont visibles depuis l'intérieur — à l'époque de Mohammed V.

La salle, qui a accueilli à certaines périodes le trône du sultan, est composée d'un espace central de forme carrée, délimité par quatre sveltes colonnes de marbre dont les chapiteaux conservent leur ancienne décoration polychromée ; à l'origine, elles soutenaient une « coupole incroyablement haute [...] ceinte par une mer de cristal sans fissures », comme décrite par le texte arabe précité, consacré à la célébration du *Mawlid* de 1362. Elle a été démontée vers 1540 en vue d'ajouter un étage supérieur avec des chambres. Cet espace carré s'inscrit dans un autre espace rectangulaire, à plinthe carrelée au niveau des quatre murs. On y trouve au dessus une bande épigraphique initialement ornée d'un poème disant « [...] recouvertes de pains d'or de la plus grande pureté [...] entre du lapis-lazuli en poudre » et sur laquelle on peut lire aujourd'hui

Cour d'accès à la salle du Mexuar, avec une raffinée façade déprimée et l'auvent en bois caractéristique au vaste surplomb

« le Royaume [...], la Grandeur [...] et la Gloire est de Dieu ». On dirait que les Maures convertis au christianisme ont choisi ces mots exprès en raison de leur ressemblance à la litanie latine « Christus regnat, Christus vincit, Christus imperat ». Cette salle a été transformée en chapelle après la conquête, mais les plafonds en bois des périmètres conservent leurs tracés d'origine. Pour transformer le Mexuar en chapelle chrétienne, il a fallu rabaisser le sol et ajouter l'espace rectangulaire du fond, une cour que le texte arabe dénomme « petite salle du trésor du parfum » et qui est aujourd'hui séparée par une rampe en bois sur sa partie haute et qui, dans sa nouvelle

Plafond à caissons sur le seuil de la porte d'entrée de la salle du Mexuar

Détail épigraphique de la salle du Mexuar : *al-mulk li-l-lah, al qudra li-l-lah, al-'iza li-l-lah* (« Le Royaume [...], la Grandeur [...] et la Gloire est de Dieu »)

Vue de la salle du Mexuar et du chœur réalisé à l'époque chrétienne. Photographie de la fin du XIXème siècle. Bibliothèque de l'Alhambra

Intérieur de la salle du Mexuar devenue chapelle, vers 1925. Archives de l'Alhambra

fonction de chapelle, présente une disposition en chœur.

Les carrelages de cet espace ont été transportés d'ailleurs. La décoration, à base d'étoiles ou « sinos », alternent de façon symbolique la devise nasride en arabe, le blason impérial espagnol (l'aigle à deux têtes) et l'emblème des gouverneurs chrétiens de l'Alhambra. La coupole d'origine en verre, décrite dans le texte de 1362 et qui servait de lanterne en éclairant toute la pièce, n'existe plus. Les fermetures actuelles des fenêtres ont été installées au cours du premier tiers du XVIème siècle afin de contrôler la lumière qui baigne la chapelle.

Cour et portique de la Chambre dorée

Une porte étroite mène à une cour. C'est là que le sultan recevait ses sujets en audience à l'Alhambra dans la seconde moitié du XIVème siècle. Afin de faciliter le travail des gardes responsables de contrôler les sujets entrants, la petite porte chapeautée d'un arc en fer à cheval ne permet le passage que d'une seule personne. Les visiteurs devaient traverser la galerie à portiques pour pénétrer ensuite dans la salle d'attente. C'est à l'époque des Rois Catholiques que cette salle reçoit le nom de Chambre dorée lors des travaux de peinture du plafond à caissons de style musulman avec des motifs ornementaux

Salle des Oraisons

Lors des restaurations de l'Alhambra menées entre 1868 et 1889, la salle du Mexuar s'est vu ajouter un petit oratoire musulman contigu, ce qui a requis de percer le mur et de rabaisser le sol d'origine. Il reste comme témoin le rebord sous les fenêtres. Ce bâtiment, orienté comme il se doit selon les préceptes religieux, présente toujours sur le mur de *qibla* un *mihrab* en forme de polygone et avec un arc en fer à cheval. Tout le côté nord est ouvert sur l'Albaicín. Cette vue invite le croyant à méditer sur la grandeur de la Création à travers l'observation du paysage et de la nature, ce que vient renforcer l'inscription du *mihrab* : « Invoque ton Seigneur et ne sois pas du nombre des insouciants » (Coran, 2ème partie, sourate 7, verset 205).

Plafond de la Chambre dorée avec un plafond à caissons nasride sur lequel ont été peints les motifs héraldiques et décoratifs des nouveaux résidents chrétiens

La fenêtre centrale de la Chambre dorée a été transformée à l'époque chrétienne en un mirador pourvu de sièges de part et d'autre, de forte inspiration mudéjare

dorés. C'est aussi le moment où l'on a rajouté les emblèmes des monarques.

Les transformations chrétiennes de la pièce ont également entraîné la modification du reste de la décoration, notamment la condamnation des fenêtres latérales et la transformation de la fenêtre centrale en un mirador pourvu de sièges de part et d'autre et de curieux chapiteaux qui confèrent au lieu une ambiance caractéristique du métissage culturel que représente l'art mudéjar.

Le portique, formé par trois arcs sveltes, garde toujours une partie de la décoration originale dont le plus significatif sont les chapiteaux centraux de type almohade taillés en pierre. À la fin du XVème siècle, il a été masqué par un robuste arc mauresque immortalisé en 1871 par le peintre Mariano Fortuny sur l'une des images les plus souvent reproduites par la tradition picturale orientaliste de l'Alhambra ; il a été démoli en 1965.

L'étage supérieur du bâtiment que nous connaissons aujourd'hui sous le nom de Mexuar a servi à l'époque moderne comme résidence des gouverneurs de l'Alhambra. Cela dit, son aménagement en palais chrétien date de bien avant, pratiquement après la conquête, à la fin du XVème siècle. Ainsi, dans la *Planta grande* de 1528, sur le portique de la Chambre dorée apparaît l'inscription « aposento donde posaba la emperatriz » (appartement où reposait l'impératrice), ce qui montre clairement la transformation qu'avait alors déjà connue ce lieu. Au XIXème siècle, cet étage servait toujours comme logement. C'est ce que nous apprend l'écrivain américain Washington Irving lorsqu'il demande asile au gouverneur pour pouvoir y écrire ses *Contes de l'Alhambra* en 1828. D'importantes adaptations ont été nécessaires pour communiquer l'habitabilité des étages supérieurs du secteur, comme le couloir donnant sur la cour de la Chambre dorée, dessiné par John F. Lewis vers 1835 et qui reliait directement les étages supérieurs du Mexuar et du palais de Comares, contigu. L'historiographie contemporaine de l'Alhambra nomme cette curieuse avancée sur consoles, démontée au début du XXème siècle, le « couloir d'Harriet », car c'est l'épouse de Richard

Dessin de J.F. Lewis dépeignant le portique de la Chambre dorée en 1835, avec l'arc mauresque érigé au XVème siècle et démoli au milieu du XXème siècle, ainsi que le promenoir en bois, supprimé bien avant. Bibliothèque de l'Alhambra

Ford qui en a tracé les plans lors de son séjour à l'Alhambra entre 1830 et 1832.

La vasque centrale en marbre est une réplique de la fontaine de Lindaraja, l'une des plus belles pièces de l'architecture hydraulique nasride, qui se trouve de nos jours au Musée de l'Alhambra et qui, au fil des transformations chrétiennes, s'est retrouvée hors de son contexte. La grille située près du portique permet de contempler un obscur couloir souterrain utilisé pour le contrôle de la garde palatine. Au cours de la première étape nasride, la cour n'était probablement pas fermée ; elle ouvrir peut-être sur le paysage du versant nord de la ville, sur les remparts. De fait, sous la Chambre dorée se déploie un passage de ceinture, à l'origine à ciel ouvert sur le chemin de ronde ou le haut des remparts, de même que dans le reste de l'Alhambra.

L'élargissement des structures palatines au fil du XIVème siècle a transformé cette cour en un lieu intermédiaire entre espace semi-public et espace privé, porteur d'une grande charge symbolique. Les rois chrétiens ont sans doute perçu cette charge symbolique car ils ont ajouté à leur tour leurs propres icônes d'identité. C'est pourquoi l'endroit reste aujourd'hui l'un des lieux les plus représentatifs des valeurs d'intégration culturelle que renferme l'Alhambra.

Les murs latéraux de la cour présentent toujours leur état original de grandes superficies exemptes de toute décoration, lisses et stuquées à la chaux, de sorte à refléter la lumière et à mettre en valeur la grande façade qui se dresse, solennelle, face à la Chambre dorée.

Cour et portique de la Chambre dorée

7.2 Palais de Comares

En plus de servir comme résidence au sultan et à sa famille à certaines périodes, le palais de Comares accueillait la salle du Trône, un espace spectaculaire à l'intérieur de la tour suivant le concept musulman d'espaces polyvalents. Le palais est axé sur une grande cour rectangulaire. Toutes les chambres sont ouvertes sur cette cour où dans un espace à ciel ouvert, l'architecture, la végétation et l'eau contribuent à créer une oasis pour ses habitants. Cette cour est considérée l'antichambre du Paradis.

Façade du palais de Comares

La façade du palais de Comares, l'une des œuvres phare de l'art islamique, a été construite sous les ordres du sultan Mohammed V en 1370 pour commémorer la conquête de la ville d'Algésiras, place importante pour le sultanat nasride pour le contrôle stratégique, aussi bien militaire que commercial, du détroit de Gibraltar. Devant cette façade, en plein centre d'une volée de trois marches, assis sur son trône – sûrement une luxueuse *jamuga* –, le sultan devait présider les actes cérémoniaux, paré comme s'il faisait partie lui-même du trône et sous la protection du superbe auvent en bois, œuvre phare de l'ébénisterie islamique. La charge allégorique de cette façade impressionnante est marquée par la citation du Coran de la sourate dite « du Trône », qui apparaît sur la fenêtre centrale de l'étage supérieur. D'autres textes, comme le poème de quatre vers gravé entre insignes au bas du auvent, insistent sur sa royauté : « [...] ma position est celle d'une couronne [...] » et marquent sa fonction : « [...] ma porte est une bifurcation de chemins [...] ; l'Occident croit que l'Orient se trouve en moi ». Elle a deux portes : la droite donnait accès à l'intérieur du palais, où se déroulait la vie privée du sultan et de sa famille. L'appartement auquel menait la porte gauche était peut-être occupé par le « Trésor de la paierie militaire » cité dans le texte de 1362 qui raconte la fête du Mawlid.

Détail du plafond de l'enceinte d'entrée au palais de Comares

Les toitures en bois de l'architecture palatine nasride sont des éléments d'une grande importante symbolique et décorative. Dans ce cas, nous nous trouvons face à une structure en bois d'une grande valeur ornementale incarnant le métissage culturel et qui intègre les motifs et emblèmes des rois chrétiens, dorés entre 1496 et 1497, sur la particulière exécution musulmane de pièces géométriques. À partir d'un cercle, on crée une étoile ou « sino », dans ce cas à seize branches, dont la prolongation configure l'ensemble du programme décoratif du plafond. Ces plafonds composent l'œuvre dénommée damasquinage, composée d'entrelacs, de rubans et de pièces géométriques cloués sur une planche fixée au plafond. Cet exemple représentatif se trouve au niveau de l'accès au Palais de Comares, derrière la porte d'entrée.

Façade du palais de Comares dans la cour des Myrtes, face au portique de la Chambre dorée

Palais de Comares

Construit par Youssouf Ier, sa décoration splendide a été achevée par son fils Muhammad V. On y accède par la façade à deux portes située dans la cour de la Chambre dorée, construite sous le règne de Mohammed V. La porte de droite permet l'accès aux zones de service et celle de gauche menait aux appartements nobles. Le centre du palais est occupé par une cour magnifique, la cour des Myrtes, dont le bassin central est entouré de massifs de myrte et d'un portique au niveau de chacun des deux côtés les plus petits. À l'intérieur de la tour, se trouve la plus grande salle de l'Alhambra nasride : le salon de Comares. Ce palais abrite aussi les seuls bains de vapeur de l'époque musulmane ayant été entièrement conservés.

❶ Façade du palais de Comares

Elle marque la séparation entre l'espace public et l'espace privé. Elle est exceptionnelle par sa conception architecturale et ornementale (décoration intégrale, l'épigraphie qu'elle contient, l'auvent en bois avec ses corbeaux). Le moment de sa construction marque probablement l'apogée de l'art nasride.

❷ Cour des Myrtes

Comme c'était le cas dans tous les espaces domestiques hispano-musulmans, la cour est l'axe de la résidence autour duquel sont distribuées les pièces, avec au centre un bassin intégré à l'architecture et brisant l'horizontalité de l'espace, créant une harmonie avec la subtile végétation et nuançant la lumière en faisant effet de miroir.

❸ Salle de la Bénédiction

Dans cet espace polyvalent du palais, situé sur le passage menant de la cour à la salle du Trône, de la même façon que du désert à l'intérieur de la *khaïma*, le nouveau sultan demandait probablement l'aide divine avant de prendre possession du trône.

❹ Salon de Comares

C'est la plus grande pièce de l'enceinte, où se situe l'espace du pouvoir terrestre du sultan. Sur son magnifique plafond, apparaissent des références scatologiques. Sa conception structurelle et son entière décoration sont à la fois synthèse et prototype de l'art islamique en Occident.

❺ Pavillon Sud

Présentant des caractéristiques semblables à celles de la salle de la Bénédiction, il a été démoli pour construire le palais de Charles Quint. À part la coursive intérieure de la cour, qui a été épargnée, la façade à trois étages a été conservée en guise de rideau de façon à ne pas perdre l'aspect d'origine de la cour.

❻ *Hammam* ou bains de Comares

Élément indispensable de la culture islamique, les bains de Comares se trouvent entre les palais de Comares et des Lions. On y accède directement depuis la cour des Myrtes, près des appartements du sultan, à qui ils étaient réservés.

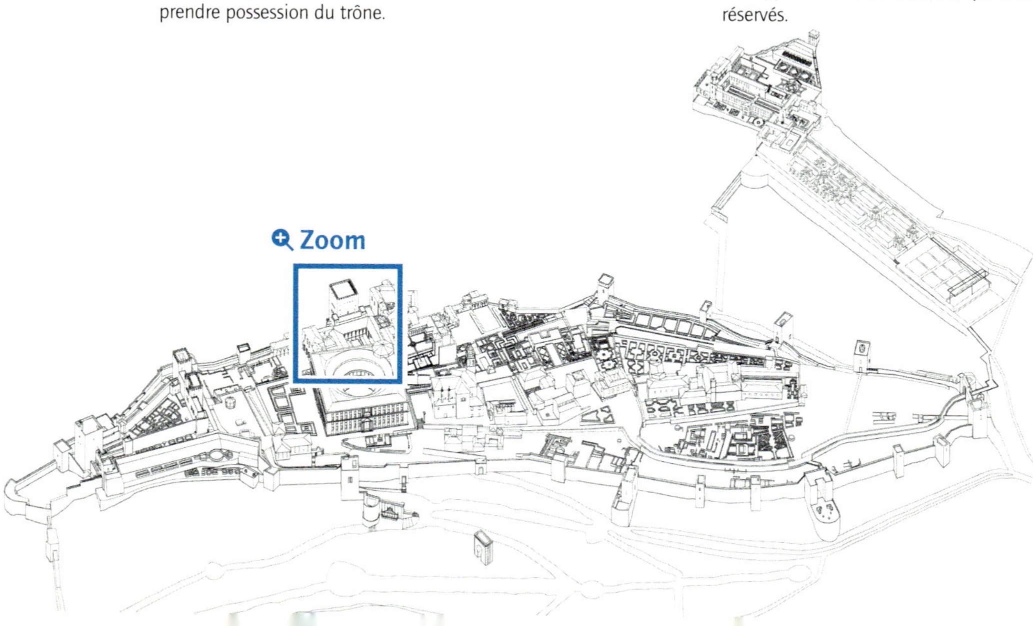

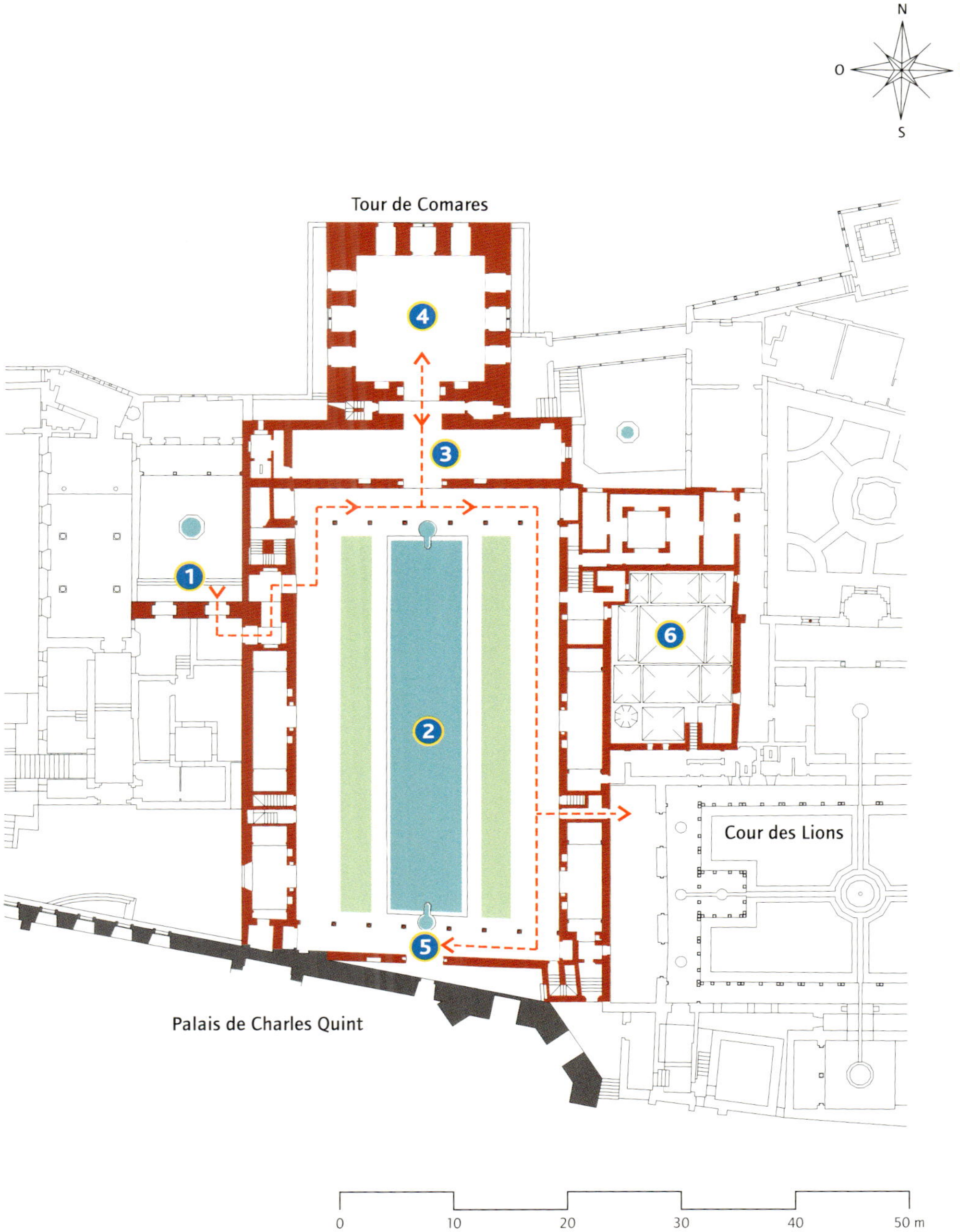

1 Façade de Comares
2 Cour des Myrtes
3 Salle de la Bénédiction
4 Salon de Comares
5 Pavillon Sud
6 *Hammam* ou bains de Comares

Sens de la visite

Architecture nasride
Architecture chrétienne
Eléments hydrauliques
Jardins

Cette image aulique était également renforcée par la palette de couleurs, riches et variées, déployée pour la décoration de la plinthe carrelée et des cadres des deux portes – aujourd'hui restaurés à l'aide d'un autre matériau stuqué, qui rappelle les carrelages.

L'entrée du palais se fait par un passage privé de lumière directe, en côte et en double coude, aux extrémités fermées par des portes qui s'ouvraient en sens contraire, de sorte que la garde était protégée à l'intérieur et pouvait contrôler les accès pour empêcher le passage des indésirables dans les appartements ou faire avorter toute évasion. Les toitures en bois, l'un des éléments décoratifs les plus remarquables de ce passage, sont également la preuve de ce métissage culturel intégrant les motifs dorés et les emblèmes des rois chrétiens sur la structure musulmane de pièces géométriques. En contraste avec ce passage lugubre, un éclat de lumière accompagne le visiteur lorsqu'il débouche sur la cour des Myrtes.

Cour des Myrtes ou de Comares

Chaque recoin de ce palais est représentatif de toute l'architecture domestique hispano-musulmane : accès en coude à une cour à ciel ouvert et noyau central du logement doté d'un point d'eau et de végétation ; la vie familiale est axée sur ce noyau central et les chambres sont distribuées autour de celui-ci. Les logements conservés dans toute l'Alhambra présentent une configuration similaire mais différente du point de vue de la taille et des ornements. Ici, l'axe central de la cour est occupé par un spectaculaire bassin qui, des années durant, lui donna son nom car on connaissait cette cour sous le nom de « cour du Bassin », même si elle a aussi été appelée « cour des Myrtes » à cause des massifs de cette espèce végétale taillés le long de ses côtés longs. L'eau, la végétation et le ciel ouvert font pénétrer la nature à l'intérieur du palais de façon symbolique mais également physique car ils contribuent à établir un système microclimatique d'humidité, d'aération et d'aromatisation qui en

Espace central du palais : le bassin de la cour des Myrtes avec la façade nord et la tour de Comares au fond

Fontaine du bassin de la cour de Comares
Sur le sol de la cour des Myrtes, devant l'arc principal de chacun des portiques des côtés les plus courts, se trouvent des fontaines au ras du sol qui alimentent en eau le bassin d'une façon qui surprend par leur conception singulière : l'eau, qui sort avec force du jet arrive dans la partie circulaire de la fontaine, coule rapidement vers la bonde, où elle ralentit avant de se déverser à la superficie du bassin, évitant les ondulations et le bruit. Les jets ne sont pas ceux d'origine, car ils ont été remplacés par d'autres, dont la trace de l'éclaboussure peut être appréciée sur le dallage.

font une véritable oasis, l'antichambre terrestre du Paradis. Le bassin fait partie du programme constructif et esthétique du palais : sa surface tranquille reflète, tel un miroir, les bâtiments l'entourant et brise l'horizontalité de la cour à la recherche de profondeur et de verticalité. Dans le même temps, il dote l'espace de luminosité directe, le chargeant de nuances parfois plus spectaculaires encore à la mi-journée lorsque le soleil atteint son zénith et éclaire le portique nord, reflétant les plâtreries dans l'eau du bassin. En observant les deux côtés les plus petits, face à l'arc central des portiques respectifs, on peut apprécier dans son ensemble cette symbiose entre architecture et

État du portique du pavillon nord du palais de Comares après le malheureux incendie survenu le 15 septembre 1890 qui a provoqué l'effondrement de toute la toiture en bois qui couvrait la salle de la Bénédiction. Les éléments ayant résisté à l'incendie ont permis une reconstruction aussi complète que laborieuse du toit achevée en 1965. Archives de l'Alhambra

nature, recherchée et obtenue en peu d'espaces comme à l'Alhambra nasride. Sous ces mêmes arcs, deux fontaines au ras du sol à la conception singulière alimentent le bassin de façon tout aussi surprenante : l'eau, qui arrive avec force jusqu'à la partie circulaire de la fontaine, coule rapidement vers la bonde, où elle ralentit avant de se déverser à la surface, évitant ainsi toute possible ondulation.

Les portes latérales de la cour s'ouvrent sur quatre pièces domestiques en forme de logements indépendants, mais intégrés au palais. Elles sont toutes distribuées de la même façon : une salle principale au rez-de-chaussée avec entrée directe depuis la cour à travers de grands arcs encadrés d'une décoration de plâtrerie qui se détachent sur une façade lisse et monotone. Parmi les autres arcs, plus petits, quatre communiquent avec l'escalier montant respectivement vers les *algorfas*, ou remises à l'étage, qui donnent sur la cour à travers des fenêtres en arc double et meneau ornées de jalousies en bois. L'arc le plus proche du portique nord donne accès aux bains du palais.

Salle de la Bénédiction

La salle de la Bénédiction est l'antichambre de la salle du Trône, pièce qui constitue le centre de pouvoir de l'architecture palatine de l'Alhambra. Un ancien texte épigraphique identifie l'espace comme une grande tente réservée au sultan, devant laquelle se déploie un auvent, c'est-à-dire la galerie du portique.

La tour et la salle dessinent au sol le schéma traditionnel spatial en T à l'envers : une salle longitudinale d'où se dresse, perpendiculairement au nord, sur les remparts, une tour-mirador avec alcôve intérieure à forme carrée, aux proportions et à la richesse décorative adaptées à la salle du Trône de la dynastie. Sur les seuils des accès aux pièces nobles des demeures – et là, s'agissant d'un palais, on les soulignera tout spécialement – se trouvent encastrés dans le gros des murs quelques uns des éléments décoratifs et fonctionnels les plus caractéristiques de l'Alhambra : les *taqas* (petites niches)

Mihrab du petit oratoire privé du sultan situé entre la salle de la Bénédiction et le salon de Comares

Taqa située sur le seuil d'accès au salon de Comares encadrée par un poème qui explique à l'aide de métaphores que sa fonction consistait à contenir des récipients

La salle de la Bénédiction tire son nom, non pas de la forme de son plafond comme semble le suggérer la croyance populaire, mais du terme arabe *al-Baraka* (la Bénédiction), car elle aurait servi au nouveau sultan à invoquer l'aide divine avant de prendre possession du trône dans la salle contiguë appelée salon de Comares ou salle du Trône. Son promoteur, le sultan Youssouf Ier, ne l'a jamais vue achevée car il a été assassiné en 1354. La plus grande partie de la décoration est l'œuvre de son fils Mohammed V, dont le nom apparaît sur les plâtreries.

On soulignera sa belle structure semi-circulaire ponctuée de calottes sphériques aux extrémités, ornée d'éléments géométriques à base de roues d'étoiles. À partir de la fin du XVIème siècle, on la connaissait sous le nom de « salle Dorée », car son plafond avait été entièrement repeint. Elle a souffert un incendie dévastateur en 1890 qui a provoqué l'effondrement de toute la toiture, même si quelques éléments ont être sauvés ce qui a permis sa reconstruction complète, achevée en 1965.

Une plinthe carrelée de différentes compositions revêt la zone inférieure des murs de toute la pièce, y compris les vastes alcôves de couchage qui, derrière de grands arcs semi-circulaires, prolongent la salle au niveau des extrémités. Une petite porte fait communiquer l'alcôve de gauche, après un double coude, avec les latrines principales du palais, qui présentent encore des restes de peinture originale sur la plinthe ; la porte de l'alcôve opposée a été percée au XVIème siècle pour communiquer avec les zones de service du Palais Royal chrétien.

Sur les vastes superficies murales sans décoration devaient certainement être accrochées de riches toiles ou tapisseries, tandis que le sol était probablement couvert de grands tapis. Un vaste seuil mène à la salle du Trône. Sur ses côtés un couloir transversal communique, par la gauche, avec un escalier menant aux étages supérieurs de la tour et par la droite, avec un petit oratoire qui permettait au sultan de se livrer en privé à ses oraisons.

Salle du Trône du palais de Comares, à l'intérieur de la tour principale de l'Alhambra

Détail de l'union du plafond du salon de Comares avec le mur
Le lambris ou *arrocabe* à décoration épigraphique existant sur la partie la plus élevée des murs du salon de Comares, également appelé salle du Trône, prouve l'importance de cette salle comme l'espace où le pouvoir terrestre, d'origine divine, est exercé dans sa plus ample manifestation. La sourate 67 du Coran, ici écrite en lettres blanches, révèle l'indiscutable souveraineté de Dieu. On commence à lire le premier verset sur la face nord et l'inscription longe les quatre murs. Le plafond et l'inscription coranique servent à légitimer le sultan, qui trouve refuge sous l'un et l'autre, précisément.

Salle du Trône

La salle du Trône, de Comares ou des Ambassadeurs, située dans l'espace intérieur de la tour de Comares, est certainement la pièce la plus remarquable du palais et de toute l'Alhambra. On y retrouve une synthèse des concepts constructifs, esthétiques et symboliques de la culture hispano-musulmane et l'on pourrait dite que cette salle est un incontestable manuel universel de cette synthèse de concepts. L'espace intérieur est un exemple de perfection proportionnelle : un cube dans la tour principale de l'Alhambra, revêtu de décorations sur tous les plans.

Dans cette *qubba*, on respire le pouvoir terrestre et surnaturel et la décoration épigraphique de ses murs le confirme : un poème inscrit sur ses murs indique que ce trône est celui de la dynastie ; sous le plafond, sur la frange la plus élevée du mur, la sourate 67 du Coran, dite « de la Royauté », révèle l'indiscutable souveraineté de Dieu. Elle se trouve proportionnellement distribuée, écrite en lettres blanches sur une plaque en bois ensuite superposée au plafond et garnissant les quatre faces de la tour, le premier verset commençant au nord et le trentième concluant à l'est. La tour de Comares est orientée vers les quatre points cardinaux pour souligner encore plus le symbolisme du pouvoir de Dieu aussi bien au ciel que sur la terre.

L'étymologie de Comares provient en partie du mot arabe *arsh*, qui, comme de nombreux mots arabes, possède deux sens, pavillon ou tente et trône et fut sans doute choisi avec l'intention de signaler que la salle équivalait à une exceptionnelle *khaïma* abritant un personnage éminent.

Les trois murs épais de la tour sont perforés au niveau du sol de trois ouvertures chacun, pratiquées pour abriter neuf petites alcôves, égales entre elles par paires, sauf celle située face à l'entrée qui présente une parure plus soignée car c'est là que s'installait le sultan. Ainsi, avec cette disposition tripartite, les alcôves brisent l'horizontalité des tablettes qui se déploient sur leurs arcs. Les parements de la grande salle sont

Détail de l'un des carrelages de la plinthe du salon de Comares

Le damasquinage ou décoration au « sertissage délicat » du plafond du salon de Comares, ainsi que sa fonction symbolique en font un chef d'œuvre de la menuiserie islamique. À gauche, reconstruction des couleurs d'origine du plafond exécutée par le peintre et restaurateur Manuel Maldonado, sur la base des travaux de recherche de fray Darío Cabanelas dans les années soixante du siècle dernier

entièrement décorés : sur la partie inférieure par des plinthes carrelées ornées différentes combinaisons géométriques et sur les parties hautes par divers panneaux de plâtrerie disposés en bandes verticales comme des tapisseries et horizontales munies d'épigraphes ; sans oublier les dessins en forme d'étoiles sur fonds à motifs végétaux. Actuellement, on n'apprécie dans son aspect d'origine que le chromatisme des plinthes céramiques, mais on peut voir les restes de polychromie au niveau des plâtreries et imaginer la véritable symphonie de couleurs qui revêtait entièrement la pièce. Les fermetures des fenêtres, aujourd'hui recréation des anciennes jalousies en bois, étaient sans doute ornées de verres translucides de couleurs vives. Une seconde rangée de fenêtres munies de jalousies sur la partie supérieure des murs permettait d'aérer et d'éclairer la pièce.

Bien qu'en des lieux aussi distingués que celui-ci il était habituel de couvrir les sols de grands tapis et l'on en a conservé des témoignages suffisants, il ne reste du dallage original que quelques pièces sur le pan carré central, que viennent compléter quelques éléments du XVIème siècle et d'autres, postérieurs, réutilisés. Dans les encadrements des alcôves il y avait probablement des dalles en marbre, comme c'est le cas ailleurs dans le palais.

Toute la décoration de la pièce trouve son point culminant dans la toiture exceptionnelle, chef d'œuvre de la menuiserie hispano-musulmane, exécutée selon la technique dite de damasquinage ou de « sertissage délicat », héritée par les maîtres mudéjares qui l'ont transmis comme menuiserie dite « structurelle ».

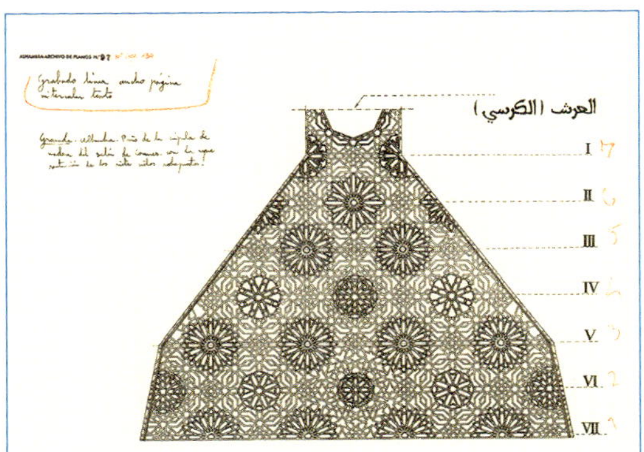

Dessin de Leopoldo Torres Balbás pendant son étape à la tête de l'Alhambra (1923-1936) reproduisant le plafond du salon de Comares arborant la représentation musulmane des sept cieux. Archives de l'Alhambra

Alcôve du salon de Comares transformée en porte

Alcôve du salon, qu'occupait probablement le sultan

Détail central du sol du salon, portant le blason nasride de la Banda

Exécuté en sept pans de planches superposées, unis les uns aux autres et apposées contre les murs, sur lesquels ont été cloutées les 8 017 pièces différentes qui composent le dessin, le motif géométrique de la décoration représente des roues d'étoiles successives et constitue une incarnation céleste, symbole du cosmos, de la grandeur de la Création. Le plafond devient ainsi la représentation scatologique des sept cieux que l'âme du croyant doit franchir après la mort, selon ses mérites, pour monter jusqu'au huitième, le Paradis, le Trône de Dieux, ici représenté par le lanternon central de *muqarnas* (*mocárabes*); c'est là que plongeaient leurs racines les arbres du Paradis, dont la représentation symbolique apparaît sur les tiers-points du plafond et qui peuvent être aussi identifiés par les rivières du Paradis irrigant l'escalier des cieux. Ainsi, le plafond légitimait le sultan qui se situait juste en dessous, sous la même voûte céleste « qui ne présente ni défaut ni imperfection », comme l'affirme le Coran, pour exercer les fonctions relevant de son éminente magistrature.

Les Rois Catholiques et l'empereur Charles Quint ont été sensibles au profond symbolisme du salon. C'est pour cela que tant qu'ils sont restés à l'Alhambra, la bannière royale a ondoyé dans cette tour et non pas dans celle de la Vela (tour de la Voile), comme l'on aurait pu s'y attendre.

Avec l'arrivée des rois chrétiens et l'habilitation du Nouveau Palais Royal, diverses modifications ont été entreprises. Cette salle symbolique et splendide en a été l'objet. On y a transformé la première alcôve à droite en porte menant aux Chambres de l'empereur.

Pavillon Sud

Le côté sud de la cour de Comares présente une grande façade verticale, sans retranchements, qui couvre toute la galerie, mais cependant divisée horizontalement en trois hauteurs. Le rez-de-chaussée, après un portique égal au portique frontal, présentait probablement des caractéristiques spatiales similaires à celles de la salle de la Bénédiction, même s'il est plus réduit, de sorte à permettre la construction des orifices des escaliers montant aux étages supérieurs sur les côtés, comme en témoignent les petites portes situées aux extrémités de la galerie.

Connue selon des documents anciens sous le nom de salle des Versets ou des Hélies, de sa

Façade sud du palais de Comares avec le palais de Charles Quint adossé au fond. Les deux grandes tables de myrte ne sont pas originales : après de nombreuses adaptations végétales, elles ont été installées au XIXème siècle et constituent depuis une partie indissociable de la cour

Tracé intérieur de la façade sud de la cour des Myrtes où líon apprécie les restes décoratifs et la disposition originale. Copie (1988) de l'original s/f. Archives de l'Alhambra

décoration ne perdurent que quelques empreintes sur la face intérieure du mur, dont certains éléments, comme par exemple la plinthe carrelée, retirée en 1537 pour sa réutilisation au Mexuar. Les étages supérieurs présentent une distribution semblable, ouvrant sur la cour, avec un espace central allongé et des *alhamis* aux extrémités.

L'axe central est marqué, au premier étage, par une fenêtre double et un meneau et au deuxième par une élégante solution déprimée au niveau de l'embrasure centrale de la galerie de sorte à éviter d'avoir un arc plus prononcé qui obligerait à surélever la toiture.

Selon l'historiographie du XIXème siècle, cet espace aussi singulier et distingué dans le palais est le lieu de l'indispensable harem ; d'où le fait qu'il ait également été dénommé « Serrallo », sans plus de fondement que l'esthétique culturelle de l'orientalisme. Plus récemment, on a pensé que ces

Escalier reliant le palais de Charles Quint et celui de Comares, ouvert dans le mur latéral de la chambre du sud-ouest

appartements étaient le lieu de formation et de résidence des futurs sultans.

Cette façade est conservée à titre de machinerie ou « rideau de fond de théâtre », car la construction qu'il y avait derrière a été démolie pour construire le palais de Charles Quint, que l'on voit adossé derrière. L'architecte de la Renaissance n'aurait eu aucune difficulté particulière à éliminer la façade nasride et à ouvrir la nouvelle en forme de façade allongée, ses baies vitrées ouvrant directement sur la cour ; cela dit, il a préféré conserver l'image ou la composition esthétique d'origine et établir la communication entre les deux palais à travers un escalier, certes quelque peu forcé, construit dans l'alcôve sud-ouest nasride, où se trouvait la solennelle « façade du Prince » servant jusqu'en 1924 d'entrée pour la visite des palais de l'Alhambra.

À l'autre extrémité de la cour, les Rois Catholiques ont ordonné la construction d'une connexion directe entre les palais nasrides de Comares et des Lions à travers la porte d'accès à l'étage supérieur du logement sud-est. Ceci a entraîné une modification du projet spatial de l'architecture de la dernière étape hispano-musulmane.

Cela vaut la peine de contempler depuis la galerie sud le reflet de la tour de Comares sur la surface du bassin, qui agit comme une prolongation illusoire du bâtiment, ainsi que l'incidence de la lumière, qui crée des effets reflétés dans le propre immeuble.

Hammam ou bains du palais de Comares

Parmi les singularités de l'architecture islamique qui sont conservées à l'Alhambra, on citera particulièrement le *hammam* : les bains de Comares, appelés jusqu'à il n'y a pas très longtemps Bains Royaux, car réservés à l'usage particulier des Rois Catholiques. Nous savons de nos jours, que chaque palais de l'Alhambra disposait de son propre *hammam*, mais celui-ci est le seul *hammam* médiéval islamique à avoir été presque intégralement conservé en Occident. Adaptation islamique des anciens thermes, il est rapidement devenu un élément fondamental du monde musulman.

En raison de leur état de conservation et de leur nature particulière, les salles des bains de l'Alhambra ne se visitent généralement pas, mais on peut les admirer depuis d'autres espaces à travers des orifices.

Situés entre les palais de Comares et des Lions, près des chambres du palais, les bains possèdent une porte donnant directement sur la cour, près de la galerie où résidait et gouvernait le sultan.

Tous les éléments de ces bains ont été relativement bien conservés, avec les modifications structurelles propres d'un changement d'utilisation et d'un entretien plus historique que fonctionnel. L'entrée, au même niveau que la cour des Myrtes, conduit à un premier espace vestibulaire pour se dévêtir, dans une alcôve prévue à cet effet, des latrines aérées se trouvant un peu plus loin. Depuis ce premier

Salle des Lits des Bains du palais de Comares
Pour l'Islam, l'hygiène corporelle est un principe inéluctable de caractère socioreligieux. Pour cette raison, le *hammam*, également appelé bains, était un élément indispensable dans les palais des sultans nasrides. Celui de ce palais royal est le seul de cette époque à avoir été conservé presque entièrement en Occident. Il a donc été objet de culte pendant des siècles. Son état de conservation et sa singularité particulière en empêchent les visites touristiques, mais on peut voir plusieurs de ses pièces au cours de la visite du complexe depuis d'autres espaces. Gravure colorée d Alexandre Laborde, 1812.

espace, on descend par un escalier prononcé dans la salle de repos, appelée *bayt al-maslaj*, qui est peut-être le lieu le plus remarquable des bains. On l'appelle populairement la salle des Lits du fait des deux vastes appartements légèrement surélevés qui flanquent la pièce principale. L'ensemble de cet espace est aéré et éclairé naturellement grâce à une lanterne centrale au plafond, que l'on rencontre très fréquemment dans l'architecture nasride. Les éléments décoratifs de la salle – fontaine, dallages, colonnes, carrelages et plâtreries – sont en grande partie originaux, bien que les plafonds et les plâtreries aient été réparés et repeints dans des couleurs vives pendant la seconde moitié du XIXème siècle par Rafael Contreras, qui était á l'époque restaurateur-décorateur de l'Alhambra. Les portes jouxtant les lits font partie de la structure d'origine des bains : outre celle d'accès, sa parallèle donne sur un entrepôt de service et les portes-frontières conduisent à des latrines situées derrière l'alcôve et aux chambres de vapeur des bains.

Toute la zone de vapeur du *hammam* est couverte de voûtes percées d'une multitude de jalousies légèrement coniques, aux formes lobulaires et étoilées. Elles sont munies de vitres praticables sur la face extérieure, de sorte que les responsables du fonctionnement des bains les ouvraient ou les fermaient pour réguler l'ambiance de vapeur régnant dans les salles.

Suit ensuite un espace réduit et de passage appelé *bayt al-barid*, doté d'une vasque d'eau froide, auquel succède la zone centrale des bains ou *bayt al-wastani*, c'est-à-dire une vaste pièce chauffée pourvue d'un espace central flanqué de deux arcatures à triple arc en fer à cheval légèrement pointu.

Face à l'embrasure d'accès, un autre espace mène à la dernière salle chauffée des bains, appelé *bayt al-sajun*, aux extrémités duquel, sous de vastes *iwanes* ou halls voûtés, deux grandes vasques déversaient à volonté de l'eau froide et de

Lanterne de la salle centrale des bains du palais de Comares, caractéristique de l'architecture nasride, qui permet d'aérer et d'éclairer la pièce

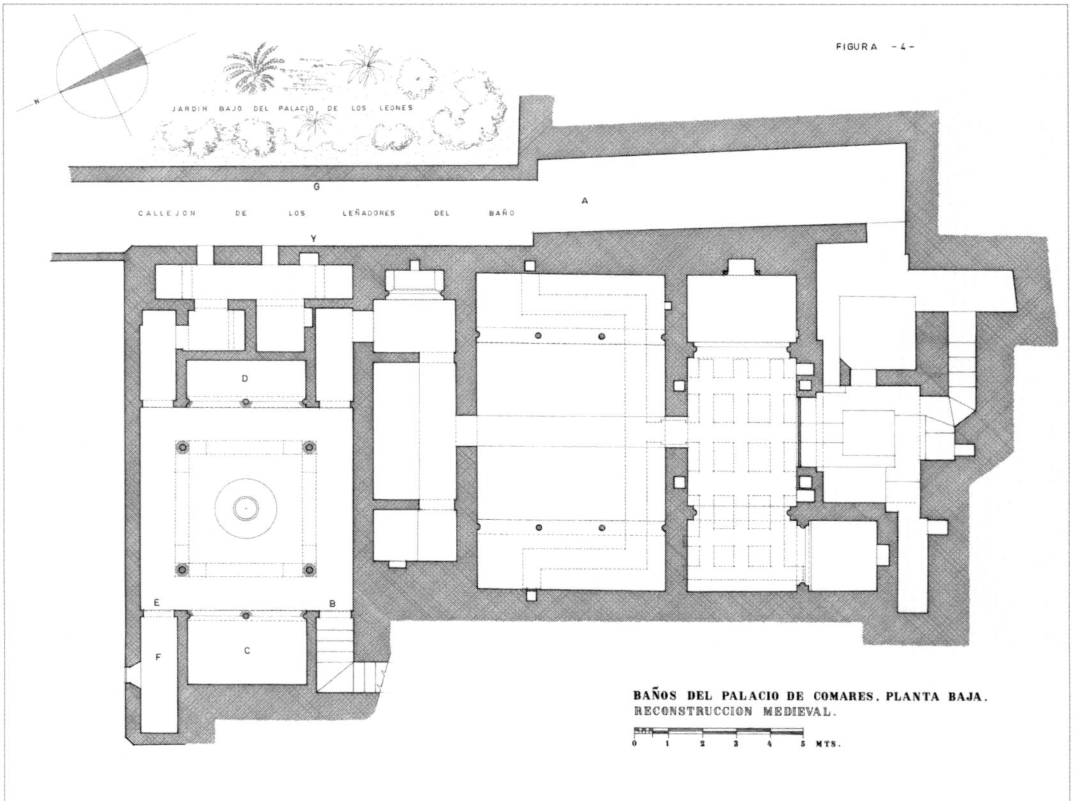

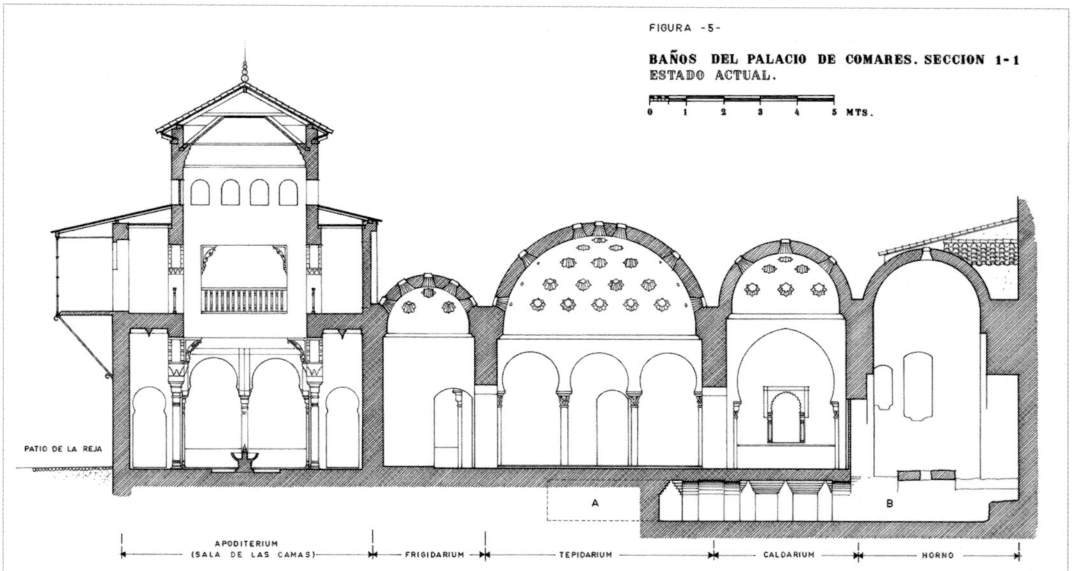

Reconstruction de la forme d'origine et tracé des bains du palais de Comares, d'après les recherches de Jesús Bermúdez Pareja, publiée dans *Cuadernos de la Alhambra* (n.os 10-11), 1974-75. Archives de l'Alhambra

Décoration de carreaux de faïences dans la salle froide des bains, simulant les ondes du mouvement de l'eau

Plinthe céramique du XVIème siècle portant les initiales « Plus Ultra » du blason impérial de Charles Quint

Détail des jalousies polygonales de la voûte principale du *hammam*

l'eau chaude. Sous le sol de cette salle, se trouve l'hypocauste, près duquel se situent, après l'arc aveugle du fond, le four (al-*furn*) et la chaudière, à proximité de laquelle on trouve un bûcher et son inévitable porte de service arrière.

Vue partielle de la salle centrale du *hammam*

Les salles de vapeur possèdent des dallages en marbre sous lesquels passent des tuyaux pour conserver la chaleur, ce qui fait qu'on devait y utiliser des chaussures à grosses semelles pour marcher dans ces salles. De la même façon, sur les murs se trouvent installées des canalisations d'argile de tailles et diamètres divers pour acheminer l'air chaud et la vapeur de la chaudière et atteindre la température et l'humidité requises pour le bain.

Au XVIème siècle, certaines plinthes céramiques de ces salles ont été rénovées, plusieurs d'entre elles portant les initiales « Plus Ultra » impériales et une nouvelle sortie a été habilitée à travers la cour de Lindaraja contiguë.

Depuis Hieronymus Münzer en 1494 et jusqu'à l'avant-gardiste Henri Matisse en 1910, de nombreux visiteurs et artistes ont été charmés par l'atmosphère et le mystère de la lumière baignant le *hammam* du palais de Comares, l'un des lieux les plus captivants de l'Alhambra. La liste de représentants des arts plastiques qui exprimèrent leurs impressions est très longue : on citera simplement les planches d'Alexandre Laborde (1812), les notes de Richard Ford (1831) ou encore le plan dressé par James Cabannah Murphy (1813) faisant état de détails comme le circuit des canalisations ou la chaudière.

7.3 Palais des Lions

Construit par Mohammed V (1362-1391), le palais du Riyad ou du Jardin est axé sur deux terrasses à différents niveaux et ses chambres sont disposées autour d'une cour rectangulaire qui possède en son centre non pas un bassin mais la fontaine la plus célèbre de l'Alhambra, celle des Lions et une galerie à portiques sur les quatre côtés. C'était un palais résidentiel et dans ses quatre salles principales connues sous les noms de *Muqarnas* (ouest), Rois (est), Abencérages (sud) et Deux Sœurs (nord), avaient lieu des activités de loisir, des fêtes ou des soirées musicales. À l'étage supérieur il y avait d'autres alcôves où se déroulait aussi la vie quotidienne palatine.

Le *Qasr al-Sultan*, le palais royal nasride, a été élargi par Mohammed V (1354-59 et 1362-91) sous son second mandat, étape considérée comme l'apogée totale du sultanat.

Appelé palais du Riyad ou du Jardin peut-être parce qu'il a été construit sur le terrain qu'occupait jusqu'alors une cour-jardin du palais précédent, entourée de simples pisés.

Organisé autour de deux terrasses à différents niveaux, ses principales pièces s'articulent autour d'une cour rectangulaire en croisée. Ces deux niveaux ou terrasses en escaliers sont installées entre les bains du palais de Comares, la citerne et leur éventuel accès et l'exceptionnelle *qubba* de la Rauda qui donnait sur la calle Real Baja et sur la montée qui permet de franchir le dénivelé du Partal.

Son entrée principale devait être située dans l'angle sud-occidental, avec un accès en coude depuis la calle Real.

L'actuelle communication directe depuis le palais de Comares obéit aux adaptations réalisées après la conquête pour installer à l'Alhambra le Palais Royal Chrétien. La première chose qui surprend en entrant dans le palais est la galerie à portiques allongée tout autour du périmètre de la cour. Bien qu'il existe des similitudes avec les cloîtres mudéjares, elle est en réalité un couloir périmétrique d'union et de distribution des différents appartements du palais, comme s'il s'agissait de *khaïmas* regroupées autour d'une oasis. Sous l'auvent, sont placés des arcs soutenus par cent vingt-quatre colonnes suivant le système proportionnel tracé à partir de la diagonale d'un carré et qui atteint ici probablement le degré maximum de perfection.

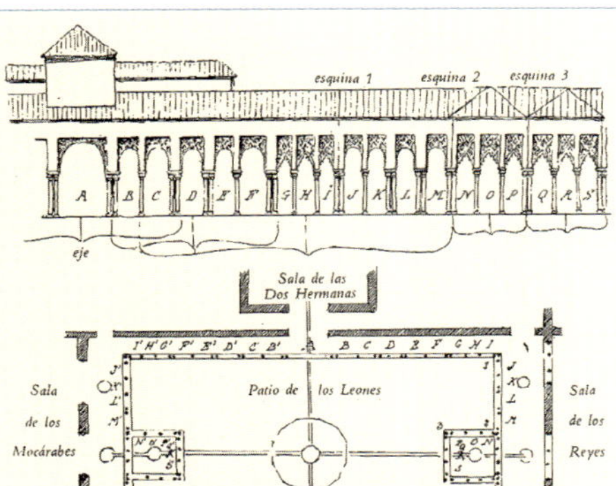

109. El Patio de los Leones, análisis de la parte noreste

Galerie à portiques de la cour des Lions

Disposée tout autour du périmètre, elle est constituée par des arcs soutenus par des colonnes qui suivent le système proportionnel tracé à partir de la diagonale d'un carré. Sur les côtés les plus étroits, se dressent des pavillons en guise de portiques, chapeautés de toits en forme de coupoles semi-sphériques, sous lesquels, au sol, on trouve les fontaines au ras du sol qui ponctuent aussi la cour des Myrtes, ce qui permet à l'eau de couler depuis les quatre côtés jusqu'à la fontaine centrale.

La planche de gauche est extraite du travail de recherche du professeur Georges Marçais, *Mélanges d'histoire et d'archéologie de l'Occident musulman*, 2 vols., Alger, 1957.

La cour des Lions occupe l'espace central vers lequel confluent tous les appartements du palais

Palais des Lions

La décoration nasride atteint dans ce palais une splendeur inhabituelle. Ses pans de murs blanchis à la chaux comme de la dentelle, ses fines colonnes, l'exquise plâtrerie de ses murs, ses carrelages colorés, ses plafonds de *muqarnas* et la perfection de ses proportions contribuent à créer le cadre propice à une vie de plaisirs.

❶ Salle des Muqarnas

C'est un espace de forme rectangulaire, qui était couvert à l'origine d'une toiture de *muqarnas*, démolie par une explosion survenue en 1590. Son actuelle voûte date du XVIIème siècle.

❷ Cour et fontaine des Lions

Cette fontaine symbolique qui donne son nom au palais, d'inspiration ancestrale, se compose d'une vasque centrale et de douze lions qui regardent vers l'extérieur et présentent des jets d'eau dans leurs gueules.

❸ Salle des Abencérages

Ce salon de forme carrée est couvert d'un délicat toit en forme d'étoile à huit branches grâce à une transition géniale obtenue par des pendentifs. Sa décoration de *muqarnas* est l'une des plus exquises de l'art islamique.

❹ Cour du Harem

Au dessus de la salle des Abencérages, se trouve la cour d'une demeure à deux portiques, l'un soutenu par des colonnes à chapiteau de serpentine réutilisés d'ailleurs.

❺ Salle des Rois

Distribuée selon une série d'espaces cubiques, symbole de perfection, et rectangulaires pour un ensemble harmonieux. Trois de ses alcôves possèdent des plafonds ornés de peintures uniques représentant des scènes courtisanes.

❻ Salle des Deux Sœurs

Salle principale du palais et la plus richement décorée. À l'étage, s'ouvrent des fenêtres ornées de jalousies, vers l'intérieur de la *qubba*, qui est couverte de l'un des plafonds de *muqarnas* les plus spectaculaires de toute l'Alhambra.

❼ Salle des Ajimeces

La salle porte ce nom à cause des balcons de bois en surplomb et pourvus de jalousies que fermaient les deux grandes baies vitrées se faisant face au centre de chacun des côtés les plus longs.

❽ Mirador de Lindaraja

L'un des nombreux petits bijoux que renferme l'Alhambra. À l'origine, il donnait sur l'Albaicín, sur un jardin potager qui s'étendait jusqu'au rempart nord.

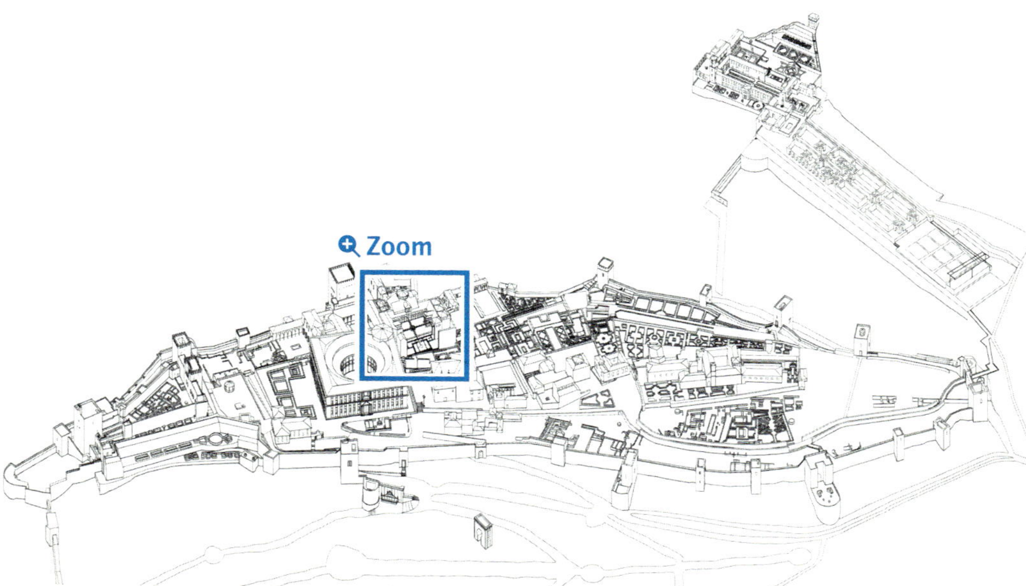

1 Salle des Muqarnas
2 Cour et fontaine des Lions
3 Salle des Abencérages
4 Cour du Harem (étage supérieur)
5 Salle des Rois
6 Salle des Deux Sœurs
7 Salle des Ajimeces
8 Mirador de Lindaraja

Sens de la visite

Architecture nasride
Architecture chrétienne
Eléments hydrauliques

Vue du palais des Lions depuis la corniche du palais de Charles Quint (1986). Archives de l'Alhambra

Les axes principaux présentent au centre un arc principal qui sert de portique, tandis que des axes mineurs se dressent, donnant sur la cour, deux pavillons cubiques, couverts à l'intérieur par des plafonds en forme de coupoles semi-sphériques. Au sol, on trouve des vasques au ras du sol ou fontaines enfoncées.

Salle des Muqarnas

La salle des *Muqarnas* est l'une des pièces du palais, un espace vestibulaire ou de réception de forme rectangulaire qui donne sur la cour et présente trois grands arcs de *muqarnas* pour favoriser l'éclairage et l'aération. Elle doit son nom à la toiture, aujourd'hui disparue, qui la couvrait, toute de *muqarnas*, probablement l'une des plus belles de toute l'Alhambra. Détruite suite à l'explosion, survenue en 1590, d'une poudrière proche, elle a été démolie et la salle divisée en deux espaces séparés par une grille ; l'un d'entre eux a été recouvert par l'actuelle voûte en plâtre, conçue en 1714 par le peintre Blas de Ledesma pour la visite du roi Philippe V et de la reine Isabelle de Parme, à qui correspondent les initiales « F. Y. » qui figurent à l'extrémité. De la voûte d'origine de *muqarnas* il reste à peine quelques vestiges de la base sur la partie supérieure du mur de clôture, où l'on peut deviner la polychromie que devait présenter le plafond d'origine. Il en va plus ou moins de même concernant la décoration des parements de la salle qui à l'origine devaient arborer sur leur partie inférieure les traditionnels carrelages, laissant la zone supérieure prête pour, peut-être, recevoir des tapisseries ou des travaux de plâtrerie.

Cour des Lions

Le nom sous lequel est universellement connu ce palais est dû à la fontaine qui se trouve au centre de la cour, héritière de la tradition provenant de l'orient islamique et consistant à utiliser comme jets d'eau des figures animales, tradition vastement répandue à al-Andalus à partir du Xème siècle. Peut-être l'origine de cette tradition se trouve-t-elle, selon certains chercheurs, dans la « Mer de Bronze » du temple de Jérusalem que décrit la Bible, dont les douze taureaux seraient ici remplacés par autant de lions. Bien que similaires, les figures sont différentes entre elles et tournent le dos à la fontaine, dans une attitude symbolique intentionnellement recherchée. Loin d'être des figures hiératiques, comme on l'estimait jusque là, elles arborent un détail d'exécution minutieuse ; le bloc de marbre fur certainement choisi avec soin par le maître tailleur, qui utilisa les veines naturelles de la pierre pour accroître le modelage de la figure, qui porte les marques, outre des pelages différenciateurs et des gueules entrouvertes et de leurs plis, de détails aussi délicats que le poil des extrémités ou la singularité de chaque doigt, en consonance avec la décoration naturaliste du palais.

Comme le montrent les documents conservés aux Archives Historiques de l'Alhambra, l'aspect de la fontaine des Lions a complètement changé au cours de la seconde moitié du XVIème siècle. La nouvelle fontaine présente un schéma pyramidal avec élévation du cylindre central d'appui et de la vasque principale à l'aide de balustres apparemment posés sur le dos des figures des lions, sans oublier l'ajout d'une seconde vasque qui masquait à sa base le jet d'eau médiéval. Cette vasque se trouve actuellement dans le jardin des Adarves où elle a été installée en 1954.

Salle des Muqarnas, dont la coupole d'origine, qui donna son nom à la salle, a été partiellement restituée au début du XVIIème siècle. À droite, détail des restes de la coupole d'origine

Les lions de la fontaine

Les douze lions, apparemment similaires, possèdent des caractéristiques qui les individualisent. Ils sont tous en position d'alerte, queues repliées, oreilles dressées, mâchoires serrées, attitude de tension, à l'attente du moindre geste ou ordre de leur seigneur, le sultan. Par ailleurs, l'association de l'eau, purificatrice, source de vie, avec l'image du lion, gardien du pouvoir, se perd au début de l'Humanité, mais s'intègre symboliquement dans les traditions des grandes religions monothéistes. Cette sculpture, récemment restaurée, permet de voir en détail comment les veines du morceau de marbre choisi par le tailleur font ressortir les formes arrondies du lion.

En 1624, le sculpteur Alonso de Mena a travaillé sur la fontaine pour la réparer et la nettoyer en profondeur. Au cours du premier tiers du XIXème siècle, on y a rajouté un système de jets d'eau et vers 1837, la finition supérieure d'un jet visant à « embellir » la fontaine conformément aux goûts de l'époque a été apportée.

Après diverses tentatives et essais à partir de 1945, en juillet 1966, la fontaine a été remise dans son hypothétique état d'origine, par le démontage des éléments ajoutés et le jet d'eau d'origine a été transféré au Musée de l'Alhambra.

Détail de la photographie de 1857 où l'on apprécie le système de fonctionnement de la fontaine.
Photographie de J. Pedrosa

La vasque de la fontaine, taillée dans un bloc en forme de dodécagone, présentait un ingénieux système hydraulique lui permettant de conserver un niveau d'eau constant, magnifiquement décrit et exalté par des métaphores suggestives dans les douze vers d'une *qasida* (poème arabe) composée par le vizir et poète Ibn Zamrak, taillée sur le bord extérieur de la vasque et dont nous transcrivons ici la traduction complète :

Béni soit Celui qui octroya à l'imam Muhammad de si belles idées pour décorer ses grandes maisons.
Car n'est-ce pas vrai qu'il existe dans ce jardin des merveilles que Dieu a fait incomparables en beauté, et une sculpture de perles de pureté transparente, dont les bords sont décorés avec une bordure de perle ?
L'argent fondu court entre les perles, ressemblant en beauté à l'aube et la pureté.
En apparence, l'eau et le marbre semblent se confondre, sans que nous sachions lequel des deux glisse.
Ne vois-tu pas comment l'eau s'écoule dans le bassin, mais ses jets la cachent rapidement ?
C'est un amant dont les paupières débordent des larmes, des larmes qu'il cache par peur d'un délateur.
N'est-ce pas, en réalité, comme un nuage blanc qui verse sur les lions ses canaux
et semble être la main du calife, qui, le matin, prodigue ses faveurs aux lions de la guerre ?
Celui qui contemple les lions en attitude menaçante, (sait que) seulement le respect (dû à l'Émir) retient leur colère.
Oh, descendant des Ansares, et non par ligne directe, héritage de noblesse, qui rejette les niais :

Vasque de la fontaine

Appelée *manhuta min lú'lú*, ou sculpture de perles en arabe, la fontaine des Lions est faite d'un seul bloc de marbre blanc. La vasque présente sur son bord extérieur, selon une belle calligraphie arabe, un poème du vizir Ibn Zamrak qui chante les louanges du sultan qui a fait construire cette fontaine. Elle a été probablement taillée sur place dans un bloc soigneusement sélectionné par les artisans, de même que les douze lions, taillés dans des blocs présentant des veines choisies qui rehaussent leurs formes géométriques ou arrondies. L'ensemble de la fontaine a également reçu une subtile polychromie pour faire ressortir ses éléments décoratifs, malheureusement disparue aujourd'hui, après des siècles de nettoyages mécaniques agressifs.

> Que la paix de Dieu soit avec toi et que tu survives indemne en renouvelant tes festins et en affligeant tes ennemies !
>
> Ibn Zamrak

Tout l'espace ouvert du palais arbore la configuration d'une cour en croisée, soulignée par quatre parapets ou bras qui partent des axes cardinaux. Ceux-ci sont pourvus de petits tuyaux remplis d'eau qui, provenant de diverses fontaines circulaires enfoncées dans le dallage, appelées vasques au ras du sol, confluent vers la fontaine centrale.

La disposition en croisée de cette cour supposa une rupture avec les cours précédemment édifiées à l'Alhambra, ce qui a mené les historiens à une analyse minutieuse. Ainsi, certains y voient l'influence des cours claustrales de l'architecture monacale de la Péninsule Ibérique, ou des cours palatines comme le palais des Normands de la Zisa à Palerme, tandis que d'autres y voient la dérive d'une tradition nord-africaine dont l'antécédent serait le palais de Ziri à Achir, en Algérie. Il daut chercher les précédents les plus immédiats dans la cour dite de Castillejo de Murcia, datant de la seconde moitié du XIIème siècle, ou dans la ville marocaine de Fez, dans la cour de la mosquée Qarawiyin, entre autres. Récemment on en a découvert un exemple à la cour des Doncellas de l'Alcazar de Séville, présentant une disposition originale en croisée avec des jardins rabaissés entre parapets, qui date du règne de Pierre Ier (1334-1369) et a été recouvert en 1584 du fait de son mauvais état de conservation. Bien que la cour de l'Alhambra ait peut-être connu le même sort,

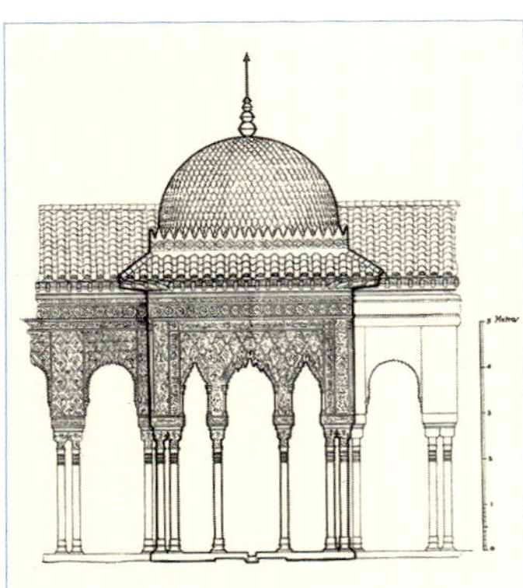

Pavillon oriental

Protagoniste de l'une des pages les plus remarquables de la restauration architecturale européenne : en 1859, sa toiture a été « restaurée » par la pose d'une coupole sphérique en céramique vitrifiée, conformément à ce que l'on entendait par « style arabe ». En 1934, Leopoldo Torres Balbás l'a démontée pour refaire le toit actuel, comme on le voit sur les parties supérieures, sous la forte opposition des secteurs les plus conservateurs du pays. Archives de l'Alhambra.

Cour des Lions et galerie à portiques sur tout son périmètre et la fontaine au centre, où confluent les bras ou canaux qui en accentuent l'esthétique de croisée

les recherches actuelles indiquent qu'elle était probablement dallée de marbre et peut-être ornée de platebandes accueillant des arbres de petite taille. Quoi qu'il en soit, le palais était ponctué d'un jardin au nord, sur la terrasse inférieure, précédant la *qubba* principale, espace aujourd'hui occupé par la cour de Lindaraja.

Concernant sa signification symbolique, on la considère la représentation de l'étape précédant le Paradis, commune aux religions chrétienne et musulmane, dont la ramification suivant quatre rivières serait ici représentée par les canaux de la disposition en croisée.

Salle des Abencérages

Ladite salle des Abencérages est configurée comme un logement indépendant dans le palais. Toute sa structure tourne autour de la grande *qubba* dotée à l'intérieur d'une magnifique coupole de muqarnas à la composition tridimensionnelle. Par ce moyen, l'architecte a tenté d'équilibrer le volume de la *qubba* principale, située en face, selon une tradition de doubles coupoles présente dans d'autres palais ; de même, les pavillons se dressant aux étages supérieurs des deux logements avaient pour but d'équilibrer l'effet des pavillons cubiques de la cour, soulignant ainsi la conception en croisée et la division quadripartite.

L'espace central de la salle est, à son tour, copié d'une cour, avec une fontaine centrale dodécagonale, qui transpose l'immatériel (« la plus belle voûte qui soit est la voûte céleste ») au matériel (la magnifique coupole de muqarnas en forme d'étoile à huit pointes) selon une géniale transition tridimensionnelle depuis la forme carrée obtenue à l'aide de pendentifs, également de muqarnas.

Des carreaux de faïence sévillans du XVIème siècle ornent aujourd'hui la plinthe de la salle, qui se déploie suivant un double arc en deux alcôves latérales, toutes deux surélevées par de légères marches. Le logement ne possède pas d'autre ouverture à l'extérieur que les hautes

Toiture étoilée de muqarnas de la salle des Abencérages

Vasque au ras du sol

Au centre des sols des pavillons du palais des Lions, ainsi que de deux des salles intérieures, se trouvent de petits tuyaux qui transportent l'eau vers le centre de la cour, tels des ruisseaux serpentant « entre les pieds des croyants » comme l'indique la référence du Coran. Les vasques dont ils surgissent sont dites au ras du sol car elles se présentent à l'endroit choisi, ici un palais, au ras du dallage dont l'eau jaillit « à flots », chuchotant doucement, sans gicler, intégrant une fois de plus nature à l'architecture. Des détails aussi subtils que celui-ci font de ce Palais des Lions un lieu unique.

fenêtres qui éclairent joliment la coupole et la porte, à l'origine fermée par une grande porte en bois dotée de volets. Un petit couloir transversal derrière la porte mène à des latrines et à l'escalier de l'étage supérieur, où on trouve plusieurs pièces, dont l'une possède une petite fenêtre sur la porte pour contrôler l'entrée.

Espaces complémentaires : cour du Harem et porte de la Rauda

Les espaces palatins de l'Alhambra, en tant qu'espaces domestiques, disposent d'autres pièces et de lieux complémentaires, des pièces secondaires, des couloirs, des latrines, des salles à l'étage etc.

Près de l'entrée d'origine du palais des Lions, un escalier montait à la cour du Harem, pièce indépendante du reste des chambres du palais située sous la salle des Abencérages

Muqarnas

Dans le palais des Lions sont conservés les meilleurs exemples de plafonds, toits et arcs de *muqarnas*, de l'Alhambra et probablement de l'ensemble de l'art islamique occidental de la seconde moitié du XIVème siècle. Ils sont formés à partir de prismes superposés combinés de façon géométrique. Leur superficie est ensuite décorée de motifs et couleurs variés, accentués par les jeux de lumière. Les plafonds de *muqarnas* sont très légers, « presque éthérés ». On sait aujourd'hui que ces plafonds ne sont pas seulement décoratifs, mais qu'ils jouent aussi une fonction structurelle.

Certains, de par leurs propres caractéristiques, la complexité de leur conservation, la difficulté de leur accès, ou l'organisation du parcours ne peuvent être inclus dans la visite générale. Cela dit, la plupart sont accessibles à des heures et sous des conditions spéciales. Parmi eux, se trouve ladite cour du Harem, qui se trouve à un étage supérieur au dessus de la salle des Abencérages. Cette cour tire son nom de l'imaginaire romantique du XIXème siècle. Il s'agit en réalité d'un autre logement indépendant, auquel on accédait depuis l'entrée du palais, profitant de la structure de la citerne qui contrôlait et distribuait l'approvisionnement en eau du palais et de ses alentours.

Détail de la puerta de la Rauda depuis l'extérieur avec l'accès au patio de los Leones au fond

S'y trouvent conservées les plinthes originales peintes à la fresque, ainsi que deux petits chapiteaux réutilisés en serpentine verte, uniques à l'Alhambra.

Fait également partie du palais la porte de la Rauda, qui appartenait probablement à un palais plus ancien. Bâtiment en brique, de forme carrée, elle possède sur chaque front un arc en fer à cheval et un corps supérieur de fenêtres, sur lequel s'appuie une splendide coupole à oves sur trompes qui imite le classique détail de brique rouge. Ce svelte bâtiment aurait servi de majestueuse façade au palais des Lions, auquel il a été probablement intégré après les réaménagements palatins de la seconde moitié du XIVème siècle. On peut y accéder à partir des jardins du Partal.

Salle des Rois

Il s'agit d'un espace intégré au palais, mais qui possède sa propre fonction, probablement aulique et ludique, comme le montrent les scènes peintes qui apparaissent sur les trois plafonds de l'est. Pour reprendre l'image de l'oasis autour de laquelle sont situées les *jaimas* d'un campement, la salle des Rois montre le groupement de diverses alcôves autour d'un espace longitudinal, ouvert sur la cour à l'ouest par la galerie de colonnes,

Voûtes de la salle des Rois

Les trois voûtes en bois ont été fabriquées en toute autonomie par rapport au sol, comme des coques de navires, selon une technique appelée *voûte en carène de vaisseaux*, suivant plusieurs phases : d'abord on montait le périmètre de la structure de façon à faire un faux anneau de longs linteaux de peuplier blanc, auxquels on unissait les poutres courbées en forme de demi-cylindre ou côtes qui, aux extrémités, formaient des quarts de sphère : ensuite au centre on clouait les grosses planches de pin – sur les extrémités semi-sphériques, on les coupait en triangle – sur la face intérieure des poutres ; enfin, l'extérieur était recouvert de goudron végétal, barrière biologique et repoussant l'humidité, puis d'un revêtement de plâtre pour protéger l'endroit. Les orifices de la courbure étaient bouchés à l'aide de morceaux de bois servant de cale et de fibres végétales.

de façon analogue à la salle des *Muqarnas*. Là, cependant, au lieu d'avoir une unique toiture longue, on trouve une formule alternative à trois plafonds de *muqarnas*, de forme carrée, qui fractionnent la pièce en autant d'espaces, à leur tour séparés perpendiculairement par de hauts arcs doubles de *muqarnas*, ce qui fait qu'outre la profondeur, on obtient une harmonieuse alternance de lumières et d'ombres. Une fois de plus, le palais nous montre une parfaite distribution des espaces cubiques, symbole de perfection, regroupés tels de petites cellules en un ensemble architectural harmonieux empli de lumières et de couleurs.

Sur la salle principale donnent cinq alcôves rectangulaires, toutes surélevées par rapport au sol par une marche et séparées entre elles par de petites niches ou placards. Les trois de l'est sont couvertes de voûtes en bois revêtues de peintures qui représentent des scènes courtisanes ; la centrale montre une réunion de notables personnages en conversation animée, assis sur des coussins sur une estrade, vêtus des caractéristiques atours nasrides, tous portant la singulière épée « jineta », ce qui mena, équivoquement, à penser qu'il s'agissait d'une représentation des sultans – les rois – ; d'où le nom que porte la salle. Elle a aussi été appelée salle de la Justice car on a pensé que ce groupe était un tribunal en délibération. Les deux autres voûtes décrivent différentes représentations courtisanes, comme par exemple des défis entre chevaliers, chrétien et musulman, pour la main d'une demoiselle, dont sort victorieux le musulman, après une joute de compétitions enchaînées.

Ces représentations, dont l'origine décorative doit être recherchée dans la peinture gothique miniature, sont des exemplaires uniques au monde, ce qui leur confère le caractère de véritables bijoux. C'est au *Quattrocento* du nord de l'Italie et même dans le cercle d'Avignon qu'il conviendrait de situer leur ascendance ; il ne faut pas oublier que la Grenade nasride possédait une importante colonie de commerçants génois et vénitiens, de grande influence à la cour. Leur technique est également à remarquer : peintes en détrempe à l'œuf et vernies, elles étaient au préalable dessinées en traçant à la pointe les profils sur la superficie de peaux de mouton qui avaient été imprimées à l'aide de diverses couches de plâtre et assemblées avec des éclats de bambou pour couvrir complètement l'intrados concave des voûtes en bois, appelées par les artisans « barcas », dans une allusion à la forme de leur tracé.

Cet espace palatin distingué aurait été le théâtre de fêtes et célébrations à l'étape nasride. Les Rois Catholiques y installèrent une chapelle conservée jusqu'au XVIIème siècle et ayant même servi comme siège paroissial

Les trois voûtes peintes de la salle des Rois : a) voûte sud ; b) voûte centrale ; c) voûte nord

a)

b)

c)

à Santa María de la Alhambra pendant la construction du nouveau temple.

La toiture de la salle des Rois subit une importante modification à partir de 1855 : une toiture individuelle pour chacun des trois plafonds peints a été habilitée, au lieu de la toiture commune d'origine, l'extrados des plafonds restant sans aération, ce qui conduisit à sa détérioration.

À la fin 2006, les toitures ont fait l'objet d'un projet de restauration afin de freiner leur détérioration.

Tous les toits du palais des Lions on été modifiés, particulièrement à partir de la seconde moitié du XIXème siècle et on soulignera notamment la transformation menée à bien dans le pavillon est, dont la restauration fut un fait marquant en Espagne. En 1859, ceux qui étaient alors appelés « restaurateurs décorateurs », Juan Pugnaire et Rafael Contreras, on reconstruit le pavillon et l'ont équipé d'une toiture en tuiles vitrifiées de couleurs. En 1934, Leopoldo Torres Balbás, alors architecte conservateur de l'Alhambra, a démonté la toiture, ce qui a entraîné une grande polémique dans le domaine de la restauration qui est même arrivée dans la presse internationale ; une polémique que sous-tendait la dispute intellectuelle du moment pour l'hégémonie entre « restauration stylistique » et « restauration scientifique ».

Salle des Deux Sœurs

La pièce principale du palais, autour de laquelle tout son ensemble tourne, est la *qubba* principale, à l'intérieur de laquelle se trouve la salle des Deux Sœurs, dénomination chrétienne par laquelle elle est actuellement connue du fait de l'allusion aux deux grandes dalles de marbre posées sur le sol de la pièce. On y trouvait des pièces à l'étage et un rez-de-chaussée donnant sur le potager-jardin. La distribution de ce logement est semblable à celle des Abencérages, située en face, mais il est plus vaste et plus richement décoré. À différence

Plafond de muqarnas de la salle des Deux Sœurs, incarnant probablement l'apogée de la décoration architecturale de l'Alhambra

de celui-ci, il donne sur l'extérieur et à l'étage il possède des fenêtres à l'intérieur de la *qubba*, pourvues de délicates jalousies en bois. L'on devait sans doute avoir de là les meilleures vues de l'Alhambra de l'époque.

L'entrée se faisait depuis la galerie de la cour, en montant trois marches, par une magnifique porte à deux battants et volet, l'une des grandes œuvres de la menuiserie nasride, aujourd'hui conservée au Musée de l'Alhambra. Derrière, le couloir transversal communique à gauche avec les latrines et à droite avec l'escalier menant à l'étage. Un petit tuyau achemine l'eau depuis l'habituelle vasque au ras du sol, placée au centre de la pièce, jusqu'à la fontaine des Lions.

La salle des Deux Sœurs est couronnée par une des coupoles de *muqarnas* les plus exquises de l'art islamique. À partir d'une étoile centrale à huit branches, son tracé évolue selon une composition tridimensionnelle déployée en seize lanternons situés sur autant de fenêtres munies de jalousies pour nuancer la lumière changeante au fil de la journée. Il s'agit du développement maximum de la lanterne caractéristique de l'architecture nasride, qui éclaire la pièce par le toit. Le jeu génial de fenêtres doubles repose sur le tambour octogonal de la coupole qui, pour passer à la forme carrée de la salle, a recours à d'élégantes trompes de *muqarnas* au niveau des angles.

Une sobre mais voyante plinthe carrelée conçue à base de bandes de couleurs revêt la partie inférieur de la *qubba*. Une inscription l'orne, alternant tablettes rectangulaires et circulaires, d'un poème de vingt-quatre vers composé expressément par le vizir Ibn Zamrak pour la cérémonie de circoncision du prince, fils de Mohammed V, qui eut probablement lieu là.

> Je suis un jardin décoré par la beauté :
> mon être saura si tu regardes ma beauté.
> Par Muhammad, mon roi, au même niveau j'arrive
> de ce qu'il y aura et a eu de plus noble.
> Œuvre sublime, la fortune veut qu'il dépasse tout autre moment.
> Combien de loisir ici pour les yeux !
> L'homme noble renouvelle ici ses désirs.
> Les Pléiades leur servent en tant qu'amulette ;
> la brise la défend avec sa magie.
> Une coupole brillante sans égale,
> des beautés manifestes et cachées.

Deux alcôves flanquent la pièce, légèrement surélevées par une marche, à l'intérieur desquelles se trouve l'habituel *alhami* ou compartiment pour le repos, situé à l'extrémité. Toutes deux présentent sur leur partie supérieure une élégante décoration de plâtrerie et de magnifiques plafonds à caissons, ainsi que des fenêtres donnant sur l'extérieur ; celle de gauche a été transformée en porte pour communiquer avec les pièces ajoutées à l'époque chrétienne.

Peut-être nulle part ailleurs à l'Alhambra l'art et la nature ne furent-ils intégrés aussi parfaitement que dans ce logement palatin, avec la décoration végétale d'atauriques figuratifs à l'intérieur et les jardins qui, par tous les flancs, enveloppent la pièce depuis l'extérieur.

Salle des Ajimeces

Détail du jeu de la lumière reflétée sur le parement ouest de la salle des Deux Sœurs

Salle des Ajimeces

La *qubba* principal se prolonge vers le nord par la salle transversale dite des Ajimeces, appelée ainsi du fait des deux vastes baies vitrées qui ponctuent le centre des côtés principaux et qui présentaient ce type de fermeture, des balcons en surplomb en bois munis de jalousies. Les murs, aujourd'hui dénudés et blanchis à la chaux, furent tapissés de riches toiles de soie, dont quelques exemples à peine se trouvent désormais conservés dans les musées. Une voûte de muqarnas allongée à lanternons consécutifs couvre l'ensemble de la salle.

Détail des « jeux » des plinthes sur le seuil de l'accès au mirador de Lindaraja. L'épigraphie arabe est exécutée à l'aide de pièces de céramique découpées et assemblées

Mirador de Lindaraja

À l'extrémité opposée de l'espace d'accès, se dresse, avançant sur le jardin inférieur du palais, le délicieux mirador de Lindaraja, l'un des plus beaux endroits de l'Alhambra. Comme le révèle son nom, ce mirador donnait à l'origine sur le paysage, vers l'Albaicín, sur un potager-jardin inférieur qui se prolongeait jusqu'au rempart nord de la ville palatine. Son intérieur renferme les décorations les plus ravissantes du palais, arborant diverses compositions géométriques et épigraphiques et de délicates plâtreries qui encadrent la fenêtre frontale, sous un arc aveugle de *muqarnas*. Les plinthes faites de minuscules carreaux de faïence dessinent une simple mais voyante succession de roues d'étoiles et sont couronnées par des inscriptions en caractères se découpant sur des morceaux de céramique noire sur fond blanc, disposés en puzzle. Un plafond de cristaux de couleurs assemblés sur une structure en bois voûtée, comme s'il s'agissait d'une lanterne plafonnière, est indicateur de comment devaient être la plupart des *ajimeces* ou fermetures de l'Alhambra palatine.

À partir de 1528, a été construite autour du jardin inférieur une résidence destinée à l'empereur Charles Quint, jardin qui l'entoure en forme de cloître et a modifié radicalement son aspect original. Actuellement, ce secteur porte le nom de cour de Lindaraja.

Plafond du mirador de Lindaraja

Ce plafond, qui joue le rôle de lanterne plafonnière, est exécuté à base de cristaux de couleurs assemblés sur une structure en bois voûtée. Il est le seul exemplaire de ces caractéristiques à avoir été conservé à l'Alhambra. Sa finition formelle nous rappelle ce que durent être les fermetures, les jalousies, de la plupart des fenêtres des espaces palatins de l'Alhambra. Le texte arabe du Mawlid de 1362 décrit la présence au Mexuar d'un spectaculaire plafond de cristal qui devait ressembler à celui-ci. Mohammed V devait apprécier ce type de toiture, qu'il fit probablement aussi installer dans son palais des Alixares, aujourd'hui disparu.

Au fond de la salle des Deux Sœurs, se dresse le mirador de Lindaraja

7.4 Le Palais Royal chrétien

Une fois que Boabdil eût remis l'Alhambra aux Rois Catholiques après un long siège, ces derniers occupèrent une grande partie des espaces palatins et affectèrent des fonds à éviter qu'ils ne subissent de plus grands dommages. Leur petit-fils, l'empereur Charles Quint, visita l'Alhambra en 1526 avec son épouse Isabelle et ordonna la construction de diverses pièces autour des palais musulmans, que nous connaissons aujourd'hui comme les Chambres de l'empereur.

Immédiatement après la conquête de Grenade en 1492, les Rois Catholiques débutèrent un important programme de travaux de l'Alhambra pour tenter de freiner l'état avancé de détérioration dans lequel elle se trouvait suite à la longue période de siège à laquelle l'enceinte entourée de remparts avait été soumise et pouvoir assurer sa conservation. Pour cela, les monarques décidèrent qu'il fallait faire un apport périodique de fonds, ce dont l'on a trace grâce au Maure grenadin Francisco Núñez Muley qui écrivit : « [...] cette intention et cette volonté furent celles du Roi et de la Reine [...] pour cela les riches palais de l'Alhambra et d'autres, de moindre importance, ont été entretenus de la même façon qu'ils l'étaient aux temps des rois Maures [...] ». Dans la même lignée, significative est la demande que leur petit-fils et héritier, ce jeune homme qui deviendrait par la suite l'empereur Charles Quint, fit depuis la Flandre en 1517 à l'huissier principal du royaume la veille de son voyage de prise de possession du trône : « [...] para que ordenase la forma que mejor le pareciese del aposento de su casa y corte [...] y que los aposentadores hiziesen el aposento con suavidad y sin molestia » [(...) pour ordonner la forme qui lui semblait la meilleure pour les appartements de son logement et de sa cour (...) et que les occupants puissent reposer tranquillement et sans être dérangés]. En juin 1526, l'empereur et son épouse Isabelle du Portugal arrivèrent à Grenade et se logèrent à l'Alhambra-même. Le monument causa une si bonne impression aux illustres hôtes qu'ils décidèrent d'y établir un important siège impérial et le panthéon de la dynastie. En 1528 fut approuvée la construction de six « nouvelles chambres » autour des palais musulmans, qui allaient constituer une sorte de « suite impériale » et qui sont aujourd'hui connues sous le nom de Chambres de l'empereur.

Blason de la cheminée du Bureau de l'empereur

Lorsque les rois chrétiens prirent possession de l'Alhambra, ils respectèrent les palais, la décoration et les symboles de leurs prédécesseurs, les nasrides, mais ils voulurent imposer leur style et leur symbolique dans les zones où ils résidèrent. Pendant la construction du palais de Charles Quint, une zone de jardins fut habilitée entre les palais musulmans, pour servir de logement à l'empereur. Ces pièces présentent un bon nombre d'éléments décoratifs qui font référence à la culture chrétienne, par exemple ce blason de marbre sur une grande cheminée, élément architectural qui n'existait pas à l'époque de l'Alhambra nasride. Le blason fait état de tous les symboles de l'empereur : les colonnes d'Hercules, d'origine mythologique, qui indiquent la limite du monde connu pendant l'Antiquité, où se trouve incluse la devise « PLUS ULTRA » (« au-delà de ») ; l'aigle à deux têtes des Habsbourg, symbole du Saint Empire Romain Germanique ; et la couronne impériale.

Cour de Lindaraja, avec son aspect de cloître monacal chrétien

Le Palais Royal chrétien

Lorsque l'empereur Charles Quint visita Grenade en 1526, il souhaita se loger à l'Alhambra. C'est la raison pour laquelle des jardins situés entre le palais de Comares et celui des Lions, qui jouxtaient le rempart nord, furent habilités pour être adaptés comme chambres de l'empereur et furent pourvus de notables éléments décoratifs. On accède à ces chambres par une porte donnant sur ce qui avait auparavant été une fenêtre, située dans l'alcôve gauche de la salle des Deux Sœurs.

❶ Chambres de l'empereur

Elles possèdent une grande cheminée Renaissance. La conception du plafond, fait de panneaux de bois, est due aux plans tracés en 1532 par Pedro Machuca, l'architecte chargé du projet du palais de Charles Quint.

❷ Salle des Fruits

On y développa l'un des programmes iconographiques les plus remarquables de la Renaissance espagnole. Les auteurs des peintures sont Giulio Aquiles et Alexander Mayner.

❸ Boudoir de la Reine

Il occupe l'étage supérieur de la tour dite de Abu-l-Hayyay et constitue une chambre intimiste, un petit studio ou cabinet impérial entièrement décoré de peintures Renaissance.

❹ Cour de la Grille

Son tracé date de la construction des chambres destinées à l'empereur. Cette cour tire son nom du couloir muni de grilles et en surplomb, qui permet la communication des pièces entre elles.

❺ Cour de Lindaraja

C'est un cloître muni d'un jardin, d'une fontaine centrale baroque et de galeries à portiques sur trois de ses côtés. Sur le quatrième côté, se dresse le mirador de Lindaraja.

❻ Salle des Secrets

Située sous la salle des Deux Sœurs, on y accède depuis la cour de Lindaraja. Son espace intérieur, vide, de forme carrée et chapeauté d'une voûte sphérique provoque une réverbération du son qui ressemble à des murmures, ce qui explique le nom qu'elle porte.

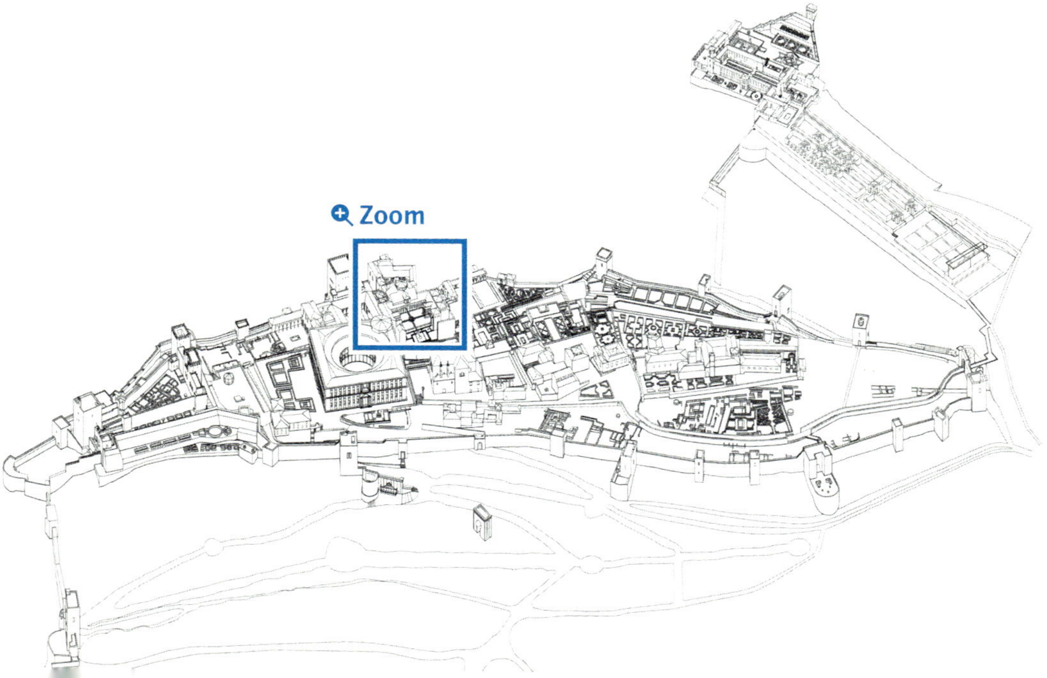

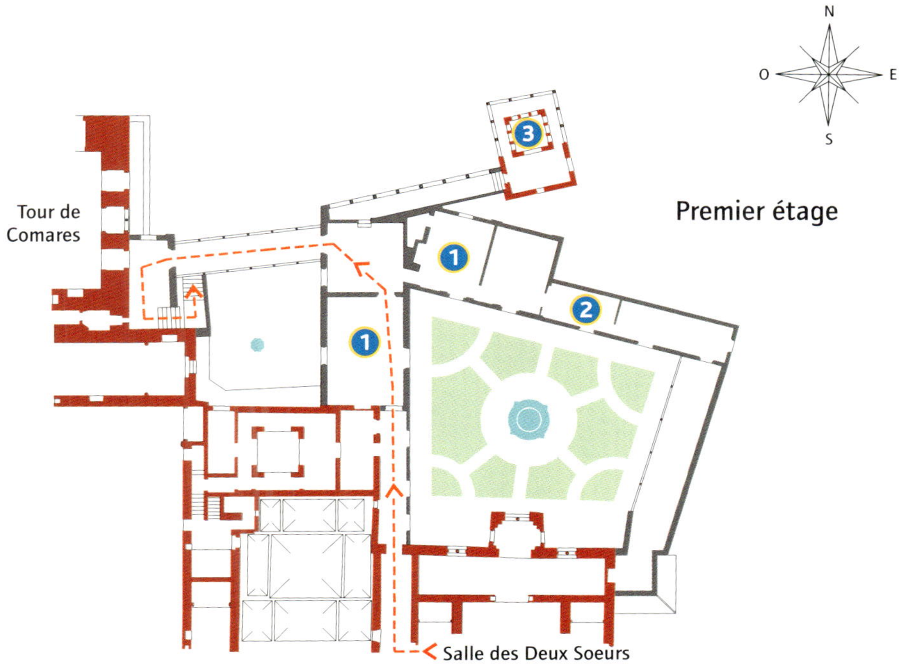

1 Chambres de l'empereur
2 Salle des Fruits
3 Boudoir de la Reine
4 Cour de la Grille
5 Cour de Lindaraja
6 Salle des Secrets

Sens de la visite

Muraille
Architecture chrétienne
Architecture nasride
Jardins
Restes archéologiques nasrides
Eléments hydrauliques

Bureau de l'empereur

Depuis 1870, on accède à cette zone directement par la fenêtre de l'une des alcôves du palais des Lions, transformée en porte. Le couloir qui facilite la communication entre le palais musulman et le palais chrétien passe par l'étage supérieur du cloître du XVIème siècle, près des bains de Comares. Au fil du parcours, on peut observer les voûtes du *hammam* avec leurs lucarnes, ainsi que la chambre principale de l'étage supérieur, adaptée depuis lors pour servir d'entrée.

Au bout du couloir se trouve le Bureau de l'empereur, doté d'une grande cheminée et d'un plafond à caissons fait de panneaux de bois tracé vers 1532 par l'architecte Pedro Machuca, auteur du projet du palais de Charles Quint. Ensuite, une antichambre précède les Chambres de l'empereur, qui occupaient tout le secteur septentrional du cloître. Au XVIIème siècle, se répandit la légende populaire selon laquelle « l'empereur Charles et l'Impératrice Isabelle engendrèrent dans cette chambre le prudent roi Philippe II », légende qui est vraie en un sens.

Chambres de l'empereur

On appelle aujourd'hui aussi ces pièces les chambres de Washington Irving, écrivain américain auteur des célèbres *Contes de l'Alhambra*, qui y logea en 1829 ; le premier Patronato de la Alhambra plaça sur la porte une plaque honorant sa mémoire en 1914.

Détail du plafond de la salle des Fruits où est représentée une nature morte

Salles des Fruits

Dans ces chambres et leurs salles contiguës, se trouve l'un des programmes iconographiques les plus remarquables de la Renaissance espagnole. Parmi les premières, on soulignera les salles des Fruits, dont les plafonds ont été peints vers 1537 par Giulio Aquiles et Alexander Mayner, disciples de Rafael Sanzio et de Giovanni de Udine. Cette représentation picturale des produits des potagers entourant l'Alhambra fait le lien avec la tradition des natures mortes présente dans les grandes résidences italiennes contemporaines.

Chambre de l'empereur avec la grande cheminée Renaissance et, au-dessus, le blason impérial

Voûtes des bains de Comares vues depuis l'accès au Bureau

Salle des Fruits

Depuis cet endroit, on passait dans la chambre appelée, selon des documents du XVIème siècle, la chambre du Poêle, adaptée par la transformation de la lanterne d'une tour nasride en une galerie d'influence italienne donnant sur l'extérieur. Cette intégration du style musulman et du style chrétien avec le paysage environnant, si habituelle à l'Alhambra, peut être appréciée depuis l'un de ses plus beaux miradors donnant sur l'Albaicín et le Sacromonte, situé dans la galerie ouverte qui suit l'antichambre des Chambres de l'empereur.

Boudoir de la Reine

La tour, probablement construite par Nasr Ibn al-Yuyyus (1309-1314) et ensuite adaptée par Abu-l-Hayyay –Youssouf Ier– (1333-1354), d'où le fait qu'elle porte aussi son nom, est la seule qui brise le schéma habituel des tours de l'Alhambra.

À l'intérieur, se dresse sur les remparts un pavillon intimiste à la partie supérieure duquel a été ajoutée ladite galerie Renaissance, entourant la lanterne médiévale, ce qui fait que le pavillon a par la suite été appelé populairement la tour du Boudoir de la Reine.

L'adaptation architecturale a eu lieu vers 1537 et la décoration a pris place entre 1539 et 1546, de la main de Giulio Aquiles et Alexander Mayner. Ils y ont placé des fresques représentant des scènes mythologiques comme la « Chute de Phaéton » ou des scènes de la *Métamorphose* d'Ovide qui rappellent les pièces du Vatican. On y trouve, entre autres thèmes, des représentations picturales de l'expédition de l'Armée impériale avec le débarquement de Tunis en 1535, exécutées à partir des esquisses du peintre hollandais Jan Cornelisz Vermeyen qui avait accompagné Charles Quint, ainsi que le port de Cagliari, Sicile et Tripani, ou les ruines de Carthage. Sur les pilastres, on peut apprécier les motifs décoratifs propres du vocabulaire formel du classicisme italien, ainsi que d'autres plus curieux parmi lesquels on peut citer l'une des premières représentations picturales d'épis de maïs auprès de l'aigle à deux têtes correspondant au blason de l'empereur.

Ces salles, de par leurs caractéristiques singulières, ne sont pas incluses dans l'itinéraire officiel et ne se visitent que sur demande préalable dans le cadre de certains programmes spéciaux proposés par le Complexe Monumental.

Galerie « Belvédère » ajoutée à la tour nasride pour donner naissance audit Boudoir de la Reine

La tour du Boudoir est reliée aux appartements royaux par une galerie superposée aux remparts constituant un magnifique mirador donnant sur le paysage.

L'adaptation chrétienne du palais supposa la communication directe avec la grande tour

Peinture du Boudoir de la Reine

À l'intérieur du Boudoir se trouve conservée une synthèse du répertoire pictural le plus remarquable de la Renaissance espagnole. Ses auteurs en sont Giulio Aquiles et Alexander Mayner, disciples de Rafael Sanzio. Outre les iconographies mythologiques, aux détails très curieux, comme les épis de maïs ou le crabe tenant une clovisse, on trouve des paysages et scènes de l'Armée impériale, comme la bataille de droite où se trouve représenté le débarquement de Tunis de 1536. Ce détail présente la flotte qui navigue vers l'Afrique. Il est significatif de voir que c'est justement à l'Alhambra, dernier bastion des musulmans en Espagne, que l'on ait voulu représenter la conquête de Tunis par les troupes impériales de Charles Quint.

L'intérieur du Boudoir est représentatif de l'intégration des éléments décoratifs nasrides, au rez-de-chaussée, avec les peintures Renaissance de scènes historiques et mythologiques de la partie supérieure

Comares en 1530 par le biais d'une galerie ouverte à deux étages, qui adopta sa physionomie actuelle en 1618, exploitant certaines des colonnes et plusieurs chapiteaux issus des divers travaux réalisés à l'Alhambra, dont certains sont considérés des chefs d'œuvre et qui ont été retirés de l'endroit et sont maintenant conservés au Musée de l'Alhambra.

Cour de la Grille

La galerie permet de descendre vers la pittoresque cour portant le nom de cour de la Grille à cause du long balcon entouré de grilles, placé sur la partie supérieure du chevet plat sud et posé entre 1654 et 1655 pour protéger les chambres immédiates et servir de couloir ouvert entre elles. Au centre de la cour, une petite fontaine à la vasque en marbre blanc complète l'aspect, à la fois unique et traditionnel, de ce curieux endroit. Depuis le chevet plat occidental de la cour, on peut voir la pièce dans le sous-sol du palais de Comares, sous la salle de la Bénédiction, dénommée depuis le XVIIème siècle la salle des Nymphes car c'est là qu'étaient conservées des statues féminines.

Cour de Lindaraja

Contiguë à la cour de la Grille se trouve la cour de Lindaraja, aux caractéristiques très différentes de celles des cours nasrides de par sa disposition claustrale. Cette cour adopte le nom du mirador nasride qui la préside sur sa face méridionale, car jusqu'au XVIème siècle c'était un jardin donnant sur le paysage, mais depuis lors, elle a été fermée par les trois coursives des Chambres de l'empereur. Au rez-de-chaussée, elles forment des galeries à portiques pour lesquelles furent utilisées des colonnes provenant d'autres lieux de l'Alhambra. La sensation claustrale est accentuée par le tracé du jardin, au centre duquel se trouve une fontaine baroque en pierre de la Sierra Elvira, réalisée aux alentours de 1626. À cette date, elle a été couronnée d'une vasque nasride en marbre ornée d'oves et d'une inscription épigraphique,

Cour de la Grille, avec un balcon entouré d'une grille qui servait de couloir reliant les chambres

La cour de Lindaraja est l'un des coins de l'Alhambra qui a le plus attiré les peintres de toutes les époques, comme le prouve ce tableau de Joaquín Sorolla de 1910. Madrid, Musée Sorolla

La cour de Lindaraja et sa fontaine centrale, le mirador de Lindaraja en haut à droite et en dessous, la porte qui donne sur la salle des Secrets

Les bains de Comares depuis la galerie ouest de la cour de Lindaraja

Depuis la galerie occidentale de la cour de Lindaraja, on peut accéder à l'intérieur d'un couloir situé sous les Chambres de l'empereur. Tous deux, galerie et couloir, furent construits à l'époque chrétienne sur l'impasse dite des Bûcherons, appelée ainsi car c'était là que l'on chargeait le four du *hammam*, ou des bains de Comares. De là, on peut aussi observer la salle centrale, seul espace habilité pour pouvoir accéder à l'intérieur du *hammam*. On peut également voir la porte par laquelle le combustible était introduit dans le four des bains, appelé bûcher ou « leñera », situé près du lieu où se trouvait installée la chaudière. Au fond du couloir se trouvent des embrasures qui permettent le passage de canalisations hydrauliques provenant des palais de l'Alhambra. Cet espace présente une surprenante symbiose culturelle, comme c'est le cas à d'autres endroits de l'Alhambra.

probablement destinée au palais des Lions lui-même, inscription qui a été remplacée en mars 1995 par la réplique que l'on peut actuellement voir, l'originale ayant été transférée pour restauration et conservation au Musée de l'Alhambra, où elle est exposée sous le nom de cette cour. Les références, au fil du XIXème siècle, ont fait de cette cour l'un des endroits les plus romantiques de l'Alhambra.

La galerie ouest de la cour permet d'accéder à un couloir couvert qui correspond au tronçon final d'une ruelle médiévale secondaire appelée calle de los Leñadores (rue des Bûcherons), par laquelle on alimentait en bois les bains du palais de Comares. Dans ce secteur, on peut reconnaître, outre l'accès à la zone de service des bains, les jonctions de diverses canalisations souterraines des voies d'écoulement des palais du XIVème siècle.

Salle des Secrets

Ladite salle des Secrets appartient à la structure du palais des Lions, bien qu'elle en soit aujourd'hui indépendante et elle s'intègre comme façade nord à la cour de Lindaraja. Le rez-de-chaussée du mirador de Lindaraja, dont la structure avance sur la cour, joue le rôle de portique d'entrée, avec ses arcs en fer à cheval pointus. La salle des Secrets compose un espace intérieur de forme carrée, chapeauté d'une voûte sphérique où le son produit une certaine réverbération ou réfraction au niveau des sommets de la pièce, accentuée par l'absence de mobilier et donne l'impression d'entendre des murmures, des « soi-disant » confidences ou secrets ; d'où son nom. L'espace central est entouré de couloirs couronnés par des voûtes en demi-berceau et des ouvertures en axe ; sur le seuil de l'accès principal, on trouve une petite mais élégante voûte en croisée d'ogives, de forme carrée.

La galerie de sortie de la cour de Lindaraja était dénommée jusqu'à récemment « de Chateaubriand », car le célèbre écrivain et politicien français y a laissé sa signature. Les colonnes qui servirent à sa construction proviennent de la démolition de l'une des cours du Mexuar.

La salle des Secrets située sous le mirador de Lindaraja

7.5 Le Partal

La vaste zone en terrasse, communément connue sous le nom de jardins du Partal, comprend le palais auquel elle doit son nom et appartint à des propriétaires privés jusqu'à une date relativement récente, quand l'État l'acquit progressivement pour l'intégrer au Complexe Monumental. C'est l'une des zones qui a le plus changé au cours du XXème siècle sous l'effet d'une planification du paysage et de l'architecture qui est parvenue à intégrer bon nombre des structures archéologiques récupérées dans ce vaste espace paysager.

Suivant une étroite promenade aménagée, avec vue sur le Sacromonte, on laisse à gauche le rempart nord de l'Alhambra près duquel on peut voir des vestiges de murs et dallages composant ce que l'on appelle la cour du Figuier. Une petite pergola conduit à une esplanade sur la terrasse en escaliers inférieure du Partal, présidée par la structure architecturale qui donne son nom à l'ensemble de la zone : portique du palais du Partal. Ce vaste secteur du Complexe Monumental de l'Alhambra, tel qu'on le voit actuellement, est la conséquence d'une planification aussi bien du paysage que de l'architecture amorcée pendant les années 30 et qui, du fait de son affluence touristique, est devenue un grand espace d'expansion et de repos.

Les maisons de cette zone de l'Alhambra appartenaient à différents propriétaires particuliers,

Vue aérienne de la zone en terrasse du Partal

Palais du Partal ou du Portique, l'un des plus anciens de l'Alhambra, dont on soulignera le grand bassin et la tour connue sous le nom de l'« Observatoire »

Le Partal

Le vaste secteur appelé le Partal est présidé par le palais du Portique et la tour des Dames. C'est un vaste espace organisé sous forme de terrasses en escaliers et aménagé en jardins, où l'intégration des bâtiments, vestiges architecturaux et végétation promet des moments de repos au cours de la visite de l'Alhambra. La tour des Dames est un grand mirador offrant une vaste vue panoramique de l'Albaicín, du Generalife et des espaces aménagés du Partal qui bordent le bassin où se reflète la belle image de sa galerie à portiques.

1 Maisons mauresques

Adossées aux remparts, à gauche du palais du Partal, subsistent des maisons nasrides à deux étages et sans cour, transformées au XVIème siècle, qui présentent encore d'importants vestiges décoratifs.

2 Palais du Portique

Situé aux environs de la tour des Dames, sa structure architecturale fait partie du palais le plus anciens de tous deux conservés. Il est composé d'un portique à cinq arcs qui donne sur un jardin présidé par un grand bassin central.

3 Oratoire

À droite du palais, un petit bâtiment datant de l'époque de Youssouf Ier, orienté vers la Mecque, coïncide en alignement avec les remparts. À l'intérieur comme à l'extérieur, il arbore une décoration de plâtrerie.

4 Les terrasses en escalier

Le terrain de cette zone en déclin est organisé en terrasses ou terrasses en escaliers aménagées à l'aide d'éléments architecturaux et restes de bâtiments apparus suite aux successives fouilles archéologiques.

5 La Rauda, cimetière de sultans

Ce fut un cimetière partiellement couvert et organisé sous forme de jardin où l'on a retrouvé les dalles tombales de plusieurs des sultans qui régnèrent à l'Alhambra

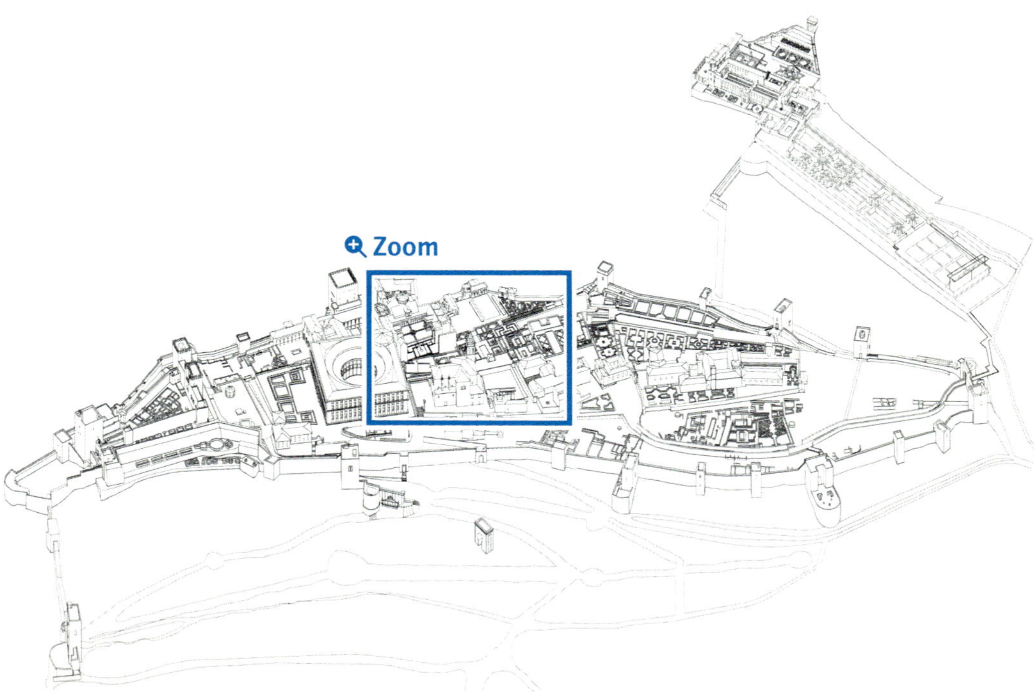

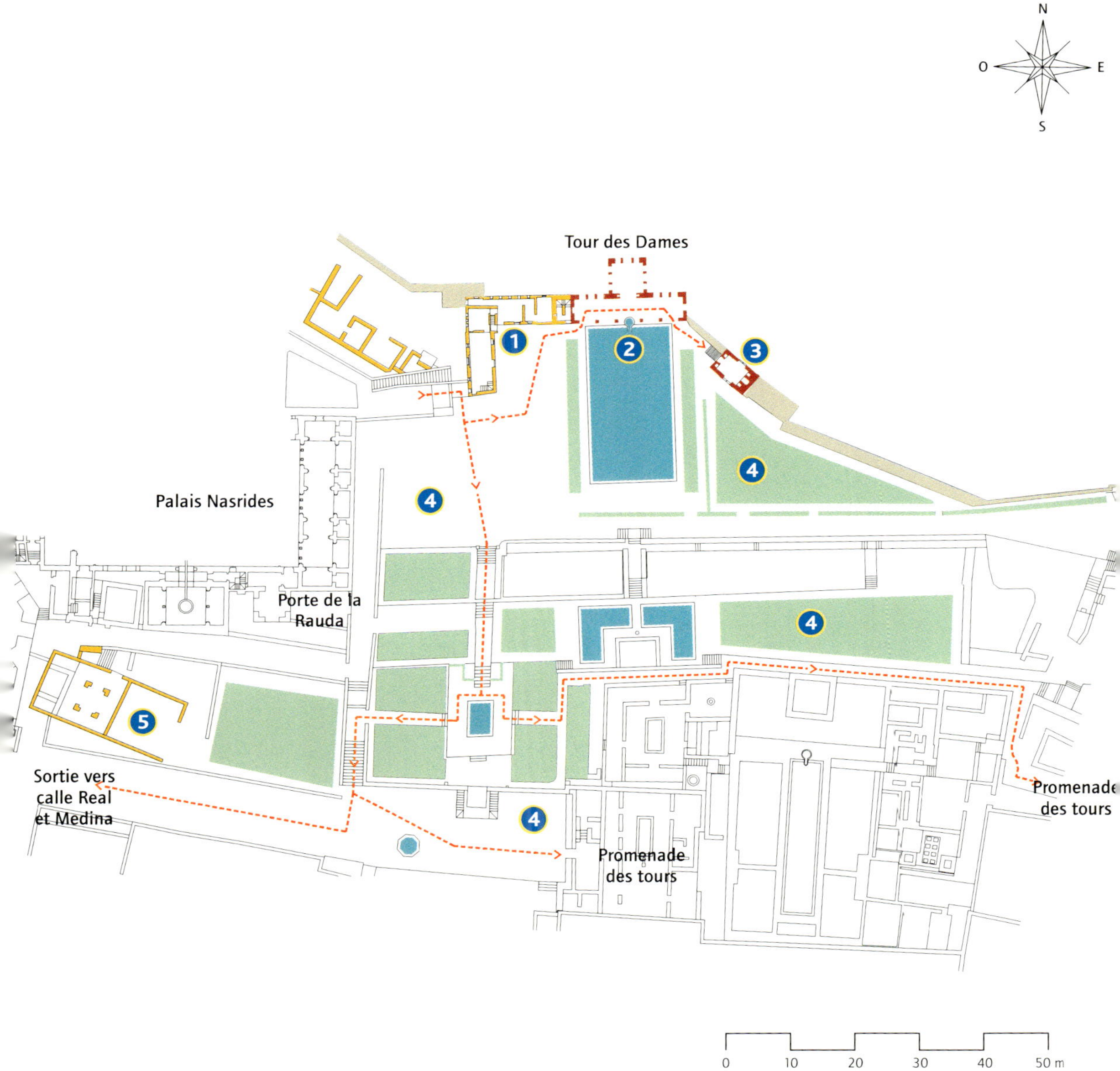

1 Maisons mauresques
2 Palais du Portique
3 Oratoire
4 Les terrasses en escalier
5 La Rauda, cimetière des sultans

Sens de la visite

Muraille
Architecture nasride
Restes archéologiques nasrides
Jardins
Eléments hydrauliques

y compris le palais et depuis le milieu du XIXème siècle, acquisitions et expropriations ont permis de récupérer la zone et de réaliser des fouilles archéologiques successives. Les murs, dallages et éléments architecturaux ont été consolidés, notamment à partir du premier tiers du XXème siècle, puis complétés par des plantations, jusqu'à obtenir par l'intégration des vestiges archéologiques et la consolidation de l'architecture, de la végétation et du paysage un heureux modèle qui a eu une grande influence sur l'image de l'Alhambra et fournit au visiteur un grand espace dégagé de végétation muni de bancs lui permettant de faire une halte au fil du parcours.

Les jardins du Partal s'étendent de la tour des Dames jusqu'à la Rauda. Dans ce même lieu se trouvaient les jardins qui entouraient les palais royaux, également distribués sous forme d'escaliers.

Maisons mauresques

À gauche de la tour des Dames, dominant la zone du Partal, sont conservées de petites maisons mauresques à deux étages affichant des éléments de l'étape nasride (dénommées depuis le XVIIème siècle maison de González Pareja, maison de Villoslada, maison des Balcons et maison des Peintures), dont l'une est adossée aux remparts et à la tour des Dames. Indépendantes les unes des autres à l'origine, elles donnaient probablement sur une cour commune, qui devait faire office de petite place entre leurs façades.

À l'intérieur de ladite maison des Peintures, on a retrouvé des vestiges d'une importante décoration murale exécutée au cours de la première moitié du XIVème siècle, unique exemplaire conservé in situ de la peinture figurative nasride. Elle a été découverte en 1908 par l'architecte Modesto Cendoya

Maison des Peintures, adossée au palais du Portique du Partal

Maison des Peintures

Dans cette maison mauresque, on a retrouvé les uniques restes de peintures murales nasrides à avoir été conservés. Exécutées pendant la première moitié du XIVème siècle, elles présentent des scènes courtisanes et cérémoniales. Les détails, parfois miniaturistes, des scènes entièrement naturalistes sont surprenants. Ces peintures ont été superposées lors de l'adossement de la maison au pavillon alors exempt, ce qui fait que dessous, se trouve encore la peinture extérieure de celui-ci, à base de brique rouge imitée et lacérée de blanc et d'une bande épigraphique.

lorsqu'il retira des crépis. Ces peintures, réalisées en détrempe sur stuc, sont organisées selon trois registres horizontaux et représentent des scènes courtisanes festives et cérémoniales passionnantes, car elles nous renseignent sur la vie à l'époque. Leur délicat état de conservation conseille de restreindre leur exposition au public.

Palais du Portique

Situé sur les remparts, avec sa structure architecturale autour de la tour des Dames, ce palais est le plus ancien de ceux qui se conservent à l'Alhambra. Sa disposition rappelle celle du palais de Comares : un vaste bassin central présidé par un portique à cinq arcs, auquel fait suite la pièce principale, disposée à l'intérieur d'une tour. La décoration de ses parements, qui accuse la détérioration provoquée par le passage du temps et les intempéries, présente l'habituelle plinthe carrelée, de vastes pans de plâtrerie, polychromés à l'origine jusqu'au lambris et une toiture assemblée en bois. Sa typologie décorative permet d'attribuer sa construction à l'époque du sultan Mohammed III (1302-1309).

Au dessus du portique de la tour des Dames, se dresse un donjon qui contient en son intérieur un mirador avec des fenêtres vers les quatre points cardinaux, très caractéristique de l'architecture

Sur le portique du palais, se dresse la salle supérieure, appelée l'« Observatoire », pavillon typique de l'architecture nasride

Petite coupole de muqarnas, la plus ancienne de l'Alhambra, dudit « Observatoire » du Partal

Toit du donjon du palais du Partal, actuellement au Musée de Pergame à Berlin

nasride, semblable à ceux qui existèrent dans d'autres palais du complexe, comme celui de Comares ou celui du Generalife. De par ses extraordinaires vues et la célèbre passion du sultan pour l'astronomie, on l'a appelé à l'époque moderne l'« Observatoire » et à l'intérieur se trouve conservée le petit dôme de *muqarnas* le plus ancien de l'Alhambra.

L'un des faits distinguant le palais du Partal est qu'à la différence de ses voisins de Comares ou des Lions, qui ont conservé plus ou moins intacte leur structure générale depuis l'étape nasride, ce palais a eu différents propriétaires privés, ce qui fait qu'il a été fortement modifié pour être adapté comme logement, comme on peut l'apprécier sur la photographie du début du xxème siècle. Il a été ajouté au complexe de l'Alhambra il y a à peine un siècle, depuis le 12 mars 1891 exactement, date à laquelle son dernier propriétaire, Arthur von Gwinner, en céda la propriété à l'État espagnol. Le bâtiment était alors une simple maison à deux étages, avec ses parements intérieurs crépis, masquant une grande partie de la structure et de la décoration d'origine.

Malheureusement, le plafond en bois de l'intérieur du mirador a été démonté par Gwinner et réapparut au début du xxème siècle à Berlin. C'est actuellement l'une des pièces les plus précieuses de la collection d'Art Islamique du Musée de Pergame, dans la capitale allemande.

Pour avoir été l'un des lieux les plus transformés de l'Alhambra, diverses techniques de restauration ont ici été expérimentées.

Entre 1923 et 1924, celui qui était alors architecte et conservateur de l'Alhambra, Leopoldo Torres Balbás, libéra la façade du portique de ses

Le palais du Portique du Partal, avec la tour des Dames à gauche

éléments ajoutés et refit entièrement l'arcature à partir des vestiges conservés ; l'arc central apparut ainsi presque complètement et les côtés furent refaits en imitant la décoration en losanges arborant la typique décoration de *sebka* obtenue à l'aide de « morceaux de plâtre troués qui de loin donnaient l'impression de la disposition ancienne », selon les notes de l'illustre architecte. Cette solution, qui a eu une grande influence postérieure, est l'équivalent architectural du *rigattino* appliqué à la peinture.

Une autre intervention postérieure, due à l'architecte Francisco Prieto Moreno, consista à remplacer les piliers de brique du portique par des colonnes stylisées et des chapiteaux en marbre. Lors des fouilles menées dans la galerie au cours des années 1920, apparurent les fondations des colonnes centrales qui avaient disparu, tandis qu'aux extrémités, on put récupérer des pilastres. Du fait de la rapidité des travaux et du manque de ressources, dans un premier temps les piliers de brique furent conservés dans toute la galerie, mais des colonnes furent prévues et conservées pendant un temps, puis ensuite, après avoir consulté Torres Balbás, elles furent placées en 1959.

Pendant la dernière décennie du XIXème siècle, furent placés, au Partal, face à la galerie, deux grands lions en marbre, du XIVème siècle, originaires de l'ancien Maristan de l'Albaicín. En 1955, ils furent transférés pour être restaurés et sont aujourd'hui conservés au Musée de l'Alhambra, car leur présence en ce lieu n'avait pas de sens ni en termes de conservation, ni en termes de chronologie, ni en termes de fonctionnalité, ni en termes de contexte.

L'Oratoire du Partal près de la maison de l'écuyer Astasio de Bracamonte

Oratoire

L'Oratoire du Partal se trouve adossé aux remparts généraux de l'enceinte, à droit du palais du Portique. Ses éléments décoratifs l'associent au sultan Youssouf Ier (1333-1354). L'orientation du bâtiment coïncide précisément avec l'alignement des remparts. Il arbore une forme rectangulaire, on y accède par de petites marches car il est surélevé par rapport aux jardins et le mur latéral qui donne sur le bassin est orné de plâtreries comme une façade, de même qu'une grande partie des murs extérieurs et intérieurs et présente une double fenêtre avec une colonne centrale. La structure est en brique, avec une structure à linteaux à l'intérieur, sous toiture de tuile. Le parement qui monte sur les remparts présente encore des traces des créneaux antérieurs à la construction de l'Oratoire.

Face à l'accès se trouve le *mihrab*, dont le mur de la *qibla* est adossé à la maison dite d'Astasio de Bracamonte, écuyer du comte de Tendilla, gouverneur de l'Alhambra depuis 1492. Le bâtiment date lui aussi probablement de l'époque nasride, adapté au XVIème siècle. La structure de cette maison est plus ancienne que celle de l'Oratoire, car elle arbore encore des vestiges de peinture murale imitant la brique, comme celle du parement extérieur de la tour des Dames, auquel a par la suite été adossée la maison des Peintures.

Les terrasses en escaliers

Le terrain de cette zone se déploie selon une série de terrasses ou terrasses en escaliers qui suivent les dénivelés, depuis les remparts de la forteresse sur la rive gauche du bassin de la rivière Darro et montent vers la zone élevée de l'Alhambra. Il constitue ce qui fut probablement la première installation palatine planifiée par la dynastie nasride.

Intérieur de l'Oratoire du Partal, avec le *mihrab*

Le développement du jardin en terrasses en escaliers ascendantes rappelle le tracé exécuté par le califat de Cordoue au xème siècle pour son palais Madinat al-Zahra', de grande influence dans le monde hispano-musulman. De fait, sur la terrasse en escaliers immédiate, se trouve conservé, en parfait alignement avec le portique du Partal, le sol d'un petit pavillon qui appartint à ce palais jouant le rôle de clôture de sa galerie méridionale. À partir de l'esplanade située sur la terrasse en escaliers inférieure du Partal on peut continuer l'itinéraire de visite de l'Alhambra en montant pas un perron qui part d'une touffue façade végétale.

Coupole de la porte de la Rauda

Porte de la Rauda

De là, on peut visiter le bâtiment appelé la « porte de la Rauda » en raison de sa proximité du cimetière des sultans de forme rectangulaire, qui conserve en son intérieur une magnifique coupole d'oves, arborant la traditionnelle décoration peinte de brique rouge lacérée de blanc en trompe-l'œil.

La porte de la Rauda depuis le Partal (1986).
Archives de l'Alhambra

Il s'agit d'une *qubba*, ou pavillon, ouverte sur trois de ses côtés par de grands arcs en fer à cheval ; le quatrième côté servit de porte de communication avec l'intérieur du palais des Lions, à la structure duquel a été intégré le bâtiment, bien que la *qubba* de la Rauda soit antérieure, signalant son rôle de lien entre les palais précédents qu'il y avait dans ce secteur.

Jardins du Partal

À travers les jardins du Partal, on franchit une nouvelle arcature végétale en escaliers qui abrite un petit pylône et une vaste cour entourée de jardins avec au centre un bassin. Tous les vestiges de constructions correspondent à des structures d'origine qui sont apparues lors de la fouille archéologique menée au cours du premier tiers du xxème siècle, parmi lesquels se distingue un pilier encastré dans le parement qui ferme la terrasse en escaliers supérieure, flanqué par deux escaliers permettant l'accès à celle-ci, sur lequel a été bâti un petit mirador qui domine tout l'espace.

Cette cour fonctionne actuellement comme distributeur de la visite de l'Alhambra. De là, on peut continuer en direction du Generalife en suivant les remparts où s'intercalent plusieurs des tours de l'enceinte. Il est aussi possible de visiter la partie haute où se trouvent les restes du cimetière de la dynastie nasride, connu

Le Partal depuis le petit pavillon situé face au Portique

sous le nom de la Rauda et la sortie vers le palais de Charles Quint et la calle Real. Cette dernière option permet de poursuivre vers l'Alcazaba (la Citadelle) ou de sortir de l'enceinte monumentale.

Sur la terrasse en escaliers intermédiaire des jardins du Partal, il est possible de se faire une idée approximative de l'urbanisme d'origine de la zone, car on longe à cet endroit un tronçon de rue étroite, traditionnellement pavée, qui pourrait très bien appartenir à la calle Real Baja, voie principale de communication entre les palais de l'Alhambra. La zone supérieure présente les restes du palais de Youssouf III et son entourage, tandis que la terrasse en escaliers inférieure permet d'apprécier la structure générale du palais du Partal.

Le tronçon de rue devient ainsi un mirador privilégié des jardins du Partal. Avec le début de la rue, il y a une autre voie perpendiculaire, secondaire mais plus vaste, qui menait probablement, en traversant la terrasse en escaliers supérieure, à la zone élevée de l'Alhambra, où se trouvait la médina ou ville courtisane, structurée autour de la calle Real Alta.

Dans l'angle droit que dessinent les deux rues, se développe, masquée par les jardins, la structure d'une construction domestique autour de la traditionnelle cour, avec au centre un petit bassin. Derrière, plus élevée, s'étend une structure de même distribution.

Face au mirador créé dans la rue par laquelle continue l'itinéraire de la visite, apparaît, spectaculaire, la belle silhouette du portique du palais du Partal se découpant sur le paysage de l'Albaicín et du Sacromonte en toile de fond. Le garde-fou qui nous sert de barrière est en réalité le mur qui délimite le palais du Partal, devant lequel s'étendent les vestiges de ce qui dût être un superbe pavillon, aligné dans l'axe du portique et qui a conservé une partie de son dallage céramique d'origine. Entouré de deux curieux étangs formant un U et dominant la descente échelonnée de jardins, ce bel espace rappelle comme aucun autre la disposition de Madinat al-Zahra', auquel l'architecture hispano-musulmane doit tant.

Deux options : les tours et la médina

Avec les jardins du Partal, le parcours se complète par l'un des trois secteurs qui constituent la visite du Complexe Monumental de l'Alhambra : les Palais Nasrides. Les deux autres espaces, l'Alcazaba et le Generalife, peuvent se visiter par la suite, si cela n'est déjà fait. De même, il est possible d'accéder au palais de Charles Quint, ou de sortir de l'enceinte monumentale.

Depuis le Partal, il existe deux possibilités pour continuer la visite : poursuivre par la promenade des tours ou accéder à la médina.

Sans sortir à l'extérieur de l'enceinte, depuis le Partal on peut arriver au Generalife en parcourant la face intérieure des remparts de l'Alhambra, au fil desquels se succèdent plusieurs tours représentatives du Complexe.

Il s'agit d'une promenade entre jardins et vestiges architecturaux, récupérés en partie grâce aux fouilles et restaurations menées à partir du xxème siècle et offrant des perspectives très favorables de l'environnement territorial de l'Alhambra.

Après les avoir longés, on peut sortir des remparts entourant l'Alhambra pour visiter le Generalife et les environs du Complexe

Monumental. Il est aussi possible d'accéder depuis cet endroit au parking et aux services complémentaires que propose le monument, ainsi qu'à la forêt et aux accès à Grenade, si l'on estime la visite conclue.

Depuis le Partal, il est aussi possible d'accéder à la médina supérieure de l'Alhambra, dont l'espace urbain a été largement transformé au fil du temps, mais dont le parcours permet de visiter divers lieux d'intérêt. C'est l'option que choisiront ceux qui n'auraient pas accédé auparavant à l'Alcazaba, à l'intérieur du palais de Charles Quint ou à ses espaces d'exposition (Musée de l'Alhambra, Musée des Beaux-arts, Salle d'Expositions, Librairie etc.).

La Rauda, cimetière des sultans

Le mot « rauda » signifie jardin, ce qui nous laisse supposer que le choix du terme indique la volonté de l'utiliser en tant que tel, dans un espace aussi caractéristique de l'Alhambra, situé près de la mosquée principale et du palais, dont seule la calle Real Baja le sépare. Le terme en arabe classique désigne, dans cette polyvalence des espaces aussi caractéristique du style musulman, un jardin funéraire ; l'Islam accorde à la relation de l'enterrement avec l'environnement un sens particulier, celui d'antichambre du Paradis. Certaines sépultures, bien qu'occupant l'intérieur d'un bâtiment, ne disposaient pas de toiture ou étaient fermées à l'aide d'une grille assurant le contact avec la nature. La Rauda a probablement été un cimetière partiellement couvert et traité comme jardin, avec un bâtiment au centre qui rappelle dans sa distribution et ses dimensions le mausolée des princes Saâdias de Marrakech, bien que celui-ci date de plus tard. En 1574, comme conséquence des travaux du palais de Charles Quint, on trouva les dalles tombales de Mohammed II, Ismaïl Ier, Youssouf Ier et Youssouf III, selon le témoignage de l'interprète Maure d'arabe Alonso del Castillo. Il est possible que la Rauda occupât en partie les restes d'un enterrement antérieur, comme l'indiquent les murs des tombes contiguës au palais de Charles Quint, certaines d'entre elles retrouvées autour du bâtiment.

L'entrée au bâtiment de la Rauda se faisait depuis la calle Real Baja, à travers un petit

Intérieur du cimetière de la Rauda avec les restes de la qubba centrale et la porte principale au fond

Pierres tombales
Ce sont deux des pierres tombales qui, avec d'autres rares vestiges, furent récupérées de la Rauda des sultans nasrides de l'Alhambra. Aujourd'hui, elles se trouvent au Musée de l'Alhambra, dans la salle du palais de Charles Quint, plus proche de la Rauda ou cimetière des sultans. Ces grandes dalles en marbre étaient placées au chevet des tombes des personnages les plus distingués, comme les sultans, dont l'on chante les louanges par métaphores. Sur les tombes des sultans étaient aussi placées de grandes dalles et sur celles-ci d'autres dalles de forme pyramidale appelées *maqabriyyas*. Ces dalles étaient probablement polychromées. Les textes qu'elles présentaient possèdent une grande valeur épigraphique et historique.

vestibule, par une porte couronnée d'un arc en fer à cheval qui a conservé sur ses pendentifs la trace d'une décoration en losanges. La forme des restes conservés du bâtiment est rectangulaire et présente la même orientation que la mosquée. Au centre, les piliers en angle témoignent de la présence passée d'un corps de lanterne, dont se trouve conservée, au Musée de l'Alhambra, une partie d'une fenêtre haute avec sa jalousie en bois. Lorsque la zone a été déblayée, de nombreux vestiges décoratifs, plinthes de carreaux de faïence et fragments de plâtreries sont apparus.

La présence d'un cimetière à une date aussi précoce a pu contribuer à dynamiser cet espace de l'enceinte qui, à cette époque, devait pratiquement être vierge de toute construction et qui, à partir du premier tiers du XIVème siècle deviendrait l'axe des grandes constructions palatines nasrides. La Rauda n'était pas un bâtiment isolé de l'urbanisme de l'Alhambra, car elle occupait un lieu intermédiaire sur le chemin menant des palais à la mosquée et à la médina. On ignore les limites d'origine de l'enceinte, mais elles durent certainement s'étendre au-delà de la configuration actuelle du jardin.

La Rauda est la nécropole intérieure de l'Alhambra, même si on connaît l'existence d'un autre cimetière en dehors des remparts. Le premier émir à y être enterré, selon l'écrivain et vizir Ibn al-Khatib, fut Mohammed II, décédé en 1302. Ismaïl Ier, après avoir été assassiné, fut enterré aux côtés de son grand-père le 9 juillet 1325. On a trace de l'enterrement de Youssouf Ier, également décédé dans des circonstances tragiques en 1354 : « Le sultan, Dieu lui accorde sa miséricorde, fut enterré l'après-midi du jour-même au cimetière de son palais, aux côtés de son père ». De même, la pierre tombale de Youssouf III, mort en 1417, est conservée, ainsi que celle du dernier enterré, le prince Youssouf, frère de Muley Hacen.

Après la conquête chrétienne et dans le cadre des accords pris, les descendants ont été autorisés à exhumer les corps reposant à la Rauda, pour les transférer à dos de mule vers un lieu inconnu des Alpujarras.

Les pierres tombales aussi bien les verticales que les horizontales, réalisées en marbre blanc taillé, sont de véritables petits bijoux épigraphiques. Il est presque sûr qu'elles étaient polychromées, peut-être avec des lettres dorées sur fond bleu. Au XIXème siècle, elles ont fait l'objet d'une exposition dans la salle des Rois du palais des Lions, auprès de pièces provenant d'autres endroits, comme premier espace d'exposition du Musée de l'Alhambra. Les dalles et les restes décoratifs de la Rauda sont conservés au Musée de l'Alhambra, qui lui consacre une salle entière.

7.6 Les autres palais de l'Alhambra

C'est dans la zone centrale et la plus élevée de la colline, que se produisirent les premiers établissements de la dynastie qui, au fil du temps, furent abandonnés et qu'un autre destin attendait. C'est là que furent érigés le palais des Abencérages, qui deviendrait ensuite le couvent de San Francisco et le palais de Youssouf III. Du premier et du dernier ne restent que des vestiges archéologiques au ras du sol. Le second, dans sa plus grande partie également détruit et très transformé depuis la fin du XVème siècle, est aujourd'hui Parador National.

Les recherches réalisées à l'ère moderne sur l'Alhambra ont révélé qu'outre les palais nasrides conservés, comme le palais des Lions ou le palais de Comares, pour lesquels furent utilisés en partie des terrains de bâtiments anciens, il y eut d'autres constructions qui, semble-t-il, furent les établissements palatins initiaux de l'Alhambra et qui, avec la consolidation de la dynastie, furent abandonnés ou qu'un autre destin attendait, peut-être complémentaire des nouvelles édifications. Trois sont les enceintes présentant ces caractéristiques et toutes trois se trouvent, contiguës, situées sur une zone en hauteur et centrale du plateau, en léger dénivelé ; une excellente situation donc pour recevoir l'eau du canal, offrant une bonne visibilité vers tous les points cardinaux et à la confluence de ce qui serait la structure urbaine de la ville, les deux rues portant le nom de Reales, Alta et Baja.

On ignore leurs dénominations d'origine et on peut à peine deviner leur évolution à l'étape nasride, mais toutes trois eurent après la conquête, à partir du XVIème siècle, un destin secondaire, car elles ne furent pas choisies par les nouveaux rois mais abritèrent respectivement les pouvoirs économique, religieux et militaire : l'office comptable, le couvent franciscain et le siège du gouvernement.

Palais des Abencérages

Sur la zone élevée de l'Alhambra, plus ou moins au centre de l'axe urbain de la médina, où confluent quelques unes de ses rues les plus importantes, se trouvent les restes archéologiques de celui qui est

Bains du palais des Abencérages

Vue partielle de la structure du *hammam*, en partie récupérée depuis 1982, ainsi que les vestiges du palais des Abencérages. Les fouilles ont permis de révéler plusieurs des éléments caractéristiques des bains, comme la *bayt al-maslai*. Même si on connaît cet endroit sous le nom de bains du palais des Abencérages, il est probable qu'il s'agisse d'un *hammam* public indépendant de celui-ci, construit aux côtés des bains du palais et qui aurait été abandonné ou serait devenu une partie de la nouvelle construction. L'accès devait être indépendant, probablement direct depuis la calle Real, comme le laisse supposer l'escalier qui a été retrouvé. Les fouilles archéologiques mises en route fourniront des éléments encore ignorés qui nous dévoileront de plus en plus quelle en était l'organisation architecturale ou décorative.

Pavillon central du palais nasride transformé en couvent de San Francisco à la fin du XVème siècle

Les autres palais de l'Alhambra

C'est sur la partie la plus en hauteur de la colline de la Sabika, à la confluence des calles Real Alta et Baja, c'est-à-dire à un endroit important de la trame urbaine, qu'ont été édifiés les bâtiments les plus anciens de la dynastie nasride. On connaît l'existence de trois palais importants dans cette zone : des Abencérages, des Infants, qui deviendrait plus tard le couvent de San Francisco et de Youssouf III. Des trois, il ne reste qu'une partie de celui qui, à l'époque chrétienne, a été transformé en couvent franciscain et qui est aujourd'hui Parador National. Les vestiges des deux autres sont toujours l'objet d'études archéologiques afin de déterminer quelle devait être leur configuration.

❶ Palais des Abencérages

Les fouilles ont commencé dans les années trente du xxème siècle et les vestiges indiquent qu'une importante salle se trouvait dans une tour sur le rempart sud et qu'il comprenait un grand bassin flanqué de jardins et un *hammam*.

❷ Palais des Infants (Couvent de San Francisco, Parador National)

À l'origine, c'était un palais nasride construit au xiiième siècle. En 1494, les Rois Catholiques en firent un couvent franciscain. Il subit de nombreux dommages sous l'occupation napoléonienne et divers avatars jusqu'à son intégration, en 1954, comme bâtiment singulier au réseau des Paradores Nationaux.

❸ Palais de Youssouf III

Également appelé palais de Mondéjar ou de Tendilla, car il a servi de résidence des gouverneurs de l'Alhambra. Démoli au xviiième siècle lorsque Philippe V leur a ôté leur titre.

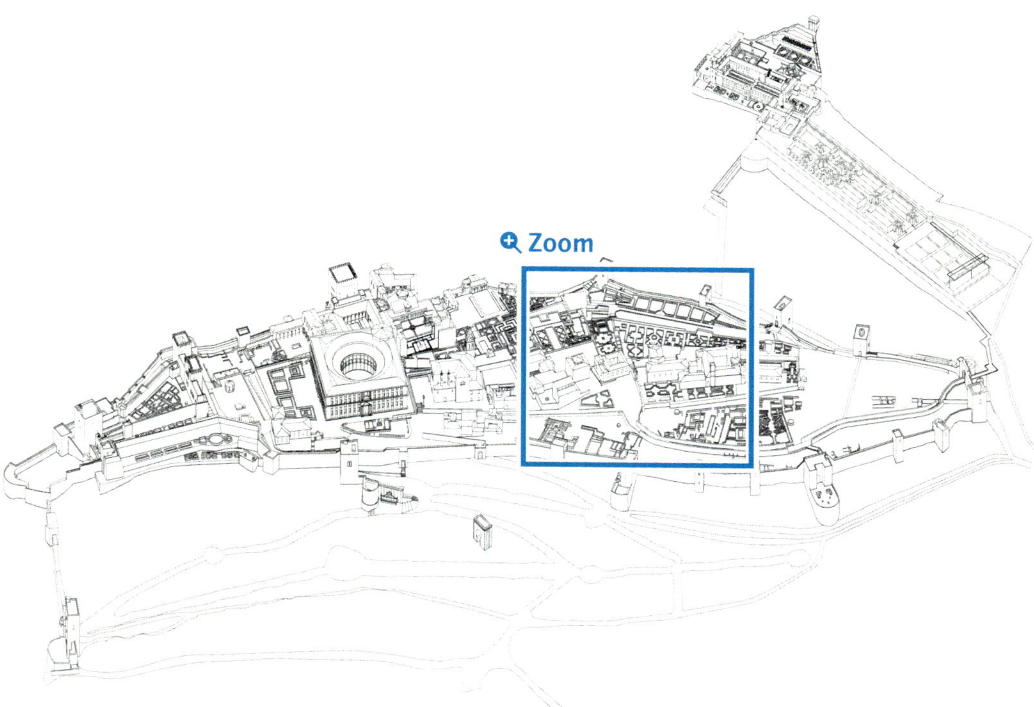

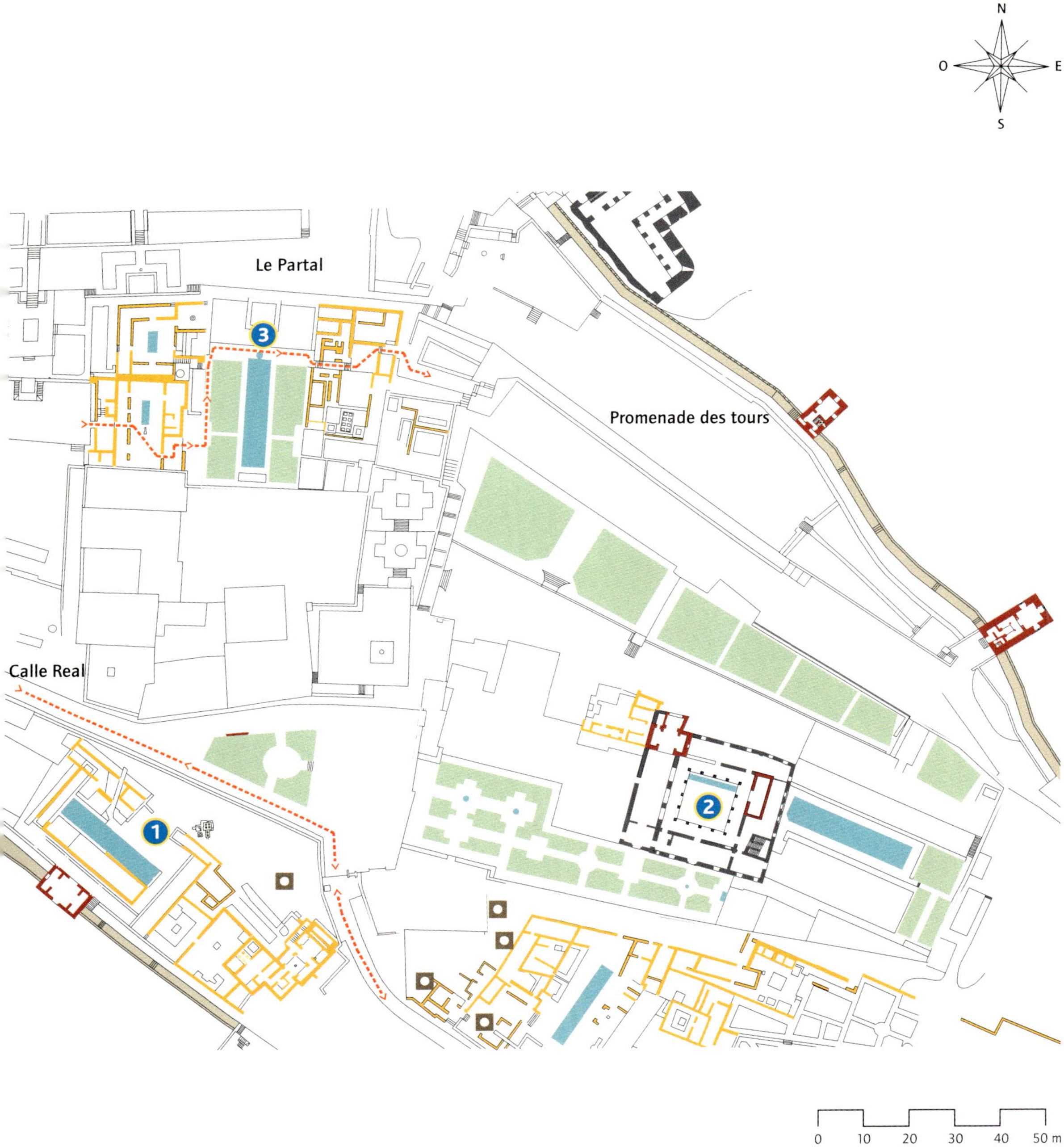

1 Palais des Abencérages

2 Palais des Infants (Couvent de San Francisco, Parador National)

3 Palais de Youssouf III

Sens de la visite

Muraille

Architecture nasride

Restes archéologiques

Architecture chrétienne

Jardins

Eléments hydrauliques

Oubliette ou silo

Vue générale des restes du palais des Abencérages. Le noyau central du palais se trouve au fond de l'image, tandis que ce que l'on voit au premier plan devait être le *hammam*

traditionnellement connu sous le nom de palais des Abencérages. En 1501, les Rois Catholiques le cédèrent au chef comptable du Conseil Royal, don Juan Chacón et depuis lors, il reçut le nom de maison ou palais de la Comptabilité, dénomination qui perdure encore sur la petite place où devait se trouver son entrée. L'ensemble du terrain, pendant la seconde moitié du XIXème siècle, était dans un état lamentable d'abandon, en partie conséquence des explosions perpétrées par les troupes napoléoniennes dans toute la zone supérieure de l'Alhambra, qui depuis lors est connue sous le nom, significatif, de Secano (terrain non irrigué). À la fin du XIXème siècle, débutèrent les travaux de déblayage, qui firent apparaître de nombreux vestiges de structures architecturales et éléments urbains. Les fouilles permirent aussi de recueillir de curieux objets, comme la pièce de monnaie unique qui porte la marque de sa frappe à l'Alhambra, ce qui a conduit à supposer l'existence dans la zone d'un hôtel de monnaie nasride.

C'est à partir des années 1930 que commencèrent à être réalisées diverses fouilles qui mirent en relief l'importance et l'extension qu'eut ce palais. Grâce aux structures conservées, on observe que sa zone la plus importante avait en son centre une tour-salon qui avançait sur les remparts, au sud de la forteresse, entre les actuelles tours dites des Charrettes et des Têtes. En 1958, l'étage principal de la tour a fait l'objet d'un projet de reconstruction. Il disposait à l'origine de trois alcôves, une presque carrée au centre et donnant sur l'extérieur à l'aide d'une vaste embrasure et deux plus petites, allongées sur les côtés. Sous cette pièce, par un tunnel voûté, passe la calle de Ronda ou Foso qui entoure l'intérieur des remparts de l'Alhambra.

Du sous-sol de l'une des alcôves part un curieux tunnel aux dimensions réduites qui débouche par un orifice à l'intérieur de la rue. Peut-être s'agit-il d'une voie d'écoulement ou d'une issue de secours. Cet appartement manifestement principal de la tour s'ouvre sur une pièce allongée, dont il ne reste que les fondations et qui servit peut-être de base à une galerie ouverte ou à un portique de type traditionnel.

Devant la façade de la tour reconstruite s'étend, dans le sens longitudinal, l'espace central à ciel ouvert du palais. C'était certainement l'habituelle cour rectangulaire, avec en son centre un bassin

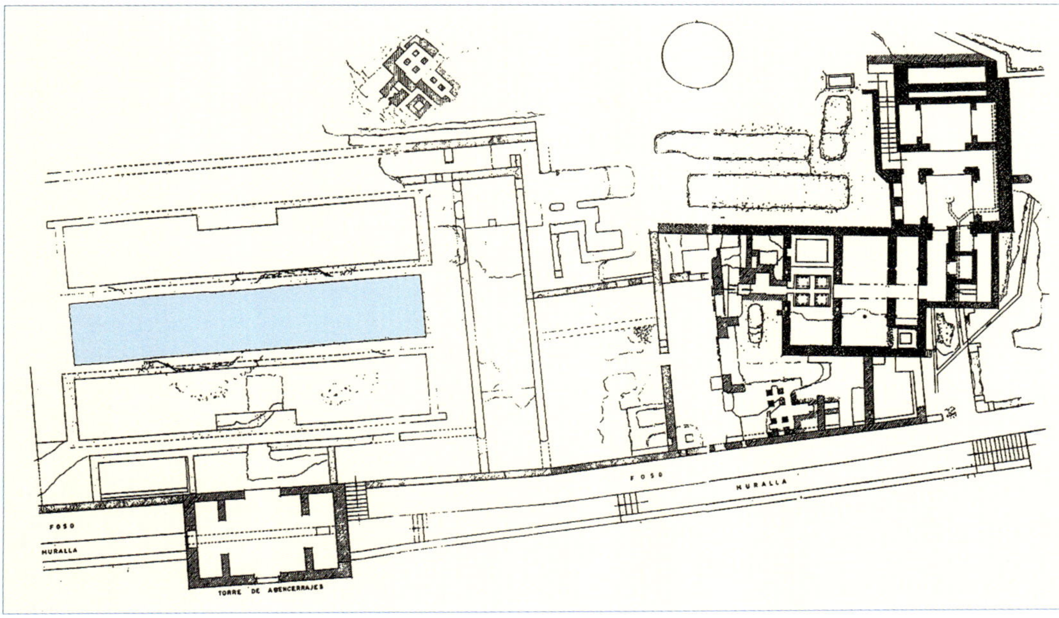

Reconstruction partielle du palais des Abencérages à partir des vestiges existants, avec le *hammam* à droite. Archives de l'Alhambra

longitudinal, sur les plus longs côtés duquel se déployaient des jardins légèrement enfoncés ; probablement la traditionnelle composition tripartite de la cour, avec un élément d'eau central (canal ou bassin) flanqué de modules aménagés en jardins. La longue galerie devant la tour devait se prolonger sous forme de kiosque jusqu'à l'intérieur de l'espace aménagé, solution habituelle dans l'architecture hispano-musulmane.

Le mur du bord oriental semble avoir été celui de la façade donnant sur la cour de la coursive, qui se prolongeait vers le nord suivant un second mur parallèle au précédent ; entre les deux il dût y avoir plusieurs pièces ou alcôves qui marquaient la fermeture de la cour à cet endroit du palais. Celui du nord, parallèle aux deux côtés les plus longs de la cour, indique que le bâtiment était probablement de forme rectangulaire.

Du côté ouest il est difficile de préciser la délimitation du palais, car la zone n'a pas encore été entièrement explorée, mais on peut supposer qu'il se prolongeait sur quelques mètres selon une galerie de clôture.

À l'extrémité orientale de la cour, sont apparus des restes de fondations et de murs de pièces appartenant à deux bains. En 1982, ont commencé les travaux de nettoyage et de consolidation d'une partie des appartements, mais il a été impossible de déterminer de façon définitive si ces restes appartenaient au palais ou s'il s'agissait d'appartements autonomes. À partir des années 1990, des campagnes archéologiques successives ont été menées, révélant petit à petit une partie des structures d'origine et permettant de fixer la délimitation des bâtiments : la coursive est celle du palais, partiellement adaptée comme logement, réutilisée à l'époque chrétienne ; un

Endroit et envers d'une pièce de monnaie nasride frappée à l'hôtel de monnaie de l'Alhambra, découverte lors des fouilles réalisées au palais des Abencérages. Musée de l'Alhambra

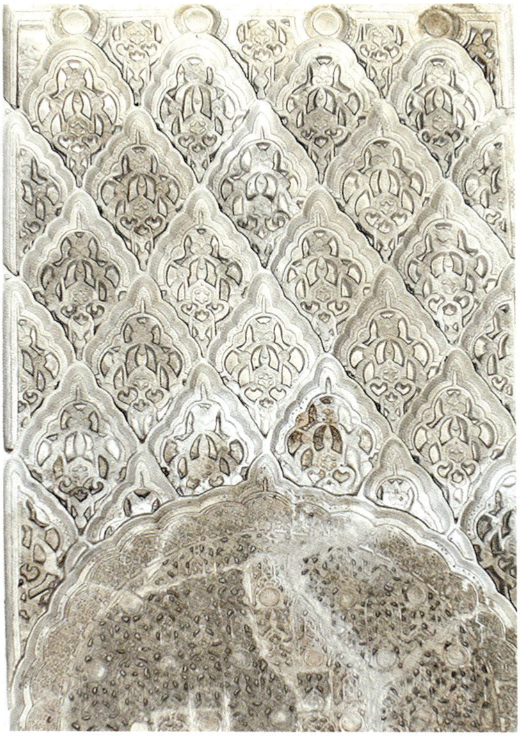

Une des plâtreries conservées au Musée de l'Alhambra, provenant du palais des Abencérages

hammam, pas très grand, présentant un accès depuis la calle de Ronda, dont il partagea une partie des appartements ou qui se vit ensuite agrandi par d'autres bains, plus grands, auxquels on accédait depuis la calle Real. L'accès à ces bains se faisait par un escalier depuis le niveau le plus élevé et débouchait sur une pièce pourvue d'une lanterne et présentant une salle de repos munie de deux alcôves latérales ; couloirs, latrines etc., complètent les installations des bains, dont on soulignera une petite alcôve dont le sol de marbre accueille une grande vasque, le caractéristique hypocauste et les voies de canalisation des fumées et vapeurs chaudes à l'extérieur. À l'ouest, devaient se trouver les chaudières et autres éléments des bains. Sur tout le terrain, se trouvent conservés des restes de différents types de dallages, comme des briques en argile couvertes de mortier et des dalles non vitrifiées ou vitrifiées, de tailles différentes, en blanc, vert et noir, sans oublier des restes de plinthes arborant des franges vitrifiées vertes.

Vers le sud on trouve aussi des témoignages de constructions qui donnaient sur la calle de Ronda. Tout ceci vient confirmer l'importance du palais des Abencérages, qui s'étendait vers le nord jusqu'au côté de la calle Real Alta, vers ce qui devait sans doute être l'accès principal. Les données archéologiques confirment l'importance de la consolidation menée à bien sur le terrain qui, libre de tout autre usage, est devenu une référence pour la récupération patrimoniale de l'Alhambra. Au Musée de l'Alhambra sont conservées de nombreuses pièces provenant des explorations et fouilles réalisées. Parmi elles, on citera les pendentifs d'un arc, des pans de mur ornés de *sebkas* taillées dans le plâtre sur lesquels on voit les traces du compas et de l'équerre utilisés, des consoles épigraphiques et à la décoration géométrique, sans oublier des éléments céramiques dans les tons vert, rouge et bleu provenant des plinthes carrelées des pièces du palais des Abencérages. Les dernières fouilles réalisées ont permis de retrouver quelques vestiges que l'on croyait perdus, comme une partie de la fontaine à bonde du bassin ou quelques dalles.

Palais des Infants (Couvent de San Francisco, Parador National)

Intégré au réseau national des Paradores d'Espagne, le Parador y a été installé en 1954 dans le bâtiment anciennement occupé par le couvent franciscain en 1494, institué sur volonté royale et qui à son tour avait été construit sur un palais nasride de la fin du XIIIème siècle, puis soumis à diverses adaptations au milieu du XIVème siècle.

Il se trouve sur la Médina Supérieure de l'Alhambra, dans ce qui fut probablement un important secteur urbain de la forteresse nasride où confluaient plusieurs rues et la zone qu'occupèrent les premiers établissements palatins ; ce palais nasride se trouve en un lieu intermédiaire entre les palais des Abencérages et de Youssouf III et, des trois, c'est celui situé le plus haut sur le terrain : d'où l'importance stratégique qu'il dût avoir et l'influence qu'il a certainement exercée sur des constructions postérieures.

On y accède au bout du parcours actuel de la calle Real. Presque tout le bâtiment conservé du couvent remonte aux travaux d'adaptation du XVIIIème siècle, même si on a retrouvé

Couvent de San Francisco, à l'intérieur duquel se trouvent les restes d'un palais nasride. L'enceinte abrite actuellement un Parador National

d'intéressants vestiges de l'étape nasride et du XVIème siècle. Il a également subi de gros dommages sous l'occupation napoléonienne et en 1840 il a même été mis aux enchères, avant d'être finalement ajouté au patrimoine royal. Au début du XXème siècle, le bâtiment du couvent se trouvait déjà dans un lamentable état de ruines. Il a été restauré par Leopoldo Torres Balbás entre 1927 et 1928 pour devenir la résidence d'artistes et de personnages illustres.

Les restes conservés du palais nasride, après de si nombreuses adaptations, configurent un espace central à la cour allongée et étroite, ressemblant beaucoup à la cour du Canal du Generalife, mais en plus réduite. Là aussi apparaît le tracé tripartite caractéristique avec son élément central d'eau et ses aménagements en jardins sur les côtés ; et comme au Generalife, il y a un canal central, identifié comme le Canal royal ou du Sultan, dont il s'alimentait, même si le tronçon palatin a peut-être été une dérivation du canal principal, qui coulait quelques mètres plus au sud un peu plus haut. Le canal du palais partait probablement du grand bassin situé à l'est, traversant la cour d'est en ouest, alimentant le bâtiment et l'approvisionnant en eau pour l'arrosage des potagers et jardins qui s'étendaient plus bas.

Les limites du terrain du palais nasride sont difficiles à déterminer, mais il devait certainement continuer jusqu'aux terrasses en escaliers inférieures, entre potagers et jardins, atteignant les proximités des remparts nord. Au sud, la limite devait se trouver au niveau de la calle Real. À l'ouest, il devait probablement arriver jusque là où est située la porte d'entrée du couvent franciscain, appelée du Compas de par la forme qu'avait son atrium d'accès ; devant la porte qui faisait office de façade sur la calle Real, il y avait peut-être une petite place.

L'axe central du palais était certainement marqué par le pavillon mirador, transformé pendant les travaux du couvent en chapelle principale, où furent installées les tombes préparées pour les Rois Catholiques jusqu'en 1521, année de l'achèvement

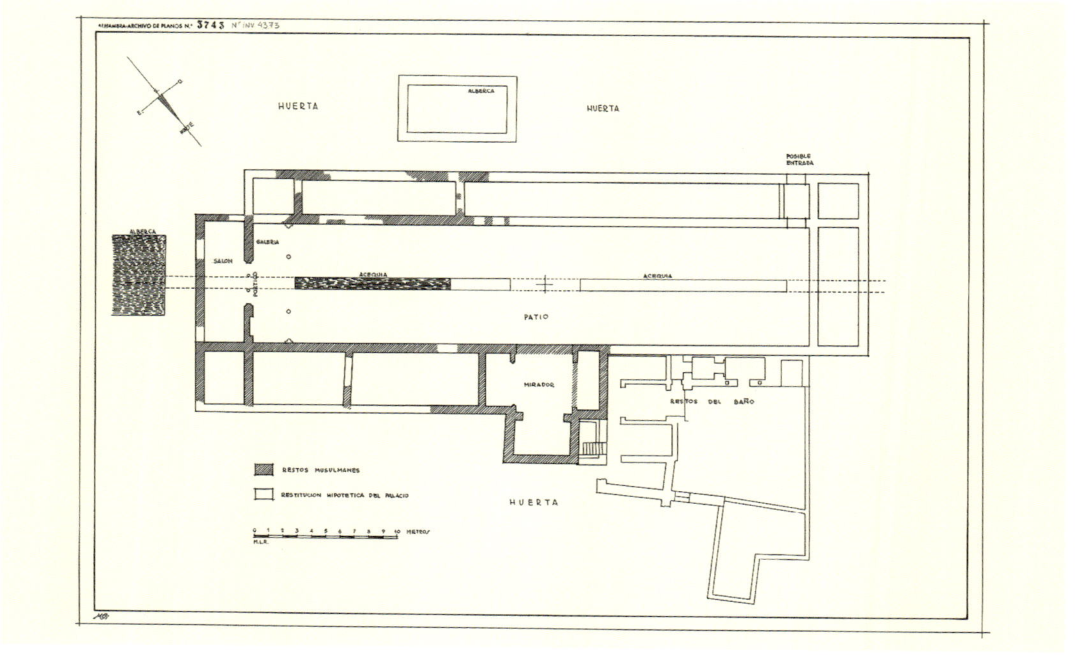

Palais de San Francisco. Les restes conservés du palais nasride indiquent qu'il possédait une cour centrale allongée et étroite semblable à celle du Generalife, avec des jardins sur les côtés. Copie (1957) du plan d'origine, Archives de l'Alhambra

de la Chapelle Royale dans la ville. Cette zone subit de nombreuses transformations lorsqu'elle devint une église. La pièce précédant le mirador devint une croisée, qui conserve encore quelques fragments du dallage en marbre qui appartinrent sûrement au palais. Il paraît qu'une plinthe carrelée semblable à celle de la salle des Rois du palais des Lions disparut peu avant la restauration, mais la voûte de *muqarnas* et l'arc de l'entrée existent toujours, de même que les arcs correspondants aux trois côtés restants où se trouvent inscrits la devise nasride et des louanges destinés à Mohammed V. Les plâtreries ressemblent à celles des salles dites des Deux Sœurs et des Abencérages, ce qui fait qu'elles datent probablement de la fin du dernier tiers du XIVème siècle.

Est aussi conservée une salle rectangulaire appartenant au palais d'origine, aujourd'hui

Bains du palais de San Francisco

Au milieu du siècle dernier, débutèrent les travaux de déblayage du terrain qu'occupa le *hammam* du palais nasride. Récemment, les campagnes de recherche scientifique du bâtiment se sont achevées et ont permis de faire apparaître d'importants éléments de la structure d'origine, même si elle a en grande partie été démolie à l'époque moderne. Aujourd'hui, ils se trouvent intégrés aux jardins de l'ancien couvent franciscain, à défaut d'une consolidation définitive.

appelée « salle Arabe », située au rez-de-chaussée du cloître. Elle dût être précédée d'un portique avançant sur la cour. L'intérieur, présentant des *alhamis* aux extrémités légèrement surélevées, conserve une partie de sa plinthe d'origine et des restes décoratifs épigraphiques portant la devise de la dynastie. À l'arrière, ont été retrouvés des orifices de corbeaux et des restes d'un auvent, ce qui indique qu'il n'y avait probablement pas d'étage supérieur ni de prolongement à l'extérieur, où se trouve, dans l'axe, le grand bassin précité. Lors des travaux de restauration du couvent apparurent également quelques vestiges des deux arcs de l'entrée de la cour. On a aussi trouvé des fondations d'un mur parallèle au canal central qui fermait la cour au sud et devant, des vestiges d'autres salles ou alcôves. Derrière le mur limitrophe de clôture apparurent les restes d'un autre bassin.

Au nord de la cour, entre la salle est et le mirador, il y avait au moins deux autres pièces, sous l'une desquelles on a retrouvé des restes de canalisations appartenant au *hammam* du palais. Ces appartements ont été démolis à l'époque moderne car leur état de détérioration affectait l'entourage de la crypte de la reine Isabelle Ier, enterrée pour une courte période de temps près des bains. Ces derniers ont été peu à peu envahis par la terre et sont disparus jusqu'au milieu du XXème siècle lorsque, lors d'une série de travaux ils ont été récupérés ; mais peu après le tout est tombé dans l'oubli. La végétation l'a envahi jusqu'à ce qu'au début de ce siècle, les travaux archéologiques et de conservation ont permis de renouer avec leur lecture historique dans les environs de l'Alhambra.

On y accédait depuis l'une des salles les plus importantes du palais, le mirador. À travers une ouverture actuellement condamnée, des marches descendaient vers l'installation qui était située en dessous du niveau du Canal royal dont elle s'approvisionnait en eau. L'entrée existe toujours, de même que le vestibule avec deux alcôves ou lits et une fontaine centrale. De là, par un couloir en coude, on parvient à la salle froide-tiède, qui contient une petite vasque. On y apprécie le parcours de l'eau, qui vient d'une conduite en plomb, arrive à la vasque et est évacuée par une voie d'écoulement en terre cuite vers une canalisation qui parcourt les bains et recueille l'eau pour l'amener à l'extérieur de l'installation. À travers une petite embrasure on accédait à la salle chaude qui se trouve à présent rasée à l'exception d'une petite vasque d'immersion et d'une salle latérale munie d'une petite marche d'escalier. Une bonne partie des dalles et revêtements des parements des bains, réalisés en carrelage et en stuc, sont conservés. Lors des processus d'intervention archéologiques, on a retrouvé des éléments qui prouvent sa riche décoration.

Détail de ladite salle Arabe, appartenant au palais nasride, intégrée au couvent franciscain, aujourd'hui Parador de tourisme

Les inscriptions retrouvées dans l'enceinte du palais remontent à deux époques. Celles du mirador et de la salle est datent de la seconde moitié du XIVème siècle, à cause de leur allusion à Mohammed V. Dans la salle orientale sont apparues d'autres inscriptions très semblables à celles du mirador supérieur de la tour des Dames et du mirador central du Generalife, qui datent du début du XIVème siècle. La ressemblance avec la partie du Generalife du dernier tiers du XIIIème siècle est évidente, ce qui fait qu'en l'absence d'autres données, le palais initial dût être construit aux environs de cette étape. Il existe des indices du fait qu'au XVIème siècle, divers matériaux furent employés, spécialement des colonnes, provenant de ce palais en cours d'adaptation et de reconstruction au niveau des cours de la Grille et de Lindaraja.

Palais de Youssouf III

Traditionnellement connu également sous le nom de palais de Mondéjar ou de Tendilla, les Rois Catholiques le cédèrent pour en faire la résidence des gouverneurs de l'Alhambra chrétienne, jusqu'à ce qu'en 1718, date à laquelle Philippe V les dépouilla de leur titre et les en délogea. En guise de représailles, ils ordonnèrent sa démolition et en 1795 beaucoup des matériaux de construction, colonnes, portes etc. furent vendus ou réutilisés pour réparer d'autres lieux. Au cours du XXème siècle, quelques éléments isolés, provenant de la spoliation du palais, furent découverts dans des collections particulières. C'est peut-être de là que vient le célèbre carreau Fortuny, conservé à l'Institut Valencia de Don Juan de Madrid, où figure le nom du sultan.

C'est le triste final d'un palais qui dût être extraordinaire, tant au niveau des matériaux qu'au niveau de la décoration, comme le prouvent des témoignages comme ceux de l'ambassadeur Hieronymus Münzer, qui en 1494 y fut reçu et le qualifia de somptueux. On attribue sa construction au sultan Youssouf III (1408-1417), mais il est possible que ce sultan ait souhaité modifier ou décorer à nouveau une construction bien antérieure due au sultan Mohammed II (1273-1302), le second de la dynastie. Bien que les premières années du XVème siècle soient un moment déjà tardif, la décadence de la dynastie nasride n'avait pas encore commencé de façon accusée, quoi qu'en ce qui concerne les formes décoratives, cette période est considérée comme un moment récurrent ou répétitif. Les principaux palais de l'Alhambra du XIVème siècle qui existaient déjà durent exercer une certaine influence au moment de la planification et de la conception. Il n'en reste pas moins significatif que ce soit précisément ce palais que retinrent les gouverneurs chrétiens, car en cette première étape après la conquête, le choix devait être grand.

La situation du palais, au plus haut du Partal, définit son importance stratégique. Sa tour principale au nord devait se dresser au dessus des jardins et du reste des bâtiments et offrir de magnifiques vues qui permettaient de contrôler et de surveiller les alentours.

Le palais ayant été dépossédé de ses témoignages décoratifs et des éléments les plus riches de sa décoration, le terrain sur lequel il se trouve ne devait plus être très attrayant

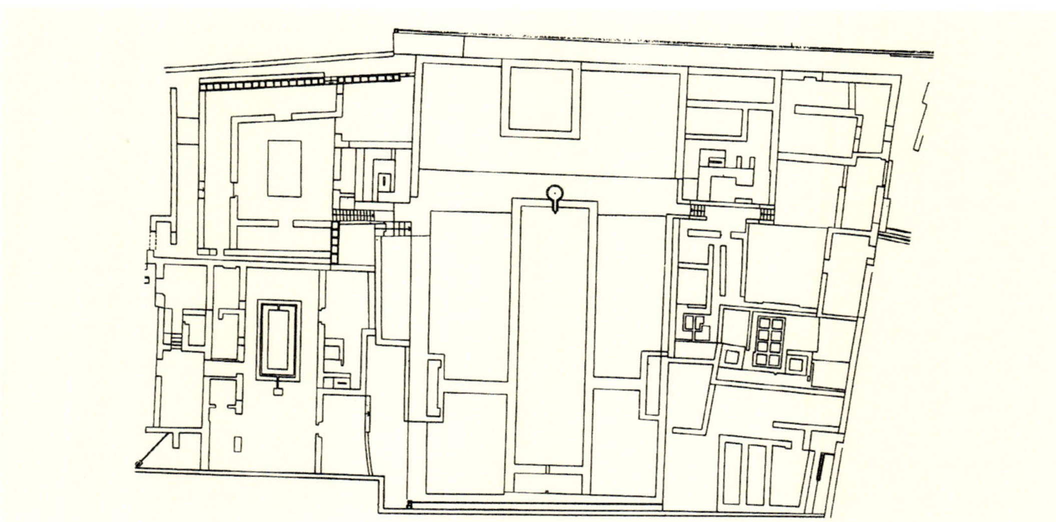

Palais de Youssouf III. Forme générale des restes retrouvés : au centre, le noyau principal du palais ; à droite, le *hammam* ; à gauche, les deux maisons annexes. Plan Spécial Alhambra et Alixares, 1986

Carreau Fortuny, dont l'épigraphie cite Youssouf III.
Institut de Valence de Don Juan, Madrid

étant donné qu'il a sombré dans l'abandon le plus complet, à la merci des Du mauvais temps et à demi enterré sous ses propres décombres. Au XIXème siècle, il faisait partie du potager portant le nom de Huerta de Santa María, exproprié peu à peu comme la majorité des propriétés de la zone. L'exploration de ses vestiges coïncide avec l'intérêt pour la récupération de tout le secteur du Partal au premier tiers du XXème siècle. Aujourd'hui, il reste l'anastylose partielle de la partie principale de la structure, mais près d'un tiers n'a pas encore été exploré. Ses murs émergents offrent une idée assez approximative de l'ensemble qui, dans les grandes lignes, peut être identifié comme suit : une grande cour rectangulaire avec un bassin longitudinal au centre devait reproduire, en plus petit, le schéma tripartite de la cour des Myrtes. Sur le côté nord devait se situer la coursive principale, autour d'une tour devant laquelle il y avait certainement une galerie en guise de portique. À l'extrémité sud, devait exister une autre structure similaire, qui présente peut-être encore quelques restes derrière le mur de soutènement d'un terrain plus élevé qui clôt le terrain de ce côté.

Forme et tracé d'un bâtiment identifié avec le Generalife, semblable au palais de Youssouf III.
Gravure de James C. Murphy, 1815

Des deux côtés de l'enceinte qui occupe la cour, se trouvent, à un niveau inférieur, des vestiges de murs de certaines structures appartenant au palais. Sur le côté est, est apparu le *hammam*, dont la plupart des appartements sont bien délimités. Les canalisations, l'hypocauste ou les vasques de la salle chaude sont facilement identifiables. On retrouve le schéma habituel de ce type de bâtiments et concrètement il est très similaire à ceux que l'on rencontre en d'autres lieux de l'Alhambra.

À l'extrémité septentrionale, on observe également plusieurs structures, parmi lesquelles le probable accès au palais, sur la façade duquel se distinguait probablement une vaste porte dont ont a subsisté les mouchettes. Derrière la porte, un vestibule suivi d'une cour presque carrée était probablement utilisé pour descendre des chevaux, car tout près on apprécie une pièce similaire à une écurie. Face à la porte, coïncident les chaussées de plusieurs rues, dont celle qui descend reliait la calle Real Alta de la médina à la porte de la tour des Pointes. Une autre rue perpendiculaire part vers les actuels jardins, le long desquels s'étendaient autrefois quelques jardins potagers, jusqu'à atteindre les remparts. C'est là que confluait également la calle Real Baja, dont on peut encore identifier les restes de la chaussée

proches du palais, qu'elle borde sur sa partie septentrionale.

La zone occidentale du palais est plus problématique car elle a été fortement modifiée pour y situer l'entrée de la résidence des gouverneurs chrétiens. Devant, subsistent diverses structures de murs autour de deux cours moyennes, occupant des niveaux différents et qui peuvent être identifiées comme étant des logements importants. Toutes deux étaient peut-être reliées au palais, formant partie de ses appartements, même s'il est plus probable qu'elles en étaient indépendantes et qu'à un moment donné elles lui aient été unies, peut-être lorsque celui-ci est devenu la résidence des gouverneurs.

Le logement situé sur la terrasse la plus haute possède un bassin central avec des pièces sur les côtés, sauf au nord et présente des restes de dallage et des latrines. La demeure contiguë sur la terrasse inférieure, quelque peu irrégulière, possède aussi un bassin au centre de la cour. À un niveau plus élevé sont apparus des restes d'autres latrines et de petites salles qui ont sûrement appartenu au palais, avec lequel elles devaient communiquer par le biais d'un escalier. La chambre principale de cette demeure était probablement celle qui donnait sur la cour et conserve en son intérieur des restes des traditionnels *alhamis* latéraux, légèrement surélevés. Du côté septentrional, elle communique avec une autre cour, plus réduite, peut-être un accès à la demeure, présentant une belle fontaine polygonale en céramique vitrifiée en son centre. À l'ouest, la maison est délimitée par une rue pavée, en pente douce, qui faisait peut-être partie de la trame urbaine de l'Alhambra, servant de liaison entre les deux calles Reales.

Face à l'entrée du palais du gouverneur, il y avait un vaste chemin bordé d'arbres qui faisait la liaison avec les palais réservés aux rois et après sa construction, avec le palais de Charles Quint. Sur le mur de clôture du palais se trouve une plaque commémorative de l'écrivain dominicain fray Luis de Granada, qui y prêta ses services en tant d'écuyer du comte de Tendilla au cours des premières années du XVIème siècle, puis un peu plus tard, comme précepteur des enfants du comte.

Restes de la façade d'accès au palais de Youssouf III

8 Promenade des tours

Par une chaussée empierrée reliant l'intérieur de l'ancienne médina et la porte du Faubourg, on arrive à la toile de remparts qui protège la zone située entre le Partal et le Generalife, zone jalonnée d'une partie des tours les plus remarquables de l'Alhambra : tour des Pointes, du Cadi, de la Captive, des Infantes, du Bout de la Rue et de l'Eau. Une promenade aménagée sur le chemin de ronde du mur de soutènement permet d'arriver à la partie est de l'enceinte.

Face aux vestiges de la façade qui servait d'accès au palais de Youssouf III, de nos jours écroulé, se trouve un tronçon pavé de la rue qui reliait l'intérieur de la médina de l'Alhambra avec l'une de ses portes extérieures, celle du Faubourg. À partir de là, on aperçoit le profil des remparts entourant l'Alhambra, jalonnés de plusieurs tours et on avance au milieu d'une zone étendue qui relie le Partal avec la haute Alhambra et le Generalife. Les tours des Pointes, du Cadi, de la Captive, des Infantes, du Bout de la Rue et de l'Eau Telles se succèdent comme des bornes.

Elles sont reliées par une terrasse en escaliers intermédiaire, aujourd'hui amplement aménagée en jardins, sur le chemin de ronde du mur de soutènement, qui a été muni d'une longue rampe pour protéger les piétons et leur permettre de contempler la vue. Au dessous se trouve la terrasse en escaliers inférieure, également aménagée en jardins avec des espèces arborescentes variées.

Tour des Pointes

La tour des Pointes fait partie du groupe des tours qui, outre leur évidente fonction défensive, servaient aussi de logement, comme le prouve sa décoration intérieure, essentiellement ses plâtreries et peintures. On soulignera de même son rôle dans la trame

Vue aérienne du secteur de la tour des Pointes et le bastion placé devant

La tour des Infantes, sur les remparts généraux, et la calle de Ronda

Promenade des tours

Dans la zone de l'Alhambra située entre le Partal et l'extrémité orientale des remparts, a été aménagée une promenade ponctuée de vestiges archéologiques qui mène vers le Generalife en longeant l'intérieur des remparts. La toile ainsi tracée est marquée par la présence de certaines des tours les plus emblématiques de l'Alhambra de par leur nature clairement défensive mais aussi résidentielle. À l'intérieur on y trouve quelques uns des espaces les plus exquis de l'architecture nasride.

❶ Tour des Pointes

C'est l'une des tours à double fonction, car outre son évident caractère défensif, elle fut utilisée comme logement. Elle défend la porte du Faubourg, sur la Cuesta del Rey Chico qui communique avec l'Albaicín et avec le Generalife. L'intérieur se divise en trois étages présentant quelques vestiges décoratifs.

❷ Tour du Cadi

De par sa situation stratégique, elle appartient au groupe des tours de contrôle depuis lesquelles étaient on émettait ou on recevait les signaux propres à la surveillance. Sur son passage, le chemin de ronde s'interrompait pour obliger les piétons à passer par le poste de garde.

❸ Tour de la Captive

L'intérieur de cette tour résidentielle est l'un des espaces les plus exquis de toute l'Alhambra. On entre dans la pièce principale par un accès en coude qui préserve une certaine intimité. Elle est composée d'une cour arborant des arcs sur piliers et trois alcôves avec des fenêtres à arc double.

❹ Tour des Infantes

Il s'agit d'une des tours possédant un logement intérieur. Les éléments décoratifs que l'on a retrouvés ont permis de la définir comme une tour-palais. Elle est sensiblement postérieure à la tour de la Captive. Sa disposition est semblable mais son exécution, tant au niveau des proportions qu'au niveau du programme décoratif, sont caractéristiques d'une étape plus tardive.

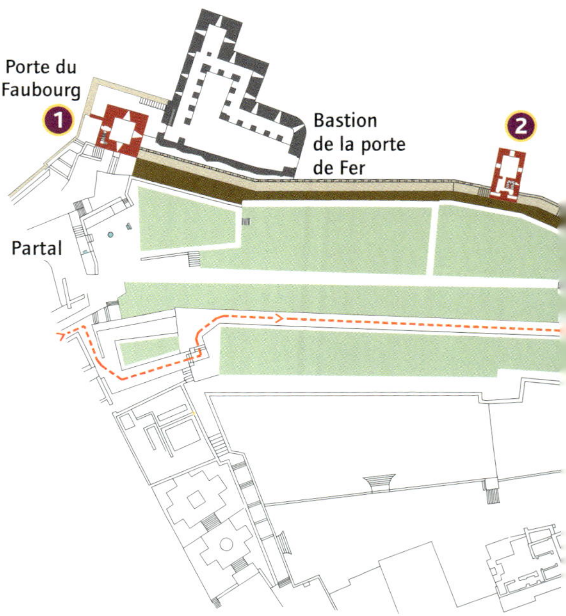

1 Tour des Pointes
2 Tour du Cadi
3 Tour de la Captive
4 Tour des Infantes
5 Tour du Bout de la Rue
6 Tour de l'Eau

------> Sens de la visite

Muraille · Architecture nasride · Restes archéologiques · Architecture chrétienne
Jardins · Eléments hydrauliques · Foso ou paso de Ronda

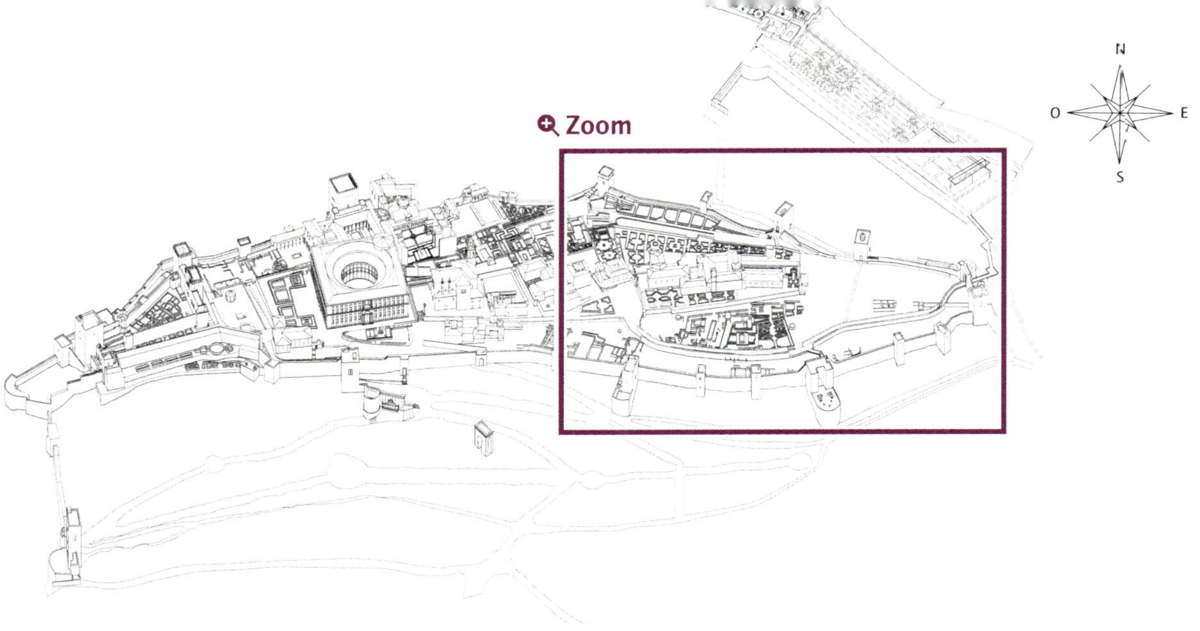

❺ Tour du Bout de la rue

C'est la tour la plus orientale de la partie nord de l'Alhambra. Elle était autrefois ornée d'une inscription qui en attribuait la construction aux Rois Catholiques en la datant de 1502. Les troupes napoléoniennes l'ont pratiquement détruite lors de leur retrait en 1812.

❻ Tour de l'Eau

Sa fonction est entièrement différente de celle du reste des tours de l'Alhambra, car c'est à proximité que se produit l'entrée du Canal du Sultan dans l'enceinte entourée de remparts et par conséquent d'une eau si nécessaire. L'armée napoléonienne la fit exploser mais elle fut reconstruite au xxème siècle.

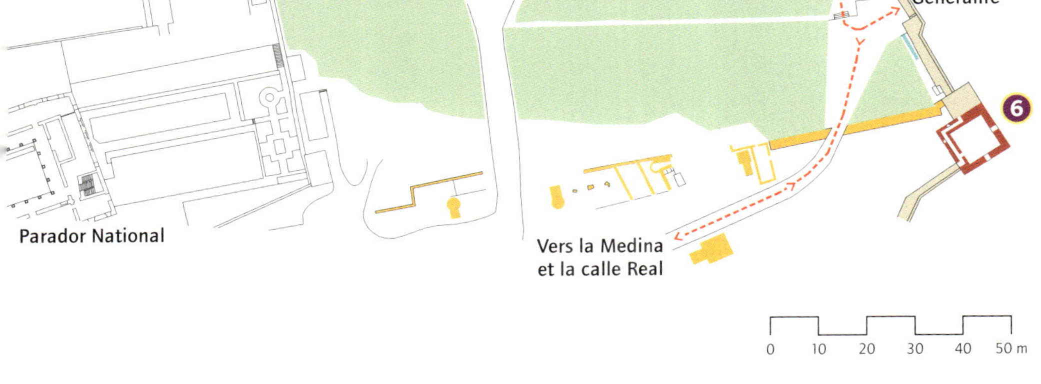

Vue de la tour des Pointes depuis le Partal inférieur

urbaine de l'Alhambra. Elle défend l'une des portes principales d'accès à l'enceinte entourée de remparts, celle de l'Arrabal, qui donne sur la Cuesta del Rey Chico et relie l'enceinte de l'Alhambra au quartier de l'Albaicín et à l'ancien accès au Generalife.

Voûte à quatre nervures de la tour des Pointes

Son nom est dû aux consoles dont elle est pourvue au niveau des coins supérieurs, de sorte à pouvoir supporter les mâchicoulis et pouvoir repousser depuis le haut les tentatives d'assaut. Elle fut construite par le sultan Mohammed II, réformée par Mohammed III et, peut-être, par Youssouf Ier ; après la conquête chrétienne, elle subit d'importantes adaptations constructives et décoratives. C'est l'une des tours aux dimensions les plus grandes de toute l'enceinte. À l'intérieur, on observe des voûtes remarquables : en berceau au deuxième étage et à quatre nervures au troisième. Les fenêtres en pierre de l'étage principal présentent des arcs en fer à cheval pointu et des chapiteaux de type mudéjar.

Depuis divers points de la promenade, on peut contempler une perspective générale de tout le Generalife, avec ses grands potagers en terrasse et séparés par de grands murs de pisé et présidés par la structure blanche du palais.

Face au paysage, à l'intérieur de l'enceinte de l'Alhambra, se dresse la structure de l'ancien couvent de San Francisco, aujourd'hui Parador de Tourisme. Construit sur les restes d'un palais

Au premier plan, la tour du Cadi ; à gauche, la tour des Pointes. Au fond, l'Albaicín et les remparts de Grenade

nasride, on en soulignera le mirador saillant du bâtiment, à l'intérieur duquel ont été installés les sépulcres des Rois Catholiques pendant la construction de la Chapelle Royale au centre ville, où reposent aujourd'hui leurs restes.

Tour du Cadi

La tour du Cadi appartient au groupe de tours destinées à la surveillance défensive de l'enceinte en raison de leur structure. Elles ont une importance stratégique car elles servaient à vérifier, à contrôler et à fournir le contrôle basique de la ville depuis le chemin de ronde supérieur des remparts en suivant une série de tours permettant de contrôler les différents tronçons de remparts. C'est dans ces tours qu'étaient reçus les comptes rendus des lieux concrets situés à des points équidistants du périmètre, d'où était communiquée toute incidence au poste de commandement central. C'est pourquoi les tours de surveillance sont petites, sans importance apparente, mais la défense primordiale et immédiate de la ville dépendait de leur fonctionnement.

Depuis la tour du Cadi on contrôlait aussi le flanc nord-est du secteur primordial de la tour des Pointes, avec l'accès depuis le bas au Generalife en montant à travers les potagers, en traversant une rue protégée par de grands murs. À mi-parcours, on peut distinguer une cour avec portique et pilier d'où partent les accès aux potagers et le chemin en pente menant au palais.

Les remparts entourant la ville palatine de l'Alhambra sont praticables dans leur partie haute grâce à un passage muni d'un parapet vers l'extérieur, sur certains tronçons crénelés, connu sous le nom de chemin de ronde et que la garde parcourait lors des différents tours de service. À la hauteur des tours, pour conserver son indépendance et ne pas interférer avec la vie domestique qui de déroulait à l'intérieur, le passage du chemin de ronde longe un tunnel, comme on peut l'observer, entre autres, dans la tour de la Captive ou la suivante, celle des Infantes. D'autres tours, comme c'est le cas de celle du Cadi, qui n'ont aucune nature domestique mais un but purement militaire coupent le passage, obligeant la garde à passer le poste de contrôle.

Détail de l'un des carreaux de faïence de la tour de la Captive avec ses exceptionnels éléments de couleur pourpre

Vue extérieure de la tour de la Captive depuis le Generalife

Outre le chemin de ronde, la face intérieure des remparts possède tout au long de son parcours, de plus d'un kilomètre, une vaste rue à un niveau plus bas, appelée Foso ou calle de Ronda, car en réalité elle exerce les deux fonctions : elle relie divers secteurs de la ville palatine et en cas de siège, elle constitue un compartiment étanche, une douve ou une ceinture de sécurité pour l'enceinte. De même que sur le chemin de ronde, des tunnels ont été construits pour éviter que les tours ne coupent le passage. Toute l'enceinte urbaine est ainsi entourée à l'exclusion de la Qasba, bien que celle-ci ait aussi eu son avant-mur relié d'une certaine manière avec elle. Cette rue, dont le parcours est identifiable en grande partie depuis le périmètre des remparts, reste encore masquée sur certains tronçons.

Tour de la Captive

L'accès à la tour de la Captive qui est construite sur les remparts, s'effectue depuis la plateforme intérieure de la ville à l'exception de la calle del Foso par un pont muni d'une voûte en berceau reconstruit dans les premières années du xxème siècle. C'est pourquoi ce lieu est l'un des plus indiqués de l'enceinte pour comprendre le fonctionnement de la structure défensive de la forteresse. La tour de la Captive est appelée *qalahurra* dans le poème épigraphique que l'on retrouve à l'intérieur de sa pièce principale. De fait, c'est l'un des bâtiments les plus distingués de tout le Complexe Monumental de l'Alhambra et on peut la considérer comme étant une véritable tour-palais. Sa construction correspond au sultan Youssouf Ier (1333-1354) qui a aussi construit le palais de Comares et d'autres bâtiments importants de l'Alhambra, comme les portes de la Justice et des Sept Sols. On peut la considérer, de par sa structure architecturale et sa composition décorative, comme l'élément le plus caractéristique de la splendeur de l'art nasride.

Comme il correspond à toute structure domestique, après l'entrée en coude, on débouche sur une petite cour avec des arcs sur piliers. La pièce principale de l'intérieur de la tour présente de petites alcôves alignées par rapport à chacun des côtés extérieurs, coïncidant avec leurs fenêtres à double arc respectives.

Intérieur de la tour *qalahurra* de la Captive

Extérieur de la tour des Infantes

Voûte à l'entrée de la tour des Infantes

L'un des éléments les plus remarquables de cet espace est sans doute le carrelage des plinthes de la partie inférieure des parements ; il présente des tracés magnifiques, avec des éléments de plusieurs couleurs, dont on soulignera le pourpre, dont l'utilisation en céramique architecturale a été considérée unique. À souligner également la console épigraphique carrelée qui borde la partie supérieure des plinthes, parente directe de celles existant sur les seuils du mirador de Lindaraja et avec lesquelles elle constitue des chefs d'œuvre en ce genre. Le texte est un poème du grand vizir Ibn al-Yayyab, maître et prédécesseur de l'autre grand vizir de la dynastie, Ibn al-Khatib.

Les plâtreries de la salle, à l'origine polychromées, se répartissent sous forme de toilés ou de tapisseries au-dessus des carrelages, une technique caractéristique de la décoration architecturale nasride, présente dans les espaces les plus connus des palais de l'Alhambra. Le sol de marbre et l'actuelle toiture de bois appartiennent à la restauration menée à bien dans la tour à la fin du XIXème siècle.

De même que les structures domestiques traditionnelles, la tour possède ses pièces et une terrasse à l'étage supérieur, auxquelles on accède par un guichet depuis le coude de l'entrée.

Tour des Infantes

La tour des Infantes présente une structure architecturale similaire à celle de sa voisine, la tour de la Captive et tout comme elle, on peut la considérer comme une tour-palais, Cela dit, de par les caractéristiques de sa décoration, elle appartient à une étape plus tardive ; elle est en effet attribuée au sultan Mohammed VII (1392-1408). Peut-être cette chronologie a-t-elle permis d'estimer que cette tour marque le début du déclin de l'art nasride. Toutefois, son programme esthétique conserve les schémas de développement traditionnel, même

Intérieur de la tour des Infantes

Extérieur de la tour du Bout de la rue. État actuel

La tour de l'Eau et l'aqueduc en 1862. Photographie de Charles Clifford

si l'on observe une exécution plus rude et des proportions moins parfaites.

L'accès répond au système habituel en coude et on soulignera la petite voûte de l'entrée avec ses grands *muqarnas* qui présentent encore des traces de leur peinture d'origine. L'intérieur de la tour se distribue selon le schéma traditionnel du logement nasride. On peut d'ailleurs penser qu'on se trouve une des demeures de n'importe que espace de l'Alhambra et non pas dans une tour ponctuant les remparts. L'espace couvert qui communique avec la cour présente en son centre une petite fontaine polygonale en marbre et tout autour les pièces principales, trois noyaux d'alcôves munis de fenêtres donnant sur l'extérieur, la plus importante étant celle du fond et arborant les habituels *alhamis* sur les côtés les plus courts. Toutes les portes de la cour possèdent sur leurs seuils les traditionnelles *taqas*.

L'espace central présente, à la hauteur du premier étage, des galeries sur deux côtés et des fenêtres sur les autres. Le toit était à l'origine couvert d'une voûte de *muqarnas* qui a disparu et fut remplacée au siècle passé par l'actuelle structure en bois. De même que la tour de la Captive, l'accès à l'étage supérieur et à la terrasse se fait depuis le coude de l'entrée. Cette tour est le théâtre de la fameuse légende des trois princesses, Zayda, Zorayda et Zorahayda, recueillie par Washington Irving dans deux récits de ses célèbres *Contes de l'Alhambra*.

Tour du Bout de la Rue

Après avoir parcouru le dernier tronçon parallèle aux remparts, on découvre la tour du Bout de la Rue, la plus orientale des remparts nord et dont la construction est due aux Rois Catholiques en 1502, comme l'indiquait une inscription n'existant plus de nos jours. La tour est aujourd'hui pratiquement en ruines, de même que tout ce secteur de l'Alhambra, puisque les troupes napoléoniennes d'occupation ont tout fait exploser lors de leur retrait en 1812.

Tour de l'Eau

La plupart des tours qui composent l'enceinte fortifiée de l'Alhambra, malgré leurs différences formelles, peuvent être regroupées selon les diverses fonctions qu'elles remplissent. Il y en a une qui présente une singularité qui la rend entièrement différente des autres. C'est le cas de la tour de l'Eau, située au sud-est, à l'extrémité de l'enceinte ; c'est une des plus grandes de l'Alhambra en taille.

À la moitié du xxème siècle, il n'en restait que la base massive car c'est l'une de celles qui a le plus souffert des explosions susmentionnées, mais ses murs extérieurs purent toutefois être reconstruits. Cette tour joua probablement un rôle essentiel car c'est à la base de sa face nord que se trouve l'entrée du Canal du Sultan, qui fournissait de l'eau à l'ensemble de l'Alhambra.

Canal royal ou du Sultan

Pas loin des jardins et des promenades de la haute Alhambra, intégrés aux vestiges archéologiques dans toute la zone du Secano, se trouvent disséminés divers éléments appartenant à l'infrastructure hydraulique du Canal du Sultan : ancrages pour les norias, réservoirs d'eau et un grand aqueduc partiellement reconstruit prouvent, au point le plus haut de la ville palatine, qu'il y avait une modeste mais sans doute très active industrie au service de la cour. Au bout de la promenade se trouve justement le point d'entrée du canal dans l'Alhambra : un distributeur dont la construction d'origine a été partiellement conservée, malgré les explosions napoléoniennes et qui se trouve gardé par la tour de l'Eau à l'extrémité orientale de l'enceinte entourée de remparts de l'Alhambra.

Il s'agit d'un espace très modifié, qui assure la communication entre différents secteurs du Complexe Monumental. Par une grande porte ouverte dans la muraille, devant laquelle s'étend un vaste pont, le tout datant des années 70 du siècle dernier, on accède directement au Generalife. Il est également possible de quitter l'Alhambra par cette porte.

Par l'intérieur de l'enceinte on parvient à la haute Alhambra et de là, on accède à la calle Real et on rejoint la Qasba et les palais. Ce passage se fait par une ouverture aménagée dans un important élément de l'infrastructure médiévale, bien que reconstruit et qui est l'aqueduc par lequel entrait dans la ville, à ce même endroit, l'eau du Canal royal ou du Sultan.

Tour de l'Eau. À sa base, se trouvait l'entrée du Canal royal ou du Sultan, qui apportait l'eau nécessaire à la ville palatine

9 La médina

En arabe, le mot « médina » signifie ville. La médina occupait les hauteurs de la colline de la Sabika et comportait deux rues longitudinales principales, appelées calle Real Alta et calle Real Baja, ainsi que d'autres rues secondaires qui les recoupaient. On y construisit des logements, des bains, des industries et tout autre élément caractéristique et nécessaire à une ville. Mais celle de l'Alhambra était en outre une ville courtisane, une médina pensée et organisée pour servir le sultan.

La calle Real Alta

La calle Real Alta est l'axe de l'urbanisme intérieur de l'Alhambra, un espace qui a connu de multiples transformations au fil du temps et dont on peut visiter divers endroits. Depuis cette rue, le visiteur peut se rendre à l'intérieur de l'enceinte, tant au palais de Charles Quint et à ses espaces d'exposition (les musées de l'Alhambra et des Beaux-arts, la salle des expositions, la librairie etc.) qu'à la Qasba et au Generalife. Elle mène aussi à la sortie du Complexe et, le visiteur peut traverser le bois et contempler le cadre environnant extérieur ou descendre sur Grenade.

Son nom vient évidemment à l'étape chrétienne, pendant laquelle la rue conserva son rôle urbanistique prédominant. Un décret royal de 1501 l'a baptisé calle Mayor, terme équivalent à la Grand Rue qui en détermine la hiérarchie urbaine.

Elle permet de nos jours d'organiser en partie la visite du Complexe Monumental. C'est le seul lieu entouré de remparts auquel on peut accéder, de façon restreinte, en véhicule motorisé.

La calle Real Alta est donc la rue principale de la médina de l'Alhambra. Pendant le premier tiers du XXème siècle, les fouilles archéologiques apportèrent les premiers éclaircissements par rapport à l'urbanisme médiéval de l'Alhambra, ce qui permit la récupération d'une autre rue importante, affichant un parcours similaire et presque parallèle, mais à un niveau plus bas et qui porte le nom de calle Real Baja.

Le noyau initial de l'espace résidentiel palatin à l'époque nasride était situé dans la zone la plus élevée de la colline, ce qui est une caractéristique habituelle des villes-acropole, où le pouvoir utilisait cette position en hauteur que

La calle Real Alta

Elle part de la porte du Vin, qui était l'entrée principale de la médina et poursuit son parcours vers l'est jusqu'au Parador de San Francisco pour ensuite se diriger vers le sud-est en direction de la porte des Sept Sols. Son tracé était probablement conditionné par celui du Canal royal ou du Sultan, découvert grâce aux fouilles archéologiques réalisées au début du XXème siècle. La rue montait en pente douce jusqu'à atteindre le point le plus élevé de la colline de la Sabika où se dresse l'Alhambra et où se trouvait la médina. À gauche, se trouve le secteur occupé par les palais du XIVème siècle et quelques bâtiments publics comme la mosquée ou son *hammam*, aujourd'hui remplacés par le palais de Charles Quint et l'église de Nuestra Señora de la Alhambra (Notre Dame de l'Alhambra).

Façade extérieure de la porte du Vin

La médina

En haut de la colline de la Sabika, s'est développée au fil des XIIIème, XIVème et XVème siècles, soit tout au long de la période nasride de l'Alhambra, une ville avec tous les éléments nécessaires pour le déploiement de la vie. Il ne reste que très peu de vestiges des bâtiments qui y étaient construits, mais on en découvre peu à peu grâce aux fouilles archéologiques.

❶ Calle Real Alta

C'était la rue principale de l'Alhambra et elle traversait l'enceinte dans le sens longitudinal, facilitant la communication entre les diverses zones de la ville palatine. Elle partait de la porte du Vin, passait par la mosquée, le *hammam* et d'autres éléments comme cet appentis, pour mener finalement à la partie supérieure de la médina.

❷ Médina supérieure

Sur la zone la plus élevée de la colline, qui porte le nom de Secano, s'est consolidé à l'époque nasride un quartier populaire artisanal composé d'un véritable entrelacs de maisons, ateliers et ruelles semblable à celui de toutes les villes d'Afrique du Nord. Actuellement, il ne reste de cet ancien quartier que quelques vestiges archéologiques qui nous dévoilent peu à peu une partie de son passé.

❸ Secano

Au XIXème siècle, toute la zone de l'Alhambra située sur les hauteurs est connue sous le nom de Secano, après que l'armée française de Napoléon a ravagé l'enceinte lors de son retrait. Au fil du XXème siècle, le secteur a été réhabilité par les fouilles et la consolidation des vestiges archéologiques ainsi que par l'aménagement de jardins et d'une promenade permettant l'accès au Generalife.

❹ Tannerie

Dans les années 30, on a découvert les restes archéologiques d'une usine consacrée à la tannerie. Elle se situait à côté du Canal royal, afin de pouvoir en utiliser le débit d'eau.

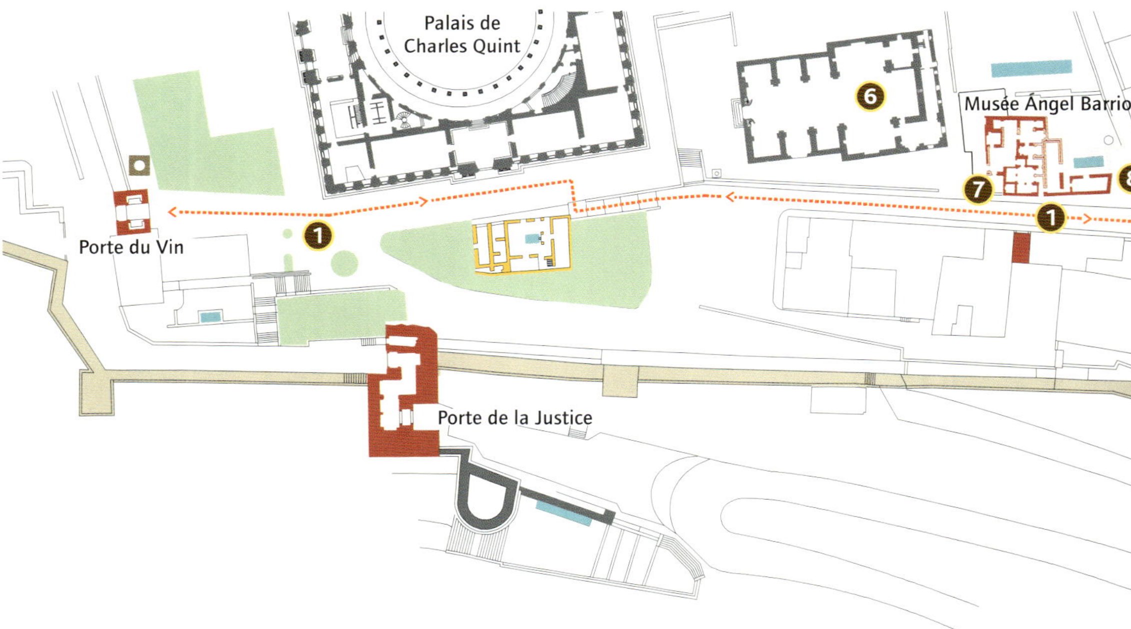

❶ Calle Real Alta
❷ Medina Supérieure
❸ Secano
❹ Tannerie
❺ Deux maisons nasrides
❻ Santa María de la Alhambra
❼ Bains de mosquée
❽ Maison nasride

Sens de la visite

Muraille
Architecture nasride
Restes archéologiques
Architecture chrétienne
Jardinas

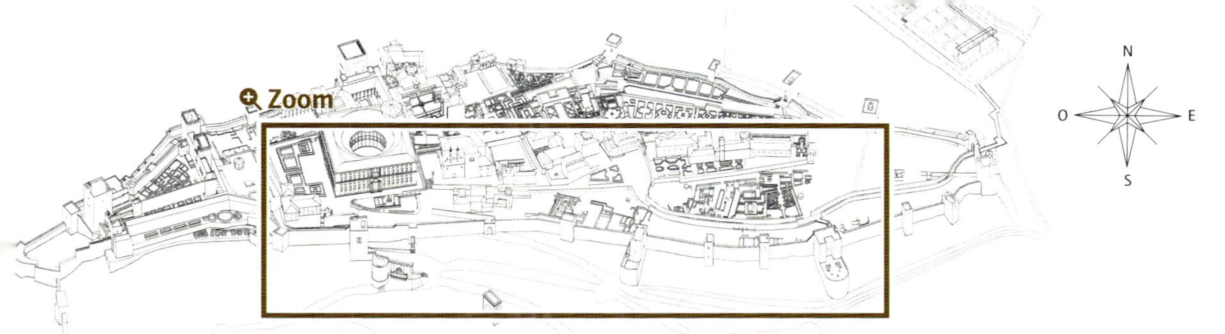

❺ Deux maisons nasrides

À la même époque à laquelle on a découvert la tannerie et pas loin de celle-ci, apparurent les restes de deux maisons nasrides dont la forme est similaire à celle des palais, l'une d'entre elles avec une cour et un bassin en son centre ainsi que des pièces ouvrant sur la cour.

❻ Santa María de l'Alhambra

Construite entre 1581 et 1618 sur le terrain ayant accueilli auparavant la mosquée de la période nasride, c'est une église à nef centrale, dotée de chapelles latérales et d'un retable principal baroque présidé par l'image de la Virgen de las Angustias (Notre Dame des Angoisses)

❼ Bains de la mosquée

Comme toutes les mosquées islamiques, celle de l'Alhambra possédait aussi son propre *hammam* doté de toutes les installations nécessaires. Bien qu'ayant été détruits au XVIème siècle, on a pu les reconstruire en partie grâce aux vestiges conservés.

❽ Maison nasride

À proximité des bains de la mosquée, se trouve, relativement bien conservée, une noble demeure nasride avec une cour intérieure ponctuée d'un bassin et ornée de plâtreries sur les murs.

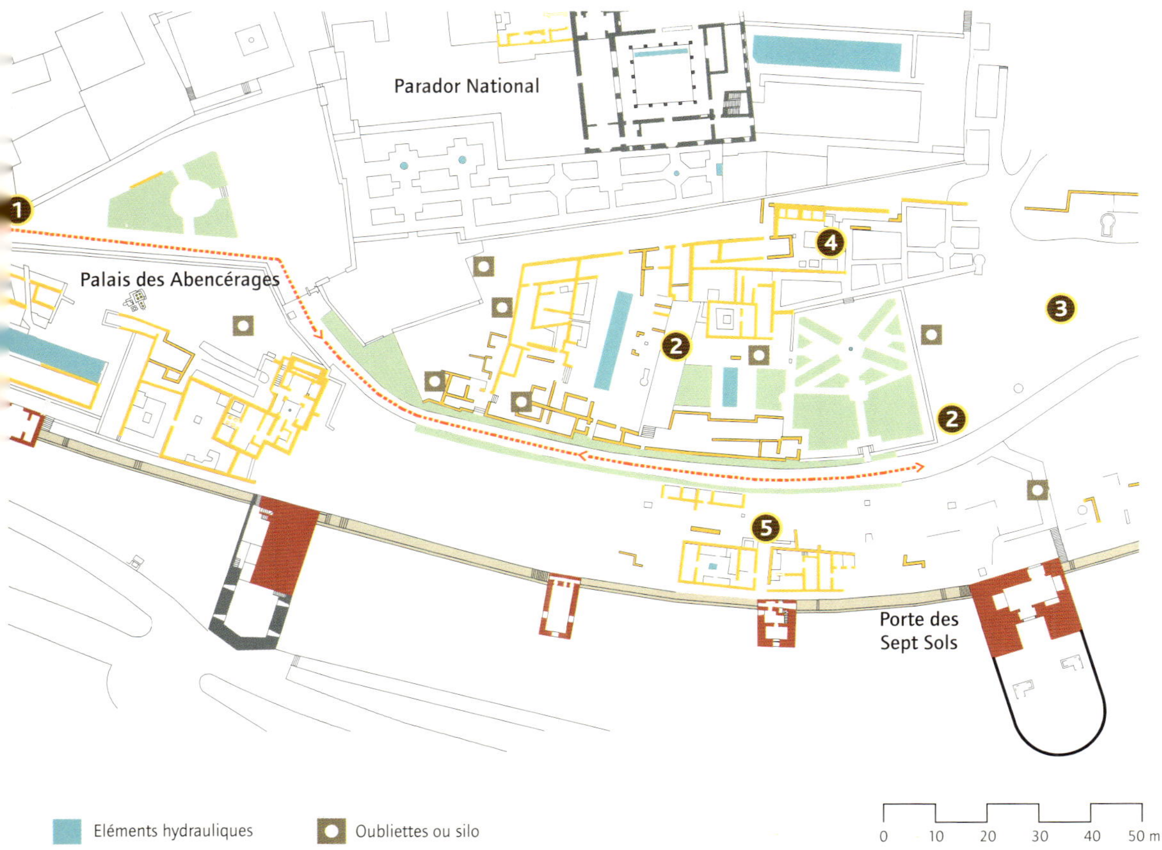

Photographie aérienne de la haute Alhambra l'espace principal de la médina

lui fournissait le terrain pour mieux dominer la ville. La connexion de la *Dar al-Sultan* avec son enceinte militaire de protection et la traditionnelle communication avec Grenade se faisaient à travers le premier tracé de la calle Real Baja, du moins jusqu'aux premières années du XIVème siècle lorsque le sultan Mohammed III établit les premiers éléments de la configuration urbaine de l'Alhambra. Il érigea la porte du Vin, au moins sa façade ouest et en fit l'entrée principale de la médina, d'où partait la calle Real Alta. On attribue à ce même sultan, quelques 100 mètres plus haut, la mosquée et le *hammam* contigu, qui tracent le profil de la rue et son occupation territoriale.

Il est probable que le tracé de la rue ait été conditionné par le Canal royal ou du Sultan qui, lorsque l'on entre depuis le côté est par la zone haute dans l'enceinte entourée de remparts, descend jusqu'à la porte du Vin. La calle Real Alta suit grosso modo aujourd'hui son tracé original et l'on suppose qu'elle se prolongeait vers l'est. Les études archéologiques effectuées permettent d'apprécier une certaine hiérarchisation de son parcours. Sur son côté septentrional, elle présente une série d'installations successives de nature semi-publique : la mosquée, un *hammam* et un logement les jouxtant, ainsi que des vestiges de bâtiments intégrés dans d'autres constructions modernes, actuellement utilisées comme services du monument – logement et restauration ou petits commerces. C'est là que se trouvent les bureaux du Patronato de la Alhambra.

Le côté méridional de la rue, à partir de la porte du Vin, présente des bâtiments de type résidentiel intégrés dans d'autres plus modernes ou répartis sur toute la reconstruction urbaine du secteur. Ont été conservés les vestiges archéologiques d'une maison nasride découverte en 1922 face à la façade sud du palais de Charles Quint et présentant diverses pièces entourant une cour axée sur un bassin. Cette zone a subi de nombreuses transformations

À la moitié de la calle Real Alta se trouve un appentis de l'époque nasride conservé de nos jours

Façade reconstruite d'une maison nasride près du *hammam* de la mosquée

depuis le premier tiers du XVIème siècle, lorsqu'elle a été aplanie pour faciliter l'acheminement des matériaux qui serviraient à la construction du palais impérial.

Ensuite, face à la mosquée, aujourd'hui église de Santa María de la Alhambra, on rencontre plusieurs constructions importantes récupérées au fil de travaux amorcées à partir de la moitié du XXème siècle. Entre le bâtiment principal, dont les fondations pourraient coïncider avec les fondations médiévales, on peut aussi observer certains éléments urbains, perpendiculaires à la calle Real et d'autres rues secondaires qui affichent encore une partie de leur parcours, ou un curieux appentis qui présente toujours un petit arc pointu revêtu de brique en son intérieur.

À la fin du parcours actuel de la rue, on arrive à la porte du couvent de San Francisco, aujourd'hui reconverti en Parador National de Tourisme, devant une place aménagée en jardins sous laquelle on a retrouvé en 1963 les vestiges d'une maison nasride, avec son petit *hammam*, son bassin, ses platebandes aménagées et ses riches dallages qui prolongeaient la trame urbaine de la rue. Sur le terrain contigu se trouvent les restes du palais des Abencérages, objet de diverses fouilles archéologiques depuis le début du XXème siècle. À proximité du couvent franciscain, construit sur un palais nasride, ils forment une croisée urbaine qui laissait supposer que la rue continuait vers le sud-est en direction de la porte des Sept Sols, au fil d'un parcours qui est de nos jours une promenade archéologique dans la haute Alhambra. La vue panoramique de la Sierra Nevada que l'on contemple de ce point est excellente panoramique, entre les cyprès taillés en forme d'arcatures, tracés dans les années trente du siècle dernier sur le rempart du secteur pour simuler à l'aide de la végétation les façades donnant sur la rue des bâtiments disparus et pouvoir accéder aux vestiges archéologiques de la zone et aux jardins contigus.

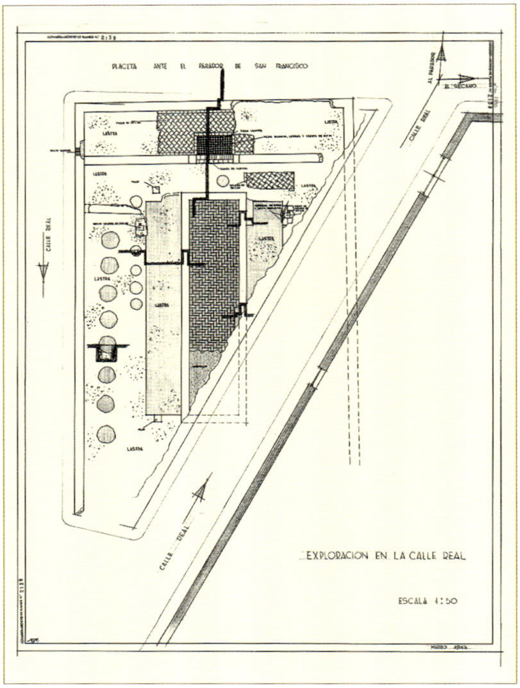

Tracé réalisé en 1963 d'une importante maison nasride de la calle Real dont les restes se trouvent aujourd'hui sous le jardin situé face au Parador. Archives de l'Alhambra

L'architecte Leopoldo Torres Balbás a récupéré une partie de la voierie de la médina et planté sur les bords de la rue des rangées de cyprès simulant des façades. Au fond, vue de la Sierra Nevada

La médina supérieure

La médina supérieure, située dans la zone portant le nom de Secano, fut probablement à l'époque nasride l'espace de population artisanale le plus important de la ville palatine, un quartier plus populaire comparé à d'autres zones de constructions plus vastes et riches de par leurs vestiges décoratifs.

De la trame de rues, ateliers et ruelles médiévales, dont la typologie est la même que celle des quartiers de nombreuses villes d'Afrique du Nord, l'Alhambra conserve un petit nombre de constructions que les adaptations chrétiennes ont transformées jusqu'à les faire disparaître, les masquant par des bâtiments aux usages bien différents et destinés à une population qui répondait à une culture distincte, qui effaça peu à peu entièrement leur aspect médiéval.

Outre la tannerie, il est possible d'identifier dans le quartier plusieurs industries potières parmi les restes de moufle, de fours et de vastes entrepôts exempts d'ornements, qui témoignent de l'usage donné aux entrepôts ou aux ateliers. Parmi eux, il conviendrait de rappeler l'importance qu'avait l'artisanat de la soie dans la Grenade nasride, qui aurait pu disposer parfaitement d'un atelier uniquement consacré aux besoins de la cour. En ce sens, on peut citer également l'éventuelle existence d'un hôtel de la monnaie nasride qui survivrait à l'époque chrétienne dans ce secteur : auprès des vestiges du palais des Abencérages on a retrouvé une pièce de monnaie datant probablement de l'époque de Mohammed XIII, de faible titre du fait de l'époque d'instabilité à laquelle elle a été frappée, sur le côté de laquelle on peut lire ce qui suit : « bi-hamrá' Garnata », c'est-à-dire « dans l'Alhambra de Grenade ». Cette pièce se trouve au Musée de l'Alhambra.

Le Secano

Pratiquement toute la haute Alhambra a sombré dans la seconde moitié du XIXème siècle dans un

La médina supérieure de l'Alhambra constitue une promenade où la végétation s'intègre aux divers vestiges de bâtiments, principalement des industries et artisanats palatins

profond état d'abandon comme conséquence des explosions provoquées par les troupes napoléoniennes lors de leur retrait en 1812, ce qui explique que la zone porte le nom de « Secano » (terrain non irrigué, banc de sable). Au cours du premier tiers du xxème siècle commencèrent les fouilles archéologiques, la consolidation des vestiges et la plantation de jardins et dans les années soixante, fut établie la connexion entre l'Alhambra et le Generalife par cette zone, qui fut alors urbanisée. Diverses structures parmi les fragments de pavés, canalisations et murs ont été identifiées.

Le Secano

La médina de l'Alhambra, sur sa partie haute, a été très fortement transformée par ses nouveaux maîtres chrétiens après la conquête. Plusieurs siècles plus tard, après le retrait des troupes napoléoniennes de l'occupation en 1812 et de leurs bombardements d'artillerie, tout ce secteur a sombré dans l'abandon et a été transformé en un terrain en friches qui reçut le moderne nom de « el Secano ». Au milieu du xxème siècle, débuta un programme archéologique de déblayage et consolidation de toute la zone qui s'acheva dans les années soixante avec la conception d'une promenade au cœur des jardins et qui fait, actuellement, le lien avec le Generalife. Archives de l'Alhambra

Parmi les restes découverts dans la médina, on a retrouvé une tannerie, soit une industrie consacrée au travail des peaux, pour approvisionnement de la cour nasride

Sur la partie la plus élevée, on a retrouvé un bâtiment qui, de par son extension, a été considéré comme étant une maison importante ou peut-être un palais ; il occupe le terrain situé entre le palais de San Francisco et l'allée de cyprès taillés en forme d'arcature. Le noyau principal est constitué par le grand bassin qui ponctue le centre d'une cour allongée, autour de laquelle sont réparties les pièces. L'actuelle pergola, élevée par rapport au niveau où se situent les restes muraux, indique la possible existence d'un corridor ou d'une rue perpendiculaire, où se serait trouvé l'accès. Devant, sont apparues les bases d'un portique ou pavillon avancé sur la cour. À l'autre extrémité du bassin, différents vestiges muraux semblent indiquer la présence d'un *hammam* privé. Tous les vestiges datés de l'étape nasride semblent masqués entre des murs ressemblants mais datant d'une époque postérieure, ce qui prouve qu'ils ont été réutilisés à l'époque chrétienne ; une partie des fours et autres structures hydrauliques que l'on voit au milieu des jardins pourraient dater de l'étape postérieure à la conquête ou avoir alors été réutilisés.

Tannerie

Vers l'est, à un niveau légèrement inférieur, au cours des années 1930, fut découverte la structure d'une tannerie médiévale, c'est-à-dire une zone d'industries consacrées au travail des peaux pour des usages divers, travail artisanal extrêmement répandu dans l'al-Andalus. Les vestiges du bâtiment conservé à l'Alhambra sont de dimensions réduites comparé aux tanneries que l'on trouve en Afrique du Nord ; les industries artisanales, situées dans cette partie de la médina supérieure, fournissaient exclusivement la cour du sultanat. La tannerie était située près du Canal royal pour pouvoir exploiter son grand débit d'eau, indispensable à ce type d'activité. Une cour à ciel ouvert marque le centre du bâtiment. Plusieurs pièces et deux galeries sur des piliers de brique

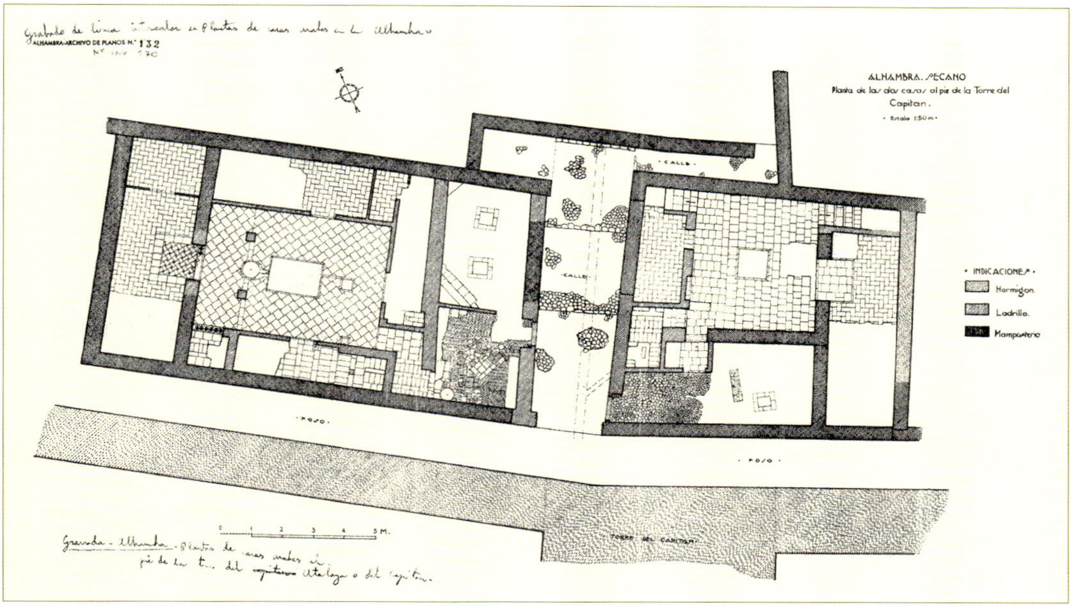

Tracé de deux maisons nasrides situées en face de la tour du Capitaine, en dessous de la promenade des Cyprès et rue centrale dessinées par Leopoldo Torres Balbás au cours de son étape à la tête de l'Alhambra, entre 1923 et 1936. Archives de l'Alhambra

ouvrent sur cette cour. Divers bassins, de tailles et de profondeurs variables et deux jarres constituent les éléments nécessaires pour tremper et travailler le cuir. Au sol, on peut voir différents orifices de registre pour la distribution de l'eau dans les bassins, qui conservent leurs canalisations et voies d'écoulements. On trouve autour d'autres pièces de service, entre autres des latrines et d'autres constructions datant peut-être de plus tard.

Deux maisons nasrides

À proximité de la tannerie, mais à un niveau inférieur, à proximité du tronçon de rempart méridional de l'enceinte, on peut identifier les vestiges de deux maisons nasrides, déblayées entre 1932 et 1933. On y accède par une rue perpendiculaire en forte pente qui part de la face interne du chemin de Ronda, à la hauteur de la tour du Capitaine.

La maison située à l'ouest se compose d'une série de pièces autour de la traditionnelle cour rectangulaire, au centre de laquelle est installé un petit bassin au rebord vitrifié de couleur verte. On accède à la maison par une porte à mouchettes et d'un jambage en pierre et un distributeur dallé avec des briques posées de côté. À l'entrée, indépendante des pièces, se trouvent une petite écurie et les restes de deux mangeoires. Par un couloir en coude, l'on accède à la cour, sur laquelle donnent les alcôves et sur laquelle avance un portique sur pilastres qui indique certainement la pièce principale, sur le seuil central de laquelle se trouve une petite fontaine que le bassin devait arroser. On conserve une partie des dalles en terre cuite originales ; certaines présentent de petits éclats de verre blanc, vert et noir. Parmi les restes des murs de la maison, on a trouvé des latrines très abîmées et ce qui semble être le début d'un escalier menant à l'étage supérieur.

L'autre maison, située à l'est de la rue, est plus modeste et bâtie avec des matériels plus modestes. Sa porte d'entrée, située à l'extrémité inférieure de la rue, conserve ses mouchettes originales. Elle ouvre sur un vestibule dallé de pierres, au fond duquel se trouve, comme pour la maison voisine, une petite écurie dotée d'une mangeoire dont la fermeture qui l'isolait de l'entrée n'existe plus.

On entre alors dans une cour carrée par une petite chambre contiguë au vestibule et à l'entrée

Maison nasride déblayée entre 1932 et 1933 dans une des rues secondaires. Comme il était habituel, les pièces ouvrent sur une cour centrale

de latrines. Au centre de la cour, les vestiges d'un carré indiquent l'endroit où se trouvait un bassin qui, de par ses dimensions réduites, a pu être remplacé par une vasque ou peut-être une fontaine. De la cour, partent deux escaliers menant à un étage supérieur dont les dalles originales ont été conservées ; les autres appartements, très irréguliers, ont un dallage fait en partie de plaques d'argile. La pièce principale de la maison semble se trouver du côté oriental de la cour, car sur le dallage se trouve conservée l'*almatraya*, sans dallage vitrifié. Ces deux maisons prouvent l'importance du lieu dans l'Alhambra médiévale. Le long de la calle de Ronda ou calle del Foso, d'autres constructions de ce type sont toujours inexplorées. Ce sont pour la plupart des constructions domestiques et des éléments de la structure urbaine de l'Alhambra, qui n'en restent pas moins importantes pour connaître le passé de celle-ci même si elles ont été bâties avec des matériels plus modestes ou se trouvent moins bien conservées que le reste.

La mosquée de l'Alhambra

Sa principale description est due au grand travail réalisé entre les années 1923 et 1936 par celui qui était alors l'architecte de l'Alhambra, Leopoldo Torres Balbás, bien que l'exploration du terrain ait eu lieu auparavant grâce à son prédécesseur, Modesto Cendoya. Les travaux partirent des recherches menées à la fin du XIXème siècle par Manuel Gómez-Moreno. Son axe central se trouve sous le côté sud de l'actuelle église de Santa María de la Alhambra et elle est dûment orientée vers le sud-est. Ce n'est qu'alors que purent être explorés plus en détail les vestiges retrouvés dans le sous-sol vers l'extérieur de l'église. Cela dit, grâce à un vieux plan de Juan de Orea, il fut possible de délimiter celui qui était probablement le périmètre original de la mosquée, à savoir : vers l'extérieur de l'église, au sous-sol, se dressait probablement un tiers de ce que devait être le bâtiment, où devait se trouver le mur de la *qibla* et la base du *mihrab*. D'après ce document, le côté méridional de l'ancienne mosquée était presque parallèle au côté de la calle Real, aujourd'hui profilé par un parapet qui annule la différence de hauteur entre la rue et le terrain

Rue de la médina

Des principales rues de l'Alhambra partaient une multitude de ruelles, impasses, passages et appentis, en général secondaires, mais qui en constituaient la trame urbaine. Le déblayage des deux maisons nasrides près de la tour du Capitaine (sur l'image) permit de récupérer une partie du tracé de l'une d'entre elles, qui reliait la calle de Ronda à la médina. Il reste encore à découvrir de nombreux vestiges que les fouilles archéologiques successives dévoileront pour donner une idée plus précise de ce que fut l'Alhambra.

de l'église. Selon cette description, la mosquée devait avoir trois nefs, séparées par trois arcs de la *qibla*, sur des colonnes de près de deux mètres de haut, « dont six en jaspe et deux en marbre blanc, outre les bases et chapiteaux semblables dans leur décoration aux chapiteaux califaux ». La nef centrale, plus large que les nefs latérales, devait se distinguer en hauteur et être couverte d'un toit horizontal fait de planches en entrelacs couvert par une fausse structure à tirants. Les nefs latérales étaient couvertes, d'après Torres Balbás, par des structures à suspension, tandis que sur le toit, il devait y avoir de grandes tuiles vitrifiées. Le minaret de la mosquée, haut et ceint, était vraisemblablement situé à l'extrémité occidentale. Selon cette description, le bâtiment devait ressembler à celui de l'oratoire de la Médersa almohade de Tremecén. Le polygraphe du XIVème siècle Ibn al-Khatib souligne que Mohammed III (1302-1309) fit construire la mosquée de l'Alhambra à la fin de son mandat. En 1492, avec la conquête chrétienne, elle fut transformée en église et devint siège épiscopal tandis que le voisin couvent de San Francisco était érigé. Son importance étant alors réduite à celle d'une simple église, à la fin du XVIème siècle, elle se trouvait pratiquement en ruines et quelques travaux de consolidation furent exécutés pour éviter qu'elle ne s'écroule. Mais l'inévitable effondrement se produisit en octobre 1576 et la construction d'une nouvelle église dut alors débuter.

De modestes vestiges décoratifs du bâtiment musulman sont restés en place. Le plus significatif est une lampe en bronze qui appartint au cardinal Cisneros, dont la décoration épigraphique permet de dater la terminaison de la mosquée à 1305. Elle se trouve actuellement au Musée Archéologique National de Madrid et il en existe une réplique au Musée de l'Alhambra.

Les vestiges conservés de la mosquée de l'Alhambra sont rares. L'un d'entre eux est la lampe du Musée Archéologique National de Madrid, dont la réplique se trouve au Musée de l'Alhambra

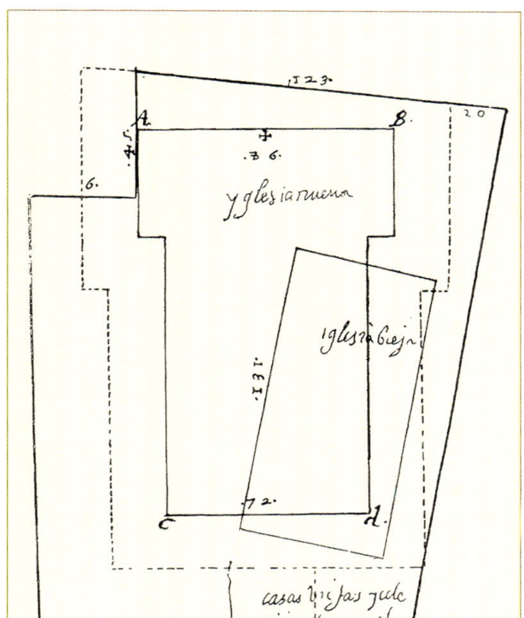

Extrait d'un plan tracé par Juan de Orea aux environs de 1580 avec l'emplacement de la nouvelle église de l'Alhambra et la situation de la mosquée, cette dernière dessinée par Juan de Herrera. Archives de la Chapelle Royale de Granada

AÑO
·1·6·1·7·

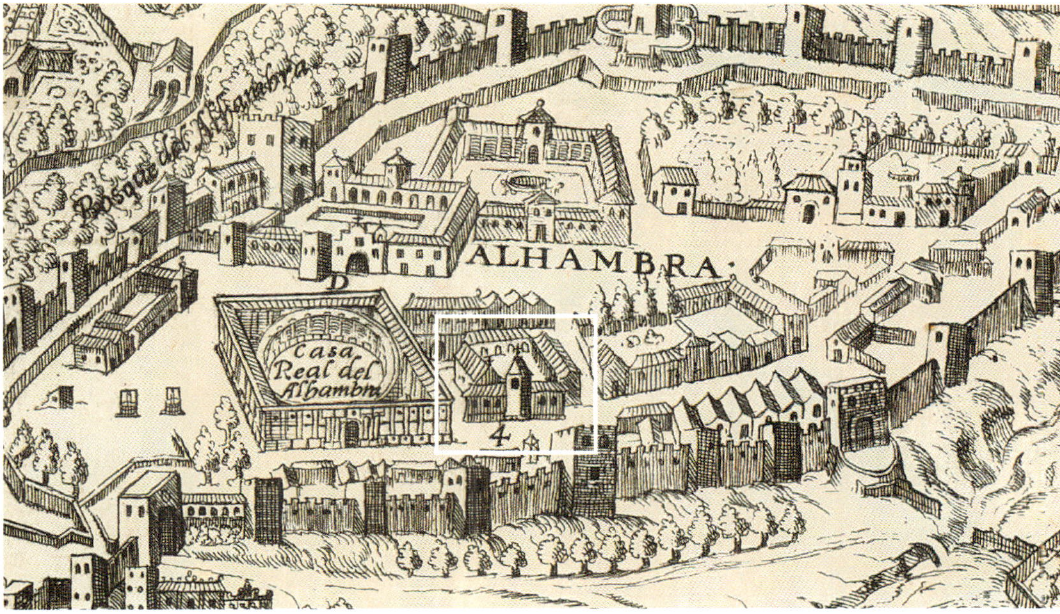

Détail de la *Plateforme* d'Ambrosio Vico avec la représentation de la mosquée, aux alentours de 1614. Bibliothèque de l Alhambra

Santa María de l'Alhambra

Le temple chrétien a été construit entre 1581 et 1618 avec les adaptations de l'architecte Ambrosio Vico faites à partir des esquisses de Juan de Herrera et Juan de Orea. Sa nef est flanquée de chapelles latérales qui font ressortir le retable principal baroque aux grandes colonnes torses qui date de 1671 et abrite l'image titulaire, la Virgen de las Angustias, de Torcuato Ruiz del Peral, taillée entre 1750 et 1760. On citera aussi le Crucifié et les grandes images des saintes Ursula et Susana, du sculpteur Alonso de Mena. La populaire image de la Vierge est transportée en procession chaque année lors de la Semaine Sainte sur l'un des plus beaux trônes grenadins, qui reproduit en argent repoussé les arcatures de la cour des Lions. Federico García Lorca fut membre de cette confrérie.

Bains de la mosquée

Les bains de vapeur ou *hammam* constituent l'un des éléments caractéristiques de la culture islamique. Leur usage purificateur suppose la grande ablution, préalable à la prière, ce qui fait qu'il est fréquent de rencontrer des bains aux alentours des mosquées, voire même parfois en leur sein. De nombreux bains publics s'y trouvent incorporés pour leur soutien.

Mais l'utilisation des bains ne répond pas seulement à une fonction purificatrice de nature religieuse ; les bains sont aussi un espace pour l'hygiène et fréquemment un lieu de rencontre sociale. Des propriétés salutaires sont attribuées à l'établissement du bain du fait de son atmosphère chaleureuse qui permet la transpiration par la sueur et la toilette par l'alternance d'eau froide et d'eau chaude.

Ces bains, dont l'entrée était à l'origine dans la calle Real, ont été construits pour les usagers de la mosquée qui occupait le terrain contigu, où se trouve aujourd'hui l'église de Santa María de la Alhambra. Masqués entre les murs d'une maison construite entre le XVIIème et le XVIIIème siècle, ils furent restaurés à partir de 1934. Bien que leur

Autel principal de l'église Santa María de l'Alhambra

Deux images de l'intérieur du *hammam* situé près de la mosquée

effondrement soit daté de 1534 environ, on trouve des témoignages suffisants de leur reconstruction, comme la racine des voûtes, la lanterne, des fragments de carreaux de faïence, des plâtreries et une partie du sol de marbre. De la structure qu'il reste des bains, on peut distinguer plusieurs pièces : la salle de repos ou *bayt al-maslaj*, avec sa lanterne centrale et une disposition semblable à celle des bains de Comares, sans oublier les *mastabas* ou terrasses surélevées et séparées par des arcs doubles en fer à cheval ; la salle froide, ou *bayt al-barid*, de transition, présente une voûte en hémicycle ; la salle chaude ou *bayt al-sajun*, à la forme rectangulaire, avec des alcôves latérales et qui actuellement continue de présenter une vasque unique même s'il est probable qu'il y en

Musée Ángel Barrios

Consacré au compositeur et guitariste grenadin Ángel Barrios (1882-1964), il fut créé en 1975 à l'initiative du Patronato de la Alhambra et grâce à la donation faite par sa fille, Ángela Barrios. Il se trouve à côté de l'église Santa María de la Alhambra, dans le petit bâtiment également connu sous le nom de « el baño del Polinario ». Ses trois salles modestes exposent des peintures de la collection particulière du musicien, signées et dédicacées par ses amis et membres des *tertulias* qui y avaient lieu, sans oublier des objets personnels tels que sa correspondance avec des écrivains comme Antonio Machado ou Federico García Lorca, diverses partitions musicales originales et d'autres documents d'intellectuels de l'époque qui passaient par l'Alhambra et faisaient une halte à la taverne que tenait le père du musicien, connu sous le nom de « el Polinario ». La visite du musée est comprise dans l'entrée générale et dans l'entrée aux jardins. Sur l'image, portrait d'Ángel Barrios par Manuel Ángeles Ortiz.

Cour de la maison nasride de la calle Real située près des bains de la mosquée

avait une autre par le passé, où se trouve une moderne colonne d'eau ; enfin, l'espace de la chaudière, *al-burma*, était vraisemblablement dans une zone parallèle, adossée à l'arrière de la salle chaude, probablement près d'un bûcher, avec une entrée indépendante du reste des bains.

Datant, de même que la mosquée aujourd'hui disparue, de l'époque du sultan Mohammed III (1302-1309), ils ont subi de profondes transformations à partir du XVIème siècle.

Musée Ángel Barrios

Au XIXème siècle, les bains faisaient partie de la structure de l'une des tavernes du quartier, connue sous le nom de « Casa del Polinario ». C'était un lieu de rencontre pour les intellectuels et les artistes de l'époque qui, après avoir visité l'Alhambra, venaient s'y reposer. Le propriétaire, Antonio Barrios, populairement connu comme « Polinario », guitariste polyvalent et grand amateur de flamenco, était le père du musicien et compositeur Ángel Barrios. C'est pourquoi les bains partagent aujourd'hui les lieux avec un petit espace muséographique consacré au musicien et à son époque.

Maison près des bains

Près des bains de la mosquée, y étant intégrée par le mur de la façade donnant sur la calle Real, se trouve une partie d'une noble demeure nasride, dotée d'une cour intérieure présentant un bassin et dont la façade conserve une bonne partie des plâtreries décoratives d'origine. Au sud, s'ouvre une pièce donnant sur la cour. L'entrée du bâtiment n'existe plus, mais actuellement elle partage le vestibule d'entrée aux bains, ce qui fait que l'historiographie l'a considérée partie de sa structure.

Derrière la cour de la maison, se trouvent quelques vestiges imprécis de fondations de ce qui était probablement le prolongement du bâtiment. Près du terrain qu'occupent les deux bâtiments, dans le potager portant le nom de Huerta de Santa María, il existe un grand bassin dont l'orientation est la même que celle des bains et de la mosquée, ce qui fait que peut-être faisait-il partie de l'ensemble.

Plan archéologique de l'Alhambra nasride

Ce plan, élaboré par le Service de Conservation du PAG, a été réalisé à partir des documents obtenus au cours des dernières décennies de recherches archéologiques à l'Alhambra. Pour le tracer, on a éliminé les bâtiments et éléments urbains postérieurs au XVème siècle, ce qui permet d'avoir une idée plus précise de ce que fut la ville palatine nasride, telle que l'archéologie le documente.

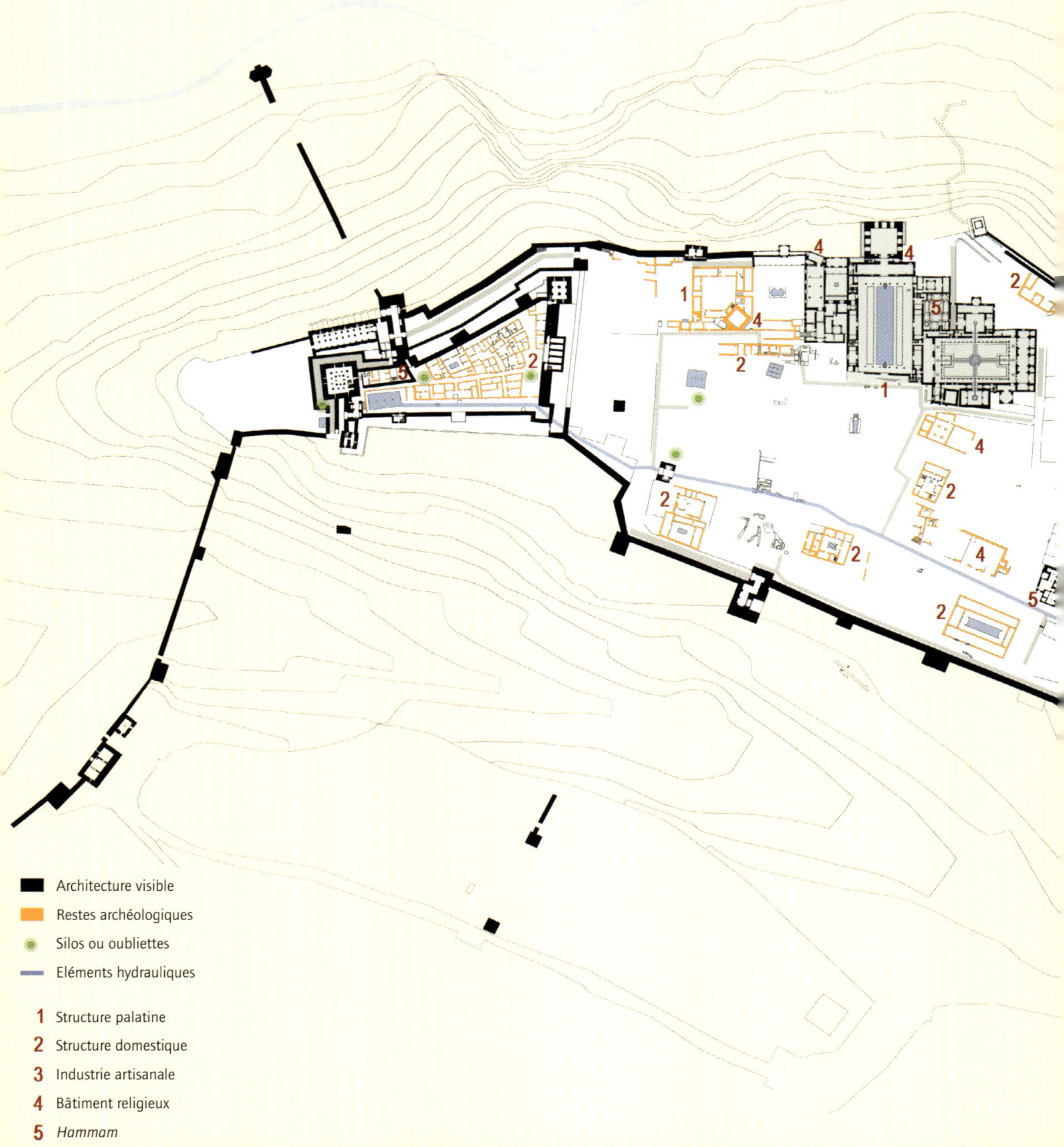

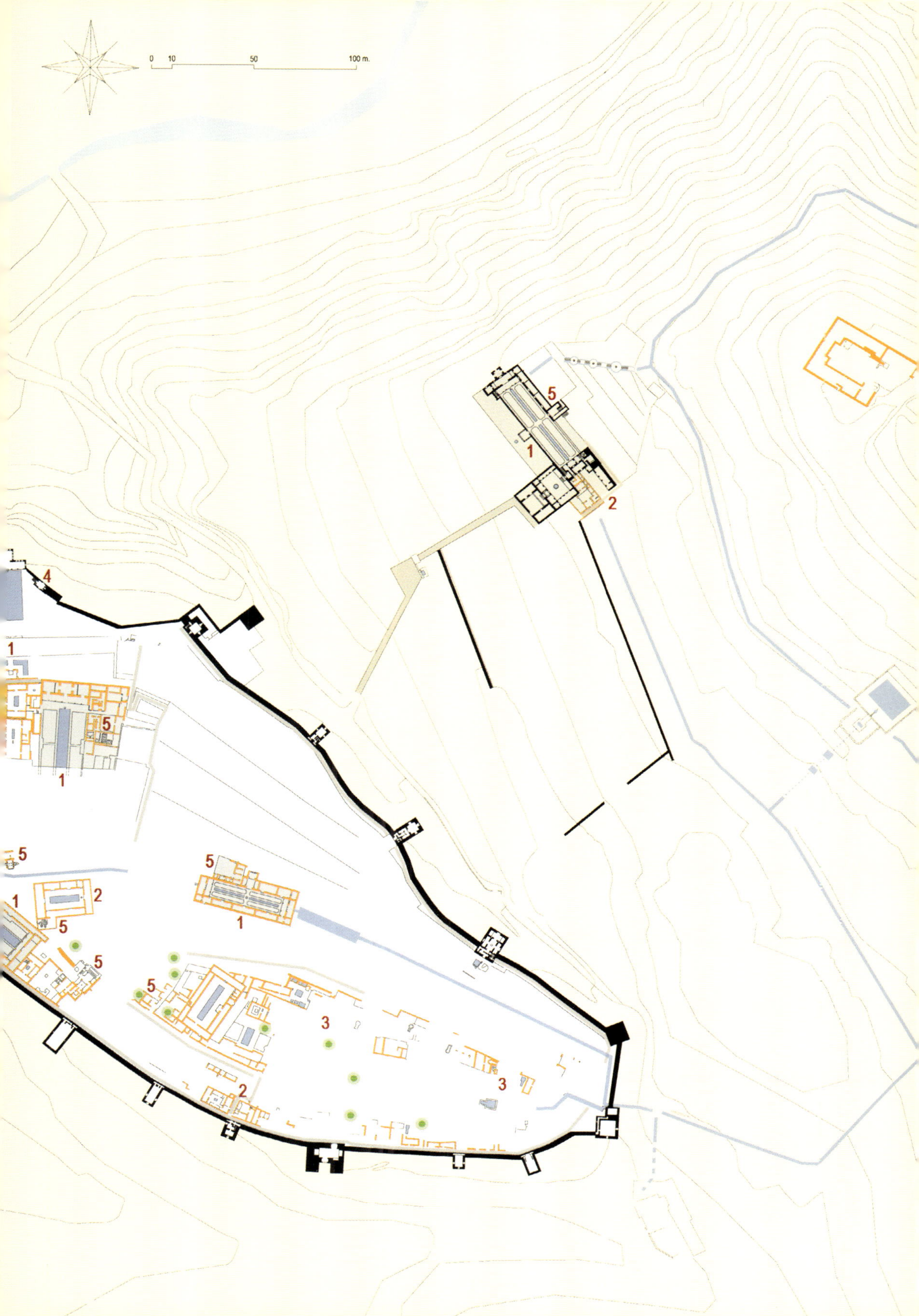

0
10
50
100 m.
1
2
3
4
5

10 Le Generalife

À l'extérieur des remparts qui entourent l'Alhambra, côté est, sur le versant de la colline qui porte le nom de Cerro del Sol, se trouve le Generalife, propriété de plaisance des sultans nasrides, également utilisée pour l'exploitation agricole. À la période médiévale, on dénombrait au moins quatre potagers et la résidence est un palais que le vizir Ibn al-Yayyab appela le Palais Royal du Bonheur. Le rapport entre l'Alhambra et ce potager a toujours été étroit : le sort de l'une est étroitement lié au sort de l'autre.

Les sultans nasrides disposaient de grandes propriétés ou grands potagers répartis sur tout leur territoire. Un potager était une propriété de nature foncière, dont le but était essentiellement l'exploitation agricole et donc, l'élevage, sur laquelle il y avait toujours un logement, demeure noble ou pavillon de repos. Lorsque la propriété était très importante et vaste, elle possédait en outre un appentis pour les colons ou ouvriers ; ce modèle a débouché en Andalousie sur de multiples variantes, comme les closeaux, les fermes ou les maisons de campagne. Le potager du Generalife est le plus proche de la ville palatine de l'Alhambra et c'est peut-être pour cela qu'il est le plus important. Au cours de la période médiévale, le Generalife possédait au moins quatre grands potagers et un vaste bâtiment qui, plus qu'une résidence, est un palais que le poète vizir Ibn al-Yayyab nomme dans ses décorations épigraphiques en arabe comme *Dar al-Mamlaka al-Sa'ída*, le Palais Royal du Bonheur. Toute la propriété est irriguée par le Canal du Roi ou du Sultan, qui arrose également l'Alhambra.

La relation entre les deux enceintes a toujours été étroite, de sorte que l'on ne peut entendre le sort de l'une sans le complément de l'autre. Même actuellement, l'organisme responsable de leur conservation se nomme précisément Patronato de la Alhambra y Generalife.

Le *Yannat al-Arif* ou « jardin de l'architecte », de même que les espaces palatins de l'Alhambra, est le fruit des modifications et ajouts apportés par les différents sultans. De par ses ornements les plus anciens, le palais dut être construit à la fin du XIIIème siècle par le deuxième sultan de la dynastie nasride, Mohammed II (1273-1302), puis réformé par Ismaïl Ier après 1319 et comme dans toute l'Alhambra, on peut trouver trace des interventions dues à Mohammed V, le grand bâtisseur. Celui-ci se trouvait justement dans le Generalife quand on le prévint de l'existence d'un complot pour l'assassiner. C'est grâce à cela qu'il pu s'enfuir. Enfin, au XVème siècle, Youssouf III réalisa les dernières transformations dans le secteur sud du palais.

Situé au pied d'un promontoire montagneux connu sous le nom de Cerro del Sol, le Generalife est séparé de l'Alhambra par un précipice et constitue une enceinte indépendante, mais sa visite est conjointe à celle de l'Alhambra.

Litige judiciaire lié à la propriété du terrain

En 1492, lorsque les Rois Catholiques prirent possession de la ville, ils se réservèrent les espaces les plus remarquables de l'Alhambra et distribuèrent le reste entre les nobles de la cour, les chefs de l'armée, les membres du clergé et les soldats, en général. Il en alla de même concernant le potager du Generalife. Après sa cession à plusieurs commandeurs du royaume, en 1539, il est transmis par dot matrimoniale à don Pedro de Granada Venegas, membre d'une illustre famille de Maures convertis, liée depuis longtemps à la dynastie nasride elle-même. Par le biais de décrets royaux, Philippe II d'Espagne octroie à ses héritiers en décembre 1555 le gouvernement à vie du Generalife et la propriété du terrain. La Couronne n'exerça jamais ses droits de propriété,

Cour du Canal au palais du Generalife

Le Generalife

Il s'agit d'une maison de campagne ou propriété rustique palatine que fit construire Mohammed II à la fin du XIIIème siècle, en dehors de l'enceinte entourée de remparts, mais si proche que l'on peut s'y rendre à pied. Située dans une zone plus élevée que l'Alhambra, le Generalife se trouve entouré de potagers où l'on continue actuellement de cultiver selon les méthodes agricoles traditionnelles, qui ont été transmises de génération en génération. Son palais, construit sur différents niveaux pour pouvoir s'adapter au terrain et entouré de jardins et de canaux, était le lieu où les sultans nasrides se retiraient pour se reposer.

❶ Jardins Nouveaux

Dans la zone reliant l'Alhambra au Generalife, depuis 1930, ont été aménagés des jardins pour faciliter le passage par les potagers entre une enceinte et l'autre. C'est aussi ici que se trouve le théâtre en plein air où a lieu depuis 1952 le Festival International de Musique et de Danse de Grenade.

❷ Les jardins potagers

Outre le fait d'être une propriété de plaisance, le Generalife était destiné à la production agricole pour la consommation de la cour. On y cultivait des produits potagers, des arbres fruitiers et on entretenait les prairies pour le bétail. L'étude des espèces qui sont toujours cultivées actuellement dans ces jardins potagers est intéressante.

❸ Palais du Generalife

Dénommé le Palais Royal du Bonheur par le vizir Ibn al-Yayyab, sa structure est semblable à celle d'autres palais nasrides de l'Alhambra. Il se compose d'une grande cour rectangulaire munie d'un canal flanqué de jardins, sur les côtés mineurs duquel se dressent des portiques pourvus d'arcatures donnât accès aux pièces palatines.

❹ Cour du Canal

C'est une cour en croisée arborant des parterres aménagés sur les côtés, présidée par un canal longitudinal par lequel passe le Canal royal et munie de jets d'eau croisés qui lui octroient une image singulière. C'était initialement une cour fermée mais un couloir-mirador dans son mur ouest a été ouvert, donnant sur l'Alhambra.

❺ Pavillon Sud

Situé sur l'un des côtés mineurs de la cour, ce bâtiment à deux étages a été fortement transformé depuis sa première disposition. Le rez-de-chaussée présente une façade à sept embrasures. La partie centrale de l'étage supérieur a été transformée en mirador donnant sur la cour.

❻ Cour du Cyprès de la Sultane

De sa disposition initiale, il ne reste que le point d'eau du Canal royal et un tronçon de son parcours vers le palais. Ses premiers propriétaires Maures tentèrent d'éliminer l'aspect nasride de la cour et installèrent un étang en forme de U avec plus de trente jets d'eau et jardins découpés.

Zoom

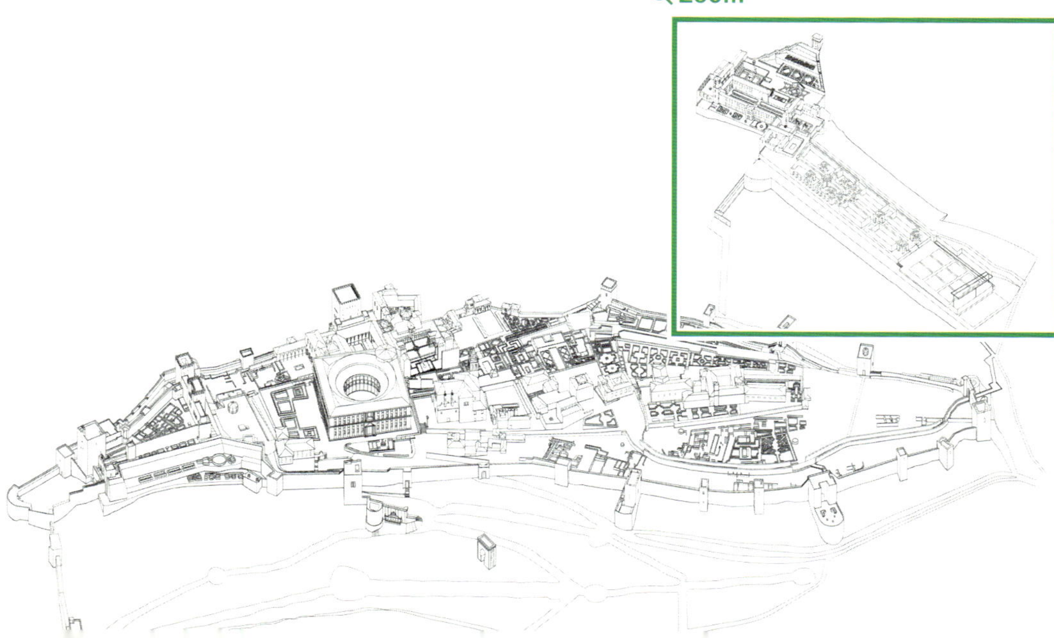

❼ Jardins supérieurs

Face à la galerie qui ferme le côté nord de la cour du Cyprès de la Sultane, au XIXème siècle on a aménagée et distribué en terrasses une vaste zone escarpée qui constitue la limite de la propriété du Generalife. Actuellement, ces jardins de style romantique jouissent de vues panoramiques privilégiées sur le cadre environnant.

❽ Escalier de l'Eau

C'est l'un des éléments les plus spéciaux et les plus extraordinaires de l'enceinte, un escalier de quatre tronçons avec trois plateaux intermédiaires dont la rampe est un muret présentant des canaux sur la partie supérieure, ce qui permet le passage de l'eau provenant du Canal Royal.

❾ Maison des Amis

C'est un bâtiment dont il ne reste que quelques vestiges, contigu au palais et communiquant avec le pavillon Sud. Il s'agit d'un logement distribué autour de deux cours situées à des niveaux différents. On l'appelle ainsi à cause de sa ressemblance avec la description d'un texte du XIVème siècle qui suggère qu'il faut construire une maison pour les amis.

❿ Promenade des Lauriers-roses

C'est un agréable chemin bordé de végétation qui passe par la zone haute du Generalife. Au fil du parcours, on trouve des cyprès centenaires, les lauriers-roses qui lui donnent son nom et surtout des myrtes, considérée espèce patrimoniale de l'Alhambra et cultivée au Generalife depuis l'époque médiévale.

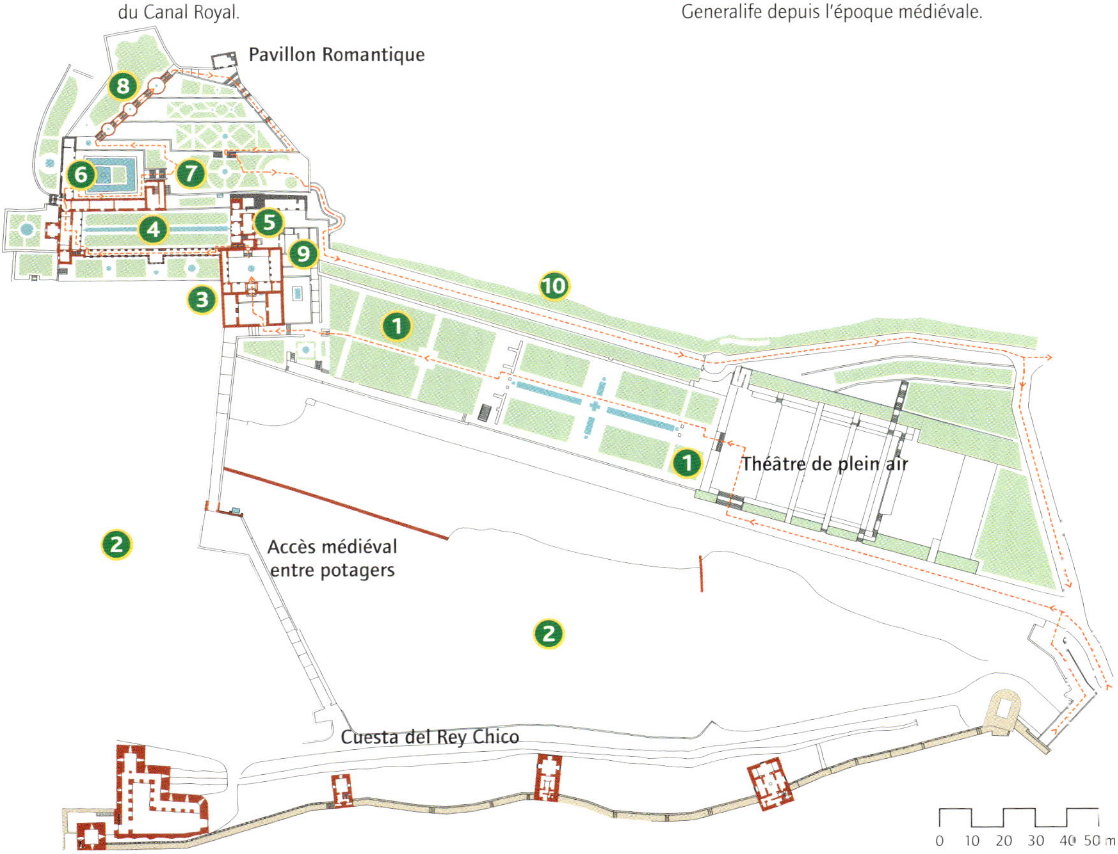

- ❶ Jardins Nouveaux
- ❷ Les potagers
- ❸ Palais du Generalife
- ❹ Cour du Canal
- ❺ Pavillon Sud
- ❻ Cour du Cyprès de la Sultane
- ❼ Jardins supérieurs
- ❽ Escalier de l'Eau
- ❾ Maison des Amis
- ❿ Promenade des Lauriers-roses

Sens de la visite

Muraille · Architecture nasride · Architecture chrétienne · Jardins · Eléments hydrauliques

Vue de la propriété du Generalife depuis l'Alhambra

entendant qu'elle n'avait cédé l'usage du palais et de ses annexes que dans le cadre de la juridiction du gouvernement, jusqu'à ce qu'en 1826 le responsable du patrimoine privé du roi Ferdinand VII engage une procédure légale connue sous le nom de *Pleito del Generalife*, soit le Procès du Generalife. Ce fut une affaire qui dura près d'un siècle et qui opposa l'État espagnol aux héritiers de la lignée Granada-Venegas, les marquis de Campotéjar, à qui revenait la propriété du Generalife et son gouvernement, comme conséquence des mariages et successions des maisons italiennes des Durazzo et Pallavicini, auxquels appartenait le titre, qui était aussi lié au début de la procédure et pendant toute sa durée à la lignée des Grimaldi.

Au bout de 95 ans d'innombrables procédures et appels, l'affaire se termine le 2 octobre 1921 par un accord extrajudiciaire, qui établissait l'incorporation du Generalife au patrimoine national et unifiait sa gestion avec celle de l'Alhambra à travers un *Patronato*.

Au fil de l'histoire, sont passés par cette propriété des autorités et personnages distingués qui ont contribué à forger sa légende mauresque : l'ambassadeur vénitien Andrea Navaggero en 1526, le botaniste Carolus Clusius en 1564, le fabuliste Ginés Pérez de Hita en 1595, le diplomate et écrivain François Bertaut en 1659, l'architecte anglais James C. Murphy au début du XIXème siècle, les écrivains romantiques français

Théophile Gautier et Alexandre Dumas, ou encore le peintre valencien Joaquín Sorolla au début du xxème siècle, le poète Juan Ramón Jiménez, Prix Nobel de Littérature en 1956, qui écrivit l'une des pages les plus lyriques du Generalife, comprise dans son œuvre « Oublis de Grenade », où il montre clairement sa fascination pour cet espace lorsqu'au début de l'été 1924 il le visita en compagnie de sa femme Zenobia Camprubí invités par des membres des familles de Federico García Lorca et de Manuel de Falla.

La visite de ce secteur du Complexe Monumental commence dans les Jardins Nouveaux du Generalife.

Les Jardins Nouveaux

Depuis l'incorporation du Generalife à l'Alhambra, les conservateurs du monument planifièrent une stratégie de connexion entre les deux enceintes, par le biais de jardins qui entretinrent une relation formelle entre les deux et adoucirent le passage par les potagers de façon intégrée à la nature. Ainsi, dans une partie du potager le plus proche, qu'occupait une ancienne oliveraie, furent aménagés des jardins dans les années 30 et 50 du siècle passé. Ces jardins ont élargi le patrimoine du complexe en termes de paysage. La séquence que l'on contemple lors de la visite du Generalife est la suivante : le théâtre de plein air le jardin du canal et le labyrinthe de la roseraie, dont le parcours jusqu'à atteindre la résidence palatine nasride permet d'observer depuis en haut et selon divers angles, une partie des potagers médiévaux de la propriété, l'Alhambra et la ville de Grenade se déployant en toile de fond.

Le théâtre de plein air fut situé au milieu des jardins en 1952 pour le Festival International de Musique et de Danse de Grenade qui se tient chaque année au début de l'été. Récemment, il a été remodelé pour pouvoir accueillir d'autres spectacles théâtraux et représentations scéniques, rouvrant ses portes en juillet 2005 à l'occasion de la 54ème édition du Festival.

Théâtre en plein air dans les Jardins Nouveaux du Generalife

Le jardin immédiat fut bâti en 1951 par l'architecte Francisco Prieto Moreno, sur la base des jardins de croisée d'inspiration néo-islamique, entre des murs végétaux de cyprès, avec un bassin central, des fontaines et une pergola donnant sur le paysage de l'Alhambra, ainsi que d'autres arbres et arbustes ornementaux. Le labyrinthe de la roseraie, développé par la suite parmi des parterres ornés de fleurs de saison, fut projeté en 1931 par l'architecte Leopoldo Torres Balbás comme l'antichambre des bâtiments palatins du Generalife.

Pour mieux comprendre le contexte dans lequel s'inscrivent ces jardins et le rapport intelligent entre l'architecture et le paysage environnant, il est intéressant de regarder de plus près le « Manifeste de l'Alhambra », document théorique élaboré en 1953 par un groupe exquis d'architectes et d'experts bons connaisseurs du patrimoine.

Les jardins potagers

Depuis le XIVème siècle et jusqu'à nos jours, le Generalife est resté dans ses jardins potagers une exploitation agricole par le biais de techniques traditionnelles appliquées et transmises sans interruption au fil du temps. Ceci lui confère une valeur anthropologique ajoutée sur le plan historique et artistique, qui fait du Generalife une enceinte exceptionnelle jouissant d'un patrimoine culturel resté pratiquement intact au fil des siècles, chose réellement insolite à notre époque.

Le nom même du Generalife, jardin potager ou jardin de l'architecte, indique l'objectif auquel les nasrides voulaient destiner leur potager : une exploitation agricole axée sur la culture de produits horticoles et d'arbres fruitiers ainsi que sur les terrains de pacage pour les troupeaux choisis. C'est pourquoi ils donnaient à la résidence de plaisance ou repos le nom de palais du Bonheur. Cette dernière est aussi entourée de jardins et le même terme est employé pour désigner l'ensemble de la propriété, suivant cette dualité si caractéristique de la culture islamique. Le potager, extramuros de la ville de l'Alhambra, était parcouru dans le sens longitudinal par le Canal royal qui, grâce à une série de bassins et autres dispositifs hydrauliques, permettait d'entretenir les vastes jardins potagers, les nombreux arbres fruitiers et ornementaux situés aux alentours du palais, sans oublier les jardins privés de son intérieur. Il est probable qu'à la fin du XIIIème siècle, plusieurs kilomètres avant son entrée dans le Generalife, le canal se divisait en une branche au débit moins important, le canal du Tercio, pour arroser une plus grande superficie de culture. La propriété est clôturée sur une bonne partie de son périmètre et du fait de sa situation sur un terrain en pente, elle se trouve organisée en terrasses en escaliers grâce à de grands murs de soutènement qui perdurent encore après plus de sept siècles depuis leur construction.

Les jardins potagers du Generalife

Bien qu'étant une propriété de plaisance, en raison de son caractère foncier, de la possibilité de l'arroser et du besoin de produits de consommation, sur les versants existants entre les remparts de l'Alhambra et le palais de Generalife, les terres furent cultivées pour l'exploitation agricole. Ces potagers ont été labourés selon le même système de culture depuis le XIVème siècle et jusqu'à maintenant, car au fil des générations, les techniques traditionnelles employées à l'époque des sultans ont été transmises de père en fils. Il est également intéressant d'étudier les espèces cultivées et leur origine. De plus, les murs de pisé d'origine des terrasses en escaliers ont été conservés presque sans aucune altération.

Fontaine centrale et canal des Jardins Nouveaux

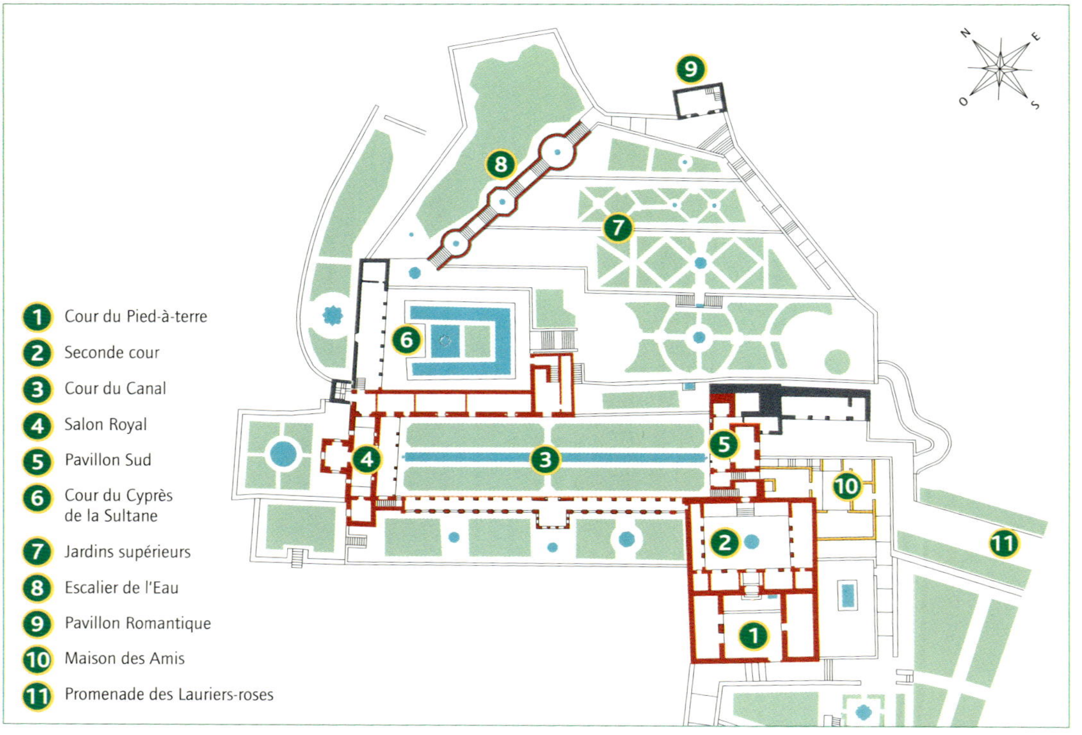

Plan du palais du Generalife

Les édifications se situent sur la partie haute de la propriété, au bord du versant qui descend, escarpé, jusqu'à la rivière Darro. Le canal irriguait une vaste superficie de plus de sept hectares de jardins potagers, dont nous sont parvenus les noms Grand, Coloré, Mercerie et Fuente Peña et qui, plus ou moins intensément, n'ont jamais cessé d'être cultivés depuis l'époque médiévale. On y trouve, de même que sur les autres terrains environnants, pour l'approvisionnement de la cour sans une dépendance importante d'autres marchés, les espèces horticoles et fruitières qui y étaient cultivées tout au long de l'année et dont la liste figure ci-après. Les variétés introduites ou étendues de façon importante par l'Islam à al-Andalus sont suivies d'une * :

Légumes verts et secs : bettes, épinards*, poireaux, carottes, choux, choux-fleurs, artichauts*, fèves, laitues, radis, aubergines, courges, courgettes, concombres, oignons, haricots, pastèques*, melons**, etc.

Arbres fruitiers à chair : grenadier*, figuier, vigne, olivier, pommier, poirier, cognassier, kaki, mûrier blanc*, néflier, azerolier, jujubier, arbousier, abricotier, pêcher*, cerisier, prunier, citronnier**, etc.

Arbres fruitiers secs : noisetier, noyer, amandier*, pin pignon etc.

Aromates et condiments : basilic, origan fenouil, pouliot, menthe, thym, cumin, coriandre, mélisse, absinthe etc.

Accès

Le potager du Generalife possédait au Moyen Âge plusieurs entrées extérieures. L'une d'entre elles se distingue des autres car elle supposait la communication directe avec l'Alhambra à travers le précipice qui les sépare : il s'agit de ladite cuesta del Rey Chico. Ce chemin escarpé a conservé son parcours d'origine sur deux tronçons, sur lesquels donnent plusieurs portes d'accès aux potagers, avec une cour intermédiaire dotée d'un abreuvoir. Il commence face au bastion de la porte de Fer, au pied de la tour des Pointes et

Accès au palais du Generalife entre les jardins potagers

Façade de séparation entre les deux cours d'accès

monte entre les potagers, protégé par de hauts murs, jusqu'à atteindre la grande porte d'entrée du bâtiment, celui-là même par lequel commence aujourd'hui la visite du palais.

Palais du Generalife

On accède à l'intérieur de ce palais par le biais de deux cours successives, occupant des niveaux différents, ce qui rappelle la zone palatine de l'Alhambra, avec ses deux cours préalables au Mexuar. La première d'entre elles, de par son utilisation, est connue sous le nom de cour du Pied-à-terre ou des Écuries. Elle dispose sur son périmètre de bancs qui devaient servir pour descendre de cheval, lorsque l'on arrivait à cet endroit par les jardins potagers ; c'est pour cela que les coursives qui clôturaient la cour au nord et au sud servaient probablement d'étables au rez-de-chaussée et de logement ou grenier à foin à l'étage. Des documents de 1580 citent déjà des travaux dans les bâtiments, qui durent arriver au XIXème siècle dans un état déplorable, accentué par le fait que le passage par cet accès ait été abandonné au profit du nouveau, par la promenade de la partie supérieure. Avec l'incorporation de la propriété à l'État, à partir du premier tiers du XXème siècle, des travaux d'exploration et de consolidation eurent lieu et permirent de récupérer, entre autres, le pilier et une grande partie de la façade principale. Celle-ci se trouve au centre de la façade, soulignée par un premier gradin et par un abaissement qui encadre l'arc dont la clé de voûte conserve les restes céramiques de la traditionnelle clé et de la peinture murale d'origine, imitant les morceaux de brique rouge lacérés de blanc. La porte, qui possède à l'intérieur des bancs pour la garde et au dessus une chambre avec fenêtre, sûrement pour le contrôle et la défense de l'entrée, compense le dénivelé que présente une deuxième cour. Celle-ci présente des portiques et une fontaine centrale et mène par un escalier escarpé vers une façade encadrée de pièces de marbre et un linteau céramique, qui reprend le

Galerie et portique nord de la cour du Canal

À l'origine, la cour du Canal du Generalife se trouvait fermée par un mur pour préserver l'intimité de ce singulier espace, considéré comme un « paradis clos ». Cela dit, sur le mur ouest a été construit vers l'extérieur un pavillon ouvert sur les jardins potagers offrant des vues exceptionnelles. Vers l'intérieur, un petit morceau de la façade d'origine, plus haute que le reste, est conservé, arborant une grande partie de ses plâtreries médiévales.

La modification la plus radicale de ce côté de la cour a eu lieu à la fin du XVème siècle, lorsque tout ce mur latéral a été rabaissé et que lui a été ajouté par l'extérieur un couloir ouvert sur toute la longueur qui transforma complètement le jardin médiéval fermé en un belvédère donnant sur le paysage. Sur l'image, on peut observer qu'un petit tronçon de la disposition médiévale du mur, à sa jonction avec le portique nord de la cour, a été conservé..

motif de la clé et indique l'entrée principale de la résidence. Ensuite, un petit vestibule sombre avec un banc pour la garde sert de point de départ à un escalier étroit et escarpé conduisant à l'intérieur du palais ; cette disposition rappelle aussi l'accès en coude du palais nasride de Comares, mettant en relief le plus que probable enracinement d'un rituel préétabli : vestibule sans plus d'ouvertures que la porte elle-même, avec des sièges pour un corps de garde, un passage en angle et ascendant, une embouchure à ciel ouvert sur la cour ou le jardin, comme est exactement l'entrée au Generalife.

Cour du Canal

On arrive à la cour du Canal ou de la Ria, comme on l'appelait au XIXème siècle, par le côté. Il s'agit d'un espace allongé, que traverse sur son axe principal le Canal royal ou du Sultan, qui en fait une cour en croisée, ornée de quatre parterres orthogonaux, au niveau inférieur des parapets périmétriques qui le bordent. Sa disposition d'origine a été découverte et récupérée comme conséquence d'un incendie fortuit survenu en 1958, qui affecta les logements situés au nord. Immédiatement après avoir déblayé la cour,

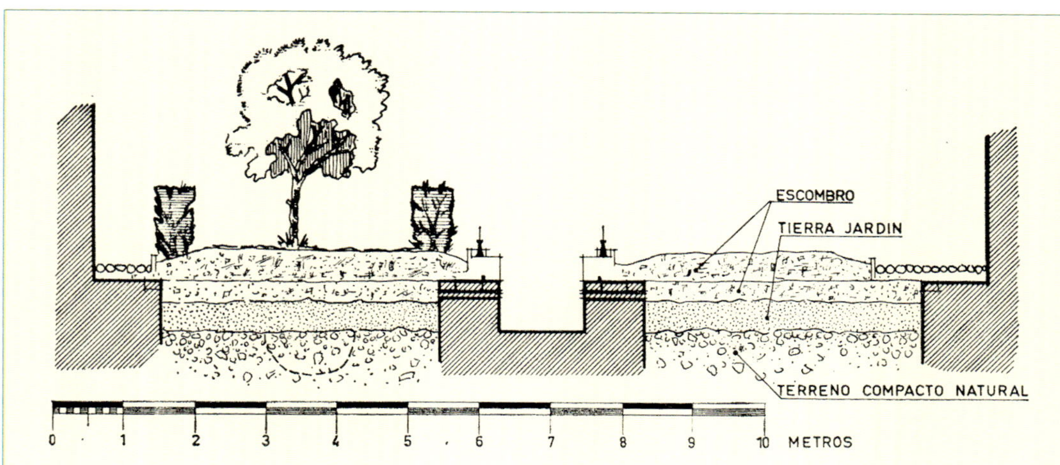

Section du jardin de la cour du Canal, qui permet d'identifier les niveaux de remblayage découverts lors des fouilles réalisées suite à l'incendie de 1958. Archives de l'Alhambra

Cour du Canal et pavillon nord du palais

Pavillon central du palais avec vues sur les jardins potagers

apparut un rond-point dans l'axe des quatre jardins d'origine, qui étaient irrigués par des jets de terre et de plomb encastrés dans les murs qui ceignent le canal, par lesquels l'eau entrait en faisant monter le niveau du canal pour inonder les parterres. Récemment, les jardins ont été restaurés, une analyse des pollens et du substrat végétal a été réalisée, ainsi que les études comparatives sur l'agronomie médiévale. Ceci a déterminé la disposition actuelle : haies de myrte sur les bords, sur un pré fleuri au fond avec des espèces de petite taille (rosiers et aromates), plantes décoratives (laurier, lierre et jasmin) ainsi que des arbres fruitiers (grenadiers et orangers).

Le système hydraulique médiéval a été modernisé à une date imprécise, par le biais des asperseurs croisés qui ont rendu si populaire la cour, dont l'image a été immortalisée sur les gravures romantiques et avec la généralisation de la photographie à partir du XIXème siècle.

La cour du Canal nasride ne donnait pas sur le paysage, que l'on ne pouvait admirer que depuis le petit pavillon mirador situé dans l'axe. Dans ce pavillon, les fenêtres possèdent un rebord très bas pour pouvoir observer le panorama tout en étant assis par terre, comme c'était la coutume dans la culture islamique à ce moment-là. La décoration intérieure présente une curieuse superposition de plâtreries, témoignage d'une rénovation réalisée dès le premier tiers du XIVème siècle et découverte lors du démontage de la chapelle qui s'y trouvait lorsque le Generalife fut intégré au domaine public.

Un haut mur couronné d'un long auvent fermait tout ce front latéral de la cour, l'ensemble étant rabaissé à l'exception des extrémités, laissant voir une partie de la décoration originale. L'étroit couloir qui le précède a été ajouté à l'époque chrétienne, comme on peut le déduire des emblèmes des Rois Catholiques peints sur l'intrados des arcs qui furent ouverts dans le mur, transformant ce qui fut une

Couloir ouvert le long de la cour du Canal qui donne sur l'Alhambra

oasis intérieure en un jardin mirador. Sous la galerie de la cour, se trouve le Jardin Inférieur, en terrasse, avec ses fontaines hexagonales et ses haies de myrte et qu'Andrea Navaggero décrivit comme « une prairie parfaitement égalée », confirmant ainsi son ancienneté. Il y eut des adaptations aux XVIème et XIXème siècle.

De l'autre côté principal de la cour, on peut voir deux logements et un jardin en hauteur, avec un passage intermédiaire entre les deux, en axe avec la croisée. Les premiers, très touchés par l'incendie de 1958, disposaient d'un rez-de-chaussée et d'un étage supérieur et arboraient une distribution semblable à celles existant au Palais de Comares de l'Alhambra ; au cours des travaux de restauration qui ont fait suite à l'incendie, a été découvert un escalier descendant à un niveau inférieur qui, en analogie avec d'autres enceintes similaires, fit penser qu'il s'agissait de l'accès à un *hammam* ou bain de vapeur.

L'aspect de cette cour a changé au fil de l'histoire, s'adaptant aux us et coutumes de l'*ars topiaria* ou art jardinier, de nombreux dessins, gravures et photographies illustrant l'évolution enregistrée ayant été conservés et dont l'on peut distinguer le développement du travail architectural grâce aux allées de cyprès.

Salon Royal

Au niveau du chevet de la cour, comme cela est caractéristique de l'architecture nasride, se trouve la structure principale de la résidence autour du salon Royal qui est précédé d'un portique à cinq arcs, celui du centre étant le principal. Cette galerie, couverte par des caissons surmontés de lanternons octogonaux symétriques, possède à ses extrémités les – également traditionnels – *alhamis*, légèrement surélevés, plus semblables de par leur taille à des placards. Le portique et le salon communiquent par un triple arc muni de colonnes et de chapiteaux de muqarnas exécutés en plâtre et dans le gros des murs latéraux se trouvent les habituelles

Détail de la superposition de plâtreries de deux étapes différentes au pavillon central

Sur le côté nord de la cour du Canal, comme dans d'autres palais de l'Alhambra, domine un portique à cinq arcs et muni d'alcôves sur les côtés, qui précède le salon Royal et le mirador d'Ismaïl Ier. De même qu'à beaucoup d'autres endroits de l'Alhambra, ici s'imposent la décoration de plâtreries, les muqarnas et les *taqas* et selon la coutume, chaque sultan apportait des modifications aux palais pour les restaurer ou pour les adapter à ses goûts ou besoins.

Pavillon intérieur de la tour d'Ismaïl

Pavillon Sud du palais du Generalife

taqas, dans ce cas de forme rectangulaire. La partie supérieure de la *taqa* de gauche comprend l'inscription épigraphique en écriture coufique suivante : « Entre avec prudence, exprime le savoir, sois avare en mots et sors en paix ». L'axe de la coursive se trouve excentré par rapport à celui de la cour, probablement comme conséquence des modifications introduites au cours de la seconde moitié du XIVème siècle, même si la transformation principale de ce secteur – l'ajout d'une tour mirador au centre, prolongeant le grand salon, selon la mode traditionnelle, en forme de T inversé – fut réalisée par le sultan Ismaïl Ier, après la victoire des troupes nasrides sur les castillanes le 26 juin 1319. Cette bataille, connue sous le nom de bataille de la Vega ou de Sierra Elvira, a été transcendantale pour la survie de l'État nasride et elle fut considérée par les historiens arabes comme un grand triomphe de l'Islam sur la chrétienté malgré la différence de nombre entre les troupes musulmanes et les troupes chrétiennes, ces dernières étant plus nombreuses ; au cours de cette bataille moururent les infants don Juan et don Pedro, tuteurs du roi Alphonse XI.

Le salon Royal est couvert d'une magnifique structure à linteaux qui semble reposer sur une corniche de muqarnas saillant sur tout son périmètre. Comme cela est habituel, les alcôves latérales élargissent la pièce par les extrémités, avec la particularité que ses arcs de division sur piliers et demi-colonnes ne vont pas jusqu'au sol, peut-être pour indiquer la hauteur de l'estrade correspondante. Le bâtiment médiéval s'est vu ajouter la structure d'un étage supérieur, élargi par les Rois Catholiques en 1494 et une vaste galerie ouverte qui a modifié tout l'ensemble, lui conférant son image architecturale actuelle. Cette transformation a supposé l'annulation du pavillon mirador qui se détachait à l'extrémité ouest au dessus des autres toits, solution qui a été fréquemment employée dans l'architecture nasride, comme on peut le voir, entre autres, sur le portique du Partal à l'Alhambra.

Intérieur du salon Royal du palais

Pavillon Sud

Le front contraire de la cour, connu sous le nom de pavillon Sud, se trouve fortement transformé suite à différentes adaptations. Sa façade présente au rez-de-chaussée une composition symétrique à sept embrasures, avec en son centre un portique ou pavillon, qui à l'origine arborait peut-être un seul arc symétrique au pavillon frontal, aujourd'hui divisé en trois, par des colonnes réutilisées avec des chapiteaux disproportionnés qui pourraient provenir du *hammam* du palais, aujourd'hui disparu. Les embrasures qui le flanquent menaient aux constructions de la partie postérieure, tandis que les extrémités correspondent aux portes qui donnaient accès aux escaliers, l'un montant aux étages supérieurs et l'autre descendant dans les cours d'entrée par lesquelles on accède aujourd'hui au palais. Le pavillon central dut disposer d'un corps de logis semblable aux deux que l'on trouve au palais des Lions à l'Alhambra. Il fut transformé au cours du premier tiers du XXème siècle en mirador ouvert sur la cour, prolongeant la vaste salle de l'étage supérieur, résultat de la modification ajoutée au début XVème siècle sous l'étape du sultan Youssouf III.

Cour du Cyprès de la Sultane à la fin du XIXème siècle.
Photographie d'Ayola, 1863-1900

Cour du Cyprès de la Sultane

Les autres dépendances du palais se trouvent très transformées. Depuis le XVIème siècle, des adaptations ont été apportées à la propriété, pour répondre aux coûts de ses propriétaires, qui allèrent des Maures convertis aux suzerains de la Renaissance. L'on perçoit particulièrement bien ceci dans l'espace suivant, la cour du Cyprès de la Sultane, auquel on accède par un escalier récemment récupéré que les derniers travaux du XIXème siècle n'avaient pas révélé.

Théâtre d'imaginaires légendes amoureuses romancées à la fin du XVIème siècle par Ginés Pérez de Hita, la cour possède une apparence bien différente de celle qu'elle devait avoir à

Détail des vestiges de peinture murale de la cour du Cyprès de la Sultane

La cour du Cyprès de la Sultane est la zone la plus transformée du Palais du Generalife d'origine. Actuellement, elle se trouve surélevée de plus de trois mètres par rapport à son niveau le plus ancien relevé et accueille un jardin aussi différent de son voisin nasride que l'est l'architecture qui le renferme.
Le mur du corps oriental de la cour du Canal a été rénové au début du XVIIème siècle. Après l'incendie de 1958, il a été restauré et sa construction a fait apparaître deux pièces de monnaies de Philippe III, datant de 1604 et quelques vestiges de peinture murale arborant des images de genre représentant des jardins.

l'époque médiévale, dont il ne reste que la chute d'eau du Canal royal et un tronçon de son lit en direction du palais. La présence d'un débit d'eau aussi significatif à cet endroit, comme l'affirment aussi d'autres témoignages, favorise l'hypothèse selon laquelle en ce lieu devait se trouver le *hammam* du palais, qui a dû être démoli par ses nouveaux propriétaires Maures pour masquer ce signe de son passé islamique. C'est peut-être pour cela qu'ils décorèrent la cour avec un jardin et un bassin en U, muni de plus de trente jets d'eau, scène de la rencontre en 1526 du poète et traducteur catalan Juan Boscán avec l'ambassadeur vénitien Andrea Navaggero. Au nord, fermant la cour, se trouve une vaste galerie à étage en guise de tonnelle, construite entre 1584 et 1586. Le côté de la cour qui jouxte le palais nasride fut le plus endommagé par l'incendie de 1958 et sa réparation a révélé des vestiges de décoration murale, peut-être témoignage d'une modification exécutée vers 1604.

Jardins supérieurs

Face à la galerie, au XIXème siècle, une façade a été conçue avec un escalier escarpé pour monter auxdits Jardins supérieurs du Generalife, une vaste zone escarpée et divisée en terrasses en escaliers, aménagée à la mode du XIXème siècle. Sa terrasse inférieure, peut-être plantée d'arbres fruitiers, se penchait peut-être à l'origine sur la cour du Canal lui-même. Ces jardins complètent la zone résidentielle du Generalife à laquelle ils servent de limite dans leur partie la plus élevée, disposant d'une orientation et de l'une des panoramiques les plus distinguées de la propriété.

Escalier de l'Eau

Malgré les transformations, au milieu des terrasses a été conservé l'un des éléments les plus singuliers et applaudis du Generalife : l'escalier de l'Eau. Distribué sur quatre volées et présentant trois plateaux intermédiaires, l'escalier monte tranquillement sous une voûte de lauriers, entre des murs sur lesquels coulent les canaux transportant l'eau provenant du Canal royal et créant par leur bruit une ambiance de tranquillité et de méditation. L'escalier s'achève au point le plus élevé de la propriété, où en 1836 son administrateur érigea un mirador romantique, probablement sur un oratoire musulman ; ainsi, le parcours ascendant de l'escalier devait faciliter au croyant et peut-être au sultan lui-même, l'ablution rituelle et symbolique.

La zone inférieure des jardins se trouve séparée du bâtiment palatin du Generalife par une ruelle étroite, presque une tranchée, qui servit peut-être d'accès pour l'approvisionnement en combustible du *hammam*. La séparation entre la zone résidentielle et le jardin potager adjacent se

Escalier de l'Eau, de l'époque nasride, qui conduisait probablement à un oratoire

Détail du dessin d'Anton van der Wyngaerde avec représentation de la forme du palais de Generalife et l'escalier de l'Eau, 1571. Bibliothèque Nationale de Vienne

Cour de la maison des Amis au Generalife

trouve délimitée dans ces jardins par un simple pisé adapté au côté descendant du terrain, à la limite duquel se trouve la porte de la Mercerie, également appelée dans les documents anciens la porte des Moutons. Actuellement, elle mène à une esplanade contiguë au bâtiment résidentiel, qui fut exécutée à une époque postérieure pour faciliter l'arrivée des voitures à l'arrière du palais.

Maison des Amis

Devant, à un niveau inférieur, on trouve les vestiges de la maison des Amis, bâtiment contigu au palais. On l'appela ainsi en découvrant un texte original du géophone originaire d'Almería du XIVème siècle Ibn Luyun qui, dans son ouvrage *Kitab al-Filaha* (*Livre de l'Agriculture*), établit la façon dont les maisons de laboureur doivent être construites. Il décrit, avec une similitude surprenante avec le Generalife, les différentes structures que ces enceintes doivent envisager, parmi elles : « [...] sur la partie basse on construira un appartement réservé aux hôtes et aux amis, avec une porte indépendante et un petit bassin masqué par des arbres pour échapper au regard de ceux qui se trouvent en haut [...] ». Ibn Luyun fréquentait la cour nasride au cours d'une étape où le Generalife affichait déjà de profondes racines comme propriété agricole et sur les modifications duquel il eut peut-être quelque influence, car la maison des Amis a probablement été construite ou modifiée en même temps que le pavillon Sud du palais, avec lequel elle communique directement et dont la transformation date du dernier tiers du XIVème siècle. La maison des Amis s'articule autour de deux cours de niveau différent, selon une structure de logement semblable à celle des maisons nasrides de l'Alhambra. L'entrée se trouve sur le mur méridional, depuis une rue pavée en pente qui, en outre, reliait l'impasse du *hammam* avec les jardins potagers intermédiaires du Generalife.

Promenade des Lauriers-roses

La promenade des Lauriers-roses, appelée ainsi du fait de la voûte ornementale que forme cette plante grimpante qui le recouvre, fut projetée

Cour du Canal du Generalife

Certains ont prétendu que la cour du Canal est le plus ancien jardin d'Occident. Bien que les jardins qui n'ont jamais cessé de l'être soient peu nombreux, il est vrai que les goûts changeants de chaque moment ont modelé une nature aussi éphémère : arcatures de cyprès, topiaires taillés, plantes grimpantes, tonnelles, haies, tracés et espèces végétales ont muté dans la cour au fil du temps malgré une stricte géométrie. Les jets d'eau qui l'ont rendu célèbre, considérés jusqu'il y a peu comme étant de style XIXème, semblent plonger leurs racines dans les vieux jets médiévaux incrustés dans les murs du canal pour irriguer les prés fleuris qui le bordent. Photographie de Garzón, s/f. Archives de l'Alhambra.

Promenade des Lauriers-roses

comme accès direct à la zone supérieure du palais. Elle passe par l'espace ainsi créé entre la partie supérieure de l'un des grands murs qui divisent les jardins potagers et le lit du Canal royal après son passage par le palais. Ce lieu, planté de cyprès centenaires et autres arbres et arbustes, sur le bord externe de la promenade, présente un singulier spécimen botanique de grande importance patrimoniale, qui a été sur le point de disparaître mais dont la disparition put être évitée grâce à un processus de récupération particulièrement soigné. Il s'agit du myrte, dénommé au XVIème siècle *Myrtus baetica latifolia domestica*, espèce cultivée au Generalife depuis l'époque médiévale, comme les documents l'indiquent. Elle se caractérise par sa taille réduite, son écorce rougeâtre et écailleuse, sa feuille large plus grande que celle de l'espèce commune et l'intensité de son parfum. Cette promenade fait le lien avec celle des Cyprès, projetée comme prolongation de celle-ci en 1862 à l'occasion de la visite de la reine Isabelle II.

Myrtus baetica latifolia domestica

La plante la plus caractéristique de l'Alhambra est la *Myrtus comunis*, le myrte commune, terme provenant de l'arabe *al-rayhan*, qui signifie « l'aromatique », du fait de l'odeur des huiles essentielles que ses feuilles libèrent lorsqu'elles sont frottées. Sa culture comme espèce décorative est due à sa fine texture et à sa croissance rapide, à ses fleurs blanchâtres délicates et parfumées et à sa capacité à s'adapter lorsqu'on la taille en haies ou selon des formes topiaires. Parmi les variétés existantes, on mentionnera tout spécialement la *Myrtus baetica*, aux feuilles plus grandes, citée dans des textes des XVIème et XVIIème siècles et largement utilisée dans les jardins grenadins, dont il ne reste aujourd'hui que quelques rares exemplaires à l'Alhambra, dont certains centenaires. Actuellement, la récupération de cette espèce est un objectif prioritaire pour le Patronato de la Alhambra.

Myrte baetica, selon le botaniste C. Clusius dans son *Rariorum aliquot stirpium per Hispanias observaturum Historia*, 1576.

11 Le Canal du Sultan et les palais perdus

Afin d'alimenter l'Alhambra en eau, on a construit, à l'époque nasride, ce système hydraulique complexe qui acheminait l'eau du fleuve Darro situé à six kilomètres en amont. Aujourd'hui encore on peut apprécier les vestiges archéologiques de ce réseau de canalisations qui arrose le Generalife et l'Alhambra. Son emplacement médiéval original ne devait pas être très éloigné du site choisi pour la construction du barrage moderne.

Le Canal royal ou du Sultan

L'Alhambra est un ensemble qui a été conçu à une époque où l'acheminement de l'eau était essentiel. Il est probable qu'une dynastie antérieure aux Nasrides ait occupé cet emplacement et ait réalisé des constructions ainsi que des adaptations difficiles à reconnaître de nos jours. Ces dernières sont les propres d'une société segmentée dont la population s'est vraisemblablement étendue au-delà du territoire de l'Alhambra et du Generalife.

En vue de subvenir aux besoins en eau de ces deux enceintes, les Nasrides ont conçu et construit un système hydraulique complexe composé d'un vaste réseau de canalisations partant d'un point situé dans la montagne. La plus grande partie de ce système est toujours utilisée de nos jours. Il s'agit du Canal royal ou du Sultan dont le départ se trouve à six kilomètres de l'Alhambra. Le fleuve Darro est canalisé en suivant le versant de la montagne, sur la rive gauche, jusqu'à atteindre la partie haute du potager du Generalife, qu'il arrose, pour pénétrer ensuite dans l'Alhambra à travers l'aqueduc.

Le canal puise l'eau du fleuve Darro, dans les alentours du Domaine de Jesus del Valle, à 6.100 m de l'Alhambra. Le barrage actuel est moderne et bien que son emplacement ne soit pas tout à fait le même que les anciens sites référencés, il ne doit pas en être très éloigné. Il se trouve à 883 m d'altitude par rapport au niveau de la mer. Réalisé en béton, il dispose d'un déversoir de protection pour le tunnel d'approvisionnement.

Le canal d'irrigation, long de 625 m, achemine l'eau par la rive droite du fleuve jusqu'au Molino del Rey. À partir de là, l'acheminement se poursuit avec l'aqueduc qui traverse le lit et continue sa descente par le versant de la loma de la Perdiz en direction de l'Alhambra.

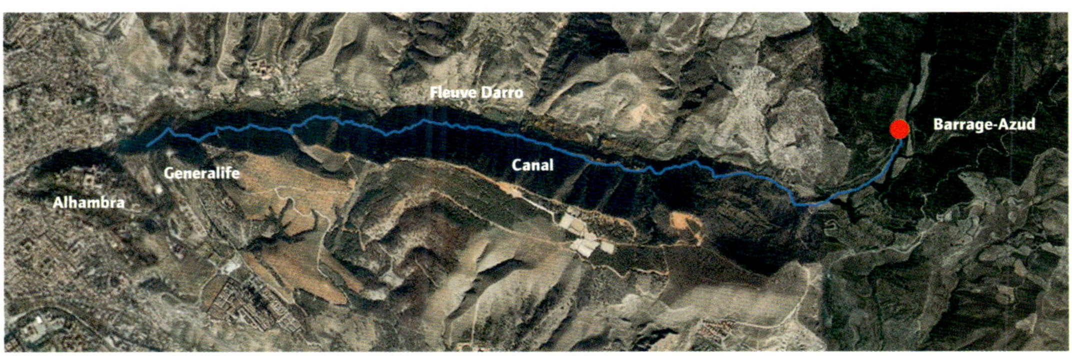

Vue aérienne du parcours du Canal royal de l'Alhambra ou du Sultan

Vue du complexe des Hauts Puits au premier plan par rapport à Grenade

Détail du barrage vidé pour nettoyage, vers 1940. Il marque le point de départ du Canal du Sultan, connu sous le nom de Jesús del Valle, en amont du fleuve Darro. Dans cette photographie prise à la suite d'une inondation, on observe le barrage qui servait à acheminer l'eau vers le Canal royal. Archives de l'Alhambra

Après 2.840 m de parcours, le canal se divise en deux branches : la première, plus en hauteur, est appelée Acequia del Tercio, la seconde, Acequia del Generalife. La branche supérieure atteint le pavillon Romantique puis poursuit son chemin pour apporter de l'eau aux Grands Bassins (Albercones) et atteindre la zone de parking de l'Alhambra après une nouvelle division vers le sud et rejoindre un autre partiteur inférieur, probablement le partiteur des Frailes.

Après la bifurcation, la branche inférieure du canal d'irrigation descend de 4,21 m. et se poursuit jusqu'au palais du Generalife en traversant la célèbre cour du Canal, puis, continuant vers l'est, jusqu'au partiteur des Frailes avant de rejoindre la branche provenant des Grands Bassins. La distance parcourue par le canal depuis le barrage jusqu'à ce point est de 5.900 m. À partir là, il continue son parcours pratiquement en ligne droite jusqu'à l'aqueduc par lequel il rentre dans l'enceinte fortifiée de l'Alhambra à côté de la tour de l'Eau.

Actuellement, seule une partie du circuit conduit de l'eau captée d'un tunnel moderne construit dans la zone du ravin de las Tinajas, approximativement à 2.000 m du barrage, pour l'acheminer jusqu'à la bifurcation. À partir de là, l'eau continue par la branche inférieure, en bien meilleur état.

De façon générale, le canal d'irrigation suit les veines du terrain avec des renforcements aux endroits soumis à l'érosion comme les ravins et les lits de torrents. Lorsque cela s'avérait nécessaire, les tronçons les plus longs étaient canalisés à l'aide de *hombrillos* ou de murs de pisé parallèles, semblables à ceux des bâtiments proches. Afin d'éviter des fuites, on appliquait aux joints un mélange de chaux vive et des restes de lin mélangés avec de l'huile. Dans certaines zones, le lit est protégé par un sol empierré. Une

Le Canal du Sultan traverse en longueur la cour du Canal du palais du Generalife

Partie du canal original récemment découverte dans la promenade des Cyprès

Détail d'une partie du Canal à son passage par un tunnel creusé dans la roche mère

partie considérable du tronçon inférieur du canal d'irrigation se prolonge par des tunnels creusés dans la roche mère, le conglomérat quaternaire de l'Alhambra, d'une grande stabilité. Ces tunnels possèdent des ouvertures placées de façon aléatoire sur le talus pour leur construction et leur entretien. La longueur de ces tunnels va de 10 à 20 m et leur hauteur de 0,5 m à 2 m. Dans la partie finale de son parcours, en approchant puis en entrant dans l'Alhambra, le canal d'irrigation intègre un système de structures hydrauliques aujourd'hui disparues dont faisaient partie plusieurs aqueducs comme celui, encore existant, construit au XVIIIème siècle puis reconstruit après les explosions provoquées par les troupes napoléoniennes lors de leur retrait.

Les travaux réalisés récemment dans la promenade des Cyprès pour réparer le pavé ont permis aux archéologues de découvrir une partie du tronçon final du canal avant son entrée dans l'Alhambra. Le canal médiéval était placé à 1,5 m sous la promenade et formé par deux murs parallèles en mortier de chaux afin de canaliser

Parcours du Canal royal ou du Sultan à ciel ouvert à travers le Cerro del Sol

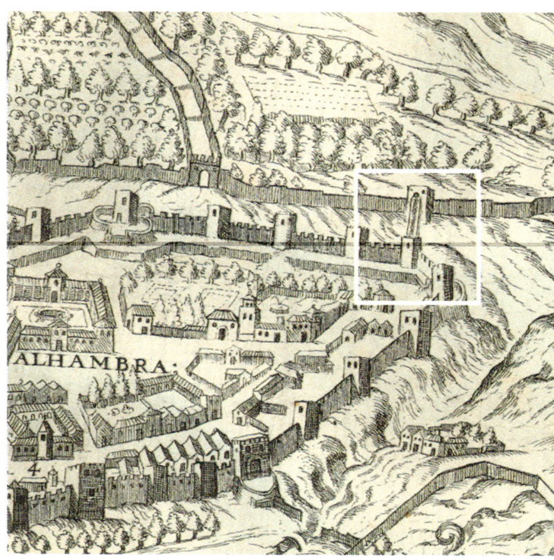

Détail de la *Plateforme* d'Ambrosio Vico de laquelle on observe le passage du Canal depuis le Généralife jusqu'à l'Alhambra, vers 1614. Bibliothèque de l'Alhambra

l'eau à l'intérieur. Suite à la conquête chrétienne, ce canal d'irrigation musulman est remplacé par un autre creusé dans la terre, dont la base et les côtés sont renforcés avec des pierres ; le cumul du limon entraîné par l'eau à l'époque moderne en élevé progressivement le lit jusqu'à ce que ce dernier atteigne son niveau actuel à 0,5 m de la surface. Finalement, la disposition de la promenade des Cyprès dans le premier tiers su xxème siècle, imposa qu'on le recouvrît de briques pour sauver le passage de l'eau.

Les engins hydrauliques. Les Grands Bassins

Après avoir arrosé la partie haute et les bâtiments du Generalife, le Canal royal longe un des murs qui séparent les potagers. À un point donné de son parcours, une galerie souterraine perpendiculaire fut creusée pour dériver l'eau vers un puits profond, une noria et un grand bassin en vue de cultiver une zone plus élevée de l'enceinte. Cette galerie est creusée dans la roche et renforcée à l'intérieur par une voûte en brique. Elle est composée de plusieurs tronçons séparés par deux trous d'aération ou soupiraux dont le but était de maintenir une pression constante à l'intérieur. Le premier trou d'aération se trouve à 20 m de distance du canal et le deuxième à 12 m du premier. Entre celui-ci et le puits central il y a une distance de 11 m supplémentaires. Les deux sont situés dans la zone des potagers mais à différents niveaux. Les soupiraux étaient dotés d'une protection en brique avec des brocarts de fabrique (dont on peut toujours voir les vestiges). La galerie souterraine se termine dans le puits principal à 17,40 m de profondeur. Ce puits se trouve sous une grande tour appelée grande tour des Dames, construite en pisé dans la zone la plus élevée dans le but de protéger le puits principal ainsi que de servir comme base à la structure d'une noria à traction animale. Un animal de trait fait tourner la noria qui puise l'eau

Partie supérieure de la grande tour des Dames protégeant le puits principal. Au premier plan, le grand bassin de l'époque nasride

et la verse dans une rigole. On connaît aujourd'hui l'ensemble de ce système d'ingénierie hydraulique grâce aux fouilles archéologiques ; en effet, les archéologues ont découvert et identifié sur le sol de la grande tour, la trace circulaire laissée par les animaux qui faisaient tourner la noria. Ils ont découvert par ailleurs de nombreux godets (bacs en terre cuite pour puiser l'eau) à l'intérieur du puits.

Ce système hydraulique complexe est complété par un grand bassin permettant de stocker près de 400 m^3 d'eau. L'eau y était habituellement acheminée à travers une rigole reliée à la partie haute du puits. Elle se déversait ensuite dans une petite vasque puis coulait dans le grand bassin. Le bassin est entouré de rebords en briques posées sur le côté ainsi que d'une structure murée au nord, au sud et à l'est. À travers un arc creusé dans le mur situé à l'est, on atteint un escalier donnant accès à une terrasse carrelée parée d'un garde-fou, aujourd'hui disparu. Le tout formait un mirador ou pavillon sur le grand bassin. L'ensemble de la structure a été réalisé en coupant le terrain naturel et en utilisant les pierres de plus grande taille pour les murs de maçonnerie. Plus tard, probablement lorsque le système s'est avéré insuffisant ou lorsque la zone à irriguer a été élargie, l'ensemble a fait l'objet de réaménagements et le canal d'irrigation a

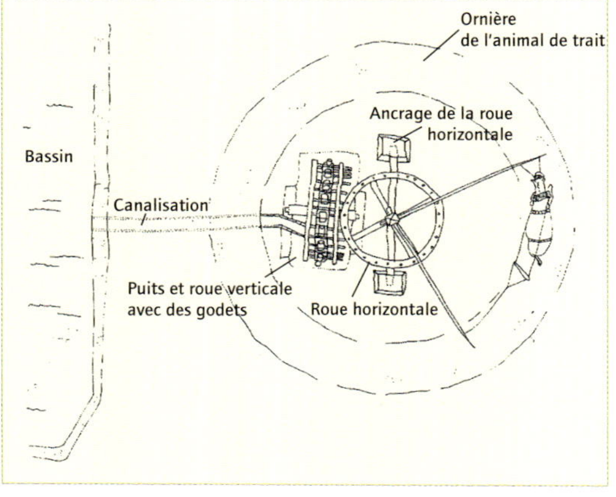

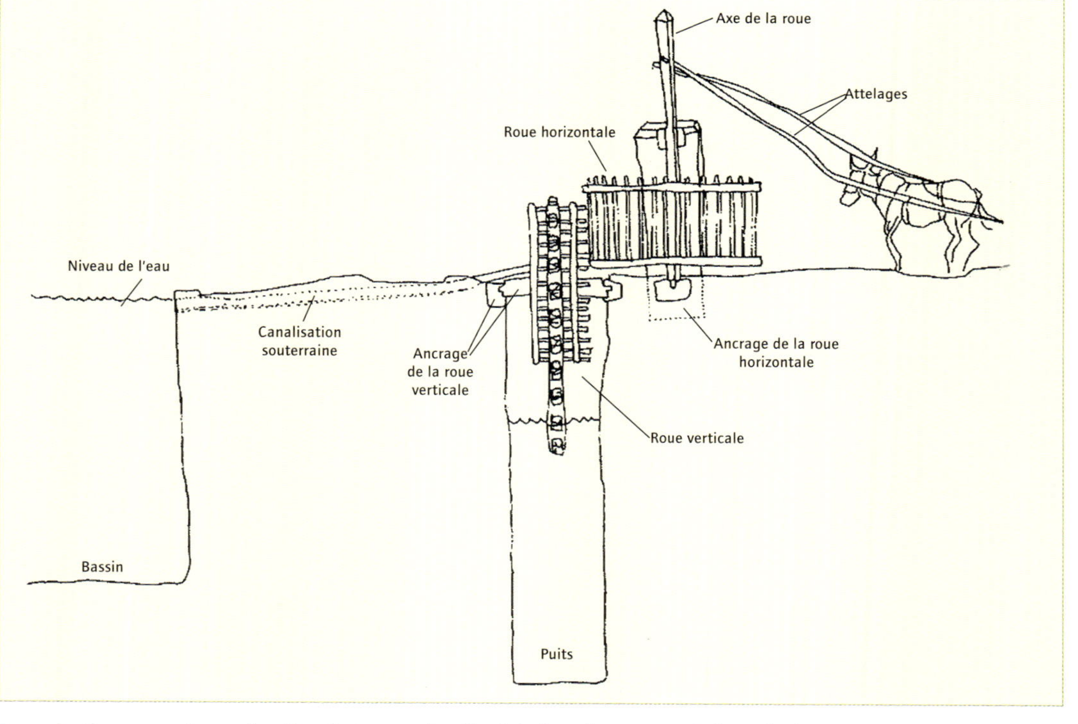

Reproduction supposée en plan (haut) et en section (bas) du fonctionnement de la noria dans le complexe hydraulique des Grands Bassins. Dessins de María Cullel Muro (*El agua en la agricultura de al-Andalus*, cat. exp. Granada, ed. Sierra Nevada 95-El Legado Andalusí-Lunwerg Editores, 1995)

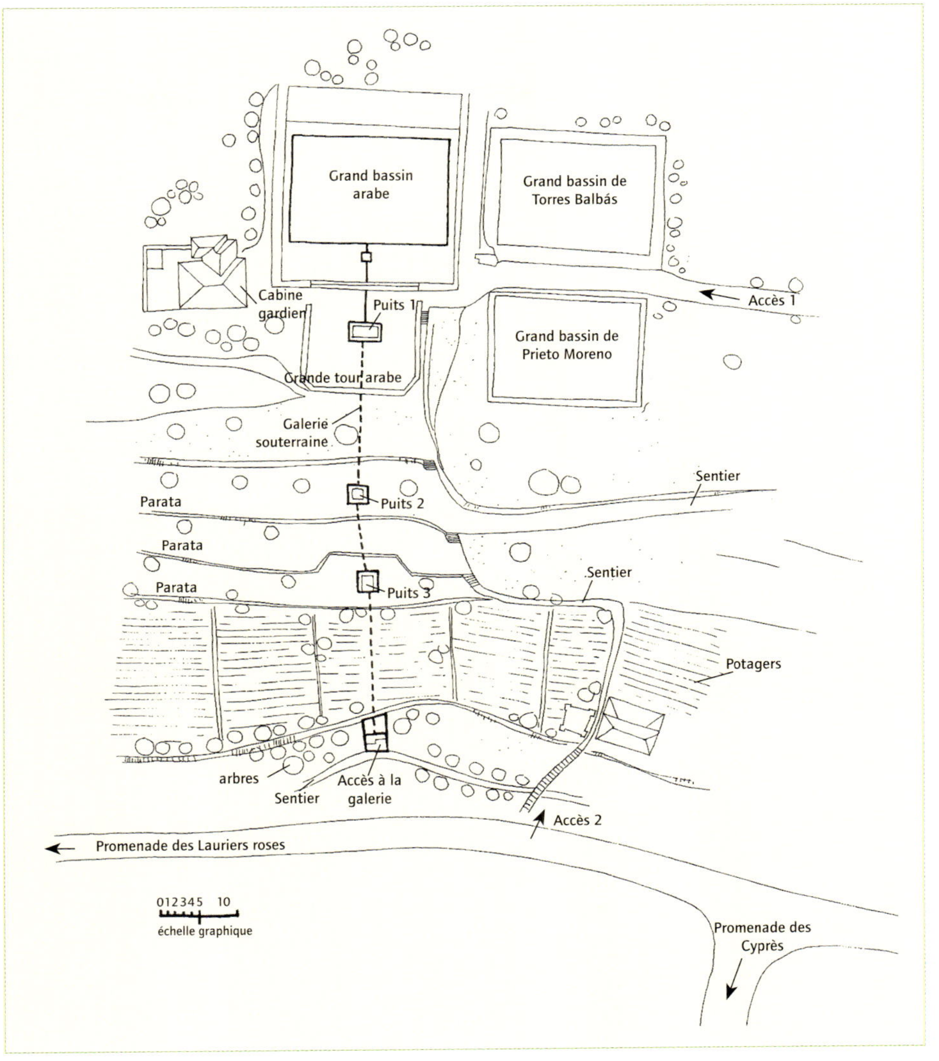

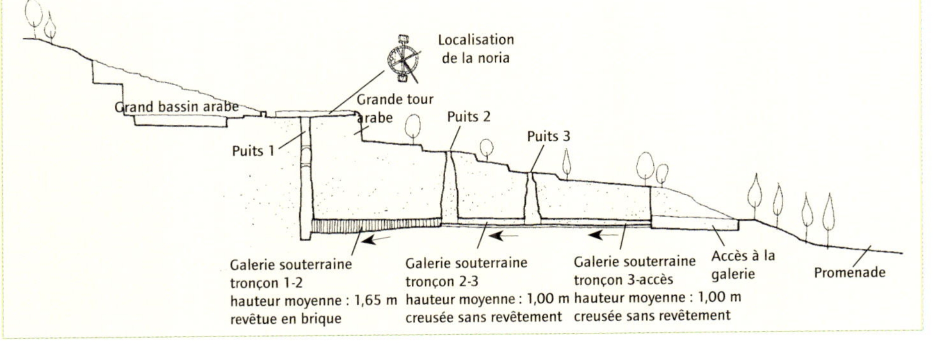

Plan et section du complexe hydraulique des Grands Bassins. Dessins de María Cullel Muro *(El agua en la agricultura de al-Andalus,* cat. exp. Granada, ed. Sierra Nevada 95-El Legado Andalusí-Lunwerg Editores, 1995)

Complexe hydraulique des Grands Bassins. À droite, la grande tour des Dames avec le puits à noria et le bassin de l'époque médiévale. À gauche, les deux grands bassins construits à différentes périodes du XXème siècle

été dévié avant de pénétrer dans le Generalife. Ce nouvel embranchement direct était une alternative à l'ensemble formé par le puits et la noria.

Lors d'une récente restauration de l'Alhambra, on a compris le rôle essentiel que jouait cet élément dans l'acheminement et le contrôle de l'eau dans toute l'enceinte. Ainsi, Leopoldo Torres Balbás, architecte conservateur du monument de 1923 à 1936, prit conscience du besoin de construire un nouveau grand bassin permettant d'augmenter la capacité de stockage ainsi que la pression hydraulique dans tout le circuit. En 1926, il en construit un de dimension et de fonctionnement semblables multipliant ainsi la capacité du système.

Quelques années plus tard, dans les années soixante, avec l'élargissement des zones d'irrigation et la restauration de tous les éléments hydrauliques du monument, il s'est avéré nécessaire de construire un troisième grand bassin ; Francisco Prieto Moreno en fut l'architecte, situé à côté de la grande tour des Dames, à un niveau inférieur, il est de dimensions légèrement plus réduites.

Zone archéologique de la Dehesa du Généralife et le Cerro del Sol

On aperçoit, non loin de l'Alhambra, dans une zone élevée, des vestiges d'un vaste complexe hydraulique et architectural qui garde un rapport spatial et territorial avec le monument. Les éléments divers que l'on a identifiés à ce jour sont disséminés dans une vaste zone d'oliveraie dont les versants sont marqués par la présence d'espèces typiquement méditerranéennes, quelques chênes verts et diverses variétés de conifères plantés dans la première moitié du XXème siècle. Il s'agit d'un site surplombant une vision pittoresque de la vallée du Darro dans son trajet vers Grenade avec une vue sans pareille sur ce qui l'entoure. Tous les éléments patrimoniaux que l'on a retrouvés dans cette zone ont un rapport direct avec l'acheminement et la distribution de l'eau. Parmi eux, on trouve deux résidences palatines considérées de nos jours comme des sites de fouilles archéologiques : Dar al-Arusa et les Alixares. Il existe en outre d'autres vestiges dont le rôle est toujours à préciser mais qui

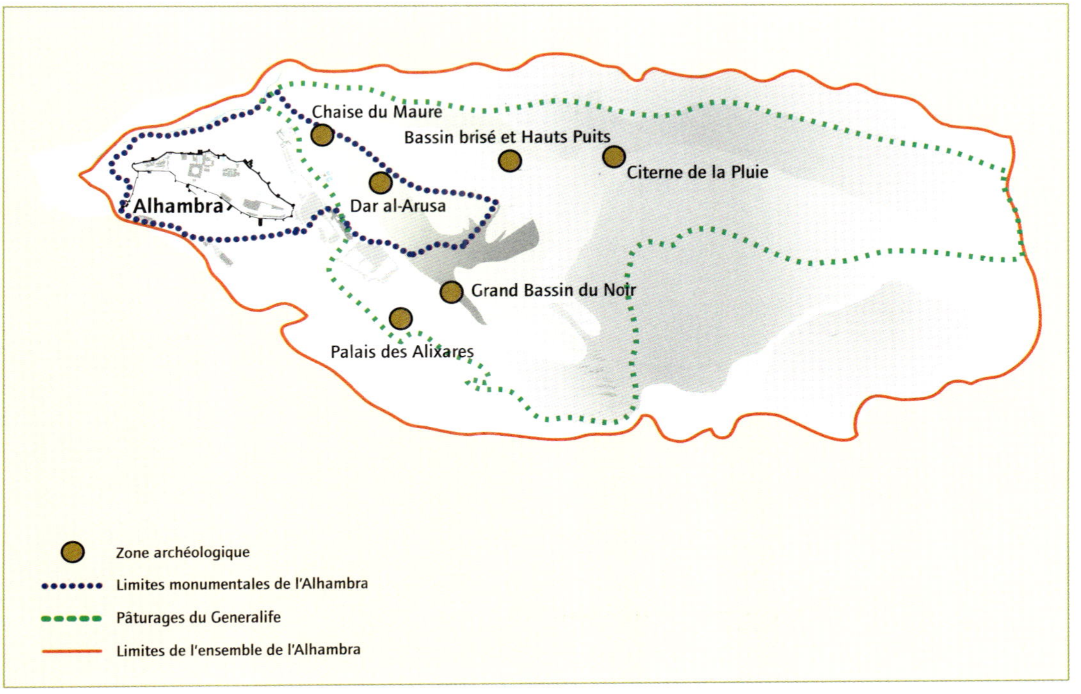

Carte du complexe monumental de l'Alhambra

ont constitué à un moment donné de la période nasride, un système hydraulique lié ou dépendant de la ville palatine de l'Alhambra : l'ensemble formé par le Bassin brisé et les Hauts Puits, la Citerne de la Pluie, le Grand Bassin du Noir et la Chaise du Maure.

En 1494, le voyageur allemand Hieronymus Münzer fit une description de la plaine qui s'étendait sur ces collines en parlant de « tours très hautes où venaient se détendre les rois de Grenade ; leur intérieur est bien conservé mais la partie extérieure est à moitié démolie ».

Cette observation n'est faite que deux ans après la conquête de la ville, ce qui reflète l'état d'abandon dans lequel se trouvait déjà cet endroit. Ces constructions n'apparaissent pas sur la *Plateforme* ou carte de Grenade d'Ambrosio Vico datée de la fin du XVIème siècle ou début du XVIIème siècle : on n'y voit que le tracé d'une muraille qui devait les encercler et la tour de la Chaise du Maure. L'origine de la décadence et de l'abandon de ce système est peut-être la guerre des maures qui livrèrent de nombreux combats dans la zone.

Le génie des Hauts Puits

Il fait partie de la structure hydraulique et est peut être lié au système d'irrigation des potagers des Alixares, Dar al-Arusa et de la Chaise du Maure. Il s'agit d'un des complexes hydrauliques médiévaux les plus importants de la période Musulmane péninsulaire. Il est constitué de plusieurs éléments interdépendants et subordonnés au fonctionnement de tout le système. Il est constitué d'un énorme bassin servant à récupérer et distribuer l'eau ainsi que de un ou de deux puits permettant de la remonter en vue d'en faciliter l'acheminement par le biais de canaux, encore en état, vers les domaines et les résidences éparpillés sur le Cerro del Sol.

Les descriptions faites au XIXème siècle parlent du bassin Grand Bassin du Maure. De nos jours, on accepte le nom de Basin Brisé en raison de l'état dans lequel on l'a découvert. Il était rempli à l'aide d'un ou deux puits d'élévation d'eau, appelés de façon générique les Hauts Puits du Cerro del Sol avec des canaux dont on peut toujours apprécier les traces. Celui qui est placé

Fouilles archéologiques dans le Bassin brisé (2008)

Partie de la structure souterraine du puits et de son bassin d'alimentation pour acheminer l'eau à la surface

à l'est et qui est le mieux conservé, garde encore une partie de la structure en brique sur laquelle devaient se trouver les brocarts. Par contre, celui placé à l'ouest et délimité par quelques restes de sa construction, est presque entièrement bouché suite à un écroulement.

En 1889, Manuel Gómez-Moreno a pu explorer certaines de ses galeries, en mesurer les dimensions et en réaliser une description très fidèle. Ces études ont permis de réaliser ultérieurement un levé planimétrique qui est conservé de nos jours dans les Archives de l'Alhambra.

En un point donné, depuis le Canal royal, l'eau pénétrait à l'intérieur de la montagne au travers des *qanats* creusés dans le terrain. Elle était ensuite acheminée jusqu'à, au moins, un réservoir intermédiaire très profond. De là, elle était de nouveau élevée jusqu'à la surface pour couler dans le grand bassin qui servait donc de réservoir régulateur à la pression du système du potager de Dar al-Arusa et peut-être également du Grand Bassin du Noir. Ce dernier jouait à son tour un rôle semblable par rapport au domaine des Alixares.

Les engins utilisés pour élever l'eau étaient sans doute les norias à traction animale, probablement les plus importantes de toutes les norias conçues et construites dans Al-Andalus. Le peu de sources documentaires arabes que l'on conserve de nos jours les décrivent comme des chefs d'œuvre de l'ingénierie de l'époque. De son côté, Gómez-Moreno a affirmé qu'il s'agissait de « la plus remarquable construction hydraulique réalisée par les Maures à Grenade ».

D'après Francisco Bermúdez de Pedraza, historien grenadin du XVIIème siècle, les Nasrides auraient construit les Hauts Puits vers 1455 en vue d'assurer l'irrigation de zones de culture et de pâturage plus vastes. Car elles étaient en train de disparaître dans des zones plus basses, surtout dans les parages de la Vega (plaine), en raison des fréquents assauts réalisés à l'époque par les troupes castillanes, à l'image de la célèbre attaque d'Henri IV

Néanmoins, le grand poète et vizir du sultanat nasride Ibn Zamrak, nous parle dans son *Diwan* des intentions de Mohammed V de fortement coloniser ces terres qui auraient été exploitées jusqu'à la conquête de Grenade. Il est possible que ces nouveaux habitants s'y soient installés avec des techniques et des points de vues très différentes, et qu'une méconnaissance de ces engins ainsi que de leur utilité les aurait conduit a les abandonner ou a les détruire. Depuis lors, et surtout après leur découverte au XIXème siècle, ces environs et leurs vestiges ont été à l'origine de nombreuses histoires et mystères. Pour cette

Extérieur de la Citerne de la Pluie sur le Cerro del Sol Vue actuelle

Détail de la gravure de Hoefnagel dans le *Civitates Orbis Terrarum,* **1575, où l'on voit une représentation de la Citerne.** Bibliothèque de l'Alhambra

raison, nous attendons l'avis des archéologues contemporains, qui n'ont commencé les fouilles qu'il y a quelques mois, pour connaître quelle était la réalité de l'époque.

La Citerne de la Pluie

Les *aljibes* ou citernes sont les structures hydrauliques les plus fréquentes de la Grenade nasride. Or, cette citerne est la seule que l'on connaît à ce jour dans cette zone. Sa voûte singulière dépasse le niveau du terrain et la rend aisément reconnaissable dans un talweg situé à côté du sentier rural qui mène au sommet du Cerro del Sol, dans le célèbre « Parc d'Hiver ». La Citerne de la Pluie est un élément très cher aux grenadins qui aiment se balader dans cette zone de randonnée sur les collines et montagnes qui entourent la ville.

Il s'agit d'une citerne à plan carré. Deux tiers de sa structure sont construits sous le terrain. Excepté sa voûte, elle est entièrement faite en pisé, les piliers et les pilastres divisant l'intérieur en trois nefs érigées en brique. Elle conserve deux petites entrées d'eau assez anciennes, juste au-dessus des poussées, pouvant signaler l'origine de sa source principale d'approvisionnement. Bien que, comme son nom nous le laisse supposer, la citerne se remplissait principalement avec de l'eau de pluie (elle continue d'ailleurs de le faire par son ouverture zénithale) elle a pu également se remplir par les infiltrations de l'eau des nappes phréatiques puisqu'elle est située entre les ravins qui plongent vers le bassin des fleuves voisins, à savoir le Darro et le Genil. De même, elle aurait pu à moment donné faire partie de la structure hydraulique des Hauts Puits, située non loin de là. Cette théorie ne peut, néanmoins, pas être avérée puisqu'aucune canalisation les reliant n'a été retrouvée à ce jour.

Bien qu'il n'existe pas de documents signalant la date de sa construction et que l'on ignore l'usage qui en était fait, il est évident qu'il s'agit d'une construction nasride. Ibn Zamrak fait référence, dans son *Diwan* à l'élevage de bétail dans ces pâturages au XIVème siècle. Par ailleurs, bien qu'il n'existe pas dans les alentours de vestiges d'une fortification quelconque, il était habituel dans Al-Andalus de construire des tours de guet disposant de leur propre réservoir d'eau dans des lieux stratégiques.

Sa proximité des chemins d'accès à la ville nous laisse supposer qu'elle pouvait servir de fontaine ou de source d'eau pour les voyageurs. Dans une gravure de l'ouvrage *Civitates orbis Terrarum* de Hoefnagel, publié dans la deuxième moitié du XVIème siècle, on reconnaît un personnage qui marche en portant un bac à

Le Grand Bassin du Noir situé à côté de l'actuel cimetière de Grenade

côté d'une citerne qui pourrait être celle-ci ; elle a donc pu être utilisée, au moins à cette époque, en tant que fontaine. Grâce à la littérature comparée, nous savons que les habitants de la ville appréciaient beaucoup son eau car on lui attribuait des vertus curatives. Finalement, d'aucun considèrent qu'elle pouvait être utilisée comme réservoir pour des périodes de sécheresse. De nos jours, elle est toujours en usage et fournit une aide précieuse aux équipes de lutte contre les incendies de forêts qui y puisent l'eau lorsque cela s'avère nécessaire.

Le Grand Bassin du Noir

Cette structure émergente correspond aux restes d'un bassin de grandes dimensions placé à côté de l'accès au parc du Cerro del Sol, dans sa partie initiale. Plus précisément au-dessus du talweg qui est actuellement occupé par le cimetière municipal de San José et la Rauda ou cimetière musulman de Grenade.

Son curieux nom provient d'une des légendes traditionnelles du XIXème siècle d'après laquelle un robuste personnage africain gardait jalousement le palais de rêve qui était censé se trouver sous ces ruines.

Dans la réalité, la fonction de ce grand bassin était de stocker de l'eau et, par vase communiquant, de servir de mécanisme de pression. Le grand débit d'eau, ainsi obtenu répondait aux besoins du potager des Alixares. Pour canaliser, élever l'eau et obtenir une pression suffisante, il disposait de grands siphons fabriqués avec des voies en pierre et des *atanores en* argile dont certains ont été retrouvés lors des travaux réalisés dans le Cimetière dans le premier tiers du XIXème siècle et placés ensuite dans les musées de Grenade. L'écrivain grenadin Ibn 'Asim décrivait, à la moitié du XVème siècle la source d'alimentation du bassin du palais de la façon suivante : « des tuyaux démesurés, travaillés dans la roche dure dont les vestiges sont assez nombreux pour les remonter et les exposer à nouveau dans leur totalité ».

Ce vaste bassin, un des plus grands que conserve la ville, a gardé une grande partie de sa structure et matériaux originels, notamment une galerie souterraine recouverte d'une voûte en berceau pour protéger l'évacuation de l'eau. Il a néanmoins perdu toutes les structures associées qui le liaient à tout le système hydraulique.

Les textes arabes parlent du moment où le sultan Mohammed V fonde le potager des Alixares et le système d'acheminement d'eau à la fin du XIVème siècle.

Cependant, une série de forts tremblements de terre survenus entre 1431 et 1441 a gravement endommagé le potager des Alixares et ses éléments hydrauliques. Le grand bassin a dû, comme les autres, subir de graves dégâts. Il fut réparé quelques années plus tard mais les difficultés économiques du sultanat nasride, alors sous la pression croissante des armées castillanes qui voyaient la victoire définitive approcher, ont probablement précipité son abandon devenu total une fois la ville conquise. Il a sombré dans l'oubli jusqu'à sa découverte au XIXème siècle.

Les Alixares (Le palais des Alixares)

C'était un des nombreux potagers et domaines de repos appartenant à la dynastie nasride existant dans tout le royaume. Le palais des Alixares, construit sur ordre du sultan Mohammed V dans le dernier quart du XIVème siècle, était un domaine disposant d'un pré et de jardins déclinés en *paratas* (sorte de terrasses) descendant de la partie la plus élevée. C'est à cet endroit que se trouvait le palais et d'où l'on observait l'ensemble de la propriété.

Selon certains écrits arabes, la conception du palais s'est inspirée d'idées innovantes et le sultan lui-même a participé au projet. Il s'agissait d'un bâtiment à plan quadrangulaire, avec un *zafariche* ou bassin dans la cour et quatre grandes *qubbas* aux angles, orientées vers les points cardinaux et reliées entre elles par des galeries à colonnes revêtues de carreaux de faïence sur du marbre blanc. Les *qubbas*, à plan circulaire à l'extérieur, étaient sans doute chapeautées à l'intérieur par des coupoles de muqarnas (*mocarabes*) semblables à celles du palais des Lions. Tout comme les palais de l'Alhambra, ce palais devait être richement décoré avec des plâtreries et des sols en céramique. On conserve d'ailleurs des pièces vitrées du sol avec des motifs semblables, entre autres, à ceux que l'on trouve dans le Boudoir de la Reine.

Le domaine était entouré de jardins remplis d'arbres, parmi lesquels on trouvait certaines espèces singulières et les troupeaux du sultan

Grands conduits en pierre du Grand Bassin du Noir.
Musée Archéologique et Ethnographique de Grenade

Recomposition dans le musée de l'Alhambra avec des restes de faïence du palais des Alixares (pièces triangulaires ci-contre) et d'autres semblables de la tour du Boudoir de la Reine

Détail du palais des Alixares dans la représentation de la bataille de la Higueruela dans le salon des Batailles de l'Escorial (1585-1589). Patrimoine National

paissaient dans les alentours. Pour rendre habitable un domaine aussi spectaculaire, il s'avérait nécessaire d'y acheminer de l'eau à partir du sommet de la colline, à travers un système hydraulique complexe et adapté à ce terrain abrupt. Il fallait notamment franchir des vallée et faire monter l'eau grâce à la pression en utilisant, comme dans le cas du Grand Bassin du Noir, un puissant siphon avec des *atanores* en pierre. Il ne reste actuellement presque plus rien de tout cela en raison des nombreuses périodes tourmentées qu'a connues ce lieu. Les textes arabes datés de la moitié du XVème siècle décrivent déjà le palais et son potager comme étant réduits à l'état de ruines, probable conséquence des tremblements de terre. Ils n'ont jamais été reconstruits en raison du manque de ressources économiques provoqué par la guerre. Une partie du bâtiment a peut-être été conservée, puisqu'on peut assez clairement l'identifier dans la salle des Batailles du monastère de l'Escorial, sur une reproduction de la bataille de la Higueruela, qui a eu lieu le 1er juillet 1431 dans les alentours de Grenade entre les troupes nasrides et celles de Jean II de Castille.

Abandonnés après la conquête ils seront utilisés comme habitations ou pour d'autres usages. Les Alixares ont très vite sombré dans l'oubli jusqu'au début du XIXème siècle lorsque les troupes napoléoniennes d'occupation se sont emparées de ses ateliers en ruine pour installer, face au bassin une batterie d'artillerie qui a contribué à repérer le lieu jadis occupé par le palais.

L'ancienne construction du cimetière municipal de Grenade et ses agrandissements utilisèrent les derniers vestiges restant. Certains furent utilisés pour la construction du nouvel ensemble. Néanmoins, de nombreux restes ont été préservés et sont conservés dans le Musée de l'Alhambra. Parmi ces restes on trouve quelques carreaux de faïence et de verre coloré qui ont pu orner le célèbre mirador donnant sur un magnifique paysage, et que l'on peut distinguer dans la représentation de la bataille de la Higueruela.

Il ne reste de nos jours que quelques vestiges et une partie du bassin, intégrés en 2001 dans un jardin funéraire où l'on peut apprécier la valeur archéologique de cette propriété.

Vestiges du palais des Alixares, intégrés dans le « Jardin nasride » de l'actuel cimetière de Grenade

Dar al-Arusa

Ce terme veut dire « Maison de la Jeune Mariée ». Ce palais est communément appelé palais de la Mariée. Il s'agit des restes d'une résidence palatine nasride située dans la partie la plus haute du Cerro del Sol, au-dessus du palais et des potagers du Generalife, du palais des Alixares et de la structure défensive du Canal du Sultan. Bien que l'exploration du site commence en 1924, ce n'est qu'en 1933 que l'on découvrit par hasard le noyau central du bâtiment lors de la plantation de pinèdes. Les trois années suivantes furent consacrées à déblayer les décombres accumulés sur le site.

L'ensemble résidentiel est conçu selon la distribution traditionnelle des bâtiments domestiques hispano musulmans, c'est-à-dire autour d'une vaste cour rectangulaire avec au milieu un bassin carrelé. On a retrouvé des restes des canalisations d'injection et d'écoulement d'eau du bassin.

Autour de la cour sont apparus des restes de soubassements, probablement d'une galerie ou d'un portique avec quelques pièces de faïence en céramique. Il y a également des traces de murs délimitant différentes pièces, couloirs et espaces divers autour de la cour. On a aussi retrouvé de nombreuses pièces de carreaux

Une partie des structures que l'on conserve du palais de Dar al-Arusa

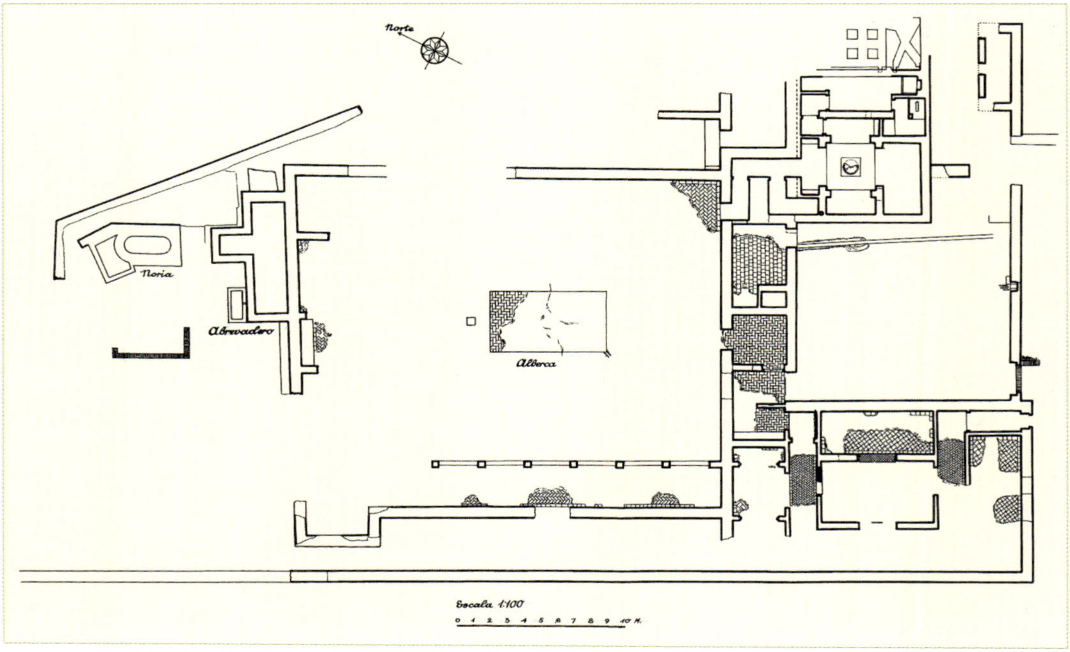

Plan des restes du palais de Dar al-Arusa sur le Cerro del Sol établi par Leopoldo Torres Balbás, vers 1936.
Archives de l'Alhambra

irrégulières et de petits conduits sous certaines de ces pièces.

On a aussi retrouvé une série d'étranges structures à l'extrémité nord-ouest. Dans un premier temps, les archéologues doutaient quant à leur nature, mais après une exploration plus profonde, ils les ont identifiées comme des éléments d'un système hydraulique d'élévation d'eau. Ce système fonctionnait à partir d'un puits accompagné d'une noria qui versait l'eau dans un petit réservoir ou bassin. Non loin de là, on a retrouvé également une petite fontaine avec un bassin en pierre. Bien qu'on ait retrouvé plusieurs canalisations d'*atarjeas* et des galeries à des cotes inférieures, le puits est le seul dispositif hydraulique découvert dans les alentours du palais.

C'est au sud de la cour que l'on a retrouvé le plus de restes de constructions. C'est là que se trouve le *hammam*, habituel dans une résidence de ces caractéristiques. On y accède à travers la cour principale en empruntant un couloir à double coudée débouchant sur une pièce carrée au centre de laquelle était placée la pièce décorative la plus remarquable du palais : une fontaine circulaire en marbre encadrée par un panneau en carreaux de faïence à motif géométrique. Elle est actuellement exposée dans le Musée de l'Alhambra. On a découvert vers l'est les restes incomplets du *caldarium* et de l'hypocauste. Plusieurs chambres, couloirs et autres vestiges comme une petite

Fontaine murale en marbre et céramique vitrée du *hammam* du palais de Dar al-Arusa. Musée de l'Alhambra

fontaine et l'accès à des latrines complètent les restes du palais.

On peut voir d'autres vestiges archéologiques comme des déversoirs dont l'usage était peut-être réservé à l'irrigation des éventuels jardins du palais situés probablement du côté est, avant que la colline ne décline vers le ravin.

Il y a également des restes d'édifices non loin des bains qui se prolongent vers les limites de la construction. Il s'agit peut-être d'une liaison avec un rempart ou un mur de protection. En dehors du bâtiment principal et des bains attenants, le palais possédait vraisemblablement des jardins ou un potager. L'ensemble est entouré d'un mur qui semble protéger la partie résidentielle du palais. En prenant comme référence certains textes arabes décrivant des jardins et des potagers dans cette zone, on a daté la construction de ce palais au XIVème siècle.

Il est possible que le système d'acheminement de l'eau de Dar al-Arusa fasse partie de la structure des Hauts Puits. Nous aurons probablement la réponse d'ici quelques années, lorsque les recherches en cours seront achevées. Mais nous pouvons d'ores et déjà signaler que le palais a probablement été abandonné après la conquête de la ville et pillé, d'après certains témoignages comme celui de l'historien Francisco Henríquez de Jorquera en 1632, « par l'absence de ses rois et par des accidents liés aux rébellions des mauresques ».

La Chaise du Maure

Ces restes archéologiques et architecturaux reçoivent ce nom singulier depuis la moitié du XVIème siècle en raison de la silhouette qu'ils présentaient quand on les contemplait depuis la ville. En effet, les ruines avaient une forme semblable à un siège ou banquette, d'où « la chaise ». Cet effet était renforcé par la plateforme d'artillerie montée par les troupes napoléoniennes en 1810. Depuis le XVIIème siècle, ces ruines sont aussi appelées castillo de Santa Elena (château de Sainte-Hélène). Elles auraient été utilisées comme demeure par quelques ermites réunis autour d'un sanctuaire dédié à cette sainte qui, d'après certains auteurs, occupait le même emplacement qu'une ancienne mosquée. Mais cette théorie n'a jamais été confirmée.

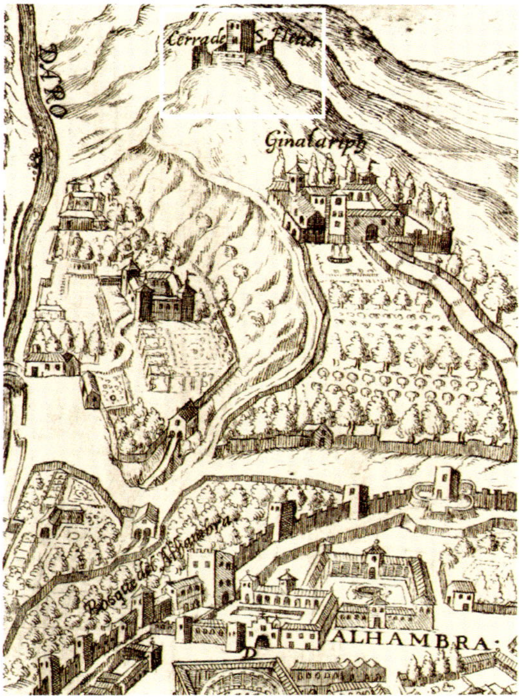

Détail de la *Plateforme* d'Ambrosio Vico avec Santa Elena en haut, vers 1614. Bibliothèque de l'Alhambra

À l'origine, elle faisait partie du système de surveillance et de protection de la zone de pâturages du Generalife et des alentours du Cerro del Sol, la colline de défense naturelle qui s'élève à l'est de l'Alhambra. C'était probablement sa fonction principale puisque c'est le point de départ de la distribution d'eau du canal d'irrigation vers la ville palatine et ses alentours, les potagers et les jardins du Generalife et l'ensemble du site. C'était une structure à caractère éminemment militaire, bâtie dans un endroit parsemé de domaines de repos et de sources d'approvisionnement, exposé et vulnérable aux éventuelles attaques ennemies. En tout état de cause, la magnifique vue que l'on a depuis ce point dominant témoigne de l'importance de son emplacement stratégique, maintenu au fil des siècles.

La Chaise du Maure a peut-être été reliée à la résidence attenante de Dar al-Arusa où elle pouvait puiser de l'eau pour subvenir à ses

Vue du Generalife depuis la tour du Guet, avec la Chaise du Maure en haut à droite en 1871. Photographie de J. Laurent

Le Generalife, l'Alhambra et Grenade vus depuis la Chaise du Maure en 1871. Photographie de J. Laurent

Gravure de Daniel Meisner, vers 1623, où l'on distingue la Chaise du Maure (en haut à gauche) dominant le Generalife et l'Alhambra. Archives de l'Alhambra

besoins. En effet, lors des travaux réalisés en 1929 sur le Cerro del Sol pour y aménager un sentier forestier ultérieurement modifié, on a retrouvé une canalisation orientée vers le palais. On a découvert par ailleurs des restes de l'escalier d'accès et de la tour ainsi que des murs en béton, des parties des voûtes et des pièces de plâtreries. L'histoire et les documents évoquant la Chaise du Maure que nous conservons de nos jours sont postérieurs à l'époque nasride. Ils ne nous donnent que très peu de renseignements sur sa disposition médiévale originale.

En 1942, on a pensé à construire sur ces ruines un bâtiment comportant un mirador en s'inspirant de gravures historiques, notamment de la *Plateforme* d'Ambrosio Vico, du début du XVIIème siècle. Une maquette du projet a même été réalisée. En 1966, on a entrepris de d'y construire un restaurant. On a donc reconstruit le bâtiment avec une tour centrale. Les travaux se sont terminés en 1970, mais cette construction n'a pas été utilisée. Quelques années plus tard, une partie de la structure s'est écroulée en raison de sa mauvaise qualité. On a donc décidé de mettre en œuvre un projet d'intégration des ruines en mettant un point final à tous les travaux de reconstruction, en vue de restaurer et de mettre en valeur les vestiges originaux en transformant le site en mirador. En 2001, on a exploré et aménagé des galeries souterraines dont on ignore la date de construction et l'usage. Elles pourraient avoir joué un rôle dans la distribution de l'eau pour l'exploitation agricole de la zone. D'autres considèrent qu'elles auraient pu être aménagées comme des mines par les troupes napoléoniennes qui ont fait explosé plusieurs bâtiments dans la zone lors de leur retrait en 1812. En tout état de cause, ces ruines ont sans doute stimulé l'imaginaire romantique du XIXème siècle : l'écrivain américain Washington Irving raconte dans ses célèbres *Contes de l'Alhambra* des légendes sur de fabuleux trésors enfouis dans les alentours du Cerro del Sol.

12 Quelques clés pour comprendre l'Alhambra

Le royaume nasride de Grenade était le dernier État de l'Espagne musulmane. L'héritage de la culture d'Al-Andalus que nous pouvons apprécier aujourd'hui aurait probablement disparu si la société créatrice de l'Alhambra ne l'avait pas conservé. Certaines caractéristiques de cette culture font de l'Alhambra une source unique d'informations et de connaissances. Voici donc quelques éléments clé permettant de comprendre en profondeur l'essence de la culture nasride.

Le *Diwán al-Insá'*

Le sultan Mohammed II (1273-1302) dota son émirat de nouvelles institutions administratives dont les vizirats ou *wuzara'*. Ils étaient entre autres responsables de la « Chancellerie Royale » et du *Diwan al-Insa'*, une sorte de bureau de rédaction chargé de la correspondance et des documents officiels du royaume. Il était dirigé par la personne considérée le meilleur écrivain du royaume, et qui pouvait par ailleurs exercer les fonctions de *wazir* ou premier ministre. L'État nasride étant en permanence plongé dans des négociations d'accords et de traités avec ses voisins, il était essentiel que le chef de la diplomatie maîtrise l'art difficile de la parole. Si en outre, ses récits vantaient la figure de son seigneur le sultan ainsi que la grandeur de ses œuvres, il était logique que la plupart de ses poèmes ornent les murs des pièces principales de l'Alhambra. C'est pourquoi les jeunes écrivains avaient l'ambition d'obtenir un poste comme *katib* ou greffier dans la cour nasride. Le *Diwan al-Insa'* ressemblait à un atelier dans lequel les écrivains ou *kuttab* travaillaient comme des artisans de la langue arabe modelant la poésie et la prose rimée sous la supervision du chef du cabinet (*arraez*). Les *kuttab* étaient des fonctionnaires qui composaient des poèmes panégyriques en l'honneur de la dynastie, appelés *qasidas sultaniyyas*, à l'occasion des festivités officielles comme les Sacrifices, la Fin du Jeûne ou la Naissance du Prophète. Ils participaient également à des évènements familiaux tels que les naissances, les circoncisions, les mariages, les décès (en incluant la rédaction d'épitaphes), mais aussi les voyages, ou encore les cérémonies organisées lors des retours de batailles victorieuses.

Les textes épigraphiques de l'Alhambra sont principalement l'œuvre de trois poètes ayant occupé la Chancellerie successivement au cours du XIVème siècle. Ils décrivent les moments d'apogée de la dynastie et constituent les illustrations les plus remarquables de la poésie nasride.

Le premier vizir et poète est Ibn al-Yayyab (1274-1349), qui a servi six sultans depuis Mohammed II jusqu'à Youssouf Ier.

> Sur ce palais à la beauté pèlerine, brille la grandeur du Sultan. Sa beauté brille et la pluie des nuages le couvre généreusement.

Son disciple Ibn al-Khatib (1313-1375) a servi les grands sultans de l'Alhambra, Youssouf Ier et Mohammed V :

> Je dépasse quiconque par ma beauté, mes ornements, ma couronne et même les astres dans leurs demeures zodiacales s'inclinent vers moi ; bien que (l'Alhambra) soit haute dans son orbite, moi [je le suis encore plus, parce que] je suis son diadème luisant et sa couronne.

Il est remplacé par Ibn Zamrak (1333-1393) qui a servi Mohammed V et de façon alternative, Youssouf Ier et Mohammed VII :

> La Sabika est une couronne sur ses cheveux qui aimerait s'orner de perles mais son Alhambra est une hyacinthe qui s'élève sur cette couronne.

Personnage peint sur la voûte centrale de la salle des Rois dans le palais des Lions

On connaît certains des derniers poèmes d'Ibn Furkun, un poète ayant servi sous le sultanat de Youssouf III :

> La cour du royaume et son Alhambra ont des formes
> qui ressemblent aux demeures de la lune

Le système proportionnel

Si l'on veut comprendre le monde complexe de l'art et de l'architecture islamiques, il est essentiel de connaître une de ses clés conceptuelles : le « système proportionnel ». Il s'agit d''une sorte de « canon », de règle de base abstraite à respecter dans toute création plastique et esthétique. Cette contrainte oblige l'artiste à adapter son œuvre (édification, décoration, etc.) aussi bien à l'espace disponible qu'au programme prévu ou à la commande (selon s'il s'agit d'un projet simple ou de grande envergure, comme par exemple un palais). Les artisans islamiques médiévaux ont cherché à trouver ce que d'autres civilisations ont dénommé le « chiffre doré ». Pour ce faire ils utilisaient deux éléments géométriques de base, le cercle et le carré, à partir desquels ils développèrent de vraies compositions mathématiques, plus ou moins compliquées, en fonction du sujet, du lieu et de l'époque.

Le motif décoratif est créé de la façon suivante : à l'intérieur ou à l'extérieur d'un cercle, on trace un carré qui tourné sur lui-même, donne une étoile appelée sino. Cette étoile, dont le nombre de pointes peut varier (six, huit, douze, etc.), est la base ou le point de départ de tout le développement décoratif ultérieur. L'utilisation de cette méthode est relativement évidente dans les ornements muraux de type géométrique. C'est le cas, par exemple, des panneaux de carrelage, dans lesquels la prolongation des lignes donne naissance à des nœuds ou des rubans, dont le développement forme des entrelacs ou ornements entrelacés pouvant être à leur tour des « entrelacements de huit », « de douze », etc., selon le type d'étoile. Les artisans disposaient d'outils tels que des équerres, des rapporteurs et différents patrons qui rendaient leur travail plus facile. Tous les artisans ne maîtrisaient donc pas nécessairement les mathématiques ou la géométrie.

Modèle typique de dessin géométrique de l'art islamique. Passage du cercle au polygone en étoile

Ces rudiments constituent la base essentielle de tout le développement du projet décoratif. Vous pourrez apprécier à l'Alhambra plusieurs éléments majeurs de l'évolution de l'architecture et de la décoration islamique. On peut citer par exemple les voûtes de muqarnas du salon des Abencérages et de la salle des Deux Soeurs du palais des Lions.

L'application de ce schéma simple du cercle et du carré ne se borne pas aux ornements. Il est également présent dans l'architecture : l'*alarife* (architecte) trace une figure géométrique en tenant compte de l'espace disponible et de la structure à bâtir. Il peut par exemple choisir de faire, à l'intérieur d'un carré, un triangle équilatéral susceptible de développer, par la racine carrée de ses côtés, une division tripartite (pour dessiner et délimiter les consoles décoratives d'un mur), ou encore un rectangle (pour calculer les dimensions d'un bassin dans une cour).

La plurifonctionnalité spatiale

Une des différences majeures et des plus surprenantes entre la civilisation islamique et le monde occidental est sa conception de l'espace. En Occident, sans doute en raison de ses racines classiques, tout est défini, chaque espace et chaque élément a une fonction déterminée : les habitations disposent d'une entrée, d'un salon, d'une salle à manger, de chambres à coucher, de cuisine, etc. En revanche, le monde islamique

Composition géométrique d'un carrelage de la tour de la Captive

pratique la plurifonctionnalité, c'est-à-dire que les différents espaces et éléments sont destinés à plusieurs fonctions ; il n'existe donc pas d'espace réservé à un usage spécifique car dans la culture islamique, un espace utile est un espace pouvant être utilisé à plusieurs effets : une pièce n'ayant qu'une seule fonction n'est pas pratique et donc peu utile. Il s'agit là d'un principe d'ordre général qui a bien évidemment subi maintes évolutions au cours des siècles, en fonction des influences géographiques et des traditions locales.

Ce principe a été clairement appliqué dans les espaces palatins de l'Alhambra. On le voit par exemple dans le palais de Comares, où le trône du sultan est placé dans une salle attenante à sa chambre à coucher. Ceci veut dire que le salon de Comares n'était pas uniquement un lieu « d'apparat » officiel mais qu'il était destiné à accueillir d'autres évènements, et que la salle de la Bénédiction n'était pas uniquement la chambre à coucher mais qu'elle était également utilisée comme salle de séjour, etc. C'est la raison pour laquelle on est parfois surpris de la dimension réduite des habitations des quartiers hispano-musulmans par rapport aux nombres de personnes qui y habitaient. De même, les habitations de l'époque que l'on peut visiter par exemple dans l'Alcazaba de l'Alhambra sont distribuées de la même manière que les logements maures de l'Albaicín que l'on peut apercevoir de n'importe quel mirador du monument, ainsi que les palais nasrides mais à une toute autre échelle.

L'origine de cette conception de l'espace est à chercher probablement dans la civilisation arabe, lorsque les tribus nomades de la Péninsule arabique se déplaçaient constamment à la recherche de pâturages ou de commerce. La khaïma (ou tente), autour de laquelle le groupe était hiérarchisé et divisé par corps de métier, jouait un rôle essentiel dans la distribution des espaces. Malgré la sédentarisation de cette civilisation, elle a gardé beaucoup de ces mœurs et habitudes. Par ailleurs, avec sa rapide expansion en Occident à travers le bassin méditerranéen, elle est entrée en contact avec « la romanité » et s'est « reconnue » dans les habitations méditerranéennes, organisées autour d'un *patio* avec des jeux d'eau, des citernes, des canaux, etc. Les peuples musulmans adoptaient tout ce qui était compatible avec leurs mœurs et rejetaient ou adaptaient le reste. Citons comme exemple le *hammam* ou bain à vapeur, inspiré des thermes romains : ils l'ont transformé à leur convenance et en ont fait un de leurs signes d'identité.

Façades et accès

Généralement, les façades des bâtiments hispano-musulmans sont lisses, monochromes et d'une austérité marquée. Il n'y a pas de fenêtres sur les levés en dehors des quelques ouvertures pour l'aération, sauf au dernier étage où l'on trouve habituellement des *ajimeces* (balcons saillants et fermés avec des jalousies). Comme on peut le voir dans l'Alhambra, ni l'extérieur des maisons ni celui des palais ne donnent d'indices sur ce qui s'y passe à l'intérieur. En se promenant dans un quartier andalousi, on ne pouvait deviner ni le niveau socio-économique des habitants des demeures devant lesquelles on passait, ni la taille

Détail de khaïmas lors du siège de Vienne par les Turcs.
Manuscrit du XVIème siècle, Musée Topkapi, Istanbul

de ces maisons. Il fallait attendre d'en avoir passé le seuil pour découvrir la splendeur du *patio* autour duquel sont distribuées les pièces de la maison. Un proverbe mauresque reprend cette caractéristique en parlant des « laides » :

> ...comme les maisons des maures :
> à l'extérieur pleines d'écailles,
> à l'intérieur se cache un vrai trésor...

La porte est la frontière entre la sphère publique et l'intime. Bien qu'elle soit toujours ouverte, de l'extérieur on ne peut voir l'intérieur car les entrées sont bâties de façon à ce qu'une cloison, un coude ou toute autre procédé architectural garde l'intimité de la maison. Les maisons de l'Alcazaba et l'accès au palais de Comares en sont la preuve. En outre, par opposition au proverbe castillan « casa con dos puertas mala es de guardar[1] », les maisons d'Al-Andalus ont habituellement plus d'une porte d'accès.

La distribution des espaces

Concernant les différentes fonctions attribuées aux espaces à l'intérieur des habitations,

Distribution des espaces dans le salon de Comares

[1] Note du traducteur : Une maison à deux portes est difficile à garder.

Distribution de l'espace dans le quartier militaire dans l'Alcazaba

l'Alhambra apparaît aussi pour l'observateur contemporain comme une « boîte de résonance » de la culture islamique. Le regroupement en apparence spontané des espaces dans les camps nomades a perduré d'une certaine façon à travers le temps et la géographie du monde islamique.

Les musulmans grenadins de l'époque médiévale compartimentaient nettement les espaces qu'ils habitaient. Ce phénomène est aussi présent dans l'Alhambra où les salles et les salons sont conçus comme des éléments d'un ensemble mais indépendants, autonomes. Les chambres, les salons et les nefs étaient projetés comme des pièces isolées, séparées habituellement par un couloir, un passage ou un coude, et constituaient chacune un seul ensemble, une seule structure sans communication possible entre elles, sauf à travers le *patio*. Cette distribution habituelle dans les bâtiments andalousis contraste avec celle des demeures mudéjares et chrétiennes dotées d'un *patio*, où toutes les pièces sont communicantes. Les habitations hispano-musulmanes à plusieurs étages disposaient d'un escalier propre, mais celui-ci ne reliait pas non plus le rez-de-chaussée et l'étage : cette communication se faisait à travers le *patio*. Les *carmenes* traditionnels se sont fortement inspirés de cette caractéristique de l'architecture grenadine.

Lorsqu'un édifice était important ou faisait partie d'une structure palatine, les pièces étaient habituellement adossées en angle droit à la pièce principale, conçue alors comme une grande *qubba*. Cette disposition habituelle avait par ailleurs une importante fonction de prévention face aux redoutables incendies favorisés par les grandes quantités de bois présentes dans la toiture des constructions médiévales. On retrouve cette caractéristique par exemple dans le palais de Comares ou dans la nef de levant de la cour du Canal du Generalife.

Les pièces des habitations et des palais faisaient également l'objet d'une division sans doute inspirée de la distribution interne de la khaïma. Les chambres étaient habituellement sur un des petits côtés ou sur les deux, ce qui donnait de l'amplitude à la pièce. Dans ce cas-là, les architectes différenciaient les pièces en élevant légèrement le sol ou en variant les thèmes des carrelages. En fonction du type de bâtiment, on pouvait mettre en valeur cette délimitation par un arc ou en différenciant le plafond. Les pièces latérales ainsi créées étaient destinées au repos et libéraient l'espace central.

Oubliettes

À ce jour, on connaît au moins une demi-douzaine d'oubliettes dans l'enceinte de l'Alhambra. Dans l'Alcazaba en particulier, on en trouve sous les tours du Donjon et du Guet. Un troisième cachot, une cavité au sous-sol protégée par un rebord en brique et une grille, se trouve près de la base de la tour Fendue. Celui-ci est sans doute le mieux conservé, c'est pourquoi, dans les années trente, on a installé un petit escalier en colimaçon afin d'en faciliter l'accès.

Les oubliettes servaient à y enfermer les prisonniers, que l'on descendait par l'ouverture centrale à l'aide de cordes. En règle générale, elles avaient une forme de goulot. À l'intérieur de la plupart des oubliettes découvertes dans l'Alhambra, on retrouve de petits espaces radiaux creusés dans la terre, séparés par des briques servant de grabats individuels aux prisonniers. L'espace central, à ciel ouvert et marqué au sol, était habituellement doté d'un déversoir. Ces souterrains étaient également utilisés comme des silos, c'est-à-dire des réservoirs servant à entreposer des céréales, des épices et même du sel. Plusieurs d'entre eux ont été découverts dans les alentours du Champs des Martyrs.

Détail de l'entrée des oubliettes situées dans les jardins del Secano de l'Alhambra Supérieure

Taqas (niches)

La *taqa* est un élément décoratif et fonctionnel très caractéristique des palais nasrides. Il s'agit d'une niche, généralement de petite taille, creusée dans un mur et sur laquelle on place des vases et des pots remplis d'eau pour se désaltérer ou se laver les mains.

Las *taqas* étaient conçues en fonction de l'espace à orner et étaient creusées essentiellement dans les gros murs ou dans l'intrados des arcs d'entrée des salles ou des salons importants. Elles étaient disposées deux par deux et toujours l'une en face de l'autre.

Ce mot d'origine arabe veut dire niche, placard ou creux dans un mur, mais dans le monde islamique oriental, *taq* signifie arc ou arcade avec une cintre. L'espagnol, langue riche en nuances, a repris ce mot devenu *taquilla,* qui recouvre de nombreuses significations. Il peut faire référence à un guichet administratif, un guichet de vente de billets pour des spectacles ou des moyens de transport, ou encore à certains meubles d'atelier et de bureau, à des casiers de classement, et même aux recettes d'un spectacle. En définitive, ce mot se réfère à des espaces réduits.

Les *taqas* de l'accès à la salle de la Bénédiction du palais de Comares sont ornées de poèmes de cinq vers, tirés de l'œuvre d'un des deux grands vizirs Ibn al-Khatib ou Ibn-Zamrak, dont en voici un exemple :

Taqa **dans le seuil d'accès au salon de Comares**

Je suis comme l'autel d'une mariée dotée de beauté et de perfection.
Regarde le vase et tu pourras comprendre l'authentique vérité de mes mots.
Contemple mon diadème et tu verras qu'il ressemble à une couronne de nouvelle lune. [...]
Je suis un moment de prière dont *qibla* est sentier de bonheur.
Tu peux croire que le vase ici présent est un homme debout accomplissant sa prière [...].

Au Maghreb, l'esthétique de la *taqa* a perduré dans l'ornement brodé que porte la mariée avant la cérémonie nuptiale.

Jalousies

Il s'agit d'un dispositif utilisé essentiellement pour fermer les fenêtres et les ouvertures, et couramment utilisé dans les espaces domestiques de l'architecture islamique. L'usage de jalousies fabriquées en plâtre et comportant des carreaux en verre coloré s'est répandu à partir du XIIIème siècle sous les sultans mamelouks du Caire. Bien qu'elles puissent être fabriquées avec d'autres matériaux, les supports les plus courants sont le plâtre et le bois. En arabe on utilise les termes de *qamriyya* (de *qamar*, lune) ou *shamsiyya* (de *shams*, soleil), qui font allusion à la lumière extérieure qu'elles tamisent en ne laissant s'infiltrer que la lumière indispensable à chaque pièce. La façon dont la lumière pénètre de l'extérieur revêt une importance cruciale. Les jalousies sont habituellement placées en hauteur de façon à mettre en valeur les ornements des murs. Presque sans relief et disposées au ras des murs, elles accentuent le clair-obscur et donnent à la lumière, grâce à l'éclairage horizontal, une vie que l'on a perdue aujourd'hui. Le dessin décoratif des jalousies part toujours d'une base géométrique formée d'un réseau d'entrelacs en étoile.

La lumière directe qui baigne aujourd'hui dans les différentes salles de l'Alhambra est très différente de celle qu'il y avait à l'origine car on fermait portes et fenêtres. Les jalousies étaient parfois doubles, on les plaçait alors aussi bien dans la partie extérieure qu'intérieure du mur, et on disposait entre elles des verres colorés plombés.

Les portes des salles étaient toujours fermées de façon à maintenir une température agréable à l'intérieur : fraîcheur en été et chaleur l'hiver. Pour cela, on plaçait sur les portes deux ou trois petites fenêtres fermées avec des jalousies en plâtre très caractéristiques de l'Alhambra. Leur fonction était double : aérer les espaces intérieurs et les éclairer d'une douce lumière. Dans les pièces importantes, on installait également des fenêtres avec des jalousies dans la partie supérieure des murs.

Les puits de lumière font partie des éléments architecturaux que l'on retrouve très fréquemment dans les salles de l'Alhambra. Ces éléments, qui requièrent l'utilisation de ce type de jalousies, sont généralement formés d'une base carrée dépassant du bâtiment et éclairant la pièce depuis le haut.

Patios, portiques et ambiance

Une des caractéristiques principales de l'architecture hispano-musulmane est sa capacité à se fondre dans son environnement naturel. Elle y puise ce qu'il possède de plus bénéfique pour

Jalousies d'aération sur la porte d'accès à la salle de la Bénédiction dans le palais de Comares

procurer aux habitants de la satisfaction et du bien-être, un objectif digne d'une civilisation en quête de sophistication et de perfectionnement.

Dans ces espaces, il existe une alternance de constructions et de jardins intérieurs, frais et ombragés, ce qui permet d'éviter le plein soleil en été tout en laissant passer ses rayons en hiver. Cet agencement facilite également l'aération des pièces et le renouvellement de l'air, mais isole et protège également des variations thermiques grâce à certaines solutions architecturales. On peut donc parler d'une architecture à tendance écologique et bioclimatique.

Les architectes islamiques adaptaient leurs oeuvres au climat et à l'environnement du lieu. La culture hispano-musulmane a ainsi travaillé pendant des siècles sur la recherche de systèmes de refroidissement naturel ou passif, ainsi que sur des méthodes de maîtrise de la lumière solaire. La solution pour les hivers froids et courts passait par des braséros et des chauffe-eaux, le problème se posait davantage avec l'arrivée des étés chauds et longs. L'intensité de la lumière naturelle pendant les longues heures de soleil contrastait avec la faible lumière des pièces où la pénombre était délibérément recherchée afin de faciliter la méditation, la réflexion et la relaxation, activités propres au mode de vie de cette civilisation.

L'architecture nasride a trouvé à travers le *patio* une solution idéale. Ce dernier était le lieu autour duquel se déroulait la vie domestique et privée indépendamment des dimensions du logement ou du statut social de ses propriétaires. Selon le type de bâtiment, les architectes prévoyaient un portique sur les petits côtés de la cour. Ce dernier était situé à l'entrée de la salle principale dont la plurifonctionnalité en faisait un espace pouvant être utilisé en fonction du moment de la journée et de l'époque de l'année. Le *patio* intérieur des maisons apportait de la luminosité aux pièces et permettait le renouvellement de l'air. En outre, il captait l'eau de pluie ce qui favorisait la création d'un microclimat atténuant les radiations solaires. On y disposait en général des arbres, des plantes, mais aussi des volets, des pergolas et des portiques afin de modérer la température et maintenir l'humidité, en tamisant la lumière solaire, en équilibrant et en rafraîchissant les pièces. L'eau et la végétation des *patios* adoucissaient la température et favorisaient une aération efficace pendant la nuit.

À l'Alhambra ainsi que dans toute sa zone d'influence géographique, les architectes bâtissaient les palais résidentiels avec une orientation nord-sud de façon à ce que les pièces principales bénéficient de la lumière de midi et de la lumière directe en hiver mais pas en été. L'écrivain d'Almeria du XIVème siècle Ibn Luyun, conseille cette orientation : « (...) pour la localisation d'une maison entourée de jardins (...) on oriente le bâtiment à midi (...) ». Le choix de l'orientation du bâtiment et l'utilisation d'éléments architecturaux tels que les ouvertures, les portiques ou les galeries leur permettaient de tirer un maximum de profit des conditions solaires. La couleur blanche des façades et la grosseur des murs contribuaient à créer une température idéale.

Un autre élément revenant fréquemment dans les palais de l'Alhambra, généralement dans le versant nord, est la *qubba*. Il s'agit d'une tour conçue comme la pièce principale, située dans l'axe du *patio*, qu'elle utilise comme passage intermédiaire ou comme vestibule, accompagnée d'un portique ou d'une galerie portiquée qui protège du soleil et atténue la température. En raison de ses caractéristiques, le pavillon ou la tour, grâce au courant d'air qu'il absorbe depuis le *patio*, aère la pièce en permanence comme une sorte de cheminée. L'air chaud étant plus léger que l'air froid, il a tendance à monter par convection maintenant ainsi le bas plus fraîs et plus aéré.

Les fenêtres situées aux grandes embrasures favorisent cette circulation de l'air, ce qui est particulièrement nécessaire en hiver car les pièces sont chauffées par des braséros qui rendent l'air toxique.

La maîtrise de la lumière est une autre caractéristique de cette culture qui est née dans le désert, où la chaleur est écrasante et aveuglante. C'est pourquoi dans ces constructions, les pièces sont ombragées et presque entièrement dans la pénombre. Les espaces intérieurs, d'où l'on peut observer l'extérieur sans être vu, sont réservés à la relaxation, à la méditation et au repos. C'est pourquoi les fenêtres sont couvertes par des jalousies : tout en atténuant la lumière extérieure,

Schéma illustratif de la circulation de l'air à l'intérieur d'un espace palatin à l'Alhambra. Programme éducatif « L'Alhambra et les enfants ». Patronato de la Alhambra

elles permettent de voir l'extérieur. Les architectes arabo-andalous ont aussi utilisé la lumière zénithale qui tombe en vertical pour baigner les ornements des plâtreries taillées, les muqarnas ou les miroitements polychromiques des carreaux de faïence.

Dans les bassins et les réservoirs d'eau, l'architecture musulmane joue avec la lumière et les effets optiques qu'elle produit en reflétant sur les murs ou les *albanegas* des arcs les ondes provoquées par l'air. Ces reflets miroitants deviennent des éléments éthérés, subtils et évanescents. Il s'agit-là d'une de ses qualités esthétiques les plus précieuses.

Les ornements

L'ornementation islamique et hispano-musulmane, ainsi que l'ornementation nasride en tant que représentante des deux premières, s'inspirent de trois styles ornementaux : géométrique, épigraphique et végétal.

La géométrie

Elle constitue la base de toute la décoration. En effet, elle définit les limites et les différents espaces qu'il reste ensuite à compléter avec les autres unités décoratives (*cartelas*, bandes, *alfices*, plinthes, pans, embrasures, etc). La proportion joue un rôle essentiel : l'artisan conçoit le dessin en fonction de la surface disponible et des caractéristiques de la commande ou du projet. Il dispose pour cela de ses connaissances techniques, de son adresse, de son savoir-faire, de son expérience et d'une série d'outils tels que des rapporteurs, des ficelles, des réglettes graduées, des poinçons et des patrons qu'il place comme un cliché sur la surface à décorer. C'est un travail semblable à celui que réalise le maître d'œuvre ou *alarife* qui adapte son projet au lieu, à l'espace disponible et à la nature du terrain sur lequel il doit construire, tout en tenant compte des lois ou des exigences techniques.

Le cercle et le carré inscrit à l'intérieur sont les deux figures de base de tous les ornements : on tourne le carré pour former une étoile à huit, seize, vingt-quatre pointes, etc, une composition qui peut être plus ou moins complexe. Cette étoile, qui est l'épicentre de toute la décoration, par exemple dans la réalisation d'un panneau de carrelage, reçoit le nom de *sino*. En prolongeant ses lignes, on obtient des nœuds ou des rubans entrelacés qui créent à leur tour de nouvelles roues d'étoiles pouvant se prolonger à l'infini ; cet ensemble géométrique reçoit le nom de composition entrelacée ou entrelacs. En fonction de l'étoile centrale, les entrelacs peuvent être de huit, de seize, etc. L'intérieur des entrelacs est formé de multiples figures : *zafates*, *alfardones*, *almendrillas*, *candilejos* et autres. L'artisan cherche parfois à créer une division tripartite qu'il obtient en inscrivant à l'intérieur du carré un triangle équilatéral dont il trouve la racine carrée, puis en développant une formule ou un théorème, ce qui complique la trame donnant naissance au dessin.

Tout cela montre l'intérêt et la maîtrise extraordinaires des mathématiques et de la géométrie dont faisaient preuve la science et la culture musulmanes. Dans cette culture, ces disciplines sont la clé du symbolisme mais aussi de l'ordre, de la transcendance, du cosmos, somme toute, de la Divinité et de la Création.

Les ornements épigraphiques

Comme son nom l'indique, il s'agit de l'utilisation de la calligraphie arabe, des lettres de son abjad, dans deux de ses variantes principales : le style coufique et l'écriture cursive (*naskhi*).

La première porte le nom de la nouvelle ville mésopotamienne de Koufa, grand centre culturel des Omeyyades qui y installèrent leur capitale vers 657 et qui est considérée comme le berceau de l'architecture islamique. Les premiers exemplaires du Coran sont calligraphiés avec ses traits rigides et rectilignes marqués par l'absence de points diacritiques qui servent à différencier beaucoup des consonnes de l'abjad.

Le coufique est ainsi considéré comme une calligraphie cryptique à tel point que de nombreux arabophones ne sont pas capables de le lire. Ceci a contribué à lui donner, surtout au début, une dimension mythique. L'usage de cette calligraphie était réservé à des devises d'ordre religieux. Avec le temps, le coufique a évolué pour se décliner en de nombreuses variantes. Ses formes anguleuses et rectilignes permettent en outre de l'utiliser comme un élément géométrique, tels des nœuds, et profiler des *cartelas* ou encadrer d'autres ornements, etc. Dans de nombreux endroits comme c'est les cas dans l'Alhambra, les artistes ont souvent alterné le coufique avec une autre variante calligraphique, le *naskhi*.

Également connue sous le nom d'écriture cursive, c'est elle qui est la plus couramment utilisée. Ses formes volumétriques arrondies et souples favorisent le développement des traits en spirale. Elle a de nombreuses variantes régionales et locales, on reconnaît d'ailleurs plusieurs dialectes apparus dans l'histoire de l'Islam : le dialecte arabe andalousi, et même un grenadin, par exemple, qui avaient leurs propres caractéristiques, ornent de nos jours les murs de l'Alhambra. On y lit par exemple la devise de la dynastie nasride « Seul Dieu est Vainqueur », et souvent des louanges au mécène du bâtiment, « Gloire à Notre Seigneur le Sultan », à côté de louanges d'ordre religieux et d'extraits du Coran. Comme nous l'avons déjà signalé, les Nasrides élisaient leur vizir lors de joutes poétiques parmi les sujets maîtrisant le mieux l'Arabe. Cette exaltation, par des métaphores et des dithyrambes, de la figure du sultan permettait aussi de s'assurer le poste tant convoité de chef de la diplomatie de la dynastie. Ibn al-Yayyab, Ibn al-Khatib, Ibn Zamrak, Ibn Furkun sont quelques-uns des grands vizirs et écrivains nasrides étant même parvenu à éclipser le sultan lui-même. La plupart des textes qui ornent les murs de l'Alhambra sont des collections ou des *Diwans* de *qasidas* ou poèmes de leurs propres ministres. Beaucoup d'entre eux ne sont pas encore traduits. Ils décrivent des cérémonies ou des célébrations de la cour ayant eu lieu dans les endroits qu'ils ornent, comme c'est le cas du *Mawlid* ou commémoration de la naissance du Prophète, qui a eu lieu dans les alentours de l'actuel Mexuar, ou la circoncision du fils de Mohammed V dans la salle des Deux Sœurs, ou encore le fonctionnement hydraulique de la fontaine des Lions. C'est pourquoi on considère les ornements épigraphiques de l'Alhambra comme un véritable recueil de poésie et de littérature ainsi qu'une source importante de documentation historique et un précieux descriptif des différentes constructions.

La décoration florale

Elle reçoit le nom générique d'*ataurique*. Comme son nom l'indique, elle emprunte des éléments de la nature pour développer son son programme décoratif.

Les thèmes sont très limités, en revanche les formes sont très variées, ce qui est très caractéristique de la culture islamique. Sans doute en raison de son caractère symbolique, à l'origine,

Décoration murale composée de motifs épigraphiques et floraux dans la salle de la Bénédiction du palais de Comares

l'élément décoratif de base était la vigne, avec ses feuilles enchevêtrées avec les pampres. Puis ce sont les feuilles d'acanthe qui ont pris le relais, comme on peut le voir à l'Alhambra, mais surtout les palmes, sous des formes très variées : la palme simple, double, digitée, accompagnée d'ornements épigraphiques, ouverte ou fermée, etc., qui ont marqué un véritable tournant. Des grenades, des pommes de pin, des poivrons, quelques coquillages voire même parfois des fleurs au lieu de raisins, accompagnés de tiges, de feuilles ou de volutes complètent le programme décoratif de manière dénaturalisée mais très riche en nuances.

Les muqarnas *(mocarabes)*

Il s'agit d'un travail décoratif réalisé à partir de la combinaison géométrique de prismes accouplés et suspendus dont l'extrémité inférieure est coupée en surface concave et qui est utilisé pour orner les bâtiments. Les modules ou prismes s'inscrivent dans un dessin de carrés et de losanges. Leur partie inférieure est taillée et colorée alors que la partie supérieure reste cachée puisqu'elle repose sur l'une des faces d'un autre prisme. Une des règles à respecter dans la réalisation de cet ornement est que les lignes d'union de deux pièces qui joignent doivent avoir la même orientation.

Le *mocarabe* ou muqarna est le sommet de l'art musulman en matière de calculs mathématiques et de connaissances géométriques qui avaient commencé avec les dessins de panneaux céramiques de carrelage. Dans ce cas, la représentation se fait en trois dimensions. Le prototype de muqarna est apparu dans les trompes qui unissent un espace en plan carré au cercle de la voûte, générant ainsi la figure octogonale. Il apparaît au début du xème siècle et connaît un développement rapide depuis le Turkestan jusqu'en Andalousie, néanmoins le débat perdure de nos jours pour savoir si son origine se situe en Perse ou en Afrique du Nord. L'art islamique a orné de muqarnas une multitude d'éléments tels que des corniches, des arcs et des chapiteaux en utilisant différents matériaux, comme la pierre, la brique ou le bois. Mais les créations les plus spectaculaires sont les coupoles réalisées en plâtre. La malléabilité de ce matériau leur permet d'abandonner la rigidité des formes géométriques imposée par le bois.

En menuiserie, le muqarna est appliqué à des éléments particuliers des plafonds, depuis les corniches jusqu'à toute la toiture. Les bandes prismatiques en bois reçoivent le nom d'*adarajas* et peuvent avoir la forme d'un rectangle, d'un triangle ou d'un losange. Elles sont regroupées autour d'une pièce ou *chavada* pour former la grappe. En partant d'un modèle en plan, on découpe toutes les *adarajas* d'un huitième de la grappe. Les faces négatives des grappes prennent donc la forme de coupoles. Construire une voûte de muqarnas en plâtre est très compliqué et exige des connaissances approfondies en géométrie. Très peu d'*alarifes* étaient capables de les construire et le titre de maître était réservé à ceux qui y parvenaient.

Leur construction commençait à partir des coins des salles à l'aide de baguettes en bois et de clous métalliques, en collant avec du plâtre noir les différents modules réalisés à l'aide de moules jusqu'à atteindre le recouvrement final qui en faisait une structure autoporteuse défiant dans certains cas la gravité. La juxtaposition

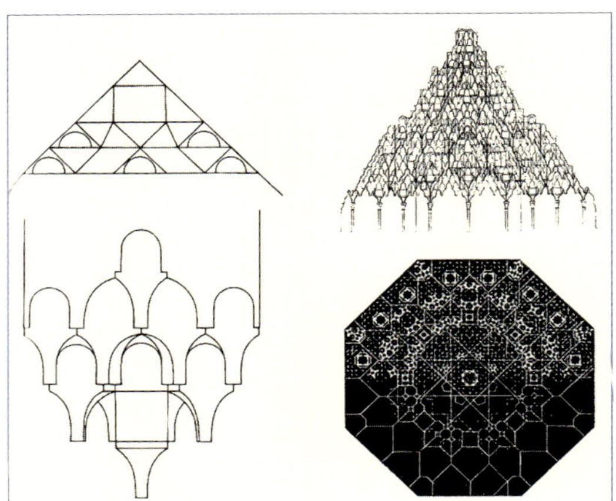

Analyse de la coupole de muqarnas de la salle des Deux Soeurs. Dessin de l'ouvrage d'Owen Jones et Jules Goury, Plans, Elevations, Sections and Details of the Alhambra, Londres, 2 vols., 1836-1845

Ornement avec *ataurique*, bandes épigraphiques en cursive et coufique et carrelage symétrique du salon de Comares

Détail de deux petites coupoles de muqarnas *(mocarabes)* dans la salle des Deux Soeurs

des modules a entraîné des constructions avec des milliers de prismes comme c'est le cas dans la salle des Rois, des Abencérages ou des Deux Sœurs, dont le nombre de prismes des voûtes peut aller au-delà de cinq mille. Grâce à la précision géométrique caractéristique de la période nasride, il est possible, même après cinq siècles d'histoire, de contempler ces voûtes sur la colline de la Sabika. Leur apparence légère est obtenue grâce au plâtre qui crée une atmosphère éthérée dans laquelle les nombreux d'éléments terrestres semblent flotter, tout en se dirigeant vers la multiplicité infinie de la voûte céleste. Il s'agit d'un effet jamais obtenu dans le recouvrement d'une toiture.

L'eau

Selon Ibn Khaldun, sociologue tunisien d'Al-Andalus du XIVème siècle, la première condition que doit remplir un site pour qu'on décide d'y fonder une ville est de disposer d'un fleuve ou de sources d'eau. Étant donné qu'il n'y avait pas de source d'eau sur la colline de l'Alhambra, il a fallu l'acheminer en franchissant différents niveaux et en la répartissant à travers un système de canalisations parfaitement conçu. Les Nasrides ont conçu une structure complexe d'ingénierie hydraulique avec des vases communicants, de grands bassins, des citernes et tout un réseau de canalisations. Le tout constitue un réseau parfaitement imbriqué.

L'eau est un élément essentiel pour la civilisation islamique. Elle est empreinte de symboles et de traditions. Le Coran, livre sacré des musulmans, dépeint le Paradis comme un verger rempli de jardins où l'eau coule sans cesse. L'eau est essentielle dans les mosquées et elle revêt différentes significations dans la culture islamique : elle est source de vie ; symbole de pureté puisqu'elle purifie le corps et l'âme ; une aumône pieuse destinée aussi bien aux personnes qu'aux animaux ; un outil pour l'hygiène, tant personnel que domestique ; et enfin, elle a une dimension poétique.

L'eau est considérée comme un bien public. Les rues des villes d'Al-Andalus étaient pleines de fontaines, ornées de carreaux de couleurs, pour subvenir aux besoins des passants ainsi que des personnes qui n'avaient pas l'eau chez eux. Elles étaient placées près des mosquées afin de faciliter les ablutions, ou des portes des villes pour apaiser la soif des voyageurs.

Beaucoup d'habitations de l'Al-Andalus disposaient d'eau grâce à des puits ou des citernes parfois placés dans les *patios*, ou à travers des canalisations. Ces citernes, dotées de filtres, amassaient l'eau de pluie des terrasses et des attiques à travers des *atanores* ou canalisations en terre cuite qui étaient nettoyées régulièrement. Indépendamment du niveau social des propriétaires de la demeure, il était rare de voir un *patio* andalou ne disposant pas d'un jeu d'eau central sous forme de bassin, de fontaine ou de vasque. La plupart des maisons étaient équipées de latrines avec de l'eau courante, pour éviter ainsi les odeurs désagréables. On peut voir une multitude de latrines dans l'Alhambra : ce sont de simples trous creusés à même le sol, sous lesquels coule l'eau canalisée par des *atarjeas*.

L'hygiène du corps est un principe socio-religieux pour l'Islam. La littérature arabe dispose d'un grand nombre d'ouvrages consacrés à l'hygiène. Même le vizir et polygraphe grenadin du XIVème siècle Ibn al-Khatib a écrit sur les soins de santé au fil des saisons. Outre les ablutions rituelles précédant la prière, l'eau est fortement conseillée pour l'hygiène du corps, on insiste notamment sur le fait de se laver les mains avant et après les repas, ainsi qu'après les rapports sexuels. Il existait un grand nombre de récipients destinés au lavage du corps fabriqués principalement en argile mais aussi en métal comme des lave-mains, des *zafas*, etc., et bien sûr le bain de vapeur. Les *hammams* se trouvaient habituellement au centre ville et près des portes de la ville. Certains citoyens des couches sociales les plus hautes pouvaient se permettre d'en bâtir un chez eux pour accueillir leurs hôtes.

Les *hammans* étaient des lieux publics. Les hommes et les femmes y rentraient séparément. Habituellement, le marié réservait le *hammam* pour ses amis avant la cérémonie. Les salles des *hammams* ont été témoin de révoltes historiques. Presque tous les villages de l'intérieur de l'Andalousie possèdent encore une rue ou une place des bains.

Les premiers musulmans ont appris les techniques d'irrigation des Perses. Lors de leur expansion dans le bassin méditerranéen jusqu'à la péninsule Ibérique, ils découvrirent les systèmes hydrauliques romains. En Perse, Mésopotamie et Syrie on utilisait des conduits souterrains ou *qanats*.

À Grenade, le *sahib al-saqiya*, le *zabacequia* de l'Albaicín ou distributeur d'eau des *carmenes*, était responsable, jusqu'à il n'y a pas si longtemps, des règles de distribution de l'eau pour l'arrosage. Il travaillait auprès du *qadi*, administrateur de la justice ordinaire, comme médiateur entre les utilisateurs. Il vérifiait également qu'ils respectent les heures qui leurs étaient attribuées en surveillant l'eau des canaux d'irrigation, et il s'assurait que les citoyens les entretiennent. La loi islamique, *Fiqh*, établissait une différence entre eau pure et purifiante, eau pure mais non purifiante et eau polluée par des impuretés. Elle établissait par ailleurs des listes de matières pures et impures, des différentes façons de purifier l'eau et définissait ses différentes fonctions.

Comme on le voit également aujourd'hui dans certaines villes du Maghreb, jusqu'à il y a peu, on pouvait voir dans les rues de Grenade des porteurs d'eau qui en vendaient en échange de quelques pièces. Leur activité était régulée par des règlements inspirés des traités médiévaux d'*hisba*.

D'innombrables engins pour acheminer et distribuer l'eau ont été inventés dont les noms sont restés dans la langue espagnole. *Azud*, al-sudd, par exemple, est le nom donné en Al-Andalus aux barrages déviant le courant des rivières, et les *cauchiles* sont les partiteurs distribuant les circuits mineurs. Les norias, *na'ura*, élèvent l'eau en franchissant parfois de grandes dénivellations.

On peut considérer que le palais des Lions de l'Alhambra est l'œuvre phare de l'architecture hispano-musulmane. La fontaine située au centre de sa cour constitue la synthèse et le symbole de

sa richesse ornementale ainsi que le prototype du fonctionnement de tout le système hydraulique de l'Alhambra. La fontaine des Lions réunit à elle seule toute une tradition technique qui est le fruit d'études et d'expériences architecturales menées au cours de nombreux siècles d'inspiration, ayant débouché sur la création de l'Alhambra.

Les bassins

Les bassins de l'Alhambra sont des éléments originaux qui mettent en évidence les différents usages ou fonctions qu'une structure ou un élément peut avoir dans la culture islamique, en l'occurrence nasride.

Ils jouent un rôle essentiel dans le système hydraulique de la ville, qui est constitué d'un réseau de vases communicants distribués de façon stratégique dans tout le complexe en utilisant les différents niveaux et dénivellations du terrain qui régulent la pression de l'eau et la distribuent dans tous les secteurs. La construction de ce réseau est la preuve de la grande connaissance que les architectes nasrides avaient de cette zone, ainsi que de leur maîtrise de l'ingénierie hydraulique, un fait que nous ne sommes toujours pas parvenus à expliquer totalement. Le Grand Bassin des Dames, par exemple, situé sur un versant du Cerro del Sol entre l'Alhambra et le Generalife, met en évidence l'importance de ces éléments pour ce peuplement rustique et urbain, et pour son évolution au fil des siècles. Les troupes qui ont conquis l'Alhambra à la fin du XVème siècle n'étaient pas familiarisées avec le fonctionnement de ce réseau hydraulique et leurs besoins et conception de l'eau étaient bien différents de ceux de ses anciens habitants. Ceci a entraîné l'abandon et la modification des installations.

Au XXème siècle, avec la restauration du monument, les fontaines et les jardins ont récupéré leur fonctionnement. Le complexe des Grands Bassins a également été restauré grâce à la construction dans les années vingt d'un complexe similaire parallèle, et un autre à un niveau inférieur dans les années cinquante.

La deuxième fonction importante des bassins de l'Alhambra est de distribuer l'eau du canal qui est puisée à son tour dans le fleuve Darro à plus de six kilomètres de distance. Il est inévitable que cette eau charrie des impuretés le long de son parcours. Les bassins sont alimentés en eau par la partie la plus élevée à travers des fontaines et des jets d'eau, et l'eau est évacuée également par le haut, au moyen de petits canaux d'évacuation placés presque au bord afin de maintenir le niveau des bassins. Le résultat est donc un circuit parfait qui maintient la pression mais qui favorise la pose des sédiments au fond du réservoir, plus ou moins comme le font les épurateurs modernes des villes actuelles.

En outre, les réservoirs sont des citernes à ciel ouvert qui gardent une grande quantité d'eau pouvant être utilisée en cas de besoin comme une ressource alternative. Rappelons le rôle joué par l'eau, les citernes et les bassins lors du siège de Grenade : si la ville a pu tenir plusieurs mois c'est grâce à toute cette eau stockée.

Les bassins sont par ailleurs considérés comme un élément esthétique intégré dans l'ensemble du bâtiment. Leur emplacement et dimensions font partie de plein droit du programme de construction du bâtiment ou de l'ensemble architectural. La mer du bassin, soit sa surface, reflète comme un miroir les constructions architecturales et la végétation qui l'entoure ; dans les palais de l'Alhambra cette conception atteint probablement la perfection comme c'est le cas notamment de la cour des Myrtes dans le palais de Comares : sans l'effet visuel tridimensionnel obtenu, cette cour nous semblerait excessivement horizontale. À midi, la lumière reflétée sur la surface de l'eau est projetée sur la façade méridionale et sur les plâtreries. Cet effet donne lieu à des jeux de lumières et à des miroitements qui contribuent à alléger le poids architectural des bâtiments qui l'entourent.

Des études micro-climatiques récentes ont montré l'importance dans l'architecture de l'Alhambra des critères d'humidité, de lumière et de température pour lesquels est essentielle la source d'eau située dans les *patios* et les bassins, ajoutée à la végétation qu'elle alimente.

L'eau, un élément indispensable pour l'architecture palatine nasride. Cour de Comares vers le sud

José María López Mezquita, *Cour des Myrtes,* 1904. Musée des Beaux-Arts de Grenade, Palais de Charles Quint, Alhambra

Fontaines et vasques

Les éléments d'eau sont intégrés dans l'Alhambra comme un dispositif complémentaire de l'architecture et de ses espaces domestiques. Ils sont un échelon intermédiaire ou de liaison avec la nature, avec le jardin et sont un avant-goût ou une interprétation de ce qui attend le croyant au Paradis. C'est pourquoi les musulmans grenadins vénéraient profondément l'eau. Il est presque impossible de se promener dans l'Alhambra sans rencontrer un bassin, une fontaine ou une vasque qui nous fait profiter de la fraîcheur et des sons de l'eau.

L'eau des fontaines de l'Alhambra coule sans cesse. C'est une eau vivante qui favorise les effets des reflets de la lumière changeante, qui resplendit sur les surfaces lisses comme des miroirs, en donnant un charme supplémentaire aux édifices : de la légèreté, de la luminosité, une touche naturelle et de la fraîcheur.

L'eau avait une place essentielle dans la culture nomade du désert qui est à l'origine de l'Islam. Les musulmans ont intériorisé l'image de l'oasis. Lorsqu'ils sont devenus sédentaires, ils l'ont adaptée en développant des connaissances hydrauliques dont le but primordial était d'éviter à tout prix la perte d'une seule goutte de ce bien précieux. C'est pourquoi on ne trouve pas dans l'architecture musulmane l'image démoniaque des gargouilles européennes gothiques ou romanes crachant l'eau loin des bâtiments, car elle était abondante voire gênante. Les quelques gargouilles que l'on peut voir à l'Alhambra sont très simples et droites ; elles se confondent avec les canaux qui forment les trous de coulée des fontaines comme à Comares. On n'en a retrouvé que quelques-unes ornées d'*atauriques* et de caissons.

Les Nasrides ne se contentaient pas de la présence de l'eau dans les cours et les jardins. Ils ont donc adapté les seuils et les intérieurs des pièces principales de façon à ce qu'elle y soit aussi présente. Ils se sont inspirés de la référence coranique des ruisseaux et des eaux dormantes qui serpentent entre les pieds des croyants pour unir ces fontaines de l'intérieur à travers de petits vaisseaux qui conduisent l'eau, tantôt rapide tantôt calme, mais toujours transparente et murmurante jusqu'au jardin. Les sultans de l'Alhambra avaient l'habitude de s'asseoir à côté des bassins à même le sol pour discuter ou méditer, un peu comme le faisaient les rois médiévaux européens autour d'une cheminée ou d'un feu.

L'arrivée des rois chrétiens à l'Alhambra avec des idées, des mœurs et des besoins différents en matière d'espace, a entraîné de profonds réaménagements à l'intérieur des habitations ou des résidences. Ils ont adapté de nombreux espaces dont ceux possédant des fontaines. Habitués à l'eau vivante et sonore, ils ont élevé les sources d'eau en équipant les bassins de nouveaux jets d'eau situés plus en hauteur, afin que la surface de l'eau des fontaines soit plus agitée. Ils ont également fait en sorte que l'eau glisse et déborde les bacs. Nous sommes donc à l'opposé de la subtilité nasride, artificieuse mais ingénieuse, qui maintenait l'eau au même niveau, pour la faire circuler sans qu'elle ne déborde jamais (sauf si elle faisait partie d'un artifice), pour la faire glisser doucement et entendre ses murmures ou des sifflements doux et gutturaux.

De petits *atanores* en terre cuite et des tuyaux en plomb forment un réseau de conduits souterrains. A la surface, ce réseau est composé d'éléments de différents matériaux comme des pièces en marbre, en céramique, en verre. On trouve aussi de simples canaux guidés par des briques pouvant s'accoupler aux marges d'un escalier ou suivre l'axe de ses marches. Les tuiles qui protègent les circuits des tuyaux peuvent être retournées et recouvertes de verre pour former un canal parfait.

Il est fréquent de voir dans l'Alhambra un type de fontaines appelées fontaines schématiques. Elles sont creusées à même le sol dans les pièces, et leurs bords n'ont que très peu de relief. Elles sont peu profondes et maintiennent habituellement le niveau de l'eau qui est projetée énergiquement d'un jet assez large et peu élevé. Un orifice d'écoulement à section proportionnée permet à l'eau de glisser à la fois doucement et vite en provoquant de subtiles ondulations qui reflètent la lumière et qui, selon certains textes arabes, « reluisent comme un dinar ».

Fontaine schématique de la cour de Comares

Les fontaines à lobules ont la forme d'une timbale ou d'une moitié d'orange, avec des bords lobulés qui favorisent à l'intérieur le mouvement ondulatoire de l'eau imitant ainsi les vagues de la mer.

Les lobules sont taillés en marbre de différentes épaisseurs et sont en nombre très varié. Ils adoptent des formes régulières ou alternent parfois avec des lobules de différent rayon ou avec des saillies en arrête ou en angle. Ils sont généralement de taille moyenne, mais le diamètre des plus grands peut dépasser les deux mètres. Il en existe aussi dans des dimensions bien plus réduites, faits en céramique et richement décorés. Tout comme de nombreux éléments de l'art et de l'esthétique hispano-musulmane, leur développement s'inspire directement de la Cordoue califale dont l'Alhambra est l'héritière logique. Bien que ces fontaines puissent dépasser légèrement le niveau du sol, elles sont habituellement creusées un peu au-dessous de la surface par laquelle elles évacuent l'eau, qui peut prendre une forme polygonale.

Jardins

Les jardins et les espaces cultivés sont aussi des éléments indissociables des palais et des constructions architecturales. Ce sont des éléments décoratifs, pleins de sophistication et de symbolisme, qui sont présents dans tous les recoins de l'Alhambra et du Generalife. Ils contribuent à donner une dimension particulière, aussi bien spatiale que temporelle, au paysage de ce monument.

Le passage du temps sur la Colline Rouge a multiplié et enrichi la variété des jardins à l'intérieur de l'enceinte. Il en est de même pour les espèces végétales que l'on peut y observer, et qui sont la preuve du passage à l'Alhambra de différents jardiniers, car les jardins reflètent des époques et des sensibilités différentes.

Mais il est vrai que ce sont les jardins médiévaux créés lors de l'étape nasride qui sont les plus importants en raison de leur ancienneté, de leur manière raffinée d'intégrer la végétation, l'eau et les bâtiments qui les entourent, et du rapport étroit qu'ils établissent avec la conception coranique du Paradis rêvé.

Les textes arabes distinguaient différents types d'espaces jardinés ou cultivés, dont le nom, parfois un peu imprécis, est toujours utilisé de nos jours pour les décrire.

Fidèles à l'héritage des civilisations méditerranéennes précédentes, les riyads sont des cours aménagées en jardin, des jardinets de plaisance, le reflet le plus fidèle du jardin hispano-islamique. Ils sont parfois divisés en quatre comme c'est le cas de la cour du Canal dans le Generalife, et de la cour des Lions ou du Jardin comme on l'appelait jadis. Ils sont parfois mis en valeur par un grand bassin comme c'est le cas dans la cour des Myrtes du palais de Comares ou dans la cour des Dames dans le Partal. Le *patio* est conçu comme le centre et l'expansion du palais, intime et préservé des regards curieux de l'extérieur, quoiqu'il reste parfois intelligemment ouvert sur le paysage. L'eau y joue un rôle principal comme vecteur essentiel de pouvoir et de prospérité, comme un élément dont les reflets permettent de « reconstruire » des volumes, d'illuminer des espaces sombres et d'évoquer la présence de la perfection sublime.

Il est habituel de trouver dans le monument des jardins avec une forte présence d'espèces horticoles. Comme à l'époque de l'Al-Andalus, le jardin verger présente un aménagement, une structure et une variété végétale permettant de concilier la fonction esthétique et la fonction productive. Les différentes espèces végétales décoratives comptent parmi eux des arbres fruitiers et d'autres légumes classiques dans des espaces où se confondent singulièrement les jardins et les potagers. Cette combinaison de végétation, d'eau et de bâtiments avec des fleurs, des plantes aromatiques, des fruitiers et des légumes ainsi que des canaux, des bassins et des pavillons destinés au repos était couramment utilisée extra-muros, dans des domaines appelés *munya* ou *bustan*. Il s'agissait de domaines de grande superficie appartenant en règle générale à l'aristocratie. Leur fonction était multiple : esthétique, économique et expérimentale bien

Vasque du *hammam* dans le palais de Comares

Jardins du Partal avec le Generalife au fond

que dans certains cas une de ces fonctions prédominait sur les autres. Dans ce contexte, le Generalife aurait été une *almunia* (potager), une propriété de plaisance avec des espaces intimes destinés au repos et des espaces à vocation clairement productive.

De son côté, le mot *yanna* fait référence à une propriété placée aussi extra-muros mais à vocation purement productive, avec une agriculture d'irrigation. Elle dispose aussi d'une habitation et elle peut être divisée afin d'être cultivée de façon individuelle par de petits agriculteurs. D'une façon simple et synthétisée, la *munya* correspond à ce que nous appelons de nos jours un verger jardin, et la *yanna* au potager avec des arbres fruitiers.

Enfin, le *carmen* grenadin (de l'arabe *karm*, vigne ou vignoble) est aussi l'héritage de la culture horticole et jardinière de l'Al-Andalus. Ce sont généralement des propriétés de taille réduite qui se succèdent sur les collines descendant vers les fleuves Darro et Genil, en suivant un parcours jadis suburbain. Elles sont délimitées par des clôtures qui les cachent du regard des passants. Leur caractéristique majeure est la combinaison habile et harmonieuse du jardin et du potager.

Parmi les exemples les plus modernes des jardins de l'Alhambra, on doit citer les jardins de la Renaissance (cour de la Grille ou de Lindaraja, réaménagée au XIXème siècle), du XVIIème siècle (jardin des Chemins de Ronde dans l'Alcazaba), du XIXème siècle (Jardins supérieurs du Generalife), du XXème siècle (jardins du Partal et Nouveaux du Generalife) et même du XXIème siècle (dans les alentours du théâtre).

La végétation du monument a aussi évolué au fil des siècles : non seulement le nombre et la variété des espèces, mais aussi les techniques et les styles de culture et d'entretien. Aux espèces traditionnellement utilisées durant la période nasride comme la giroflée, le lys, le jasmin, le cyprès, l'oranger amer ou le lis, se sont ajoutées d'autres plantes provenant d'autres régions et continents. Elles sont considérées de nos jours

Le jardin de la Fidélité de l'empereur Babour. Miniature Mogole, 1590. Londres, The British Library

comme des espèces caractéristiques du jardinage grenadin : on peut citer le buis, le macassar, le géranium, l'aspidistra, la glycine ou la rose pompon.

Si l'on devait choisir une espèce pour représenter les jardins de ce monument, ce serait sans doute le myrte. La culture arabe la considère comme une plante à *berakha* (une bénédiction invisible). Son feuillage est dense et odorant. Le myrte sous forme de haie, a été utilisé à toutes les époques et dans presque tous les jardins de l'Alhambra. Le myrte mauresque dont les feuilles sont plus grandes et gondolées, et les racines remarquablement médiévales, reste presque inaperçu dans certains espaces réservés de l'Alhambra et du Generalife.

Matériaux et méthodes de construction de l'Alhambra

Le royaume nasride a été fondé dans un contexte politique difficile, et mises à part quelques brèves périodes plus prospères, il a toujours souffert d'un manque de ressources économiques. Ses constructeurs ont été obligés de faire preuve d'imagination, d'employer des techniques constructives très épurées et d'utiliser au mieux des matériaux modestes pour obtenir un résultat éblouissant, en sacrifiant parfois des aspects très importants, même essentiels.

Rappelons ici les vers d'Ibn al-Khatib, l'énigmatique premier ministre de Mohammed V et grand constructeur et réformateur de l'Alhambra du XIVème siècle, à travers lesquels il prévient le sultan des conséquences du gaspillage et lui rappelle quelles sont les priorités selon lui.

> [...] toi, Moulay tu ne m'écoutes pas, marchant sous des échafaudages et de grosses cordes, parmi des sacs de stuc et de briques et des chariots remplis de pierres, dans une lande aride, face à des ennemis óqui, avides, cruels, nous harcèlent.
>
> [...] tout comme celui qui rassemble des myrtes pour les planter sur un terrain en ruine et une demeure déserte! [...]
>
> N'abuse pas du pouvoir, réveille-toi, économise et, pour ton bien, fais augmenter tes troupes et tes trésors.

Maçons musulmans construisant un mur à la façon traditionnelle. Miniature de la Indian Office Library de Londres, vers 1850

Nous présentons à la suite les principaux matériaux avec lesquels ces exceptionnels *alarifes* ont bâti l'Alhambra.

Le pisé

La plupart des édifices, des tours et des remparts formant la structure du monument sont le résultat d'une technique de construction très utilisée dans l'Alhambra : le pisé. C'est une solution technique élégante conçue pour faire face à un besoin impérieux : les constructeurs de l'Alhambra devaient édifier à un coût réduit en un temps relativement court. Pour cela, ils extrayaient la terre argileuse de la colline, la traitaient en corrigeant sa granulométrie, y ajoutaient un liant (chaux) puis de l'eau pour l'humidifier. Le mélange était ensuite versé dans des moules en bois comportant deux couvertures latérales formées par des planches, et tout un ensemble de pièces auxiliaires qui le rendaient indéformable et capable de résister à la pression exercée par le mélange lorsqu'il y était versé et se comprimait.

Il était compacté à l'aide d'une grande variété de dames en bois dont le poids et la forme variaient selon la zone du moule destinée à la construction (fond, superficie, coins, etc). Chacun des moules ou pisés ainsi fabriqués forme une unité constructive qui, une fois remplie, compactée et démoulée reçoit le nom de mur de pisé. Une construction ainsi bâtie est donc formée par un ensemble de murs de pisé.

Ce système de construction peut varier selon l'élément à bâtir, ou selon l'usage que l'on réserve à cet élément. Comme c'est souvent le cas avec tous les systèmes et techniques traditionnels, leur nom varie aussi d'une région à l'autre. La plupart des tours et des murs de l'Alhambra sont des constructions en pisé.

Le béton de chaux

Il est composé d'un mélange d'arides (gravier et sable), et de la chaux en guise de liant. En y ajoutant de l'eau, on obtient un matériau très résistant et durable. Si l'on considère le bon état de conservation des éléments architecturaux construits avec ce béton, on peut en déduire que cette technique de construction était très efficace. On le voit principalement dans les parties des édifices qui devaient supporter le plus de poids, comme c'est les cas de la partie inférieure des remparts, ou des soubassements, etc.

Les briques

La brique est un élément essentiel de l'architecture intérieure de l'Alhambra. Elle résulte de la cuisson au four des terres argileuses provenant des alentours de Grenade, près de la Vega, la plaine de Grenade. Non loin de là on trouve aujourd'hui encore des tuileries, la fabrication de produits en terre cuite est en effet une activité qui a perduré dans cette région. Les briques pouvaient également être utilisées comme éléments décoratifs, comme c'est le cas dans l'arc de la porte des Armes ou sur la façade intérieure de la porte de la Justice. Leurs dimensions tournaient généralement autour de

Détail de la fortification de l'Alcazaba où l'on peut voir les « caissons » de pisé nasride avec leurs *« tongadas »* et *« mechinales »*, badigeonnements et renfort de brique

19,5 x 14 x 4 cm, et elles étaient cuites dans des fours à bois. Étant donné que la température à l'intérieur de ces fours ne peut être constante, leur degré de cuisson et donc leurs qualités étaient très variables. Les travaux d'entretien réalisés actuellement dans l'Alhambra on utilise toujours des briques fabriquées de manière traditionnelle, ne différant que très peu de celles qu'utilisaient les *alarifes* nasrides pour construire les palais.

Le plâtre

Il constitue le matériau essentiel de la plupart des éléments décoratifs de l'Alhambra. On le trouve sous forme de muqarnas dans les voûtes, sous forme de pans taillés ou sebkas dans beaucoup de murs, et sur des colonnes ornant les grands portiques. Il est également utilisé comme une élégante façon de louer Dieu à travers les sourates coraniques des ornements épigraphiques que l'on peut contempler à plusieurs endroits, ainsi que pour vanter et flatter les sultans, voire même pour décrire d'une façon précise et poétique les plus beaux espaces. Les alarifes nasrides étaient des maîtres dans l'art de travailler ce matériau, qu'ils ont également utilisé en extérieur : les techniques de fabrication des pâtes étaient tellement performantes que ce matériau a perduré au fil des siècles.

L'emploi du plâtre dans l'Alhambra est très varié. On le retrouve dans les pièces les plus intimes et isolées des espaces de vie commune, comme recouvrement des plinthes sous forme de stuc d'une délicatesse sublime, comme base des peintures en détrempe qui les décorent ou comme recouvrement de mortier de plâtre simple.

La chaux

Il s'agit d'un matériau de construction incontournable pour l'Alhambra qui a beaucoup été utilisé dans la période nasride. La chaux était utilisée pour fabriquer le pisé, les bétons de chaux, et les mortiers pour la construction des murs. Les Nasrides utilisaient de la chaux hydraulique pour fabriquer des mortiers servant à recouvrir les bassins, les réservoirs et les citernes, car cette masse imperméable pouvait prendre et durcir sous l'eau. Ils utilisaient de la chaux aérienne pour fabriquer des mortiers servant aux recouvrements extérieurs. La plupart de ces derniers n'existent plus de nos jours, mais ils ont joué le rôle de couche de protection de nombreux bâtiments et ils étaient parfaitement compatibles avec les supports sur lesquels ils étaient appliqués. Cette technique est utilisée de nos jours dans les travaux de réhabilitation réalisés dans le complexe monumental.

La pierre

L'usage fait de la pierre dans l'Alhambra est double : ornemental et fonctionnel. En tant qu'élément ornemental, elle apparaît comme emblème de pouvoir puisqu'elle recouvre les grandes portes de l'enceinte dont les

Détail d'un des lions de la fontaine où l'on apprécie la texture de la pierre

Parement intérieur de la tour de Comares avec des ornements en plâtre

exemples les plus majestueux sont la porte de la Justice et la porte de Sept Étages (disparue puis reconstruite) ; ainsi que d'autres moins spectaculaires mais d'une beauté exceptionnelle comme la porte du Vin, voire même d'autres qui passent presque inaperçues, telles que la porte de l'Arrabal ou la porte de l'enceinte haute de l'Alcazaba. Ces portes sont habituellement recouvertes avec de la pierre calcaire ou du grès provenant d'endroits proches, tels que la zone de Loja ou du Temple. On retrouve également la pierre comme élément associé à l'eau puisque les fontaines de l'Alhambra sont construites en pierre. L'exemple le plus notoire est la fontaine des Lions réalisée en marbre de Macael.

En ce qui concerne son usage fonctionnel, elle est présente comme recouvrement des sols avec parfois des dimensions spectaculaires comme c'est le cas dans la salle des Deux Sœurs, ou comme matériau structurel sous forme de colonnes dans la cour des Lions. Dans ces deux cas, il s'agit de marbre de Macael. Néanmoins, si l'on veut observer le plus bel exemple du complexe en matière de taille de pierre, aussi bien dans son usage ornemental que fonctionnel, il convient de visiter le palais de Charles Quint.

Un menuisier musulman avec ses outils de travail.
Miniature de la Indian Office Library de Londres, vers 1850

Le bois

Élément indispensable et toujours présent dans l'architecture d'un monument, le bois sert de support aux toitures, au niveau des structures des pannes et des jointures, et fait partie des systèmes complexes soutenant ses sols, telles que les grandes *rastras* (poutres), les poutrelles et les planches, etc., qui sont la plupart du temps en bois de pin. Le bois est également présent dans des éléments de taille réduite comme les jalousies et les fenêtres, et dans des éléments plus impressionnants comme les grandes portes de la porte de la Justice, de la porte des Armes, de celle du Faubourg et des Sept Sols ; mais aussi dans des portes intérieures d'une extrême beauté comme celles de la salle de la Bénédiction, des Aleyas et des Deux Soeurs. Enfin, on le retrouve bien sûr dans ce qui constitue l'exemple le plus remarquable de la menuiserie nasride, à savoir les *alfarjes* ou les plafonds à caissons, dont la plus belle illustration est le plafond de la salle du Trône dans le palais de Comares.

La « Formation Alhambra »

Les personnes travaillant dans la construction considèrent que le premier matériau de construction et peut-être le plus important est le terrain en tant que tel, les fondations sur lesquelles est bâtie leur œuvre. Le terrain sur lequel est construite l'Alhambra a des caractéristiques très favorables à la construction. Il s'agit d'un terrain formé par un conglomérat de couleur rougeâtre constitué de galets de différentes tailles provenant d'une formation géologique très ancienne et très compacte grâce à laquelle, malgré le passage du temps et les différentes étapes qu'il a traversées, la structure du complexe monumental est demeurée intacte. Les géologues ont donné à cette formation géologique, également présente dans d'autres zones de la ville et de ses alentours, le nom de « Formation Alhambra » en hommage au monument.

Détail du conglomérat Alhambra avec une veine de terre rouge

Les plâtreries de l'Alhambra

Un des matériaux des plus utilisés dans le monde islamique est le plâtre, employé comme « épiderme » des murs aussi bien intérieurs qu'extérieurs dans la plupart des bâtiments. Le savoir-faire des artisans musulmans ajouté à la souplesse du plâtre pour le gâchage, ainsi que ses remarquables qualités comme matériau constructif et ornemental ont favorisé son développement dans tout le monde islamique. Mais c'est à l'Alhambra que l'on retrouve le plus grand éventail de motifs d'une grande finesse et d'une grande délicatesse. Pour obtenir ce plâtre, on expose la pierre à plâtre à des températures comprises entre 120 et 1000 °C. Elle perd alors pratiquement toute l'eau de cristallisation et devient du sulfate de calcium semi hydraté prêt pour être gâché.

Afin de fournir du matériau à toute cette industrie, il fallait des carrières d'extraction de la pierre à plâtre non loin du site. L'exploitation géologique se trouvait à 11 kilomètres de l'Alhambra, dans la zone de Monte Vives. Cette carrière, qui est toujours en fonctionnement, se trouvait, d'après les documents historiques, dans la commune de Gabia la Grande où l'on extrayait du gypse et de l'albâtre afin de fabriquer un plâtre très blanc et très pur, idéal pour les travaux délicats. L'Alhambra est à l'origine d'un changement qui a révolutionné les ateliers et leur système de travail : l'usage de moules, ce qui permettait d'obtenir un grand nombre de moulages. Ceci a entraîné le développement d'une nouvelle technique de fixation des plaques qui n'existait pas auparavant. Les artisans nasrides qui, jusque-là, effectuaient leur travail de cisèlement directement sur le mur en plâtre, combinèrent les deux techniques : le cisèlement et l'usage de moulages. Cette nouvelle technique, néanmoins difficile à maîtriser, leur a fait gagner du temps, ils pouvaient donc décorer plus d'espace en moins de temps. On soignait le dessin du moule original et à la fin de la période nasride, que nous pouvons qualifier de « naturaliste », on parvint à obtenir de minuscules motifs qui, telles des ruches en dentelle, se combinaient avec une profusion de motifs végétaux, géométriques et épigraphiques, dont on trouve la plus belle illustration dans les ornements de la tour des Dames.

La plupart des plâtreries que l'on peut voir de nos jours sont très différentes de ce qu'elles étaient à l'époque médiévale car elles ont perdu en grande partie l'expressivité de leurs couleurs. Elles étaient polychromées avec une palette de couleurs primaire et une combinaison délicate de noir, rouge et bleu alternés avec le blanc du fond. La feuille d'or était réservée aux textes coraniques.

Jusqu'à aujourd'hui, on ne s'expliquait pas comment elles avaient pu survivre au temps étant donné leur grande capacité d'absorption et leur haute solubilité dans l'eau. Mais les dernières études réalisées sur ce matériau ont mis en évidence la présence d'une couche finale composée de sulfate de calcium et d'additifs organiques recouvrant la totalité des motifs ciselés. Cette couche leur a permis de résister mieux aux agents externes susceptibles de les détériorer et a favorisé la fixation de la polychromie finale. La présence de cette couche blanche ajoutée à d'autres substances appliquées sur les motifs obtenus par la technique des

Pavillon oriental de la cour des Lions avec la toiture de 1859. Photographie de J. Laurent, 1871

moules (technique qui n'est plus utilisée par les artisans actuels), font des plâtreries de l'Alhambra des pièces uniques au monde.

La restauration dans l'Alhambra

La restauration comprend l'ensemble des opérations ou des interventions matérielles sur un monument ou une œuvre d'art nécessaires pour réparer les détériorations éventuelles et pour leur conservation.

À partir de la seconde moitié du XIXème siècle et jusqu'au début du XXème siècle, l'Alhambra a été restaurée selon les principes généraux de la théorie de Viollet le-Duc (1814-1879). Dans son *Dictionnaire Raisonné de l'Architecture Française du XIème au XVIème* siècle (Paris, 1854-1868), il donne la définition suivante : « Le mot et la chose sont modernes. Restaurer un bâtiment n'est pas le préserver, le réparer ou le reconstruire, c'est le replacer dans un état complet qui a pu ne jamais exister à une époque donnée ». Ce style de restauration est appelé « restauration stylistique ».

Conformément à ces principes, les restaurateurs de l'Alhambra du XIXème siècle, dont notamment Rafael Contreras, ont entrepris de donner à l'Alhambra une image correspondant, non pas à sa réalité historique et aux difficultés qu'elle a traversées, mais plutôt à l'idéal de « style arabe » qu'ils avaient imaginé. Ils ont donc rajouté des éléments et en ont restauré d'autres afin de mettre en avant l'aspect « oriental » du monument. C'est ainsi que la toiture de la cour des Lions a été réformée en 1859 sous les ordres de Contreras, en remplaçant le toit original par une coupole recouverte de céramique vitrifiée. Il en est de même pour la galerie nord du palais de Comares dont le toit a été recouvert de tuiles vitrifiées et orné d'une petite coupole. Les ornements en plâtre de la salle des Lits des bains ont été complétés entre 1843 et 1866 et leurs couleurs ont été refaites de manière libre. Beaucoup de plâtreries ont été refaites la même idée, en comblant les lacunes ou pans de mur disparus. Étant donné que le but n'était que d'obtenir un effet sur l'ensemble, sans aucune rigueur, on plaçait sur des murs nus des copies vidées de fragments situés ailleurs dans le monument.

Leopoldo Torres Balbás (1888-1960), architecte conservateur de l'Alhambra de 1923 à 1936, a introduit quelques critères d'ordre scientifique allant au-delà de la restauration stylistique du XIXème siècle, et fidèles aux principes qui commençaient à apparaître en Europe concernant la conservation et la restauration de monuments repris dans la Charte d'Athènes (1931). Ces principes sont les suivants : entretien régulier et permanent des bâtiments historiques ; respect absolu de l'oeuvre historique et artistique du passé, sans proscrire le style d'aucune époque ; légitimité de l'usage des techniques et matériaux modernes qui doivent toujours être reconnaissables ; et besoin de protéger l'environnement du monument en établissant notamment la suppression de toute publicité, de poteaux, de câbles, etc., ainsi que de toute activité bruyante susceptible de perturber le calme nécessaire à la contemplation d'une œuvre d'art.

Torres Balbás a appliqué et enrichi ces principes à l'Alhambra. La ligne de conservation actuelle du complexe monumental est inspirée de sa gestion. Il a réalisé de nombreuses restaurations en imposant ces critères.

De nouvelles études et documents ont enrichi et nuancé la conception de la restauration jusqu'en 1930. L'apport le plus significatif est la valeur donnée au terrain sur lequel le monument est bâti ainsi que le besoin de l'inclure dans le projet de restauration globale. Une autre nouveauté à noter est l'importance donnée au besoin de mettre en œuvre des mesures de prévention et d'entretien, afin d'éviter les interventions de restauration considérées comme des interventions extrêmes.

Le Manifeste de l'Alhambra

En octobre 1952, l'architecte Fernando Chueca Goitia convoqua un groupe d'intellectuels à l'Alhambra, la plupart d'entre eux architectes, pour lancer une réflexion plus moderne sur le monument nasride. Le fruit de cette réunion est un document, « El Manifiesto de la Alhambra », qui a inspiré plusieurs générations de professionnels, souligne le caractère contemporain de l'Alhambra, et

Cordoue en échange de la ville de Grenade, de pouvoir gouverner plus tard Malaga et Almeria et de participer à la conquête de Séville en 1248. À la mort de Ferdinand III en 1252, Mohammed Ier s'allia avec les Mérinides d'Afrique du Nord. Toute la période nasride fut donc marquée par cette pratique des alliances, et la politique étrangère de l'État nasride se caractérisa par une alternance diplomatique ou militaire constante. Mais la situation interne n'en restait pas moins instable : fréquents soulèvements des gouverneurs, rivalités dynastiques et intrigues courtisanes... La longue liste des sultans qui se succédèrent en est d'ailleurs la preuve, beaucoup ayant été assassinés après trahison, évincés ou restaurés en de brefs laps de temps. La perte de Gibraltar en 1462, les tributs de plus en plus lourds et le mariage de Ferdinand d'Aragon et Isabelle de Castille entraînant l'union de leurs royaumes en 1479 marquèrent le début de la chute du sultanat nasride. À partir de 1481, le sultan 'Ali (Moulay Hasan) fit quelques conquêtes mais dut céder le pouvoir à ses vizirs, incapable de mettre un terme au malaise et aux soulèvements de ses sujets, tandis que son épouse et sa favorite chrétienne se disputaient les droits de succession de leurs fils respectifs. C'est finalement Abu'Abd Allah Mohammed (Boabdil), fils de la première, qui accéda au trône. Capturé lors d'une expédition, il fut ensuite libéré en échange de quatre cents prisonniers chrétiens, douze mille pièces d'or et la promesse de reconnaître la suprématie de Ferdinand d'Aragon sur Grenade.

Mais une fois revenu au pouvoir, Boabdil se montra incapable de maintenir l'union de son État dont les villes principales (Alhama, Ronda, Loja, Malaga, Baza et Almeria) tombèrent l'une après l'autre. Finalement, il ne lui resta que Grenade, surpeuplée et assiégée. Confronté à une situation irréversible, il capitula le 2 janvier 1492.

D'un point de vue culturel et artistique, le règne nasride se divise en quatre périodes. Une première étape d'affinité et d'harmonie avec les prédécesseurs Almohades et dans laquelle s'inscrivent les quatre premiers sultans, de 1238 à 1314. La deuxième période, de 1314 à 1354, donne naissance à un style propre plus évolué. Ismaïl Ier et Youssouf Ier, dont on soulignera la construction des palais, sont les deux sultans les plus représentatifs de cette période. La troisième période correspond au sultanat de Mohammed V, le grand constructeur, notamment pendant son deuxième règne, de 1362 à 1391, âge d'or des Nasrides marqué par des constructions à l'esthétique naturaliste et pétries d'effets optiques. La dernière période, que l'on peut percevoir comme répétitive ou réitérative et qui n'arbore pas le génie de l'étape précédente, s'étend sur l'ensemble du XVème siècle. Malgré tout, elle est marquée par les constructions de deux sultans, Mohammed VII et Youssouf III.

L'Alhambra comme Palais Royal

En 1492, l'Alhambra fut intégrée au patrimoine de la Couronne en tant que Palais Royal et se vit attribuer d'importantes fonctions militaires comme l'État-major et une juridiction propre différente de celle de la ville de Grenade. Elle entra ainsi dans le programme de modernisation des Rois Catholiques, conçu pour doter de structures administratives et politiques le nouvel État, qui allait marquer le début de l'âge moderne en Espagne. Dès lors, la résidence palatine de l'Alhambra prit le nom de Nouveau Palais Royal pour marquer la différence avec l'Ancien Palais Royal ou Palais Nasrides. Les aménagements

Blason impérial de Charles Quint sur la fontaine de Charles Quint dans la forêt de l'Alhambra, à côté de la porte de la Justice

Détail des peintures du plafond central de la salle des Rois dans le palais des Lions

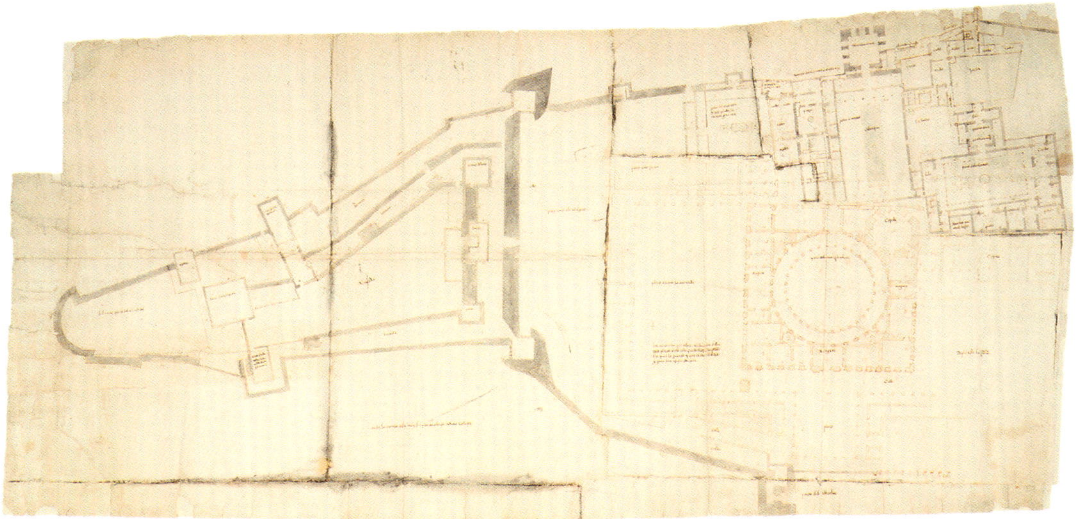

Plan de l'Alhambra, sans date ni signature, attribué à Pedro Machuca, daté d'avant 1542 et conservé au Palais Royal de Madrid

réalisés à l'intérieur de l'enceinte de l'Alhambra tenaient du reste compte de ces nouvelles fonctions. Les accès à la ville palatine furent modifiés : ladite Cuesta de Gomérez devint l'accès prioritaire, notamment à partir de la construction de la porte des Grenades comme arc de triomphe, au détriment des accès habituellement empruntés par la population nasride.

Le système de défense fut renforcé par des bastions circulaires, plus efficaces face à l'innovation militaire la plus redoutée de la guerre de Grenade, à savoir l'artillerie. Une grande citerne fut construite pour amener l'eau jusque dans l'enceinte, alors saturée par une population militaire aux mœurs et aux besoins particuliers. Habitués à la grandeur des palais chrétiens de la fin du XVème siècle et non pas aux logements réduits des musulmans et des Maures grenadins, les nouveaux habitants de l'Alhambra furent contraints d'unir deux ou trois maisons contiguës et de les aménager pour couvrir leurs besoins vitaux. De leur côté, les Rois Catholiques, qui partagèrent l'Alhambra entre la cour et les chevaliers, se réservèrent les palais musulmans les plus remarquables pour y installer leur résidence royale. Connaissant bien les bâtiments musulmans présents en d'autres lieux, bâtiments qu'ils acceptaient et admiraient, ils décidèrent de réaménager ces palais musulmans suivant le style décoratif mudéjar, faisant venir pour cela des artisans du Levant, de Saragosse, de Séville, et plus tard de Cordoue. Ainsi, l'héritage islamique put être sauvegardé à de nombreux endroits de l'Alhambra puisqu'il fit l'objet d'une subtile avec le legs mudéjar.

Les thèmes ornementaux nasrides furent ainsi combinés aux thèmes typiques de la Renaissance occidentale, notamment au niveau des accès au Palais Royal, au Mexuar ou à la chambre Dorée, où le blason nasride était présent au même titre que les emblèmes des Rois Catholiques ; les plâtreries, réhabilitées, devinrent ainsi un symbole du respect envers la culture hispano-musulmane. L'ancienne mosquée de l'Alhambra fut transformée en église et l'ancien palais de la calle Real réaménagé en couvent franciscain où la reine en personne demanda à être enterrée tant que la construction de la Chapelle Royale de Grenade ne serait pas achevée. Tout cela prouve bien la volonté ferme des Rois de conquérir une ville dont l'importance était fondamentale dans le contexte international de l'époque.

Après ses noces au printemps de 1526 avec Isabelle de Portugal, l'empereur Charles Quint décida de s'installer à l'Alhambra jusqu'à l'automne. Il fallut donc improviser des appartements, et en marge de la prétendue conception en ces lieux du futur roi Philippe II, Charles Quint montra ainsi l'admiration qu'il ressentait pour ses grands-parents en décidant de faire construire un palais impérial grandiose et de transformer la grande chapelle de la cathédrale de Grenade en panthéon royal de la Couronne espagnole.

Il s'agissait en quelque sorte de légitimer la lignée du plus grand défenseur de l'orbe chrétien par le dernier bastion islamique d'Occident. Cette décision supposa le transfert de la cour à Grenade, et c'est ainsi que la ville accueillit pendant quelques mois des nobles tels que Germaine de Foix, veuve du roi Ferdinand, ou le comte de Nassau, des ambassadeurs comme Andrea Navaggero, Baldassare Castiglione, nonce apostolique, ou encore des écrivains comme Boscán et Garcilaso de la Vega. Charles Quint jouissait à l'époque du soutien du pape Adrien VI, son ancien précepteur, et d'Henri VIII d'Angleterre suite à la signature du traité de Windsor de 1522. Ce traité fut de fait décisif pour mettre fin aux campagnes ouvertes sur divers fronts, qui s'achevèrent en 1525 à la bataille de Pavie par la capture puis l'emprisonnement en Espagne de François Ier ; il semblait donc qu'une paix durable avait été atteinte. L'affection que lui portait le roi mise à part, l'Alhambra fut le témoin de la prise de décisions politiques fatales qui conditionnèrent l'avenir de la nation, comme l'augmentation des tributs exigés aux Maures, dont les émeutes étaient constantes, ou la prédisposition à signer le traité de Madrid et à libérer le roi Français. Par ce traité, François Ier acceptait de restituer le duché de Bourgogne et de renoncer à toute revendication sur le Milanais en échange d'une amitié scellée par son mariage avec la sœur de l'empereur, l'infante Éléonore. Dès qu'il eût traversé la frontière, le parlement français obligea François Ier à rejeter le traité en faisant appel à son devoir royal de protéger le territoire français. Le roi annula alors le traité, alléguant qu'il l'avait signé sous pression.

Blason des comtes de Tendilla et marquis de Mondéjar, sur la fontaine de Charles Quint

La découverte au début du xxème siècle d'un plan du Palais Royal de l'Alhambra tracé à l'époque et aujourd'hui conservé à la Bibliothèque du Palais Royal de Madrid, apporta des informations précieuses pour la compréhension et la récupération des Palais Nasrides de Comares et des Lions, ainsi que d'autres aménagements de l'Alhambra, qui expliquent la transformation d'une cité médiévale en Palais Royal.

Un chapitre à part dans l'histoire : les Tendilla-Mondéjar, gouverneurs de l'Alhambra

On ne peut étudier l'Alhambra après la Reconquête ni essayer de comprendre les trois siècles d'histoire qui ont suivi sans connaître la saga familiale des Tendilla et ce qu'elle a représenté pour l'Alhambra. Certains de ses membres furent choisis pour leur lien avec le site royal à ce moment de l'histoire, pour leur rapport avec la transformation de celui-ci ou tout simplement parce qu'ils y naquirent et grandirent dans le cadre Renaissance empreint de culture et de tolérance que la tradition familiale sut créer en son sein. Ce ne fut toutefois pas le cas pour tous. Les Tendilla habitèrent jusqu'à leur départ dans la partie de l'Alhambra qui avait été le palais de Youssouf III au Partal.

Les deux lignées, Tendilla et Mondéjar, cohabitèrent au sein de la même famille. La plus ancienne est celle des Tendilla, les Mondéjar étant venus s'unir ensuite par le biais de Don Iñigo López de Mendoza y Quiñones, premier membre de cette illustre famille originaire de Guadalajara, où elle possédait ses terres, et arrivé à Grenade sur impératif de la guerre.

Íñigo López de Mendoza y Quiñones (1442 ? - 1515), deuxième comte de Tendilla, titre hérité de son père, Íñigo López de Mendoza y Figueroa, était le petit-fils du célèbre poète don Íñigo López de Mendoza, marquis de Santillana. Il participa aux côtés des Rois Catholiques à la campagne contre le royaume de Grenade et se distingua lors de la défense d'Alhama lorsque Moulay Hasan tenta de la reconquérir. Après une courte période comme ambassadeur du roi Ferdinand à Rome, il repartit à la guerre jusqu'à la conquête de Grenade et faisait partie de la suite du roi lorsque Boabdil lui livra les clés de la forteresse. Ferdinand le Catholique les lui remit alors et le nomma gouverneur de l'Alhambra et Capitaine général de Grenade. Pendant près de vingt-quatre ans, et sous ses ordres, l'Alhambra fit l'objet de nombreuses transformations défensives visant à adapter la forteresse aux nouvelles tactiques d'attaque et de défense basées sur un usage intensif de l'artillerie. C'est à ce moment-là que furent construits tous les bastions d'artillerie, Sept Sols, Têtes, Justice, Olivier et tours Vermeilles, conçus par le génial architecte royal Ramiro López. Les systèmes de défense passive furent aussi améliorés grâce à la construction de la grande citerne qui porte son nom (creusée face à l'Alcazaba). Mais malgré sa loyauté inconditionnelle au roi Ferdinand, il n'hésita pas à l'affronter lorsque celui-ci tenta de réquisitionner le plus gros de son artillerie et de ses artilleurs (laissant l'Alhambra sans garnison) pour confectionner la flotte destinée à sa campagne africaine. Devenu propriétaire d'une partie de la ville de Mondéjar, en 1512, il reçoit le marquisat de Mondéjar, titre qui restera désormais lié à sa famille.

Luis Hurtado de Mendoza y Pacheco (1489-1566), troisième comte de Tendilla et deuxième marquis de Mondéjar, fut gouverneur de l'Alhambra de 1515 à 1543. Lors de la rébellion des Communautés, il soutint Charles Quint de façon inconditionnelle ce qui lui valut la confiance de l'empereur dont il deviendra un ami personnel et qu'il accompagnera lors de la conquête de Tunis. Sous son mandat, l'Alhambra connut des moments de grande splendeur, dont le séjour de l'empereur lors de son voyage de noces. C'est durant ce séjour qui dura presque six mois (de juin à décembre 1526) que Charles Quint tomba sous le charme de l'Alhambra et de Grenade et décida d'y bâtir un palais majestueux.

Íñigo López de Mendoza y Mendoza (1512-1580), quatrième comte de Tendilla et troisième marquis de Mondéjar, fut gouverneur de l'Alhambra de 1543, date à laquelle son père fut nommé vice-roi de Navarre, à 1580. Il dut étouffer la rébellion des Alpujarras et des villes africaines d'Oran et de Béjaïa. Homme au caractère difficile mais cultivé et bon organisateur, il poursuivit à l'Alhambra les travaux du palais de Charles Quint, les travaux de fortification des Chemins de ronde vers la tour de la Poudre à canon et les travaux de l'ensemble des Palais Nasrides. À cette époque, les investissements étaient importants et les travaux avancèrent rapidement. De plus, il disposait de la collaboration de Pedro Machuca puis, après le décès de celui-ci, de son fils Luis ainsi que du maître Francisco de las Maderas et d'autres artisans qui lui rendaient des comptes.

Luis Hurtado de Mendoza y Mendoza (1543-1604), cinquième comte de Tendilla et quatrième marquis de Mondéjar, naquit à l'Alhambra et aida son père lors de la rébellion des Alpujarras depuis l'arrière-garde, prenant en charge les aspects logistiques. Homme au caractère difficile, il ne s'entendait pas avec Jean d'Autriche et fut démis de ses fonctions de gouverneur de l'Alhambra par Philippe II en décembre 1569. Son départ de l'Alhambra marqua le début du déclin de cette famille (dès lors, le titre de gouverneur de l'Alhambra sera un titre honorifique) ainsi que le commencement d'une période d'abandon qui allait plonger le monument tout entier dans un état de décadence qui durerait plus de deux siècles.

José de Mendoza Ibáñez de Segovia (1657-1734), douzième comte de Tendilla et dixième marquis de Mondéjar, vécut une époque difficile et la non moins complexe Guerre de Succession (1701-1713). Il choisit le mauvais camp lorsqu'il décida de soutenir l'archiduc Charles, perdant ainsi les faveurs de Philippe V qui lui confisqua tous ses biens. Au

Gustave Doré, « Voleurs de faïence à l'Alhambra », 1862.
Bibliothèque de l'Alhambra

décès de son père en 1708, puis de sa mère en 1718, tous les biens dont il hérita lui furent confisqués les uns après les autres, et notamment le palais de Youssouf III au Partal, qui fût pendant près de trois cent vingt-six ans la résidence familiale à l'Alhambra. Le palais qui venait de lui être retiré se trouvait bien mal en point et il en ordonna la démolition. José de Mendoza entra à nouveau dans les faveurs du roi après le traité de Vienne signé en 1725 par Philippe V et Charles, alors déjà à la tête du Saint Empire. Même s'il conserva le titre purement honorifique de gouverneur de l'Alhambra, il l'emporta avec lui, faisant ainsi disparaître par la même occasion le lien unissant les Tendilla avec l'Alhambra.

L'Alhambra des gouverneurs (le siècle le plus triste de son histoire)

La période la plus sombre de l'histoire du complexe nasride commença aux environs de la moitié du XVIIIème siècle. Le roi Philippe V retira aux marquis de Mondéjar et comtes de Tendilla la gouvernance de l'Alhambra car ils n'avaient pas soutenu les Bourbons lors de la Guerre de Succession à la Couronne. D'après Gómez-Moreno González, « en 1750, la Couronne s'appropria les ressources destinées à des travaux (...) Dès lors, et malgré les réclamations constantes qui lui étaient faites, elle cessa de manifester un quelconque intérêt pour le palais et c'est ainsi que commença une triste période d'abandon ». L'Alhambra sombra ainsi dans une phase de décadence qui atteignit son sommet lors de l'invasion des troupes napoléoniennes et de leur cruelle retraite en 1812 mais se poursuivit jusqu'à la moitié du siècle. Une période dévastatrice qui dura donc cent ans. Dès lors, une multitude de personnages aussi indignes qu'intéressés s'emparèrent de l'Alhambra, s'en servant à leurs propres fins et la plongeant dans une étape de dérèglement absolu. Sans Capitaine et presque sans ressources, les gouverneurs n'exercent plus aucune autorité et laissent l'Alhambra sombrer dans un abandon quasi total. En 1792, le juge conservateur de l'Alhambra Bartolomé de Rada déplorait de ne disposer que de « 2 302 réaux et 30 maravédis !... alors que plusieurs millions de réaux sont nécessaires ».

Sous le règne de Charles IV, ce furent les gouverneurs et leurs familles, uniquement intéressés par leur profit personnel, qui habitèrent l'Alhambra. L'écrivain américain Washington Irving, arrivé à Grenade en 1829, dénoncera d'ailleurs le piteux état dans lequel se trouvait alors l'Alhambra, faisant honte au Gouvernement et le poussant à agir. Le gouverneur de l'époque, le colonel Francisco de la Serna, commença à déloger les palais et inaugura les paseos de las Alamedas (promenades des Peupleraies). Cela dit, aux dires de Ford, « son grand objectif était surtout de faire travailler les galériens à l'Alhambra (...) en transformant (...) une grande partie du site en entrepôts destinés aux travaux de salaison confiés à la racaille qu'il avait sous ses ordres ».

Lorsque Richard Ford visite Grenade en 1831, il décrit avec une ironie critique que « le Gouverneur, un type appelé Savera, (...) a éliminé toute trace arabe. Il a installé sa cuisine et ses biens les plus sales sur un mirador mauresque où marbre et dorures gisent encore parmi d'indicibles abominations (...) Cette racaille a mis la main sur tout ce qui pouvait être enlevé ou vendu ». L'épouse du gouverneur Ignacio Montilla « garde son âne dans la splendide chapelle et a transformé

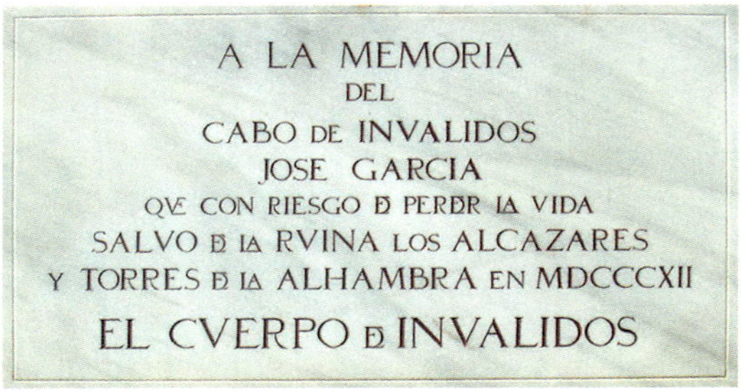

Plaque commémorative de la Place des Citernes
D'après la tradition orale, lorsque les troupes napoléoniennes se retirèrent de l'Alhambra en 1812, elles déposèrent dans chaque tour un baril de poudre, puis en allumèrent les mèches. Les tours commencèrent à s'effondrer les unes après les autres, jusqu'à ce que le brigadier José García, risquant sa vie, parvienne à éteindre la mèche située près de la zone des Palais Nasrides. Cette plaque rappelle son exploit qui sauva l'humanité d'une perte irréparable. Elle se trouve sur le mur qui ferme au sud la Place des Citernes.

la cour de la Mosquée en enclos pour ses brebis ». Dans les palais, des ateliers fabriquent et vendent des articles décoratifs : « Une grande partie de la plinthe en faïence qui entoure la cour du Bassin et autres a été arrachée et vendue à des boulangers et des cuisiniers (...). Et enfin, la salle des Deux Sœurs, véritable perle de l'Alhambra, est devenue un atelier de soierie rempli de métiers à tisser ».

En 1830, Ferdinand VII octroya 50.000 réaux annuels pour les travaux de restauration de l'Alhambra, preuve du regain d'intérêt pour les difficultés que connaissait l'enceinte. Mais l'ensemble restait en général bien mal en point, Ford affirmant entre autres choses que la porte du Vin « est utilisée comme déversoir », que la cour de Charles Quint « abrite un atelier pour les galériens » et que l'Alcazaba « est maintenant une prison pour galériens ». En revanche il se garda bien de citer les graphites portant sa signature laissés un peu partout (salon de Comares, fontaine des Lions). En 1839, en vue d'« embellir » le monument, la fontaine et les colonnes de la cour des Lions furent récurées à fond. En 1840, sous la régence de Marie-Christine, l'allocation de fonds augmenta et l'on envisagea même d'achever le palais de Charles Quint ; ce qui ne signifia pas pour autant la cessation des atteintes portées au monument. Entre 1840 et 1848, la tour des Sept Sols avait été transformée en taverne, et peu de temps après, elle se retrouva englobée dans l'enceinte de l'hôtel qui allait être construit en face. Malgré les quelques réparations effectuées, l'abandon se prolongeait toutefois, comme le prouvent les propos de l'architecte Rafael Contreras au sujet de la cour des Myrtes : « Tout au long du XVIIIème siècle et au début de celui-ci, cette cour a été dépouillée de la plupart de ses faïences et perdu la porte de la salle de la Bénédiction ainsi que ses *comarraxias* ou plâtreries mauresques, pour voir finalement son bassin transformé en lavoir public et ses cloîtres servir de taverne à ceux qui, en 1853, continuaient de monter de la ville pour venir jouer aux cartes sous ses splendides plafonds à caissons ». Non seulement ce membre de la famille Contreras, nommé « restaurateur décorateur » en 1847, intervint à chaque recoin de l'enceinte, mais il inonda aussi matériellement la moitié de l'Europe de reproductions des motifs ornementaux de l'Alhambra tout droit sorties de son propre atelier. Avec lui, s'acheva « la période de cent ans, de 1746 à 1847, qui constitua la page la plus triste de l'histoire de l'Alhambra ».

Les troupes napoléoniennes occupent l'Alhambra

L'expulsion de l'Alhambra de la famille de Mondéjar, à qui tout titre de gouverneur fut retiré et dont tous les biens furent confisqués, se trouve à l'origine d'une triste période d'abandon et de décadence pour le monument. Chronologiquement, cette période commence en 1718 avec la suppression de l'État-major et atteint son point culminant au moment de l'occupation, pendant près de trois ans, des troupes napoléoniennes arrivées à Grenade le 28 janvier 1810 sous les ordres du comte Horace Sébastiani, général corse du 4e Corps d'Armée. Une fois la domination française consolidée sur l'ensemble du royaume de Grenade, à l'exception d'Almeria, Sébastiani s'installa dans la ville, imposa de strictes normes de propreté et d'hygiène pour la ville comme pour la population, et entreprit d'importants aménagements urbanistiques.

L'Alhambra devint alors une caserne militaire, et malgré quelques interventions intéressées, comme le tracé principal des promenades qui deviendraient plus tard la forêt de Gomérez, le bilan de cette nouvelle occupation s'avéra catastrophique. De nombreuses demeures furent démolies et certaines des zones les plus nobles du monument transformées en entrepôts. Près de mille cinq cent soldats s'installèrent dans toute l'enceinte, y compris au couvent de San Francisco et au palais de Charles Quint où, pour lutter contre le froid, ils firent littéralement feu de tout bois, démontant et brûlant pour se chauffer les plafonds à caissons, portes et autres décorations en bois. La cour des Myrtes fut quant à elle utilisée pour empiler le combustible obtenu et son bassin devint le lieu de stockage de la poudre et des boulets de canon. Cette époque fut aussi marquée par de nombreuses adaptations. Entre autres, Sébastiani ordonna d'enlever les pavés de la cour des Lions pour les remplacer par un jardin de roses, de jasmins et de myrtes. En 1812, les Français s'attaquèrent même aux toitures de la cour. Les conséquences de ces interventions pour ce lieu si emblématique de l'Alhambra furent catastrophiques, au point d'en accélérer la dégradation. Peu de temps après, en 1846, Alexandre Dumas lui-même dirait d'ailleurs : « Priez pour la cour des Lions, priez pour que le Seigneur la maintienne debout, ou priez au moins pour que si elle tombe, elle se ne relève plus. Mieux vaut un cadavre qu'une momie ! ».

Connaissant bien le pouvoir stratégique de l'artillerie, les Français placèrent des batteries de canons à des endroits clé de l'enceinte de l'Alhambra, comme la Chaise du Maure, les ruines des Alixares ou la colline portant le nom de Cerro del Sol. Cette dernière fut littéralement profanée par la construction de nouvelles galeries ou la prolongation de celles qui existaient déjà lorsque commencèrent les recherches de soi-disant veines aurifères. Les soldats de l'armée napoléonienne, à la réputation de pilleurs, devinrent la cible de toutes les accusations possibles de saccage de l'Alhambra. Or, comme le signala Richard Ford, après la retraite française, ce furent plutôt les nouveaux dirigeants locaux qui « pillèrent l'Alhambra, arrachant serrures et verrous, emportant carreaux et verres et vendant le tout pour leur compte pour aller ensuite dire, en bons patriotes, que les Français n'avaient rien laissé derrière eux ».

Le 17 septembre 1812, les Français abandonnèrent l'Alhambra. Et pour éviter qu'en cas de contre-offensive napoléonienne les rebelles espagnols ne s'emparent d'une forteresse dotée d'un si bon système défensif, ils placèrent des barils de poudre dans les tours et en firent exploser huit. Les tours s'effondrèrent dans le sens inverse des aiguilles d'une montre, à commencer par la tour de la Barba, située à côté de la porte de la Justice. Le brigadier du régiment des invalides José García, qui avait perdu une jambe lors de la bataille de Bailén, risqua malgré tout sa vie et parvint à arrêter ces explosions en chaîne en éteignant les mèches restées actives. Il sauva ainsi l'Alhambra d'une hécatombe certaine. Cet acte héroïque fut immortalisé à jamais par une plaque commémorative placée dans la cour des Citernes.

***Alhamí* de la cour de Comares.** Dessins de l'ouvrage d'Owen Jones et Jules Goury, *Plans, Elevations, Sections and Details of the Alhambra*, Londres, 2 vols., 1836-1845

Peinture à l'huile de Manuel Gómez-Moreno González réalisée en 1880 et représentant la « Sortie de la famille de Boabdil de l'Alhambra ». Collection Diputación de Granada, Musée des Beaux-arts de Grenade, palais de Charles Quint, Alhambra

Romantisme et orientalisme : alhambrisme

Suite à la Guerre d'Indépendance et à l'occupation des troupes napoléoniennes, l'Alhambra devint un lieu désolé, une ruine romantique aux yeux des voyageurs qui commençaient à venir la visiter et l'admirer. Le caractère évocateur et unique de l'enceinte, qui atteignait rapidement une grande diffusion internationale, contribua à en faire un mythe artistique et littéraire qui perdure encore quelque part de nos jours et que l'historiographie moderne s'est largement chargée de louer.

L'abandon dans lequel fut plongée l'Alhambra après la première décennie du XIXème siècle coïncida aussi avec toute une série de circonstances qui précipitèrent sa transformation en prison, non plus réservée aux personnages importants comme autrefois, mais destinée aux prisonniers communs. Après la révolution libérale et suite à plusieurs sécularisations, la communauté des moines franciscains commença à se dissiper avant de disparaître complètement, tandis que la population civile cédait de plus en plus de terrain face à un voisinage bigarré de militaires dépourvus de tout grade. Le gouverneur de l'Alhambra lui-même n'y habitait plus, la laissant à la garde d'une famille dont Washington Irving et Richard Ford brossent un portrait disparate. Entre les ruines, les paysages semi désertiques, les prisonniers, les soldats invalides et une population marginale, le regard romantique parvint à opposer le laisser-aller et la misère au passé majestueux de la cité palatine.

Le romantisme comme concept culturel naquit en Allemagne à la fin du XVIIIème siècle, bien que sa dénomination provienne de l'expression espagnole « cosa de romance » (chose de roman) habituellement pour décrire tout ce qui échappait à la réalité. Toiles, aquarelles, récits romanesques, carnets et livres de voyages chantent les louanges de l'animique, du pouvoir de la raison, face aux faits concis et limités issus de l'Illustration.

La description et la représentation de l'architecture, des ornements et des paysages d'un monument tel que l'Alhambra coïncidèrent dans le temps avec l'intérêt alors affiché par l'Europe du XIXème siècle pour tout ce qui concernait l'Orient. Le romantisme se confond ainsi avec l'orientalisme

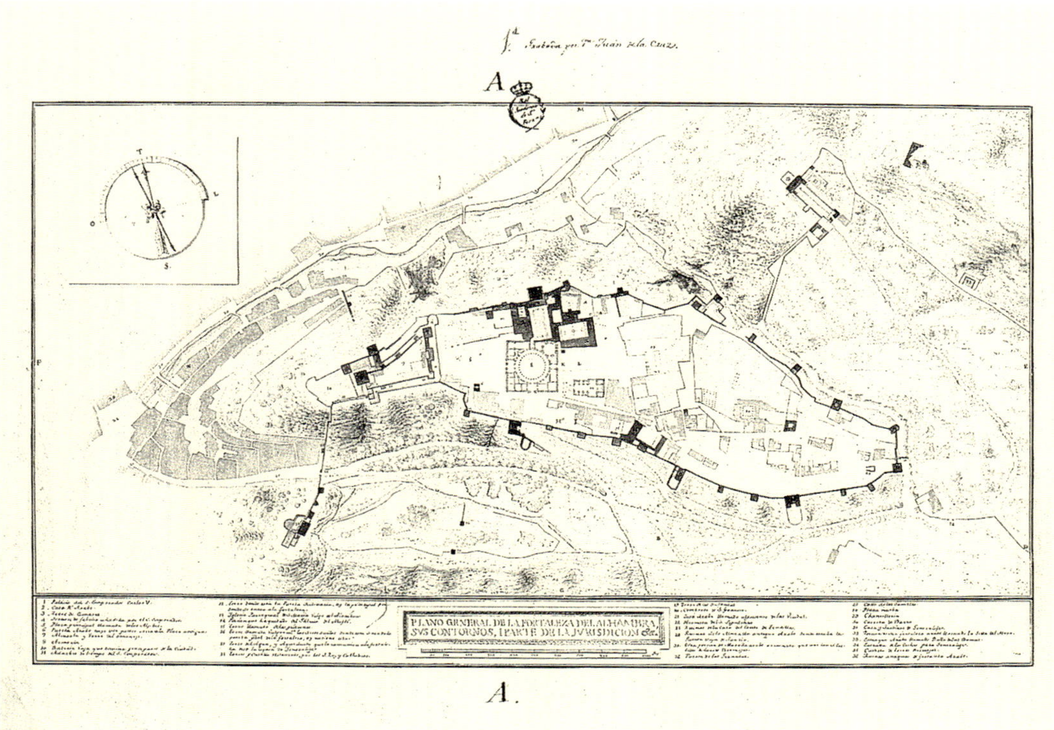

José de Hermosilla, plan de la citadelle de l'Alhambra en 1766.
Musée de la Real Academia de Bellas Artes de San Fernando, Madrid

à l'Alhambra, choisie comme prototype exotique du monde arabe et dont l'Andalousie deviendrait l'expression européenne la plus proche. Il suffit de prononcer le mot Alhambra, et ce dans n'importe quelle langue, pour évoquer des sensations inconscientes où s'entrelacent le rêve et la réalité.

Divers écrivains et peintres européens entreprirent, au cours de la première moitié du XIXème siècle, d'insolites voyages en Italie, au Moyen-Orient et, après la Guerre d'Indépendance, en Espagne, notamment à Grenade et à l'Alhambra qui devinrent des lieux de pèlerinage obligé. Après un voyage au cours duquel il parcourut la moitié du monde, Chateaubriand revint à Paris avec deux reliques : une pierre du Jordan et un morceau d'écorce d'un cyprès du Generalife ; les officiers britanniques qui rentraient chez eux après avoir apporté leur soutien aux rebelles face à Napoléon ne tarissaient pas d'éloges concernant les trésors que renfermait l'Espagne ; et même les libéraux exilés en Angleterre contribuèrent à cet engouement pour tout ce qui concernait l'Espagne. Incroyablement individualistes, ces artistes voyageurs, qui ne suivaient aucune règle ni aucun des préceptes considérés classiques, crurent reconnaître en l'Alhambra la synthèse de la civilisation et des traditions des peuples orientaux.

La réputation acquise par l'Alhambra partout dans le monde doit énormément à ce caractère évocateur des ruines telles que les décrit Washington Irving dans ses *Contes de l'Alhambra*, dont la première édition fut publiée à Londres en 1832. L'Alhambra devint ainsi une icône du renouvellement esthétique du moment grâce à la ferme volonté de voyageurs et illustrés des XVIIIème et XIXème siècles, comme Dutailly, Laborde, Swinburne, Roberts, Ford, Lewis, Girault de Prangey, Owen Jones, etc., de transmettre ces valeurs spatiales et stylistiques.

C'est ainsi que l'alhambrisme devint un modèle et un objet d'admiration et d'émulation pour toute une génération d'intrépides précurseurs d'un nouveau nomadisme, ancêtre du tourisme culturel contemporain.

L'Alhambra gérée par les architectes

Au début du XIXème siècle, la Real Academia de Bellas Artes confia à des architectes une série de visites d'inspection de divers monuments, dont l'Alhambra. Visites qui donnèrent lieu, en 1804, à la publication de l'ouvrage *Antigüedades árabes de España* de J. Hermosilla, J. de Villanueva et P. Arnal comprenant le premier grand « plan-rapport » de l'Alhambra. En mars 1847, l'architecte Domingo Gómez de la Fuente fut envoyé à l'Alhambra afin de résoudre les désaccords portant sur la conservation du monument. Le 18 septembre 1890, suite à l'incendie de la salle de la Bénédiction, Ricardo Velázquez Bosco fut chargé de rédiger un rapport (1903), puis plus tard, en 1917, de présenter le Mémoire du Plan Général de Conservation de l'Alhambra. C'est ainsi que l'architecte devint *de facto* le véritable responsable du complexe monumental.

Au fil des siècles, de nombreux architectes effectuèrent des travaux visant à la conservation de l'Alhambra, et plusieurs organismes administratifs en exercèrent la tutelle et travaillèrent à la recherche du critère adéquat pour chacune des interventions. Les époques auxquelles la direction de la conservation du monument fut confiée à un architecte sont celles où l'influence de la formation et la personnalité de celui-ci, pour ce qui est de la vision de l'ensemble et de la lecture de ses valeurs historiques et monumentales, s'est révélée la plus évidente.

À partir de la moitié du XIXème siècle et jusqu'au début du XXème siècle, l'Alhambra fit l'objet de plusieurs restaurations suivant, dans les grandes lignes, ladite théorie de la « restauration stylistique » instituée par Viollet le-Duc (1814-1879) qui la définit comme suit : « Le mot et la chose sont modernes. Restaurer un bâtiment n'est pas le conserver, le réparer ou le reconstruire, c'est lui rendre un état de plénitude qui, à un moment donné, n'a pourtant peut-être jamais existé ».

À partir du XIXème siècle, de 1828 à 1907 plus exactement, une famille d'architectes et de restaurateurs prit l'Alhambra en charge. Il s'agit des Contreras : José, Rafael, Francisco et Mariano. Leurs travaux furent marqués par une ferme restauration du style, et notamment des éléments décoratifs. Cette époque coïncida avec le bouillonnement qui animait la pensée européenne au niveau de la polémique entre conservation ou restauration comme possibles approches à toute intervention sur les monuments (John Ruskin, Camillo Boito, etc.). En Espagne, ce débat opposa en général les intellectuels et les techniciens des institutions responsables des monuments nationaux. C'est ainsi que les restaurateurs de l'Alhambra, et essentiellement Rafael Contreras (1824 ou 1826-1890), travaillèrent pour conférer à l'Alhambra une image correspondant, non pas tant à sa réalité historique concrète et à ses vicissitudes au cours des siècles modernes, mais plus exactement à l'idéal de « style arabe » qu'ils s'étaient forgé : ils rajoutèrent des éléments ou en réformèrent d'autres afin d'en accentuer l'aspect oriental. Ainsi, en 1859, Rafael Contreras et Juan Pugnaire réhabilitèrent les toitures de la cour des Lions et remplacèrent le toit du pavillon oriental par une coupole sphérique en céramique vitrée ; ils ornèrent également le toit du portique nord du palais de Comares de tuiles vitrées et d'une petite coupole. Entre 1843 et 1866, ils achevèrent les décorations de plâtreries et rétablirent librement la polychromie de la salle des Lits ; de nombreuses plâtreries furent refaites, les interstices et les pans de murs disparus remplis, et des copies vidées de fragments d'autres parties du monument.

Entre 1907 et 1923, Modesto Cendoya axa sa gestion de l'Alhambra autour de l'idée d'un monument global. Il s'agissait pour lui de tenter de découvrir des zones cachées, ce pour quoi il se lança dans une recherche frénétique de trouvailles archéologiques. Malgré sa capacité d'observation et de dessin (il laissa un superbe carnet de notes), ce fut une étape hésitante, de tentatives inachevées, qui donna lieu à l'ouverture de tranchées et à des travaux de décombrements mais eut de bien pauvres résultats pour la préservation de l'architecture de l'ensemble.

Entre 1923 et 1936, Leopoldo Torres Balbás, architecte jouissant aussi d'une formation en archéologie et en histoire de l'art et homme très actif dans le débat sur le patrimoine historique, s'investit énormément dans l'application pratique des critères conservateurs. Un grand nombre des

Détail de la plaque commémorative placée sur la porte des appartements de Washington Irving par le Patronato de la Alhambra en 1914

Plaque commémorative du classement de l'Alhambra au répertoire du Patrimoine Mondial de l'UNESCO en 1984

constructions nasrides porte d'ailleurs encore aujourd'hui la trace de son intervention. Pour ses travaux, il s'inspira de la Charte d'Athènes de 1931 : conservation par un entretien régulier et permanent des bâtiments historiques ; respect absolu des chefs d'œuvre historiques et artistiques du passé sans pour autant proscrire le style d'aucune époque ; légitimité de l'usage des techniques modernes et matériaux nouveaux si tant est qu'ils soient reconnaissables ; et besoin de qualifier le cadre entourant le monument.

La longue période qui suivit et s'acheva par l'établissement des administrations démocratiques actuelles est intimement liée à la situation politique du pays (1942-1970). L'architecte responsable du monument, Francisco Prieto Moreno, poursuivit les travaux entamés par son prédécesseur et créa une grande partie des éléments urbains et paysagers se trouvant à l'origine des parcours touristiques actuels.

Les nouvelles expériences et les documents relatifs à la conservation permettent alors de mettre en valeur le site du monument et le besoin d'élargir à celui-ci le champ de l'interprétation globale de sa structure. De plus, la mise en œuvre de mesures préventives et la réalisation d'un entretien continu deviennent obligatoires ; en effet, les tâches de restauration sont désormais considérées comme extrêmes et ne sont plus soumises à la responsabilité d'un seul visionnaire mais confiées à des équipes techniques pluridisciplinaires dotées des capacités scientifiques et technologiques adéquates.

PRINCIPAUX ARCHITECTES CONSERVATEURS DE L'ALHAMBRA AUX XIXème ET XXème SIÈCLES :

- José Contreras, nommé en 1828 et chargé des travaux de fortification et de sécurité
- Salvador Amador, nommé architecte-directeur le 17 juillet 1847, en fonctions jusqu'au 17 novembre
- Rafael Contreras, directeur et conservateur à partir de 1869 (restaurateur décorateur à partir de 1847)
- Francisco Contreras, nommé en 1850
- Juan Pugnaire, directeur entre 1851 et 1858
- Ramón Soriano, colonel, commandant de l'Alhambra à partir de 1856, nommé architecte directeur en 1858
- Baltasar Romero, architecte directeur en 1872
- Mariano Contreras, de 1890 à 1907
- Modesto Cendoya, de 1907 à 1923 Leopoldo Torres Balbás, entre 1923 et 1936
- Francisco Prieto Moreno, de 1936 à 1970
- Service de Conservation de l'Alhambra, depuis 1986

Un Patronato pour l'Alhambra

La révolution de 1868 entraîna la perte du trône pour Isabelle II et marqua un tournant décisif pour le statut juridique de l'Alhambra. En effet, lorsque l'État confisqua tous les biens du patrimoine royal, l'Alhambra perdit tous les liens l'unissant à la Couronne et tomba dans le domaine public. En 1870, elle fut déclarée Monument National et reçut une enveloppe fixe de l'État pour pouvoir subvenir dignement à ses besoins de conservation. Pendant le dernier tiers du XIXème siècle, l'État exerça le contrôle et la garde du complexe par le biais de la Commission Provinciale des Monuments. Mais en raison de

Composition d'images mettant en évidence la restauration architecturale du portique du Partal, 1835, vers 1920, vers 1930 et de nos jours

la singularité du complexe, en 1905, une sous-commission spécifique fut créée pour l'Alhambra. Bien qu'à l'origine son but ne fût pas d'assumer les compétences de la Commission, d'importants différends ne tardèrent pas à apparaître entre les deux organismes, rendant impossible toute continuité. Et pour compliquer encore plus les choses, en 1913 naquit le Patronato de Amigos de la Alhambra, dont la légalité fut dans un premier temps mise en cause. Un an plus tard, une fois ses attributions assumées, il fut dissous du fait des tensions qui existaient avec l'architecte conservateur de l'époque, Modesto Cendoya. Depuis 1915, l'ancienne Commission est désormais rattachée, sous le nom de Patronato, à la Direction Générale des Beaux-arts du Ministère de l'Instruction Publique, qui prendra plus tard le nom de Ministère de l'Éducation Nationale.

Après la Guerre Civile, au cours de laquelle l'Alhambra ne souffrit heureusement pas de graves dommages, la nouvelle administration, fortement centralisée, assuma, forte d'une charge symbolique renouvelée, la conservation du complexe. Le 9 mars 1940, un patronat, le Patronato de la Alhambra, fut créé pour l'installation d'une résidence à l'intérieur du palais de Charles Quint, et le 13 août de cette même année un décret élargissant le Patronato à toute l'Alhambra fut promulgué. À partir de 1942 et jusqu'en 1970, le responsable de la conservation de l'Alhambra fut l'architecte Francisco Prieto Moreno, disciple et assistant de Torres Balbás. Il poursuivit donc les travaux amorcés par son prédécesseur et destinés à préparer l'Alhambra à recevoir le tourisme incessamment croissant des années soixante. Un défi de taille. Au cours de cette période, le monument put compter sur l'influence, au sein du gouvernement, de l'illustre professeur grenadin Manuel Gómez-Moreno Martínez, puis sur celle un peu plus tard d'un autre grenadin, Antonio Gallego Burín, nommé Directeur Général des Beaux-arts en 1951. On signalera aussi la création du musée Archéologique de l'Alhambra en 1942 sous la direction de Jesús Bermúdez Pareja, et un an plus tard, la déclaration des Jardins Historiques de l'Alhambra et du Generalife. Une fois consolidé comme organisme de gestion du monument, le Patronato installe dans le palais de Charles Quint son siège institutionnel, ses bureaux, la Bibliothèque et les Archives, et en 1958, le Musée Provincial des Beaux-arts. Les travaux d'infrastructure et de restauration réalisés au cours de ces années favorisèrent un processus administratif qui déboucherait sur la publication en 1962 des Statuts du Patronato de la Alhambra.

Quelques années plus tard, l'Alhambra se vit décerner par la fondation allemande Friedrich von Schiller la médaille d'or à la conservation et la restauration de bâtiments et complexes européens. La cérémonie de remise officielle eut lieu au salon de Comares le 8 novembre 1980.

Par le biais de la Constitution de 1978, l'Espagne récupéra une règlementation démocratique et décentralisée à travers l'État des Autonomies, ce qui eut aussi son influence sur l'avenir de l'Alhambra avec le développement en 1981 du Statut d'Autonomie pour l'Andalousie. Du point de vue de l'administration culturelle, le processus de cessions des affaires culturelles du gouvernement central à la Junta de Andalucía (le gouvernement autonome andalou) prit fin en 1984, menant à l'approbation, le 19 mars 1986, des nouveaux Statuts du Patronato de la Alhambra y Generalife.

Il convient de citer les principaux instruments légaux créés dans le cadre de ce processus institutionnel de démocratisation de la gestion de la culture : la Loi du Patrimoine Historique Espagnol de 1985 et les Lois du Patrimoine Historique d'Andalousie de 1991 et 2007. Des lois qui permirent de qualifier la gestion des biens culturels dont l'Alhambra constitue l'une des plus belles illustrations. Cette règlementation permit la rédaction en 1986 du premier document de planification territoriale appliqué à un monument en Espagne : le Plan Spécial de l'Alhambra et des Alixares.

Le développement du nouveau Plan Directeur de l'Alhambra constitue depuis 2008 un outil stratégique pour la gestion du complexe monumental de l'Alhambra et du Generalife comme site patrimonial de premier ordre pour le XXIème siècle. Les plus de deux millions de visiteurs que l'Alhambra et son complexe reçoivent chaque année mettent en évidence le besoin de concilier le droit d'accès aux biens culturels et la garantie de leur préservation pour les générations futures.

Responsables de la gestion du Patronato de la Alhambra y Generalife :

COMMISSION SPÉCIALE
Manuel Gómez-Moreno González, président de 1905 à 1914

PATRONATO DE LOS AMIGOS DE LA ALHAMBRA
Santiago Stuart y Falcó, président de 1913 à 1914

PATRONATO DE LA ALHAMBRA
Manuel Gómez-Moreno Martínez, secrétaire de 1914 à 1915

DIRECTEMENT RATTACHE A LA DIRECTION GÉNÉRALES DES BEAUX-ARTS DE 1915 À 1940

PATRONATO DEL GENERALIFE
Benigno de la Vega-Inclán y Flaquer, président de 1921 à 1925

PATRONATO DE LA ALHAMBRA Y DEL PALACIO DE CARLOS V
Joaquín Pérez del Pulgar y Campos, vice-président de 1940 à 1944
Antonio Gallego Burín, vice-président de 1945 à 1951

PATRONATO DE LA ALHAMBRA Y GENERALIFE
Antonio Marín Ocete, vice-président de 1951 à 1970
Emilio Orozco Díaz, vice-président de 1970 à 1973
Juan de Dios López González, vice-président de 1973 à 1978 et directeur de 1978 à1981
Antonio Gallego Morell, directeur de 1981 à 1985
Mateo Revilla Uceda, commissaire pour l'Alhambra et le Generalife de 1985 à 1986 et directeur de1986 à 2004
María del Mar Villafranca Jiménez, directrice depuis 2004

Cour des Myrtes du palais de Comares

Sultans de la dynastie nasride*

1 Mohammed Ier (629-671/1232-1273)

2 Mohammed II (671-701/1273-1302)

3 Mohammed III (701-708/1302-1309)

4 Nasr (708-713/1309-1314)

5 Ismaïl Ier (713-725/1314-1325)

6 Mohammed IV (725-733/1325-1333)

7 Youssouf Ier (733-755/1333-1354)

8 Mohammed V, premier règne (755-760/1354-1359)

9 Ismaïl II (760-761/1359-1360)

10 Mohammed VI le Cramoisi (761-763/1360-1362)

11 Mohammed V, deuxième règne (763-793/1362-1391)

12 Youssouf II (793-794/1391-1392)

13 Mohammed VII (794-810/1392-1408)

14 Youssouf III (810-820/1408-1417)

15 Mohammed VIII le Petit, premier règne (820-822/1417-1419)

16 Mohammed IX al-Aysar (le Gaucher), premier règne (1419-1427)

17 Mohammed VIII le Petit, deuxième règne (1427-1430)

18 Mohammed IX al-Aysar, deuxième règne (1430-1431)

19 Youssouf IV Ibn al-Mawl (Abenalmao) (1432)

20 Mohammed IX al-Aysar, troisième règne (1432-849/1445)

21 Youssouf V le Boiteux (849-849/1445-1446)

22 Ismaïl III (849-851/1446-1447)

23 Mohammed IX al-Aysar, quatrième règne (851-857/1447-1453)

24 Mohammed X le Petit, premier règne (1453-1454)

25 Sa'd, premier règne (1454-1455)

26 Mohammed X le Petit, deuxième règne (1455)

27 Sa'd, deuxième règne (1455-1462)

28 Ismaïl IV (1462-1463)

29 Sa'd, troisième règne (1463-869/1464)

30 Abu l-Hasan'Ali (Moulay Hasan), premier règne (869-887/1464-1482)

31 Mohammed XI (Boabdil), premier règne (887-888/1482-1483)

32 Abu l-Hasan'Ali (Moulay Hasan), deuxième règne (888-890/1483-1485)

33 Mohammed XII al-Zagal (890-892/1485-1487)

34 Mohammed XI (Boabdil), deuxième règne (892-897/1487-1492)

* Les tableaux portant d'un astérisque sont extraits de l'ouvrage de María Jesús Viguera Molins (coord.) « El reino nazarí de Granada (1232-1492): política, instituciones, espacio y economía », dans J. M. Jover Zamora, *Historia de España Menéndez Pidal*. Madrid : Espasa-Calpe, 2000. Tome VIII-III.

Note : deux dates sont signalées à côté de chacun des sultans : la première correspond au calendrier musulman et la seconde à l'époque chrétienne.

Évènements historiques du règne nasride*

1232 Proclamation de Mohammed Ier Ibn al-Ahmar à Arjona (Jaén). Début de la dynastie nasride

1236 Cordoue est conquise par Ferdinand III

1237 Mohammed Ier entre dans Grenade. Almeria et Malaga le reconnaissent comme souverain

1243 Murcie est rattachée à la Castille

1246 Jaén est conquise par Ferdinand III. Mohammed Ier se déclare vassal de la Castille

1247 Séville est conquise par Ferdinand III

1262 Niebla est conquise par Alphonse X

1266 Soulèvement des Banu Ashqilula à Malaga

1274 Début de l'intervention mérinide à al-Andalus (première expédition)

1279 Mohammed II reprend Malaga

1287-1288 Fin du soulèvement des Banu Ashqilula

1292 Tarifa, sous le joug mérinide, est conquise par Sanche IV

1295 Retraite mérinide. Algésiras et Ronda sont livrées à Mohammed II. Quesada et vingt-deux autres places fortes sont conquises par les Nasrides

1300 Alcaudete est conquise par Mohammed II

1303 Trêve de trois ans avec la Castille

1306 Ceuta est conquise par Mohammed III

1308-1309 Offensive alliée de la Castille et de l'Aragon contre Grenade. Siège d'Algésiras et d'Almeria. Perte de Ceuta face aux Mérinides. Perte de Gibraltar face aux Castillans. Algésiras et Ronda sont livrées aux Mérinides

1312 Alcaudete est conquise par Ferdinand IV. Récupération d'Algésiras et de Ronda, rendues par les Mérinides

1319 Victoire à la bataille de la Vega avec la mort des infants Don Pierre et Don Jean, régents de Castille

1327-1328 Alliance de Mohammed IV et du Mérinide Abu Sa'id 'Utman

1333 Les Mérinides récupèrent Gibraltar, alors rattachée à la Castille

1340 Défaite, aux côtés des Mérinides, à la bataille du fleuve Salado ou de Tarifa, contre la Castille

1344 Algésiras est conquise par Alphonse XI. Trêve de dix ans avec la Castille

1369 Mohammed V récupère Algésiras

1372 Rupture avec les Mérinides. Mohammed V établit des relations avec Tremecen et la Tunisie et enlève Gibraltar aux Mérinides qui ne reviendront plus en Al-Andalus

1373 Mohammed V récupère Gibraltar, alors contrôlée par les Mérinides

1392-1406 Offensive contre la Castille

1410 Antequera est conquise par l'infant Ferdinand d'Aragon, régent de Castille

1431 Grave défaite à la bataille de la Higueruela face à Jean II de Castille

1462 Gibraltar et Archidona sont conquises par Jean II. Trêves

1479 Les royaumes de Castille et d'Aragon s'unissent avec le mariage d'Isabelle Ière et Ferdinand II

1482 Alhama est conquise par Ferdinand le Catholique Viictoire d'Abu Hasan à Loja

1483 Victoire écrasante de l'Ajarquía de Malaga. Défaite de Lucena et captivité de Boabdil qui signe un traité de vassalité et s'installe à Guadix. Guerre civile à Grenade

1485 Siège et capitulation de Coín, Cartátama, Ronda et Marbella

1486 Siège et capitulation de Loja, Illora et Moclin. Guerre civile à l'Albaicín de Grenade

1487 Siège et capitulation de Malaga

1489 Siège et capitulation de Baza. Mohammed XII al-Zagal livre Almería et Guadix

1491 Siège et capitulation de Grenade

1492 L'Alhambra (2 janvier) et la ville (6 janvier) sont livrées. Exil de Boabdil dans son principat d'Andarax

* Source : María Jesús Viguera Molins.

Arbre généalogique de la dynastie nasride*

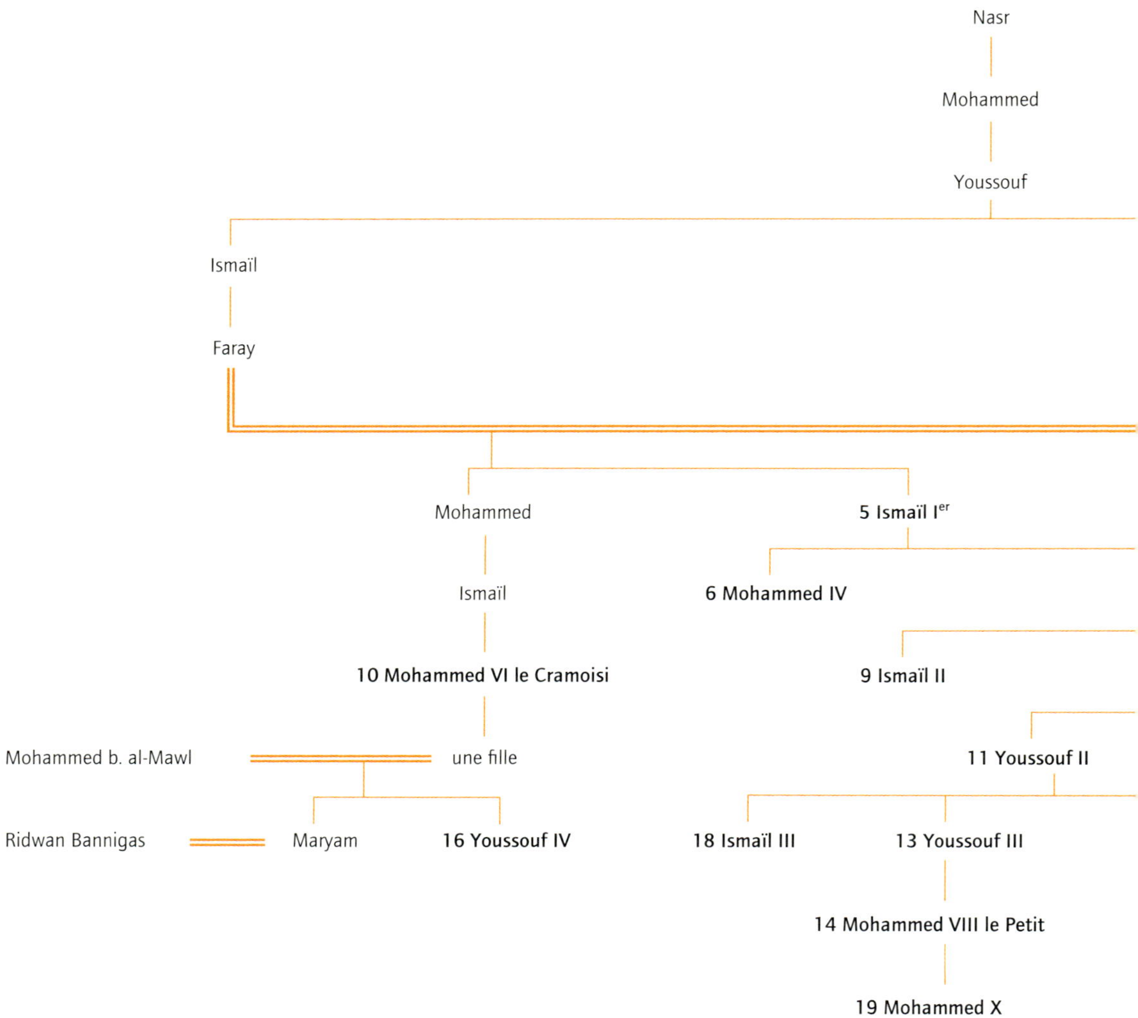

descendance

mariage

Gras et numéro : Sultan

* Source : María Jesús Viguera Molins.

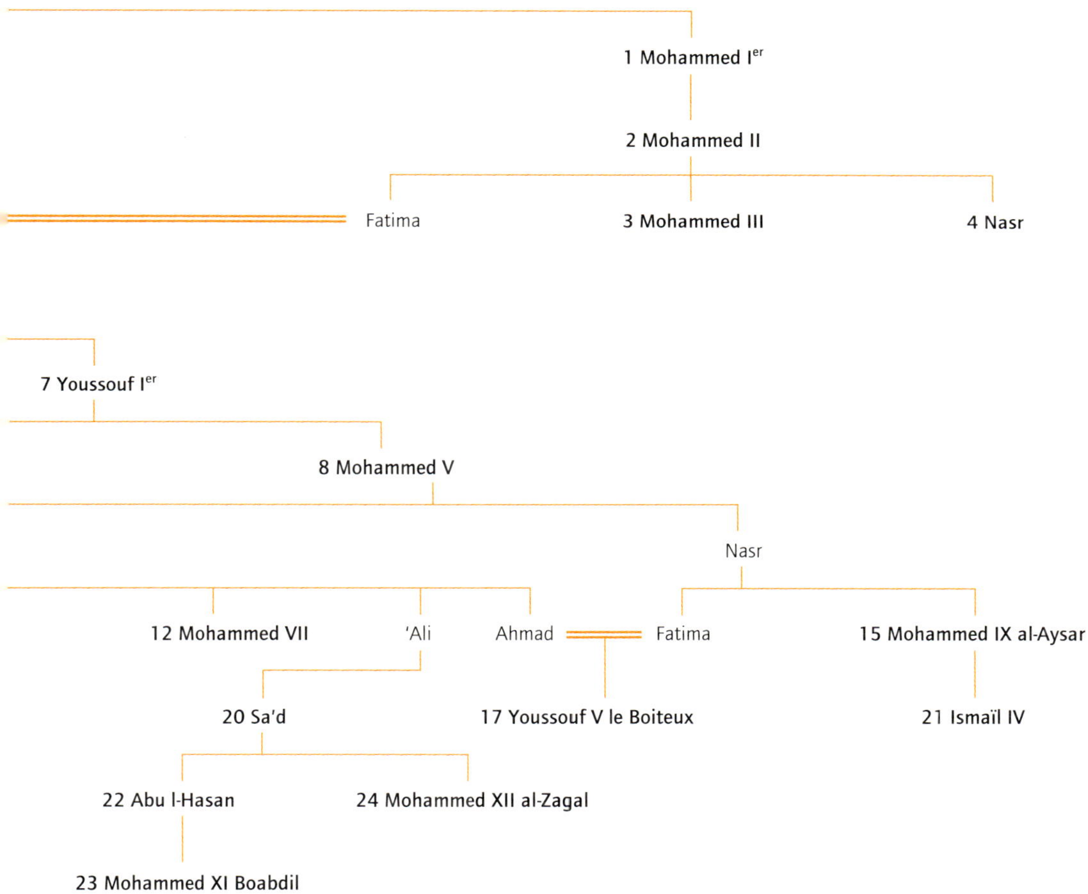
1 Mohammed Ier
2 Mohammed II
Fatima
3 Mohammed III
4 Nasr
7 Youssouf Ier
8 Mohammed V
Nasr
12 Mohammed VII
'Ali
Ahmad
Fatima
15 Mohammed IX al-Aysar
20 Sa'd
17 Youssouf V le Boiteux
21 Ismaïl IV
22 Abu l-Hasan
24 Mohammed XII al-Zagal
23 Mohammed XI Boabdil

Tableau comparatif des souverains de Grenade, de Castille, d'Aragon et du Maghreb Al-Aqsà (Marrakech et Fès)*

Grenade	Castille
Mohammed Ier (1232-1273)	Ferdinand III l e Saint (1217-1252)
	Alphonse X le Savant (1252-1284)
Mohammed II (1273-1302)	Sanche IV le Brave (1284-1295)
Mohammed III (1302-1309)	Ferdinand IV l'Ajourné (1295-1312)
Nasr (1309-1314)	
Ismaïl Ier (1314-1325)	Alphonse XI le Justicier (1312-1350)
Mohammed IV (1325-1333)	
Youssouf Ier (1333-1354)	
Mohammed V (1354-1359) (1º)	Pierre Ier le Cruel (1350-1369)
Ismaïl II (1359-1360)	
Muhammad VI (1360-1362)	
Mohammed V (1362-1391) (2º)	
	Henri II de Trastamare (1369-1379)
	Jean Ier (1379-1390)
Youssouf II (1391-1392)	Henri III le Maladif (1390-1406)
Mohammed VII (1392-1408)	
Youssouf III (1408-1417)	Jean II (1406-1454)
Mohammed VIII le Petit (1417-1419) (1º)	
Mohammed IX al-Aysar (1419-1427) (1º)	
Mohammed VIII le Petit (1427-1430) (2º)	
Mohammed IX al-Aysar (1430-1431) (2º)	
Youssouf IV Ibn al-Mawl (1432)	
Mohammed IX al-Aysar (1432-1445) (3º)	
Youssouf V le Boiteux (1445-1446)	
Ismaïl III (1446-1447)	
Mohammed IX al-Aysar (1447-1453) (4º)	
Mohammed X le Petit (1453-1454) (1º)	
Sa'd (1454-1455) (1º)	Henri IV l'Impuissant (1454-1474)
Mohammed X le Petit (1455) (2º)	
Sa'd (1455-1462) (2º)	
Ismaïl IV (1462-1463)	
Sa'd (1463-1464) (3º)	
Abu l-Hasan 'Ali (Muley Hacén) (1464-1482) (1º)	
Mohammed XI (Boabdil) (1482-1483) (1º)	Isabelle la Catholique (1474-1504)
Abu l-Hasan 'Ali (Muley Hacén) (1483-1485) (2º)	
Mohammed XII al-Zagal (1485-1487)	
Mohammed XI (Boabdil) (1487-1492) (2º)	

* Source : María Jesús Viguera Molins.

Aragon	Magreb al-Aqsà
Jacques Ier (1213-1276)	ALMOHADES
	Al-Rasid (1232-1242)
	Al-Rasid (1242-1248)
	Al-Murtadà (1248-1266)
	MÉRINIDES
	Abu Sa'id I (1217-1240)
	Abu Mu'arraf (1240-1244)
Pierre III le Grand (1276-1285)	Abu Yahyà (1244-1258)
Alphonse III le Libéral (1285-1291)	Abu Youssouf Ya'qub (1258-1286)
Jacques II le Juste (1291-1327)	Abu Ya'qub Youssouf (1286-1307)
	Abu Tabit'Amir (1307-1308)
	Abu l-Rabi (1308-1310)
Alphonse IV le Bénin (1327-1336)	Abu Sa'id II (1310-1331)
Pierre IV le Cérémonieux (1336-1387)	
	Abu l-Hasan (1331-1351)
	Abu 'Inan (1348-1358)
	Al-Sa'id I (1358-1359)
	Abu Salim (1359-1361)
	Abu 'Umar (1361)
Jean Ier d'Aragon (1387-1395)	Abu Zayyan (1361-1367)
	'Abd al-'Aziz (1367-1372)
	Al-Sa'id II (1372-1374)
	Abu l-'Abbas (1374-1384)
	Abu Faris Musà (1384-1386)
	Abu l-'Abbas (1387-1393)
Martin I er l'Humain (1395-1410)	'Abd al-'Aziz (1393-1396)
Ferdinand Ier d'Antequera (1412-1416)	'Abd Allah (1396-1397)
Alphonse V le Magnanime (1416-1458)	Abu Sa'id III (1397-1420)
	Abd al-Haqq (1420-1465)
Jean II (1458-1479)	
Ferdinand II le Catholique (1479-1516)	
	Mohammed b. 'Imran (1465-1472)
	Mohammed al-Sayj (Banú Wattás) (1472-1504)

Dynasties islamiques*

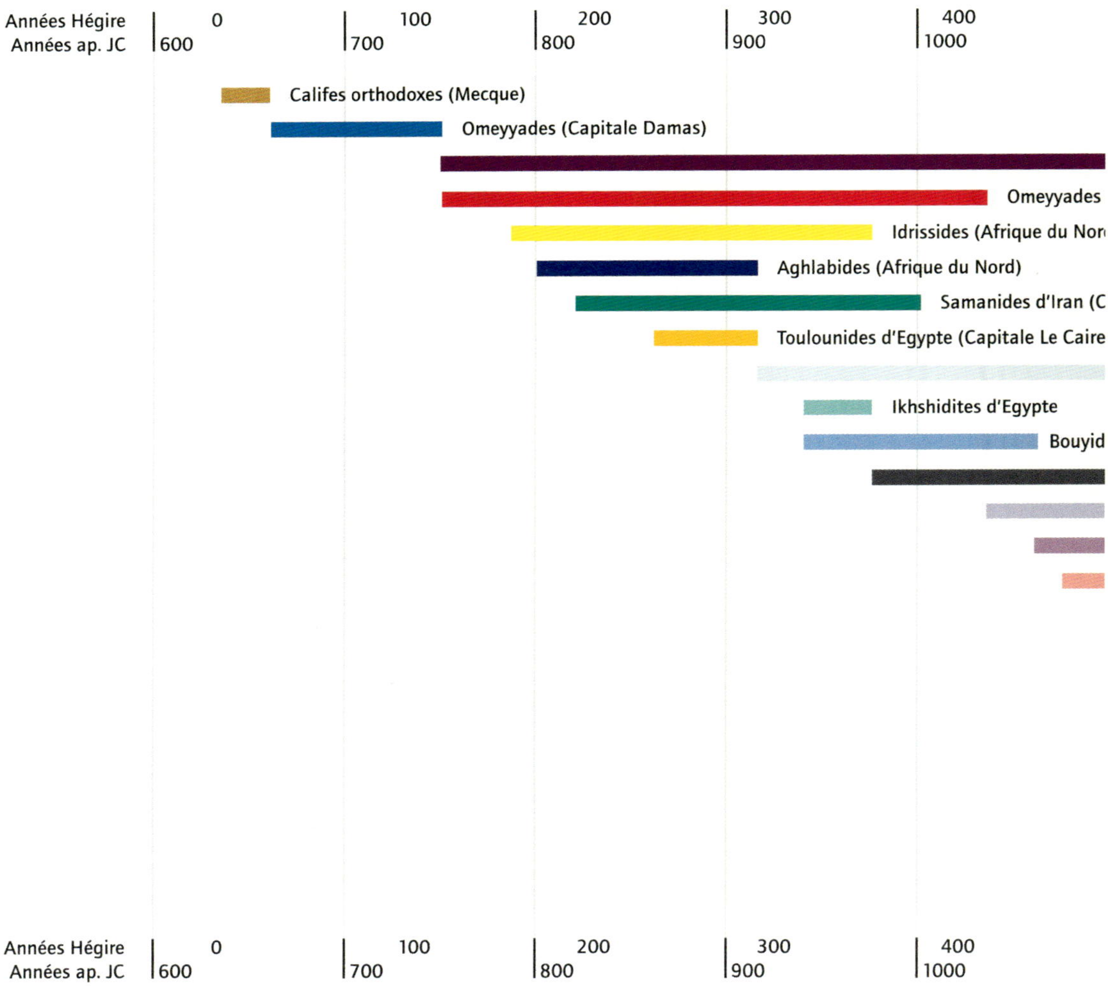

* Schéma inspiré par Alberto Canto et Tawfiq Ibrahim (commissaires). Catalogue Exposition *Un resplandor del Islam. Los dinares del Museo de la Casa de la Moneda*. Madrid, 2004.

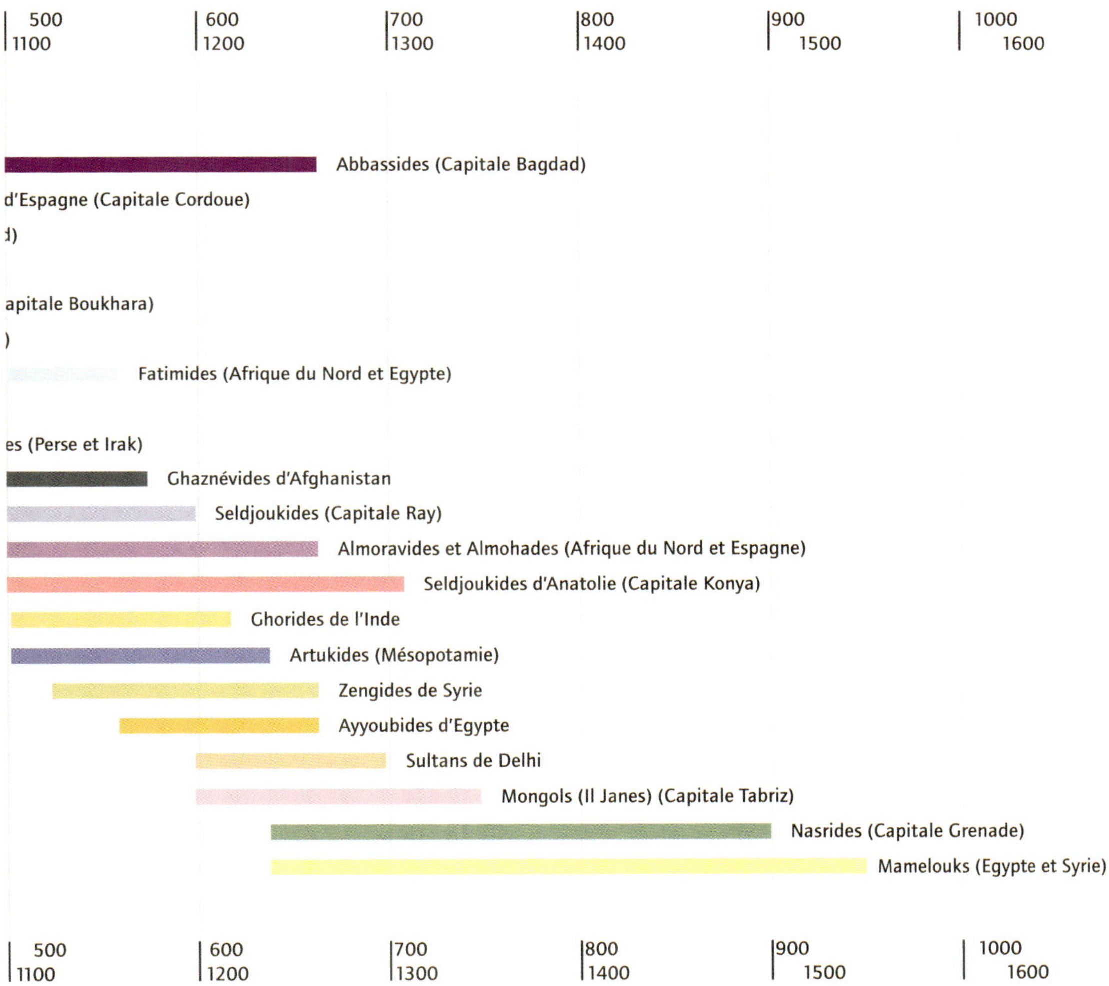
500
1100
600
1200
700
1300
800
1400
900
1500
1000
1600
Abbassides (Capitale Bagdad)
d'Espagne (Capitale Cordoue)
d)
apitale Boukhara)
)
Fatimides (Afrique du Nord et Egypte)
es (Perse et Irak)
Ghaznévides d'Afghanistan
Seldjoukides (Capitale Ray)
Almoravides et Almohades (Afrique du Nord et Espagne)
Seldjoukides d'Anatolie (Capitale Konya)
Ghorides de l'Inde
Artukides (Mésopotamie)
Zengides de Syrie
Ayyoubides d'Egypte
Sultans de Delhi
Mongols (Il Janes) (Capitale Tabriz)
Nasrides (Capitale Grenade)
Mamelouks (Egypte et Syrie)
500
1100
600
1200
700
1300
800
1400
900
1500
1000
1600

14 Annexes

En complément de l'information apportée par ce guide, nous présentons ci-dessous des renseignements supplémentaires de façon à mettre en évidence la portée du complexe monumental au fil de l'histoire. Nous commençons par une série de règles et de conseils à prendre en considération pour profiter au maximum de la visite. Vous trouverez ci-après une sélection de personnages historiques ayant laissé leur empreinte dans l'histoire de l'Alhambra et sa conservation, une liste des illustres voyageurs l'ayant visitée, un index onomastique reprenant tous les noms cités dans le guide, un glossaire permettant de comprendre le sens de certains mots employés et finalement, une sélection d'ouvrages susceptibles de vous aider à mieux saisir la réalité de l'Alhambra.

Informations pratiques

L'Alhambra et le Generalife constituent un site patrimonial classé au répertoire du patrimoine mondial de l'UNESCO depuis 1984. Le Patronato de la Alhambra y Generalife est un organisme autonome rattaché à la Consejería de Cultura de la Junta de Andalucía chargé de son administration et de son entretien. Il est donc responsable de mettre en œuvre les mesures nécessaires pour concilier la protection et la conservation du monument d'une part et l'accès des visiteurs de l'autre.

La réalité de cet espace, sa complexité et sa richesse nous conduisent à donner quelques conseils pour que le visiteur saisisse au mieux la réalité du monument et profite au maximum de sa visite. Nous signalons également quelques règles à respecter en vue d'assurer la préservation du monument et la sécurité et le plaisir des visiteurs.

Conseils pour planifier votre visite

Il convient de prendre en considération les informations données ci-après ainsi que les indications fournies le long des itinéraires conseillés par les panneaux de signalisation statique, les écrans tactiles, les dispositifs bluetooth, les points d'information et de lecture, le site web, etc.

Nous vous conseillons de planifier votre visite en fonction du temps dont vous disposez. Choisissez de visiter en priorité les lieux qui vous intéressent le plus et évitez de vous fatiguer en excès.

Il existe quatre espaces de visite principaux : Alcazaba, Palais Nasrides, jardins du Partal et Generalife. Programmez l'ordre de visite de ces sites en tenant compte du fait que l'accès aux Palais nasrides se fait à des horaires fixes clairement indiqués sur chaque billet d'entrée. Vous ne pourrez y accéder que pendant la plage horaire indiquée sur votre billet.

La durée moyenne totale de la visite est de trois heures. Nous conseillons donc une pause de quinze minutes à la sortie des Palais Nasrides, dans la zone de repos qui se trouve dans les jardins du Partal.

Après la visite du Generalife, vous pourrez faire une nouvelle pose dans la zone prévue à cette fin située à la sortie du palais ; cette partie du monument est en effet assez éloignée de la sortie du complexe monumental et des accès aux trois autres espaces de visite.

Il convient d'utiliser des chaussures confortables, et en été de prévoir de quoi vous protéger du soleil.

L'Alhambra est fermée le 25 décembre et le 1er janvier. Si le monument était fermé au public pour des raisons de conservation ou d'organisation à d'autres dates, les visiteurs en seraient informés à travers le site web ainsi qu'aux points d'information habilités.

Vente de billets

En vue de la conservation du monument, le Patronato de la Alhambra y Generalife rappelle que le complexe monumental ne peut accueillir qu'un nombre limité de visiteurs par jour.

Arche d'entrée au salon de Comares

Visite individuelle
Vous pouvez acheter vos billets sur le site web du Patronato de la Alhambra y Generalife. Il est conseillé de réserver et d'acheter les billets à l'avance.

Il est aussi possible d'acheter les billets aux guichets situés à l'Alhambra.

Horaires des guichets :
- Visite diurne :
  - du 15 mars au 14 octobre : de 8h00 à 19h00
  - du 15 octobre au 14 mars : de 8h00 à 17h00
- Visite nocturne :
  - du 15 mars au 14 octobre : de 21h00 à 22h30 (du mardi au samedi).
  - du 15 octobre au 14 mars : de 19h00 à 20h30 (vendredi et samedi).

L'Alhambra est fermée le 25 décembre et le 1er janvier.

Visite en groupe
Vous pouvez acheter vos billets de groupes sur le site web du Patronato de la Alhambra y Generalife (www.alhambra-patronato.es) en allant dans la rubrique « compra de entradas / turismo organizado (profesionales) ».

Type de billets
La visite générale du complexe monumental de l'Alhambra est structurée en deux temps : le matin et l'après-midi. Il est en outre possible de réaliser une visite nocturne de certains espaces du monument. Le Patronato de la Alhambra y Generalife vous propose de combiner la visite avec d'autres évènements culturels organisés en partenariat avec d'autres institutions (pour plus de détails, consultez le site web et les points d'information mis à votre disposition).

Horaires

Visite générale
- Le matin : du lundi au dimanche de 8h30 à 14h00
- L'après-midi : du lundi au dimanche de 14h00 à 18h00 (du 15 octobre au 14 mars) et de 14h00 à 20h00 (du 15 mars au 14 octobre).

Ce billet donne accès à tous les espaces visitables de l'Alhambra et du Generalife.

Visite des jardins, Alcazaba et Generalife
- Le matin : du lundi au dimanche de 8h30 à 14h00
- L'après-midi : du lundi au dimanche de 14h00 à 18h00 (du 15 octobre au 14 mars) et de 14h00 à 20h00 (du 15 mars au 14 octobre).

Ce billet donne accès à tous les espaces visitables, sauf aux Palais Nasrides.

Visite nocturne

PALAIS NASRIDES :
- Vendredi et samedi de 20h00 à 21h30 (du 15 octobre au 14 mars)
- Du mardi au samedi de 22h00 à 23h30 (du 15 mars au 14 octobre).

GENERALIFE :
- Vendredi et samedi de 20h00 à 21h30 (du 15 octobre au 14 novembre)
- Du mardi au samedi de 22h00 à 23h30 (du 15 mars au 31 mai et du 1er septembre au 15 octobre).

Nous conseillons de consulter le site web pour toute autre modalité de visite. (www.alhambra-patronato.es).

Programmes de visite spéciaux

Le Patronato de la Alhambra y Generalife organise un grand nombre d'activités à caractère éducatif, culturel et de divulgation tout au long de l'année.

La programmation de ces activités est disponible pour consultation aux points d'information du monument, sur le site web du Patronato de la Alhambra y Generalife (www.alhambra-patronato.es), ainsi qu'en centre ville, soit au bureau du Patronato situé à Corral del Carbón, Calle Mariana Pineda, 12, 18009 Grenade, soit à la boutique de la calle Reyes Católicos nº40, 18009 Grenade.

Programme L'Alhambra éduque (Corral del Carbón)
Vise la population scolaire.
- L'Alhambra et les enfants.
- L'Alhambra pour les aînés.
- Été à l'Alhambra.
- Dessine et découvre le musée (journée internationale des musées, le 18 mai).

Programme L'Alhambra plus proche (boutique à Grenade)
Vise le grand public.
- Visites guidées par des spécialistes.
- Programmes pour les familles.
- Programme pour les habitants de Grenade

Parcours alternatifs

Visites guidées urbaines et paysagères et autres billets combinés
Le but de ces itinéraires alternatifs est de mettre en évidence les clés de la relation existant entre

le Monument, la ville, et son milieu urbain et ses paysages, par le biais de la mémoire historique.

Ces programmes sont mis à jour en permanence. Pour des plus amples informations, vous pouvez vous adresser aux points d'information situés à l'intérieur de l'Ensemble ou bien consulter les sites web de l'Alhambra et des institutions partenaires.

Règles obligatoires pour la visite

L'achat d'un ou plusieurs des billets précédemment décrits entraîne l'acceptation des règles d'usage du monument suivantes :

- Retirer les billets réservés au moins une heure à l'avance sur l'horaire attribué pour l'accès aux Palais Nasrides.
- Chaque visiteur doit être en possession d'un billet muni d'un code-barres, même les enfants de moins de douze ans qui accèdent par ailleurs gratuitement au monument.
- Accéder aux Palais Nasrides dans la plage horaire indiquée sur le billet.
- Pour des raisons de sécurité, tenir par la main les enfants de moins de huit ans.
- Déposer à la consigne les sacs à dos, les grands sacs à main et les poussettes (cf. carte).
- Il est interdit de fumer, manger et boire sur tout le parcours à l'exception des espaces destinés à ces fins (cf. carte). Il existe des fontaines à eau potable à l'intérieur de l'ensemble.
- Pour pouvoir prendre des photos à l'aide d'un trépied ou faire usage du flash, une autorisation expresse préalable est obligatoire.

Dans le but de protéger le monument, il est interdit de toucher les décorations, murs, colonnes, plâtreries, jalousies et plantes. Le monument se compose d'éléments de différentes époques extrêmement fragiles qui peuvent facilement se détériorer.

En vue de contribuer à la conservation de l'ensemble, il est interdit de jeter ordures ou déchets ailleurs que dans les poubelles.

Lors de la visite au monument, il est interdit de se déshabiller, d'enlever ses chaussures ou de s'allonger sur les bancs, près des garde-fous et dans les jardins. L'accès est interdit aux animaux à l'exception des chiens guides accompagnant les non-voyants et qui les aident à réaliser une visite plus aisée.

Pour des raisons de sécurité, de conservation ou de tenue d'autres évènements, le Patronato de la Alhambra y Generalife peut modifier les itinéraires et limiter l'accès à certains espaces ou pendant certaines plages horaires, voire même annuler les visites publiques de façon temporaire.

En vue de préserver ce patrimoine historique et culturel ainsi que la sécurité des habitants et des visiteurs, et conformément à la législation en vigueur, le complexe monumental est placé sous vidéosurveillance.

Services généraux

Adresse

Patronato de la Alhambra y Generalife
Calle Real de la Alhambra, s/n, 18009, Grenade. España
http://www.alhambra-patronato.es

Services d'information

Ces services donnent des informations en cinq langues sur les horaires, itinéraires, accès et tous les services du monument, sans oublier la ville et la province de Grenade. Ils se situent à des endroits stratégiques de l'ensemble.
(cf. carte pages 24-25).
Téléphone d'information : 902 441 221

Accueil

Sa mission est d'assister les visiteurs en différentes langues en cas de problème ou incident survenu lors de la visite du monument. (cf. carte pages 24-25).

Consigne

Il existe un service de consigne pour y déposer les colis, sacs à main ou sacs à dos de plus de 35 cm. Les consignes se trouvent dans l'Atrium ou pavillon d'accès et au pavillon des services à côté de la porte du Vin.

Association de guides

Le Patronato de la Alhambra ne propose pas de visites guidées du monument. Ce service est assuré par l'Association provinciale d'informateurs touristiques, organisme privé et indépendant du Patronato de la Alhambra y Generalife.

Distributeurs automatiques d'aliments et de boissons

Vous trouverez des distributeurs d'aliments et de boissons aux points suivants :

- Parking de l'Alhambra.
- Pavillon d'accès.
- Pavillon des services à côté de la porte du Vin

Zones de repos
L'ensemble dispose d'aires aménagées pour le repos.

- Jardins du Partal (à côté du portique de la tour des Dames).
- Mirador de la Casa de los Amigos (à côté de la promenade des Lauriers roses).

Il existe par ailleurs des aires de repos dans lesquelles il est permis de manger, de boire ou de fumer :

- Place des Citernes
- Promenade des Noyers.
- Jardins des Placetas, en face des canons et dans la cour du palais de Charles Quint dans la zone aménagée à ces fins.
- Place de l'Alhambra (en face de l'Atrium ou pavillon d'accès).

Boutiques et librairies de l'Alhambra
Il existe trois boutiques-librairies officielles de l'Alhambra à l'intérieur de l'ensemble : dans l'Atrium ou pavillon d'accès, dans le palais de Charles Quint et au bureau de poste de la calle Real de la Alhambra. Il en existe aussi une autre en centre ville (c/ Reyes Católicos, nº 40). La boutique en ligne du site web de l'Alhambra vous permet également d'acheter des ouvrages spécialisés, des Cds, des DVDS, des articles de papeterie et tout objet en rapport avec l'Alhambra et le Generalife.

Parking
Le monument dispose d'un parking public sous surveillance. Il est ouvert 24 heures sur 24 et peut accueillir jusqu'à 630 véhicules. Il dispose d'espaces réservés pour handicapés, cars et caravanes.

Audioguide
Le monument propose un service d'audioguide en espagnol, anglais, français, allemand et italien. Les audioguides sont loués à l'Atrium ou pavillon d'accès, à côté des guichets, et au palais de Charles Quint.

Toilettes
Vous les trouverez :

- à l'Atrium ou pavillon d'accès (toilettes adaptées aux personnes handicapées).
- au pavillon des services, à côté de la porte du Vin (toilettes adaptées aux personnes handicapées).
- dans les jardins nouveaux du Generalife (toilettes adaptées aux personnes handicapées).
- dans la Cour du Cyprès de la Sultane, au Generalife.

Service médical
Il existe un poste de secours au pavillon des services, à côté de la porte du Vin, géré par du personnel de la Croix rouge espagnole.

Boîtes aux lettres
Elles sont situées dans l'ancien bureau de poste de la calle Real de l'Alhambra et dans l'Atrium ou pavillon d'accès.

Téléphone public
Vous trouverez des cabines téléphoniques publiques dans toute l'enceinte.

Objets trouvés
En cas d'objets personnels égarés, allez à l'Accueil où ils auront peut-être été trouvés.
(cf. carte pages 24-25).

Offre culturelle

Musées
En complément de votre visite, le complexe monumental de l'Alhambra propose un vaste choix muséographique à caractère permanent. Les musées de l'Alhambra vous permettront d'admirer le vaste patrimoine du monument allant de l'archéologie médiévale islamique aux Beaux-arts, le tout replacé dans son contexte historique et culturel d'origine :

Musée de l'Alhambra
Au rez-de-chaussée du palais de Charles Quint.
(cf. pages 76-78) Carlos V, en la planta baja (ver páginas 76-78).

Musée des Beaux-Arts de Grenade
Au premier étage du palais de Charles Quint.
(cf. page 79).

Musée Ángel Barrios
Dans la calle Real de l'Alhambra, à côté de l'église Santa María de la Alhambra.
(cf. pages 214-215.

Vous pouvez consulter les informations concernant les horaires d'ouverture (qui varient par rapport au reste du monument) sur le site web ainsi qu'aux points d'information. Le musée de l'Alhambra propose des visites guidées par des bénévoles du troisième âge.

Programme : La visite du mois
Le musée de l'Alhambra propose les samedis matin un programme gratuit de visites thématiques guidées réalisées par des experts. Pour plus d'informations, consultez le site web et les points d'information.

Programme : L'espace du mois
Il est possible de visiter chaque mois un espace du monument habituellement fermé pour des raisons de conservation ou de sécurité, dont la structure ou les caractéristiques n'admettent qu'un nombre réduit de visiteurs. Vous pouvez obtenir des informations supplémentaires à l'Atrium ou pavillon d'accès et aux différents points d'information du monument. Vous pouvez également consulter le programme sur le site web et aux points d'information habilités.

Expositions temporaires
Le Patronato de la Alhambra promeut en outre des expositions temporaires en partenariat avec des musées et d'autres centres patrimoniaux, aussi bien nationaux qu'internationaux. Elles prennent en général place dans la chapelle et dans la crypte du palais de Charles Quint.

Leur but est de présenter et de faire connaître certains des objets muséistiques, bibliographiques et documentaires conservés au sein du monument.

Bibliothèque de l'Alhambra
La Bibliothèque du Patronato de la Alhambra y Generalife est un centre spécialisé en art et en architecture islamiques, archéologie, jardinage et paysage, conservation et technique architecturale, restauration, administration et gestion du Patrimoine, archivage, bibliothéconomie et muséologie, histoire, littérature et pensée orientale, art de la Renaissance et arts décoratifs de l'Islam.

Elle se trouve dans le bâtiment dit des Nouveaux Musées, qui longe la promenade du Generalife. Son accès est limité aux jours ouvrables et uniquement en horaire matinal (adapté aux horaires de travail administratifs).

Pour accéder à la Salle de Consultation il faut posséder une Carte de chercheur délivrée par le Patronato de la Alhambra y Generalife ou demander une autorisation temporaire.

En raison des caractéristiques de son fonds et de ses collections, il existe un règlement d'accès consultable sur place et sur le site web de l'Alhambra.

Entre autres, la Bibliothèque de l'Alhambra met à la disposition de ses usagers les services suivants :

- Salle de chercheurs, équipée de moyens informatiques, avec accès au catalogue de la Bibliothèque ainsi qu'un point d'accès internet.
- Publications périodiques. Il s'agit de l'une des collections les plus importantes de la Bibliothèque. Un catalogue informatisé est disponible sur place.
- Prêt interne.
- Prêt inter-bibliothécaire
- Demande d'achats.
- Demande d'information.
- Reproduction de documents. Il est possible d'obtenir des reproductions des documents consultés, aussi bien sous format papier que numérique, aux prix fixés pour le public.

La Bibliothèque dispose d'un vaste fond se complétant par quelques collections de monographies, d'héritages particuliers et d'un grand nombre de publications périodiques, brochures, articles et documents audiovisuels.

Archives de l'Alhambra
Les Archives du Patronato de la Alhambra y Generalife, intégrées dans le Système Andalou des Archives, recueillent, conservent et mettent à la disposition du personnel du Patronat, des chercheurs et des citoyens la documentation produite au fil de l'histoire dans le cadre de le complexe monumental.

Elles se trouvent le long de la promenade du Generalife, dans le bâtiment dit des Nouveaux Musées. L'accès est limité aux jours ouvrables et uniquement en horaire matinal (adapté aux horaires de travail administratifs).

Pour accéder à la Salle de Consultation, il faut solliciter une autorisation temporaire ou bien posséder la Carte de chercheur, délivrée par le Patronato de la Alhambra. En raison des caractéristiques de son fond et de ses collections, il existe un règlement d'accès consultable sur place et sur le site web de l'Alhambra.

Les Archives offrent aux usagers les services suivants, entre autres :

- Information sur les Archives, les fonds et les collections, ainsi que de la documentation complémentaire d'autres archives.
- Demandes relatives aux fonds de documentation.
- Reproduction de documents.
- Possibilité de faire part de suggestions et réclamations.

Les Archives de l'Alhambra publient périodiquement un journal dont le but est de diffuser le travail qui y est réalisé et, par conséquent, le précieux patrimoine documentaire qu'elles renferment.

Publications

Les publications éditées par l'Alhambra sont essentiellement axées sur deux lignes : la première, la consolidation de la ligne éditoriale classique du Patronato de la Alhambra y Generalife, à caractère essentiellement scientifique et représentée par la revue *Cuadernos de la Alhambra*, est une publication de référence en matière de recherche et de diffusion patrimoniale ; l'autre ligne éditoriale est centrée sur la publication annuelle de collections thématiques dont la « Colección Plural de la Biblioteca de la Alhambra », la « Colección de Monografías de la Alhambra » ou la « Colección Fuentes de Investigación », entre autres.

Salle de conférences

La salle se trouve dans le palais de Charles Quint. Elle est destinée aux activités culturelles et scientifiques qui ont lieu dans le monument tout au long de l'année : séminaires, formations, conférences, présentation d'ouvrages et autres événements concernant directement la diffusion de l'héritage historique et culturel de l'Alhambra et du Generalife.
Capacité : 90 personnes.

Évènements culturels

Le Patronato de la Alhambra travaille en partenariat avec d'autres organismes publics et privés pour organiser des manifestations culturelles et de diffusion historique et artistique aussi bien à l'intérieur qu'à l'extérieur de l'ensemble. Son but est de promouvoir la connaissance de l'image, des valeurs et des cultures liées au monument. Le Patronato propose par ailleurs de façon directe et régulière un éventail de programmes et d'activités à caractère éducatif, culturel et de divulgation.

Le programme de toutes ces activités est disponible aux points d'information du monument et sur le site web du Patronato de la Alhambra y Generalife : www.alhambra-patronato.es.

Festival International de Musique et de Danse de Grenade

La ville accueille de nombreux évènements culturels tout au long de l'année. Le plus consolidé est le Festival International de Musique et de Danse de Grenade, qui se déroule à différents endroits dans toute la ville, parmi eux, à l'Alhambra et au Generalife. Chaque année, entre les mois de juin et de juillet, l'amphithéâtre du Generalife, le palais de Charles Quint, la cour des Myrtes et la place des Citernes accueillent des représentations scéniques du plus haut niveau avec la présence des meilleurs orchestres et de troupes aussi bien nationales qu'internationales. (www.granada-festival.org)

Lorca et Grenade dans les jardins du Generalife

Ce programme a été conçu en 2001 dans le but de créer un grand spectacle culturel pour les nuits estivales de Grenade. La figure de Federico García Lorca et la connaissance universelle de son œuvre constituent un puissant attrait pour tous les publics. Son pouvoir d'évocation constitue une formule parfaite qui allie d'un côté les auteurs locaux et les racines culturelles les plus anciennes comme le flamenco, et de l'autre un langage créatif multiculturel, reflet du potentiel culturel de l'Andalousie. Il a lieu chaque été.

Alhambra, avec l'Alcazaba au premier plan, le palais de Charles Quint et Santa María au fond

Personnalités liées à l'Alhambra

Mohammed Ier. Al-Ahmar
(Arjona, 1194-Grenade, 1273)
Fondateur de la dynastie nasride, il règne de 1237 à 1273. En 1238, il s'installe dans l'ancienne alcazaba de l'Albaicín. Attiré par les ruines qu'il aperçoit sur la colline de l'Alhambra il décide de les reconstruire et d'y installer sa cour. Il est à l'origine de la construction de l'Alhambra telle que nous la connaissons de nos jours.

Youssouf Ier
(Grenade, 1318-Grenade, 1354)
Septième émir de la dynastie nasride (1333-1354). Durant son règne, il construit le palais de Comares, une des perles de l'architecture nasride, et il inaugure la médersa de Grenade. Il signe des accords avec Alphonse XI de Castille et Alphonse IV d'Aragon pour maintenir la paix, mais le contrôle du détroit de Gibraltar précipite une nouvelle guerre.

Mohammed V
(Grenade, 1338-Grenade, 1391)
Il règne durant l'apogée du sultanat nasride (1354-1359/1362-1391). Du point de vue artistique, cette période est marquée par la construction du palais des Lions et de la façade de Comares, bâtie pour célébrer la conquête d'Algésiras en 1370.

Mohammed XI-Boabdil
(Grenade, 1452-Fès, 1528)
Le dernier souverain de l'Alhambra a régné sous le nom de Mohammed XI. Il est surnommé « l'Infortuné » et appelé Boabdil ou Boabdil Le Jeune par les Chrétiens (1482-1483/1487-1492).
Fils de Moulay Hasan et de la sultane Aïcha, il évince son père à Guadix en 1482 et accède au trône soutenu par les Abencérages et par sa propre mère. Le 2 janvier 1492, il remet les clés de Grenade aux Rois Catholiques, mettant ainsi fin à la période du sultanat.

Aïcha bint Mohammad Ibn al-Ahmar
Épouse du Moulay Hasan et mère de Boabdil Le Jeune qu'elle aide, avec le soutien des Abencérages, à accéder au trône de Grenade. Elle est l'âme de la résistance face aux Rois Catholiques. En 1493, elle accompagne son fils à Fès en exil et décède peu de temps après.

Ibn al-Yayyab
(Grenade, 1274-Grenade, 1349)
Poète et homme politique de la dynastie nasride du Royaume de Grenade qu'il servit pendant plus de cinquante ans, fait assez insolite au sein d'une cour habituée aux intrigues de pouvoir. Il commence son parcours sous le règne de Mohammed II, créateur du Diwan al-Insa' ou bureau de rédaction, qu'il dirige en sa qualité de Wazir-Premier ministre. Il écrit des qasidas néoclassiques, séries de vers monorimes uniformes. Certains de ses poèmes ornent les murs des palais, par exemple le portique du Generalife.

Ibn al-Khatib
(Loja, 1313-Fès, 1374)
Le plus grand polygraphe nasride : poète, écrivain, historien, philosophe et homme politique, ses plus beaux textes ornent les murs de l'Alhambra. Il passe une grande partie de sa vie à la cour du sultan Mohammed V dont il est historien et ministre et avec lequel il se lie d'amitié. Il exerce de hautes fonctions politiques puisqu'il est nommé double vizir, ce qui lui valut le surnom de Dhûl-wizaratayn, « l'homme aux deux vizirats ». Auteur de nombreux ouvrages d'histoire et de chronologies, il écrit son autobiographie en 1369. Obligé à deux reprises de s'exiler en Afrique du Nord, il se met au service du gouvernement des Mérinides. Arrêté et jugé à Grenade, accusé de trahison, il est condamné à une peine de prison et à voir tous ses livres détruits ; mais le gouvernement envoie des tueurs professionnels qui l'étranglent dans sa cellule de la prison de Fès en 1374.

Ibn Zamrak
(Grenade, 1333-Grenade, 1394)
Homme politique et peut être le plus brillant des poètes de l'Alhambra. Ses poèmes ornent les fontaines et les palais les plus remarquables comme le bassin de la cour des Lions. D'origine humble, il entre à la cour grâce à son maître, Ibn al-Khatib. Il accompagne le sultan Mohammed V au Maghreb. Celui-ci en fait son secrétaire privé lorsque le trône de Grenade lui est rendu et il le désigne poète de la cour. Il remplace le vizir Ibn al-Khatib à sa destitution en 1371. Ibn Zamrak est lui-même emprisonné pendant deux ans. Il finit assassiné sur ordre du sultan Mohammed VII.

Rois Catholiques
(1492-1516)
Isabelle Ière de Castille (Madrigal de las Altas Torres, Ávila, 1451-Medina del Campo, Valladolid, 1504) et Ferdinand II d'Aragon (Sos, Saragosse, 1452-Madrigalejo, Cáceres, 1516).
Le règne des Rois Catholiques marque le passage de l'époque médiévale à l'époque moderne en Espagne. Leur mariage donne naissance au sein de la Maison de Trastamare à l'union des couronnes de Castille et d'Aragon. Après la conquête de Grenade en 1492, l'Alhambra devient un Palais Royal. Les Rois Catholiques nomment Íñigo López de Mendoza, comte de Tendilla, gouverneur de l'Alhambra.

Íñigo López de Mendoza y Quiñones
(Guadalajara ?, 1440-Grenade, 1515)
Second comte de Tendilla et premier marquis de Mondéjar, surnommé le Grand Tendilla, il est nommé premier gouverneur de l'Alhambra et capitaine général des armées par les Rois Catholiques. Après la conquête chrétienne, il ordonne la construction d'un énorme réservoir d'eau sous la cour des Citernes qui constitue un splendide de construction en voûte.

Hieronymus Münzer
(Feldkirch, 1437 ou 1447-Nuremberg, 1508)
Humaniste, médecin, géographe et cartographe allemand. Il arrive à Grenade en 1494, deux ans après la conquête de la ville par les Rois Catholiques. Il est accueilli dans le palais de Youssouf III, actuellement disparu, dont il a laissé des témoignages écrits qui se sont avérés très utiles pour en avoir une connaissance plus exacte.

Andrea Navagero
(Venise, 1483-Blois, 1529)
Écrivain et homme politique, ambassadeur vénitien auprès de Charles Quint entre 1525 et 1528. Il laisse en héritage son *Voyage en Espagne* dans lequel il décrit le jardin surplombé par le palais du Generalife de la façon suivante : *« avec ses murs couverts de lierre et une fontaine projetant l'eau à une hauteur de dix brasses »*.

Pedro Machuca
(Tolède, 1485-1550)
Peintre et architecte espagnol du XVIème siècle, considéré comme l'un des premiers représentants du maniérisme en Espagne. Il conçoit et construit le palais de Charles Quint, bâtiment Renaissance commandé par l'empereur pour y installer sa résidence à l'Alhambra de Grenade, à côté des Palais Nasrides.

Luis Hurtado de Mendoza y Pacheco
(Guadalajara, 1489-Mondéjar, Guadalajara, 1566)
Troisième comte de Tendilla et second marquis de Mondéjar. Au décès de son père, il hérite de ses fonctions et devient deuxième gouverneur de l'Alhambra et capitaine général de Grenade. Ami personnel de Charles Quint depuis 1526, date à laquelle celui-ci et son épouse Isabelle de Portugal logent à l'Alhambra durant leur voyage de noces. En outre, il supervise la construction de la cathédrale de Grenade et du palais de Charles Quint à l'Alhambra (Pedro Machuca, l'architecte, était son écuyer), ainsi que de la fontaine dite de Charles Quint.

Pedro de Granada Venegas
Troisième seigneur de Campotéjar y Jayena. Après la conquête chrétienne de l'Alhambra en 1492, les Rois Catholiques nomment un gouverneur chargé de la garde et de l'exploitation du Generalife. En 1631, la famille Granada-Venegas reçoit le titre de Gouverneur à perpétuité jusqu'à ce que, suite à un long procès qui avait débuté au XIXème siècle, ce poste passe à la fonction publique en 1921.

Garcilaso de la Vega
(Tolède, 1498 ?-Nice, 1536)
Il grandit à la cour où il rencontre, en 1519, Juan Boscán qui devient un grand ami et un collègue littéraire. En 1520, il entre au service de Charles Ier. En 1525, il épouse Elena de Zúñiga, dame de compagnie de la sœur de Charles Quint et entre dans sa suite. Il accompagne la cour à Rome en 1529 pour assister au sacre de Charles Ier d'Espagne comme empereur. En 1526, Grenade est l'axe central de la diplomatie européenne, accueillant le nonce Baldassare Castiglione et les ambassadeurs d'Angleterre, de Pologne et de Venise. La rencontre avec Boscán et Navagero dans les jardins du Generalife pour parler de la mode d'écrire «... *en langue castillane des sonnets et autres arts de la versification employés par les bons auteurs d'Italie...»* marque un tournant dans le lyrisme de Garcilaso.

Juan Boscán Almogaver
(Barcelone, 1493-Perpignan, 1542)
Poète et traducteur de la Renaissance. Issu d'une famille noble, il sert à la cour des Rois Catholiques et après à celle du roi Charles Ier d'Espagne. Il introduit dans la poésie castillane le vers hendécasyllabe et les strophes italiennes ainsi que le poème en hendécasyllabes blancs et les motifs et structures propres de Pétrarque. Il affirme lui-même avoir décidé de tenter cette expérience poétique après une conversation dans les jardins du Generalife avec son ami Andrea Navagero, humaniste et ambassadeur vénitien.

Charles Quint
(Gand, 1500-Yuste, Caceres, 1558)
Charles Ier (1516-1556) est le premier roi à unir sous sa coupe les couronnes de Castille et d'Aragon. Sacré empereur du Saint Empire romain germanique sous le nom de Charles Quint (1519-1558). En 1526, il ordonne la construction de son palais dans l'Alhambra et s'y installe après son mariage à Séville avec Isabelle de Portugal. Cette dernière choisit comme appartement la Chambre dorée, salle préalablement rénovée par les Rois Catholiques et l'une des plus confortables des Palais Nasrides. L'aménagement de nouveaux espaces pour héberger l'empereur pendant les travaux du nouveau palais tient compte des goûts du souverain pour les ornements italiens. La sensibilité de l'Impératrice au paysage de Grenade, où elle aurait apparemment passé « les heures les plus heureuses de son existence » et la nécessaire modification des structures médiévales entraînent la rénovation d'une tour destinée à l'Impératrice et qui recevrait le nom de Mirador puis Boudoir de la Reine. C'est actuellement l'un de trésors les plus prisés de l'Alhambra.

Fray Luis de Granada
(Grenade, 1504-Lisbonne, 1551)
Écrivain espagnol et moine dominicain. Orphelin depuis l'enfance, il est accueilli par la famille des Mendoza, comtes de Tendilla et Gouverneurs de l'Alhambra. Il devient page des enfants de Tendilla. À dix-neuf ans, il entre au couvent dominicain de Santa Cruz la Real.

Julio Aquiles et Alejandro Mayner
Peintres du XVIème siècle, disciples de Rafael Sanzio et de Giovanni de Udine. En 1537, ils décorent les appartements de l'empereur, appelés salles des Fruits. Entre 1539 et 1546, ils se chargent des fresques du Boudoir de la Reine, où ils représentent la conquête de Tunis par Charles Quint en huit tableaux.

Íñigo López de Mendoza y Mendoza
(?-1512-Mondéjar, Guadalajara, 1580)
Troisième marquis de Mondéjar et quatrième comte de Tendilla. En 1543, il hérite de son père les fonctions de Gouverneur de l'Alhambra. Durant son mandat a lieu la guerre contre les Maures, expulsés de Grenade en 1570, après quoi l'Albaicín se retrouva dépeuplé.

Philippe V
(Versailles, 1683-Madrid, 1746)
Duc d'Anjou, premier roi Bourbon d'Espagne à partir de 1700. Petit-fils du roi Louis XIV et fils de Louis de France, le Grand Dauphin et Marie Anne Christine de Bavière. Il dépossède le marquis de Mondéjar, héritier du comte de Tendilla, du titre de Gouverneur de l'Alhambra. Commence alors pour l'Alhambra une époque d'abandon qui dure jusqu'au règne de Charles IV. C'est le dernier souverain à utiliser l'Alhambra comme résidence.

François-René de Chateaubriand
(Saint-Malo, Bretagne, 1768-Paris, 1848)
Diplomate, homme politique et écrivain français, auteur des *Aventures du dernier Abencérage*, considéré comme étant le fondateur du romantisme dans la littérature française. En 1807, il arrive à Grenade où il prend des notes pour illustrer le *voyage pittoresque* de son frère Alexandre, publié en 1812. « Vous devriez voir l'Alhambra. C'est comme une œuvre féerique ; elle est magie, gloire et amour ; elle ne ressemble à rien de connu ».

Alexandre de Laborde
(Paris, 1773-Paris, 1842)
Archéologue et homme politique français. Grand amateur des arts, il voyage en Europe et travaille en Espagne dans l'édition de grands ouvrages. En collaboration avec Chateaubriand, il publie son *Itinéraire descriptif de l'Espagne* et le *Voyage pittoresque et historique en Espagne* dont l'élément le plus significatif est le recueil de plus de neuf cent gravures parmi lesquelles on trouve le bain de Comares ou les jardins du Generalife.

James Cavanah Murphy
(Cork, ?-Londres, 1814)
Auteur irlandais possédant certaines connaissances archéologiques et amateur d'antiquités. Il représente le groupe de voyageurs britanniques de la fin du XVIIIème siècle, particulièrement intéressés par l'architecture islamique en Espagne, et dont la plus belle illustration est pour eux l'Alhambra. Murphy arrive en Andalousie en 1802, comme il l'explique lui-même dans la courte introduction à son œuvre *The Arabian Antiquities of Spain* (Londres, 1813-1815), pour corriger « les descriptions intéressantes mais imparfaites des vestiges de l'art arabe présentés dans les volumes d'un certain voyageur moderne, comme ceux existant dans les célèbres villes mahométanes de Grenade, Cordoue et Séville ». Bien qu'ayant séjourné sept ans en Andalousie et concentré ses études sur Cordoue et Grenade, il n'obtiendra pas la faveur des exigeants critiques de l'époque.

Washington Irving
(Tarrytown, Wetschester, New York, 1783-Tarrytown, Wetschester, New York, 1859)
Écrivain américain du romantisme et diplomate ayant occupé plusieurs postes en Espagne. En 1828, il séjourne quelques jours à Grenade. Il y retourne l'année suivante et y reste longtemps. C'est là qu'il trouve l'inspiration pour écrire ses *Contes de l'Alhambra*. Pendant son séjour, il loge dans les Appartements de l'empereur Charles Quint.

Richard Ford
(Londres, 1796-Londres, 1858)
Écrivain et dessinateur. La santé fragile de son épouse le pousse à voyager en Espagne en 1830 avec cette dernière et leurs enfants. Il passe deux étés à Grenade et loge à l'Alhambra. Il parcourt la Péninsule pour étudier les mœurs du peuple et fait plus de cinq cent dessins. À son retour en Angleterre en 1833, il s'installe à Exeter où il construit une résidence de style néo-mudéjar qui lui rappelle le Generalife et ses jardins, et où il aménage une grande bibliothèque de livres en espagnol.

David Roberts
(Stockbridge, Edimbourg, 1796-Londres, 1864)
Peintre romantique écossais célèbre pour ses aquarelles de monuments orientaux. À seize ans, il gagnait déjà sa vie comme peintre scénographique dans un cirque. En 1824, il commence à parcourir une grande partie de l'Europe, ornant monastères et cathédrales gothiques de paysages et de tous les éléments artistiques de l'époque. Il arrive en Espagne en octobre 1832, désireux de parcourir l'Andalousie afin de dessiner les œuvres d'art les plus remarquables et les plus sublimes d'al-Andalus. Il peint ainsi une Espagne vue sous le prisme de l'influence musulmane, à l'esthétique typique du romantisme du XIXème siècle. Ses gravures de l'Alhambra en sont la preuve.

Alexandre Dumas
(Villers-Cotterêts, Aisne, 1802- Puys, 1870)
Romancier et dramaturge français, auteur des *Trois Mousquetaires* et du *Comte de Monte-Cristo*. À son retour de Grenade, il affirme : « Dieu créa l'Alhambra et Grenade au cas où il se fatiguerait un jour de sa demeure ».

Victor Hugo
(Besançon, 1802-Paris, 1885)
Écrivain français, considéré comme le plus grand écrivain romantique. C'est un des premiers voyageurs illustrés à visiter l'Alhambra au XIXème siècle et à apposer sa signature sur le livre des visiteurs illustres. L'Alhambra lui sert d'inspiration pour écrire *Les Orientales*.

Prosper Mérimée
(Paris, 1803-Cannes, 1870)
Écrivain français, auteur de *Carmen*, roman sur lequel est basé l'opéra du même titre de Georges Bizet. Il réalise de nombreux voyages en Espagne et tombe amoureux de ses mœurs, de ses paysages et de son art. Il reflète cette passion dans des articles et des lettres : « Je ne vous dirai rien sur l'Alhambra, vous l'avez dans votre bibliothèque, mais croyez bien que vous n'êtes pas dispensée de voyager à Grenade et qu'aucun ouvrage en carnets ou même en feuillets pourra vous donner une idée de la cour des Lions et du salon des Embajadores ». Sa signature apparaît dans le livre des visiteurs de l'Alhambra.

Philibert Joseph Girault de Prangey
(Langres, Haute-Marne, 1804-Courcelles, Paris, 1893)
Peintre et dessinateur français, considéré comme étant un rigoureux spécialiste de la vision et de l'étude de l'architecture

hispano-musulmane. Il séjourne à Grenade à la fin de 1832. Son objectif était le bassin méditerranéen, mais lors de la première étape du périple, il en visite la partie occidentale, la Tunisie, l'Algérie, la Sicile et l'Andalousie. Il est captivé par l'Alhambra et le Generalife, tel qu'il le montre dans ses *Monuments Arabes et Moresques de Cordoue, Séville et Grenade et Choix d'ornements Moresques de l'Alhambra* : « ...ces monuments imprégnés du génie d'une nation qui n'a laissé nulle part des restes aussi brillants de sa haute civilisation... ». Bien qu'il réalise les dessins de cet ouvrage phare entre 1832 et 1833, ils ne seront publiés qu'en 1837 à Paris, accompagnés d'un texte descriptif. Entre 1846 et 1855, il publie *Monuments Arabes d'Egypte, de Syrie et d'Asie Mineure* qui constitue un autre ouvrage de référence.

Benjamin Disraeli
(Londres, 1804-1881)
Homme politique et écrivain issu d'une famille de juifs espagnols qui s'était enfuie à Venise à la fin du xvème siècle à cause de l'Inquisition. Lors de son voyage en Espagne en 1830, sur la route qui menait à Jérusalem, il s'exclame : « Oh wonderful Spain! Think of this romantic land covered with Moorish ruins and full of Murillo! Ah that I could describe to you the wonders of the painted temples of Seville! ah that I could wander with you amid the fantastic and imaginative halls of the delicate Alhambra ! ».

John Frederick Lewis
(Londres, 1805-1876)
Peintre anglais spécialisé dans la représentation de scènes d'Orient et de la Méditerranée. Lewis séjourne en Espagne entre 1832 et 1834. À Madrid, il copie à l'aquarelle les grands tableaux du Prado. Il s'installe ensuite à Tolède puis à Grenade. Il passe le plus clair de son temps à l'Alhambra, à en dessiner l'architecture. En 1835, il publie à Londres *Sketches and Drawings of the Alhambra*.

Owen Jones
(Londres, 1809-Londres, 1874)
Architecte, dessinateur et décorateur. Il voyage pendant quatre ans en Italie, en Grèce, en Turquie, en Egypte et en Espagne où il réalise en 1842 une étude spéciale de l'Alhambra en collaboration avec le Français Jules Goury. Il est en outre dessinateur et professeur de la School of Design où il expérimente, rénove et enseigne les paradigmes des nouvelles applications stylistiques et décoratives. Son œuvre *The Grammar of ornament* (1856) est une référence universelle.

Théophile Gautier
(Tarbes, 1811-Paris, 1872)
Poète, critique et romancier français. Gautier découvre l'Espagne entre le 5 mai et le 7 octobre 1840 avec son ami Eugène Piot. Pendant ces six mois, il recueille la substance de son *Voyage en Espagne*. Cet ouvrage se caractérise par la force des sentiments reflétés dans les carnets, par le regard frais qu'il apporte, la stupéfaction ressentie et son désir exacerbé de transcrire la réalité. Dans une lettre à sa mère, il écrit : « Si vous persistez dans votre attitude, je loue l'Alhambra, j'y installe un matelas en tresse de paille et une paire de coussins et je ne reviens plus ! »

Jean Laurent
(Garchizy, Nevers, 1816-Espagne, 1892)
Photographe français qui déploie essentiellement son activité en Espagne dont il parcourt tous les recoins et paysages sans jamais se séparer de son appareil. Laurent est un grand innovateur de la technique photographique : il invente et introduit plusieurs techniques telles que le papier leptographique d'une sensibilité supérieure à celui qui existait à l'époque, ainsi qu'un nouveau système de coloriage. L'album *L'Alhambra* reprend toutes les photographies prises lors de ses voyages à Grenade entre 1856 et 1892.

José Zorrilla
(Valladolid, 1817-Madrid, 1893)
Le plus grand représentant du romantisme espagnol. Il est couronné Poète National à Grenade le 22 juin 1889. Zorrilla a toujours regretté que les merveilles de l'Alhambra aient été découvertes par les auteurs étrangers.

Charles Clifford
(Galles, 1819-Madrid, 1863)
Photographe britannique qui travaille, comme Jean Laurent, essentiellement en Espagne. Il y réalise des albums consacrés à presque toutes les villes et monuments du pays. Il accompagne la reine Isabelle II dans son voyage en Andalousie en 1862. Un album magnifique avec une centaine de photographies, parmi lesquelles plusieurs de l'Alhambra, témoigne de ce voyage.

Famille Contreras
Trois générations de la famille des Contreras se sont investies dans la restauration du Monument. Le plus célèbre est Rafael (Grenade, 1824 ou 1826-1890), nommé « restaurateur décorateur » de l'Alhambra en 1847 et directeur conservateur en 1869. Ses interventions les plus remarquables sont le rétablissement des couleurs dans la salle des Lits des bains de Comares et la construction d'une coupole recouverte de tuiles colorées, qui n'existait pas précédemment, dans la cour des Lions.

Isabelle II
(Madrid, 1830-Paris, 1904)
Reine d'Espagne de 1833 à 1868. En 1843, elle accorde à la ville de Grenade le droit de rajouter sur son blason une représentation de la tour du Guet pour la récompenser de la fidélité de la ville lors des émeutes qui ont eu lieu cette même année. La promenade des Cyprès est construite en 1862 pour sa visite à l'Alhambra.

Paul Gustave Doré
(Strasbourg, 1832-Paris, 1883)
Artiste français, graveur et illustrateur. Il publie sa première illustration à quinze ans. En 1862, il voyage en Espagne avec le baron Duvillier. L'année suivante, ils publient conjointement une série de chroniques sur Valence, la Galice, etc. incluse dans la collection « Le Tour du Monde ». Il réside quelques mois à Barcelone. Doré est un artiste tellement prolifique qu'il est difficile d'englober toute son œuvre.

Edgar Degas
(Paris, 1834-1917)
Peintre et sculpteur français. Célèbre pour sa vision particulière du monde du ballet, il capture des scènes subtiles et de grande beauté dans des tons pastel. En 1889, il voyage au Maroc et en Espagne avec Boldini. Lors de son séjour à Grenade, il appose sa signature dans l'Album de l'Alhambra, le 21 septembre 1889.

Manuel Gómez Moreno y González
(Grenade, 1834-1918)
Historien, archéologue et peintre, il obtient une allocation du gouvernement grenadin pour voyager à Rome où il peint ses meilleurs tableaux dont *La despedida de Boabdil.* Membre de l'Institut archéologique allemand, doyen de la Real Academia de Bellas Artes et maître de la Escuela de Artes y Oficios. Auteur de l'indispensable *Guía de Granada* (1892) et d'autres ouvrages de recherche dont le rapport sur Sierra Elvira, près d'Atarfe, site de la découverte de sépultures et de nombreux vestiges. L'ouvrage est illustré de lithographies et de photographies de ses propres dessins. Conservateur du Musée des Beaux-arts de Grenade entre 1876 et 1878. Lors de la création de la Commission spéciale de l'Alhambra, il est nommé recteur du monument. Il prône que les travaux au sein du monument « doivent se concentrer d'abord sur les parties en ruines et ensuite sur la restauration », à un moment où certains secteurs artistiques considéraient l'Alhambra non pas comme un monument nasride mais comme une idée orientaliste.

Mariano Fortuny
(Reus, 1838-Rome, 1874)
Peintre. Il arrive à Grenade en 1870 et y reste jusqu'en 1871, poussé par les idées romantiques et accompagné de son épouse Cecilia Madrazo (fille de l'un des plus prestigieux peintres de la Cour). La présence de la famille Fortuny à l'Alhambra est immortalisée dans l'album des visiteurs illustres en juin 1870. Fortuny laisse un héritage touffu de dessins de Grenade et l'Alhambra, de grande valeur picturale et historique, dont ceux conservés dans le palais de Charles Quint.

Ricardo Velázquez Bosco
(Burgos, 1843-Madrid, 1923)
Architecte et restaurateur espagnol. Parmi son œuvre, abondante, mentionnons le pavillon pour l'Exposición de Minería de 1883, connu sous le nom de palais de Velázquez au parc du Retiro de Madrid (1883), conçu avec l'ingénieur Alberto del Palacio et le céramiste Daniel Zuloaga ou encore le bâtiment du Ministère de l'Agriculture (1893-1897) dont la façade arbore le style caractéristique de Velázquez Bosco, avec un portique à huit colonnes assorties et une frise chapeautée d'une série de sculptures. En tant que restaurateur, il travaille à la mosquée de Cordoue, à la cathédrale de León et au monastère de La Rábida bien que son projet le plus important reste le Plan Général de Conservation de l'Alhambra de 1917.

Isaac Albéniz
(Camprodón, Gérone, 1860-Cambo-les-Bains, 1909)
Compositeur de piano. Il a son premier contact musical avec Grenade à l'âge de douze ans, en 1872. Il y revient en juillet 1881 pour offrir une série de récitals de piano. Il y retourne ensuite neuf ans après, en 1886, et compose sa célèbre suite pour piano « Grenade (Serenata) ». Grenade lui a inspiré de plusieurs œuvres, dont « Torre Bermeja » (Serenata), « Zambra granadina » et « El Albaicín ».

Santiago Rusiñol i Prats
(Barcelone, 1861-Aranjuez, 1931)
Peintre, écrivain et dramaturge. Il se rend à Grenade à plusieurs reprises entre 1887 et 1922. Il loge à l'hôtel Siete Suelos, depuis disparu, au palais du Generalife et au Polinario. Il dira de l'Alhambra : « La première impression que l'on reçoit est éblouissante. On dirait que l'âme entre dans un grand bain de lumière, à l'intérieur d'une atmosphère d'une beauté extrêmement pure, où les yeux se reposent dans le calme d'une sensation douce ».

Claude Debussy
(Saint-Germain, 1862-Paris, 1918)
Compositeur français. Il n'a jamais connu l'Espagne mais s'est inspiré d'une carte postale envoyée par Manuel de Falla pour composer son œuvre *La porte du vin.*

Joaquín Sorolla
(Valencia, 1863-Cercedilla, Madrid, 1923)
L'un des peintres espagnols les plus prolifiques. En 1907, il commence à étudier les jardins, essentiellement en Andalousie. À Grenade, il peint les cours et les fontaines de l'Alhambra et du Generalife entre 1909, 1910 et 1917 : *Habitaciones de los Reyes Católicos en la Alhambra, El Patio de Comares, de la Alhambra de Granada.*

Ángel Ganivet
(Grenade, 1865-Riga, 1898)
Écrivain et diplomate espagnol. C'est l'un des intellectuels grenadins les plus influents de ladite Génération de 98. Ganivet est toujours resté très proche de sa ville où il crée la Cofradía del Avellano, féconde *tertulia* culturelle définie comme « une sorte d'académie hellénique d'amis grenadins », avec lesquels il conçoit entre autres *El libro de Granada*, ouvrage de référence de cette époque très apprécié par les intellectuels. Le monument à Ángel Ganivet est inauguré dans la forêt de l'Alhambra le 3 octobre 1921.

Henri Matisse
(Cateau-Cambrésis, 1869-Nice, 1954)
Peintre français d'avant-garde et l'un des grands artistes du XXème siècle et du fauvisme. Matisse visite l'Alhambra les 9 et 10 décembre 1910 et signe dans le livre des visiteurs du monument nasride. La découverte de cette signature il y a quelques années a permis de rechercher les raisons du voyage de Matisse en Espagne, au cours duquel il visite Madrid, Séville, Cordoue et Grenade, ainsi que l'influence de cette visite dans son œuvre. Ses lettres montrent que l'Alhambra est l'un des lieux espagnols l'ayant le plus marqué : « L'Alhambra est une merveille ; j'y ai ressenti le plus grand des plaisirs ».

Manuel Gómez-Moreno Martínez
(Grenade, 1870-Madrid, 1960)
Il publie à seize ans son premier travail consacré à la Chapelle Royale de Grenade. Cet ouvrage est le premier d'une longue série de livres, d'essais et d'articles qui constituent sa bibliographie. En 1889, il obtient sa maîtrise en Philosophie et Lettres. Quelques années plus tard, il devient professeur à l'Université du Sacromonte et à l'Ecole des Artes Industriels. En 1913, il déménage à Madrid pour occuper la chaire d'Archéologie Arabe Médiévale de l'Université Centrale. Il entre ensuite dans certaines des institutions les plus éminentes de la capitale : la Real Academia de la Historia, celle de Bellas Artes de San Fernando et, en 1941, la Academia Española. Cette même année, l'Université d'Oxford lui décerne le doctorat *Honoris Causa*. En 1930, il devient Directeur général des Beaux-arts. Il est spécialiste de nombreux domaines de la culture générale, notamment d'archéologie, d'histoire et d'art.

Manuel Machado
(Séville, 1874- Madrid, 1947)
Poète espagnol, frère d'Antonio Machado. C'est l'un des personnages clé du modernisme en Espagne. Lorsque Manuel Machado vante Grenade dans son itinéraire poétique de l'Andalousie, il lui offre, comme d'autres accrochent un œillet dans les cheveux de leur dame, une belle métaphore : « eau occulte qui pleure... ».

Manuel de Falla
(Cadix, 1876-Alta Gracia, Argentine, 1946)
Compositeur espagnol. Il est avec Isaac Albéniz et Enrique Granados l'un des musiciens les plus importants de la première moitié du xxème siècle en Espagne. Il vécut vingt ans à Grenade (1920-1939). Avant de connaître la ville, il l'avait déjà imaginée musicalement dans *La Vie brève* et *Au Generalife*, œuvre composée à Paris et qui constitue la première partie des *Nuits dans les jardins d'Espagne*, inspirée par des lectures poétiques et des reproductions de tableaux de jardins de Santiago Rusiñol.

Francisco Villaespesa
(Almeria, 1877-Madrid, 1936)
Poète, dramaturge et narrateur espagnol du modernisme. Il publie de nombreux ouvrages poétiques consacrés à l'Alhambra comme *El Patio de los Arrayanes*, *El mirador de lindaraxa*, *Los nocturnos del Generalife* ou *El encanto de la Alhambra*. Actuellement, une plaque portant un poème de Villaespesa se trouve à côté de la porte des Grenades

Juan Ramón Jiménez
(Moguer, Huelva, 1881-San Juan, Puerto Rico, 1958)
Poète espagnol, prix Nobel de Littérature en 1956. Après sa visite à Grenade en 1924, il écrit le recueil de textes poétiques *Olvidos de Granada*. Il entreprend ce voyage avec Zenobia et les frères Federico et Francisco García Lorca, tel un voyageur d'exception à la recherche d'essences. Cette singulière visite réunit autour du poète tout un groupe d'illustres personnages de la vie culturelle de l'époque dont Leopoldo Torres Balbás, Manuel de Falla, Miguel Cerón et Fernando de los Ríos, avec sa femme Gloria et leur fille Laurita, qui deviendra peu après l'épouse de Francisco García Lorca.

Ángel Barrios Fernández
(Grenade, 1882-Madrid, 1964)
Fils d'Antonio Barrios Tamayo et d'Eloísa Fernández, il fait partie d'une famille très influente au sein de l'Alhambra pendant les trois dernières décennies du xixème et les premières du xxème siècle. La maison de don Antonio Barrios, à côté des bains de la mosquée, a été tour à tour une auberge, un bistrot, un cercle de réunions et un lieu de repos avant de devenir plus tard le centre le plus universel de Grenade. C'est le pied-à-terre qui accueille les voyageurs cultivés et les artistes les plus importants : Palmer, Doré, Roberts et Sargent ou les espagnols Regoyos, Rusiñol, Sorolla, Zuloaga, Baroja, Pérez Galdós, Azorín, Albéniz, Juan Ramón et Eugenio d'Ors.

Leopoldo Torres Balbás
(Madrid, 1888-Madrid, 1960)
Précurseur de la restauration scientifique. Architecte conservateur de l'Alhambra et du Generalife de 1923 à 1936. C'est à lui que l'on doit, en grande mesure, l'Alhambra telle que nous la connaissons de nos jours. Entre autres, il a restauré le palais des Lions, le Mexuar, la cour des Lions et du Bassin et il a réaménagé le Partal. On dit depuis toujours que l'Alhambra a une dette envers lui qu'elle ne pourra jamais solder. Il a vécu entouré d'une polémique stérile portant sur sa condition d'architecte et non pas d'archéologue, sur la question de savoir s'il était plus théoricien qu'homme de terrain ou s'il défendait des critères contradictoires (intervention dans les palais de Charles Quint). Il dirige la *Crónica arqueológica de la España musulmana*, magistral *vadémécum* publié dans la revue *Al-Andalus* pendant plusieurs décennies. De son passage à l'Alhambra, on conserve les plus belles et les plus précieuses pages jamais écrites sur le monument, qui constituent aujourd'hui des documents essentiels de formation et de consultation. Seul Leopoldo a su articuler, à propos de l'Alhambra, un discours aussi bien polytechnique que scientifique, intégral qu'intégrateur, probablement parce qu'il est sans doute l'un des représentants les plus brillants de ce qui est considéré comme un nouvel *âge d'or* de la culture espagnole, vers le premier tiers du xxème siècle, soit à l'époque de la génération née des cendres de la génération de 98.

Antonio Gallego Burín
(Grenade, 1895-Madrid, 1961)
Maire de Grenade (1938-1951), professeur d'Histoire de l'Art à l'Université de Grenade. Son intérêt pour la culture l'a mené à mettre en œuvre des initiatives importantes pour la ville comme la récupération des *Autos Sacramentales* ou le réaménagement de la Casa de los Tiros, transformée en musée de la ville. Il est nommé Directeur Général des Beaux-arts en 1951. C'est le créateur du Festival International de Musique et de Danse de Grenade. Il est responsable du Patronato de la Alhambra entre 1945 et 1951, institution à laquelle il reste lié jusqu'à sa mort.

Federico García Lorca
(Fuente Vaqueros, 1898- entre Víznar et Alfacar, 1936)
Poète, dramaturge et prosateur espagnol également célèbre pour ses autres habiletés artistiques. Membre de la Génération de 27. L'un des poètes les plus influents et populaires de la littérature espagnole du xxème siècle. Il meurt fusillé lors de la rébellion militaire de la Guerre civile espagnole. Il parcourt l'Andalousie et la Castille afin de recueillir de vieilles chansons populaires et de les transcrire. En 1922, il organise avec le compositeur Manuel de Falla le Premier Concours de *Cante Jondo*, qui a lieu dans la cour des Citernes de l'Alhambra. Les meilleurs *cantaores* et guitaristes de toute l'Espagne accourent à cet évènement. Federico, grenadin exemplaire, accueille ses amis et collègues littéraires dans la ville et l'Alhambra dont il nous a laissé des pages comme celle-ci :

Las manolas en la Alhambra

Granada, calle de Elvira, donde viven las manolas,
las que se van a la Alhambra, las tres y las cuatro solas. Una vestida de verde,
otra de malva, y la otra, un corselete escocés
con cintas hasta la cola.
Las que van delante, garzas; la que va detrás, paloma;
abren por las alamedas muselinas misteriosas.
¡Ay, qué oscura está la Alhambra! ¿Adónde irán las manolas mientras sufren en la umbría el surtidor y la rosa?
¿Qué galanes las esperan? ¿Bajo qué mirto reposan?
¿Qué manos roban perfumes
a sus dos flores redondas? Nadie va con ellas, nadie; dos garzas y una paloma.
Pero en el mundo hay galanes que se tapan con las hojas. La catedral ha dejado
bronces que la brisa toma.
El Genil duerme a sus bueyes yel Dauro a sus mariposas. La noche viene cargada
con sus colinas de sombra; una enseña los zapatos
entre volantes de blonda; la mayor abre sus ojos y la menor los entorna.
¿Quién serán aquellas tres
de alto pecho y larga cola?
¿Por qué agitan los pañuelos? ¿Adónde irán a estas horas? Granada, calle de Elvira, donde viven las manolas,
las que se van a la Alhambra, las tres y las cuatro solas.

De *Doña Rosita, la célibataire*, 1935.

Maurits Cornelis Escher
(1898-1972)
Artiste néerlandais connu pour ses gravures sur bois, ses mezzotintos et ses lithographies représentant des constructions impossibles et des mondes imaginaires. Son œuvre explore différents types de représentation (dessins en 2 ou 3 dimensions), des espaces paradoxaux qui défient les modes habituels de représentation. Bien que n'étant pas mathématicien, ses créations traduisent un grand intérêt et une compréhension profonde des concepts géométriques allant de la perspective aux espaces courbes en passant par la division d'un plan en figures égales. Escher voyage en Espagne, notamment à Grenade où il se rend à deux reprises à l'Alhambra. Lors de sa deuxième visite, plus longue et plus minutieuse, il copie de nombreux ornements. À partir de là, ses œuvres sont influencées par tout ce qu'il apprend à l'Alhambra, notamment les travaux caractérisés par la division régulière du plan et l'usage de motifs remplissant l'espace sans laisser de vide.

José Val del Omar
(Grenade, 1904-Madrid, 1982)
Réalisateur contemporain et ami de Lorca, Cernuda, Renau, Zambrano et autres personnages importants dudit Âge d'Argent (en espagnol, *Edad de Plata*) brisée par la Guerre civile. En 1928 il avance déjà certaines techniques qui lui sont propres comme le « débordement panoramique de l'image » en dehors des limites de l'écran et le concept de « vision tactile ». On peut citer parmi ses œuvres *Aguaespejo granadino* (1953).

Francisco Prieto Moreno
(Grenade, 1907-Grenade, 1985)
Architecte conservateur de l'Alhambra pendant l'étape historique du franquisme. Architecte conservateur de la *Séptima Zona* depuis août 1936 et nommé ensuite Directeur Général de l'Architecture. Auteur de projets remarquables dans toute la province de Grenade. On lui doit d'important travaux d'aménagement du monument (pour les visites du public) et des Jardins Nouveaux du Generalife.

Jesús Bermúdez Pareja
(Grenade 1908-Grenade 1986)
Professeur d'Histoire de l'Art à l'Université de Grenade, bénévole du Corps d'Archivistes, Bibliothécaires et Archéologues, premier Directeur du Musée Archéologique de Mérida et à partir de 1943, du Musée Archéologique de l'Alhambra appelé Musée National d'Art Hispano-Musulman à partir de 1962. Sa vie professionnelle est toujours liée à l'Alhambra. Il contribue en 1965 à la création de la revue *Cuadernos de la Alhambra*, s'occupant de la section « Chronique de l'Alhambra » dans laquelle il publie ses meilleurs travaux de recherche.

Emilio García Gómez
(Madrid, 1905-1995)
Il fait des études de Philosophie et de Lettres. À l'âge de vingt et un ans, il est professeur auxiliaire de chaire et en 1927, il obtient une bourse pour étudier les manuscrits arabo-espagnols en Égypte, en Syrie et en Mésopotamie. En 1935, il obtient sur concours la chaire de Langue Arabe de l'Université de Grenade. Il conserve ce poste jusqu'au 4 juin 1970 date à laquelle l'Université lui décerne le doctorat *Honoris Causa*. Il fonde l'Ecole des Études Arabes de Grenade avec Miguel Asín et Juan Ribera, et également celle de Madrid. Il est de plus le fondateur de la prestigieuse revue *Al-Andalus*. Parmi son œuvre abondante, on soulignera les travaux consacrés à l'Alhambra. García Gómez reçoit le Prix National d'Histoire d'Espagne (1990) et le prix Prince des Asturies des Sciences Humaines. Il a par ailleurs exercé les fonctions de Directeur de la Real Academia de la Historia.

Détail de la *Plateforme* d'Ambrosio Vico (1614) depuis laquelle on contemple l'ensemble de l'Alhambra et le Generalife

DARRO
Ginalariph
Carrera de Darro.
44
ALHAMBRA.
Casa Real del Alhambra
4
Mazmorras.
LA ANTEQUERUELA
Campo del Principe
15

Index onomastique

Glossaire

abencérage membre d'une tribu du sultanat de Grenade du XVème siècle, opposée à la famille des Zégris
abjad série des consonnes arabes affichant un ordre traditionnel
abocelado sur un parapet, il s'agit du couronnement ayant la forme d'une moulure convexe lisse semi-circulaire ou elliptique
acequia tranchée ou canal qui conduit l'eau pour l'arrosage et autres
acropole le point le plus élevé et fortifié des villes grecques. Partie la plus haute d'une ville
adaraja chacun des denticules formés à l'interruption latérale d'un mur pour leur assemblage postérieur. L'une des figures qui constituent une décoration géométrique
adarve chemin situé derrière le parapet sur le haut d'une muraille ou fortification
affût construction composée de deux bras fortement unis à l'aide de traverses et de verrous, placés sur des roues et supportant un canon
ajimez balcon saillant en bois et muni de jalousies
alacena placard, niche dans un mur munie de portes ou de guichets
alambor 1 : coupe légèrement transversale d'une pierre ou d'un madrier ; 2 : escarpement ou pente marquée
alarife architecte ou maître d'œuvres
albanega surface triangulaire comprise entre l'alfiz et l'arc
albarrada mur en pierres sèches
alcazaba citadelle à l'intérieur une ville fortifiée pour héberger la garnison
alcazar 1 : forteresse ; 2 : palais royal ou chambre du prince, fortifiée ou pas âya verset du Coran
alfardón faïence allongée et hexagonale, dont la partie centrale est un rectangle
alfarje plafond plat en bois décoré et taillé
alfiz encadrement de l'arc arabe qui entoure les albanegas et pouvant commencer à partir des impostes ou du sol
aljez pierre à plâtre
algorfa débarras ou remise à l'étage
alhamí banc de pierre bas habituellement recouvert de carreaux de faïence
alicer chacune des pièces qui constituent une plinthe ou une frise en faïence de style différent. L'assemblage de ces pièces
alicer chacune des pièces qui constituent une plinthe ou une frise en faïence de style différent. L'assemblage de ces pièces
aljibe citerne, réservoir d'eau souterrain
aljófar perle à forme irrégulière et généralement de petite taille
almatraya assemblage traditionnel d'éléments en terre cuite et en verre dans des compositions géométriques entrelacées et situé derrière le seuil des principales salles et pièces d'une demeure ou un palais
almendrilla style décoratif imitant de petites amandes
almohade adepte d'Ibn Tûmart, chef musulman qui unifia les tribus de l'Afrique de l'Ouest au XIIème siècle, ce qui entraîna la création d'un nouvel empire et le renversement des almoravides
almoravide membre d'une tribu guerrière de l'Atlas fondatrice d'un vaste empire en Afrique de l'Ouest et qui domina toute l'Espagne musulmane entre 1093 et 1148
almunia domaine rural, potager ou ferme
alpañata terre argileuse d'un rouge intense
alquería ferme
anastylose reconstruction d'un monument ou d'une structure en ruine grâce à ses différents éléments éparpillés
andalousi relatif à al-Andalus ou à l'Espagne musulmane
apodiyterium vestiaire des bains
arc mixtiligne formé par la combinaison de sections droites et courbes
arriate étroite plate-bande longeant les murs des jardins et des cours (*patios*) où l'on plante des arbustes ou des fleurs
arrocabe boisage placé sur le haut des murs d'un bâtiment pour les assembler entre eux et à la structure qu'ils supportent
atalaya tour de guet habituellement bâtie en hauteur pour surveiller les alentours
atanor canalisation en terre cuite pour acheminer l'eau
atarjea boîte fabriquée en brique et recouvrant les canalisations afin de les protéger
ataujía style exquis ou de sertissage délicat
ataurique décoration florale stylisée
barbacane ouvrage de fortification avancé et isolé pour défendre un passage, une place ou un pont
base pièce inférieure de la colonne dans tous les ordres architecturaux sauf dans le dorique
bastion élément de fortification saillant unissant deux pans de muraille, composé de deux faces en angle saillant reliées au mur par deux flancs et une cimaise d'entrée
bossage mur fait de pierres de taille en relief sur la construction, dont les arêtes sont disposées en pan coupé ou arrondies en coussin
bocel moulure convexe lisse de forme semi-circulaire ou elliptique
buhedera embrasure, trou
caisson élément de construction polygonal, concave et orné de moulures qui forme le plafond à caissons
calahorra château ; enceinte fortifiée
calife titre des princes arabes qui ont exercé le pouvoir suprême religieux et civil dans certains territoires musulmans, en tant que successeurs de Mahomet
califat territoire gouverné par le calife
chancellerie haut centre diplomatique à partir duquel est dirigée la politique étrangère
candilejo nigelle (plante). Une des figures qui composent un décor géométrique
carmen demeure avec un potager ou un jardin. Vigne
carrelage surface revêtue de carreaux de faïence
cartela morceau de carton, bois ou un autre matériau servant de carte sur laquelle il est possible de placer des inscriptions
cauchil réservoir distributeur d'eau
ceca maison à battre la monnaie

cintre fermeture provisoire en bois destinée à soutenir le poids d'un arc ou autre structure pendant sa construction lorsqu'ils ne tiennent pas debout seuls
clé pierre placée dans l'axe de symétrie d'un arc ou d'une voûte
conglomérat mélange de morceaux discernables de différents minéraux unis par un ciment naturel
corinthien ordre architectural caractérisé par des colonnes de dix diamètres, un chapiteau paré de rangées de feuilles d'acanthe et une corniche à modillons
corniche couronnement continu en saillie d'un élément architectural
cryptique obscur, énigmatique
cuerda seca technique de décoration de carreaux consistant à tracer le contour du décor à l'aide d'une matière grasse colorée et à appliquer les couleurs en émail à l'intérieur du contour (sorte de verre en poudre dilué) ; les différentes parties du décor sont ainsi mises en relief grâce à une sorte de fin cordon placé entre les différentes couleurs
coufique style de calligraphie arabe dont les lettres angulaires et rigides permettent de réaliser des compositions décoratives
cursive style de calligraphie arabe aux caractères arrondis semblable à l'écriture habituelle manuscrite
diacritique signe orthographique servant à donner une valeur différente à une lettre ou à un mot
dithyrambe louange enthousiaste et excessive
diwan recueil de poèmes d'un ou de plusieurs auteurs
dorique ordre architectural caractérisé par des colonnes de huit diamètres maximum, un chapiteau simple et une frise ornée de métopes et triglyphes
émir prince ou chef de file arabe
émirat territoire gouverné par un émir
empyrée ciel ou sphères concentriques dans lesquelles évoluaient les astres d'après les anciens
entablement bandeau couronnant une façade ou signalant la division des étages
enroulement volute utilisée pour orner un chapiteau
entrelacs forme d'ornement fondée sur la répétition de motifs de courbes entrelacées
épigraphie science qui a pour objet la connaissance et l'interprétation des inscriptions
escarpe mur incliné formé par la muraille du corps principal d'une fortification, depuis le cordon jusqu'au fossé et contrescarpe
eschatologie croyances et doctrines relatives à la vie d'outre-tombe
épée de cavalier épée droite à double tranchant et gouttière jusqu'à la moitié, à fusée en forme d'os et pommeau sphérique typique de la culture nasride
évier bac en pierre dans une fontaine servant d'abreuvoir, de lavoir ou autre.
extrados face supérieure convexe d'un arc ou d'une voûte, opposée à l'intrados
fatimide descendant de Fatima, fille de Mahomet
fitna guerre civile
forum dans la Rome antique, place où se déroulent les affaires publiques et où le préteur organise les procès
frise partie de l'entablement située entre l'architrave et la corniche et habituellement garnie de feuillages ou d'autres motifs
fronton couronnement triangulaire d'une façade ou d'un portique ou même d'une porte ou d'une fenêtre
galérien homme condamné aux galères
gargouille partie finale des tuyaux d'évacuation de l'eau des toitures ou fontaines, en règle générale ornée d'une façon grotesque
geópono connaisseur de l'agriculture
godet vase en terre cuite ou en métal destiné à puiser l'eau d'un puits ou d'un fleuve, attaché à la roue d'une noria
grotesque ornement complexe représentant des bestioles, des difformités capricieuses, des chimères et des feuillages
harem partie des résidences des musulmans réservée aux femmes
hypocauste système de chauffage des thermes ou bains classiques par le sol
hisba ensemble des règles de l'ordre social destinées à préserver la moralité publique
imposte surface qui forme le couronnement d'une voûte ou d'un arc
intrados face inférieure d'une voûte ou d'un arc
iwan hall voûté à trois côtés et ouvrant sur une salle ou *patio*
jalousie treillis en entrecroisement composé de baguettes en bois, en plâtre ou en métal adossé aux fenêtres des bâtiments pour y tamiser la lumière et voir sans être vu
jambage chacune des deux pièces taillées placées de façon verticale des deux côtés des portes et fenêtres afin de soutenir le linteau ou l'arc entre elles
jamuga siège du style de celui dit de « Dagobert » à pieds courbés et ceintures en cuir pour reposer les bras et le dos
jointure morceau de bois court et épais qui s'enfonce dans une structure pour y clouer des éléments comme les poutres du plafond ou les cadres des fenêtres
khaïma tente des peuples nomades du désert
ionique ordre architectural caractérisé par des colonnes de neuf diamètres, un chapiteau orné de grandes volutes et une rangée de denticules sous la corniche
lanterne tourelle percée de fenêtres surmontant une voûte ou une coupole
linteau partie supérieure des portes ou des fenêtres reposant sur les jambages
médersa école de hautes études musulmane
maqabriyya pierre tombale allongée, de forme triangulaire placée sur l'axe longitudinal du tombeau
maqbarat cimetière
mascaron visage difforme ou fantastique utilisé pour décorer certaines demeures
mastaba bancs à l'intérieur des bâtiments islamiques
mâchicoulis ouverture pratiquée dans un mur, une tour ou une porte fortifiée, avec un parapet et des rainures au sol pour guetter et attaquer l'ennemi
mawlid célébration de la naissance du prophète Mahomet
médina ville. Quartier ancien d'une ville islamique
métope dans la frise dorique, panneau alternant avec les triglyphes
mihrab niche située dans le mur de la *qibla* des mosquées et oratoires musulmans indiquant l'orientation des prières
minaret grande tour des mosquées d'où le muezzin lance l'appel à la prière
mocarabe ornement formé par la combinaison géométrique de prismes regroupés, dont l'extrémité inférieure

est coupée en concave, et utilisé pour orner une voûte, une corniche, etc. (cf. muqarna)

modillon tête de poutre ou pierre saillante sur l'extérieur afin de supporter un auvent, un linteau ou une corniche

mouchette motif architectural réalisé dans le cadre d'une porte ou d'une fenêtre pour l'emboîtement

mudéjar 1 : musulman autorisé à vivre parmi les vainqueurs chrétiens sans se convertir en échange d'un tribut ; 2 : style architectural dominant en Espagne du XIIIème au XVIème siècle et caractérisé par la conservation d'éléments artistiques chrétiens et l'utilisation d'ornements arabes

muqarna mocarabe

mufla réchaud semi-cylindrique ou en forme de coupe placé à l'intérieur d'un four pour conduire la chaleur et obtenir la fusion de différents corps

mur axial espace compris entre deux murs de refend

mur de pisé mur construit avec de la terre argileuse compactée à l'aide de moules en bois

myrte arbuste de la famille des myrtacées

naskhi variante de calligraphie arabe

nasride descendants de Youssouf Ibn Nasr, fondateur de la dynastie qui a régné à Grenade du XIIIème au XVème siècle

omeyyades descendants du chef de file arabe de même nom, fondateurs du califat de Damas, remplacé au VIIIème siècle par la dynastie abbasside

ove segment concave utilisé dans certaines voûtes ou autres éléments de même finition (fontaines, sources) dont l'extrémité la plus large est achevée en rond

panne chacun des deux madriers qui, dans la ferme de la charpente, reçoivent la pente de la toiture

parement chacune des deux faces d'un mur

parata gradin formé sur un terrain incliné et qui est normalement aplani pour y semer ou y planter des aliments

panne sablière madrier qui supporte les pannes et qui constitue l'échine de la charpente

meneau fine colonne qui divise en deux l'espace d'une porte ou d'une fenêtre

pechina chacun des quatre triangles curvilignes qui composent l'anneau de la coupole et les arcs principaux sur lesquels elle repose

pierre de taille chacune des pierres travaillées, en principe en forme de parallélépipède rectangle, faisant partie d'une construction

plafond à caissons plafond, soffite o voûte formée par des caissons en bois, en pierre ou autre matériau

plinthe partie carrée inférieure de la base d'une colonne

poliorcétique art de l'attaque et de la défense d'une place forte

poterne dans une fortification, porte inférieure, plus petite que le reste des portes principales mais plus grande qu'un guichet, ouvrant sur le fossé ou le bout d'une rampe

qanat structure destinée à capter et conduire des eaux souterraines

qasba alcazaba

qasida genre poétique consacré aux rois ou la noblesse

qibla mur dont l'orientation indique La Mecque pour la prière

quartier partie d'un terrain délimitée à des fins déterminées

qubba salle de forme carrée surmontée d'une coupole ou d'un plafond en bois non plat

quicialera jambage ; madrier soutenant une porte ou une fenêtre à l'aide de pentures et de charnières pour permettre leur ouverture ou leur fermeture

rauda cimetière et jardin islamique

rigattino technique de restauration picturale à l'aide de traits de couleur très fins et très rapprochés

salmer pierre d'un pilier ou d'un mur coupée transversalement et servant d'origine à un arc déprimé ou semblable

sardinel construction faite de briques disposées sur le côté

sebka décor architectural en forme de losange, lobulaire ou mixtiligne, qui se présente habituellement sous forme d'entrelacement

secano endroit très sec, landes

serlienne figure architecturale qui reçoit son nom de Serlio, architecte et théoricien italien de la Renaissance

silo réservoir souterrain destiné à stocker des graines, du blé, etc.

sino pièce centrale d'une composition décorative géométrique, en général en forme d'étoile

soubassement élément inséré sous le fût de la colonne incluant la base et le piédestal

sultan prince ou gouverneur musulman

sourate chacune des leçons ou chapitres dont est composé le Coran

tabica planchette servant à couvrir un espace vide comme une contremarche

tahona moulin à farine

taïfa chacun des royaumes ou sultanats qui formaient l'Espagne islamique à la dissolution du califat de Cordoue

taqa petite niche ouverte dans les jambages des arcs ou des portes d'accès propre de l'architecture nasride

taujel baguette en bois

tannerie industrie du tannage des peaux

topiaire art de décorer avec des plantes

trompe-l'œil genre pictural qui tente de confondre la perception du spectateur en jouant avec la perspective et autres effets optiques

trompe voûte en saillie à l'extérieur du parement d'un mur

triglyphe ornement saillant de la frise dorique de forme rectangulaire et traversé de trois cannelures

vizir ministre d'un souverain musulman

voussoir pierre de taille en forme de coin, pour former un arc ou une voûte, le bord de la surface de l'alfarje, etc.

voûte en berceau voûte à surface généralement semi-cylindrique et couvrant l'espace entre deux murs parallèles

voûte de lobules voûte formée par des segments concaves arrondis sur leur extrémité la plus large

voûte en arc-de-cloître voûte de forme cylindrique

wali gouverneur

wazir premier ministre

zabacequia distributeur d'eau

zafa plat de service pouvant être vernis ou joliment décoré

zafariche bassin, fontaine, source ou petit réservoir orné de jets d'eau

zirides dynastie berbère originaire d'Algérie qui s'étendit à Al-Andalus et donna lieu à la fondation de la taïfa de Grenade en 1013

Dessin d'un personnage sur l'un des plafonds de la salle des Rois du palais des Lions

Sélection bibliographique

Ouvrages généraux

ARIÉ, Rachel. *El Reino nasrí de Granada : (1232-1492)*. Madrid : Mapfre, 1992.

CABANELAS RODRÍGUEZ, Darío. *Literatura, arte y religión en los palacios de la Alhambra*. Granada : Universidad de Granada, 1984.

CUADERNOS de la Alhambra. Granada : Patronato de la Alhambra y Generalife. Vols. 1-42 (1965-2007). ISSN 0590-1987.

FERNÁNDEZ PUERTAS, Antonio. « El Arte ». En : Jover zamora, J.M. *Historia de España Menéndez Pidal*. Madrid : Espasa-Calpe, 2000, t. VIII-III.

FERNÁNDEZ PUERTAS, Antonio. *The Alhambra*. Londres : Saqi Books, 1997.

GALLEGO Y BURÍN, Antonio. *La Alhambra*. Granada : Patronato de la Alhambra y Generalife, 1963.

GRABAR, Oleg. *La Alhambra : iconografía, formas y valores*. Madrid : Alianza Editorial, 1980.

MALPICA CUELLO, Antonio. *La Alhambra de Granada, un estudio arqueológico*. Granada : Universidad de Granada, 2002.

PAVÓN MALDONADO, Basilio. *Estudios sobre la Alhambra*. Granada : Patronato de la Alhambra y Generalife, 1975-1977.

PLAN especial de protección y reforma interior de la Alhambra y Alixares. Granada : Patronato de la Alhambra y Generalife, 1986.

PUERTA VÍLCHEZ, José Miguel. *Los códigos de utopía de la Alhambra de Granada*. Granada : Diputación Provincial de Granada, 1990.

ROSENTHAL, Earl E. *El Palacio de Carlos V en Granada*. Madrid : Alianza Editorial, 1988.

SALMERÓN ESCOBAR, Pedro. *La Alhambra : estructura y paisaje*. Granada : Patronato de la Alhambra y Generalife ; Jaén : Tinta Blanca ; Córdoba : Almuzara, 2006.

STIERLIN, Henri. *Alhambra*. París : Imprimerie Nationale, 1991.

TORRES BALBÁS, Leopoldo. *La Alhambra y el Generalife*. Madrid : Plus Ultra, 1953.

VIGUERA MOLINS, María Jesús (coord.). « El reino nazarí de Granada (1232-1492) : política, instituciones, espacio y economía ». En : Jover zamora, J. M. *Historia de España Menéndez Pidal*. Madrid : Espasa-Calpe, 2000. Tomo VIII-III.

VIÑES MILLET, Cristina. *La Alhambra de Granada. Tres siglos de Historia*. Córdoba : Publicaciones del Monte de Piedad y Caja de Ahorros de Córdoba, 1982.

Ouvrages spécialisés

ÁLVAREZ LÓPEZ, José. *La Alhambra entre la conservación y la restauración (1905-1915)*, Cuadernos de Arte de la Universidad de Granada, 1977, vol. XV.

BARGEBUHR, Frederick P. *The Alhambra : a cycle of studies on the eleventh century in moorish Spain*. Berlin : Walter de Gruyter & Co, 1968.

BERMÚDEZ PAREJA, Jesús. *Pinturas sobre piel en la Alhambra de Granada*. Granada : Patronato de la Alhambra y Generalife, 1987.

CABANELAS RODRÍGUEZ, Darío. *El techo del Salón de Comares en la Alhambra*. Granada : Patronato de la Alhambra y Generalife, 1988.

CASTILLO BRAZALES, Juan. *Palacio de Comares. Corpus epigráfico de la Alhambra*. Granada : Patronato de la Alhambra y Generalife, 2007.

CHAMORRO MARTÍNEZ, Victoria E. *La Alhambra : el lugar y el visitante*. Granada : Patronato de la Alhambra y Generalife y Tinta Blanca Editor, 2006.

DÍEZ JORGE, Elena. *El Palacio islámico de la Alhambra : propuesta para una lectura multicultural*. Granada : Universidad de Granada, 1998.

DIWAN Ibn Zamrak Al-Andalusi : Muhammad b. Yusuf al-Sarihi. Texte édité et commenté par Muhammad Tawfiq al-Nayfar. Bayrut : Dar al-Garbí al-Islami, 1997.

FERNÁNDEZ PUERTAS, Antonio. *La Fachada del Palacio de Comares*. Granada : Patronato de la Alhambra y Generalife, 1980.

GALERA ANDREU, Pedro. *La imagen romántica de la Alhambra*. Granada : Patronato de la Alhambra y Generalife, Madrid : El Viso, 1992.

GÁMIZ GORDO, Antonio. *Alhambra : imágenes de ciudad y paisaje (hasta 1800)*. Granada : Fundación El Legado Andalusí : Patronato de la Alhambra y Generalife, 2008.

GARCÍA GÓMEZ, Emilio. *Foco de antigua luz sobre la Alhambra : desde un texto de Ibn al-Jatib en 1362*. Madrid : Instituto Egipcio de Estudios Islámicos, 1988.

GARCÍA GÓMEZ, Emilio. *Ibn Zamrak, el poeta de la Alhambra*. Granada : Patronato de la Alhambra y Generalife, 2006.

GARCÍA GÓMEZ, Emilio. *Poemas árabes en los muros y fuentes de la Alhambra*. Madrid : Instituto Egipcio de Estudios Islámicos, 1985.

MANIFIESTO de la Alhambra. Madrid : Dirección General de Arquitectura, 1954.

ORIHUELA UZAL, Antonio. *Casas y Palacios nazaríes. Siglos XIII-XV*. Barcelona : Lunwerg, Granada : El Legado Andalusí, 1996.

RAQUEJO, Tonia. *El palacio encantado : la Alhambra en el arte británico*. Madrid : Taurus Humanidades, 1990.

RUBIERA MATA, M.ª Jesús. *Ibn al-Yayyab : el otro poeta de la Alhambra*. Granada : Patronato de la Alhambra y Generalife, 1994.

SANTIAGO SIMÓN, Emilio. *La voz de la Alhambra*, Granada : Patronato de la Alhambra y Generalife y Tinta Blanca Editor, 2009.

Torre, M.ª José de la. *Estudio de los materiales de construcción de la Alhambra*, Universidad de Granada, 1995.

Vilar Sánchez, J. A. *los Reyes Católicos en la Alhambra : readaptaciones hechas por los Reyes Católicos en los palacios y murallas de la Alhambra y en las fortalezas de Granada desde enero de 1492 hasta agosto de 1500 con algunos datos hasta 1505*. Granada : Patronato de la Alhambra y Generalife, 2007.

Vílchez Vílchez, Carlos. *La Alhambra de Leopoldo Torres Balbás (obras de restauración y conservación 1923-1936)*. Granada : Comares, 1988.

Viñes Millet, Cristina. *La Alhambra que fascinó a los románticos*. Córdoba : Tinta Blanca Editor, Patronato de la Alhambra y Generalife, 2007.

Ouvrages de référence

Arié, Rachel. *España Musulmana (siglos VIII-XV)*. Barcelona : Labor, 1983.

Burckhardt, Titus. *El Arte del Islam. Lenguaje y significado*. Palma de Mallorca : José J. de Olañeta, 1999.

Creswell, K. Archibald Cameron. *Compendio de Arquitectura Paleoislámica*. Sevilla : Universidad de Sevilla, 1979.

Eguaras, Joaquina. *Ibn luyun : Tratado de Agricultura*. Granada : Patronato de la Alhambra y Generalife, 1988.

Gómez Moreno, Manuel. *Guía de Granada*. Granada : Imprenta de Indalecio Ventura, 1892.

Grabar, Oleg. *La formación del Arte islámico*. Madrid : Cátedra, 1984.

Ibn al-Jatib. *Historia de los reyes de la Alhambra el resplandor de la luna llena (Al-lamha al-badriyya)*. Molina López, Emilio (est. prel.) ; Casciaro Ramírez, José (trad. y prol.). Granada : Universidad de Granada, 1998.

Insoll, Timothy. *The Archeology of Islam*. Oxford : Blackwell Publishers, 1999.

Les Jardins de l'Islam : 2ème Colloque International sur la Protection et la Restauration des Jardins Historiques, Grenade, du 29 octobre au 4 novembre 1973 = Islamic gardens : 2nd International Symposium on Protection and Restoration of Historical Gardens, Grenade, october 29th to november 4th, 1973. París : Icomos, 1976.

Levy-Provençal, E. ; García Gómez, Emilio. *El siglo XI en 1ª persona. Las memorias de Abd Allah, último rey zirí de Granada, destronado por los almorávides (1090)*. Madrid : Alianza Editorial, 1980.

Marçais, Georges. *El arte musulmán*. Madrid : Cátedra, 1983.

Pareja, Félix M.ª. *Islamología*. 2 vols. Madrid, 1952-1954.

Puerta Vílchez, José Miguel. *La aventura del cálamo : historia, formas y artistas de la caligrafía árabe*. Granada : Edilux, 2007.

Roselló Bordoy, Guillermo. *El nombre de las casas en Al-Andalus : una propuesta de terminología coránica*. Palma de Mallorca, 1991.

Rubiera Mata, M.ª Jesús. *La arquitectura en la literatura árabe. Datos para una estética del placer*. Madrid : Editora Nacional, 1981.

Santiago Simón, Emilio. *Las claves del mundo islámico 622-1945*. Barcelona : Planeta, 1991.

Torres Balbás, Leopoldo. *Arte Almohade, Arte nazarí, Arte Mudéjar*. Madrid : Plus Ultra, 1949.

Ouvrages littéraires

Chateaubriand, François-René. *El último Abencerraje*. Madrid : Espasa Calpe, 1979.

Espadafor Caba, Manuel. *Un siciliano en la Alhambra*. Granada : Ediciones Miguel Sánchez, 2006.

Gala, Antonio. *El Manuscrito Carmesí*. Barcelona : Planeta, 1990.

García Fresneda, Ángeles. *La fórmula*. Granada : Ediciones Miguel Sánchez, 2009.

García Gómez, Emilio. *Silla del moro y nuevas escenas andaluzas*. Granada : Ed. Fundación Rodríguez-Acosta, 1978.

Hazm, Ibn. *El Collar de la Paloma : tratado sobre el amor y los amantes*. Traducido del árabe por Emilio García Gómez. Madrid : Alianza Editorial, 1971.

Irving, Washington. *Cuentos de la Alhambra*. Edición y prólogo de Antonio Gallego Morell. Madrid : Espasa Calpe, 1991.

Jiménez, Juan Ramón. *Olvidos de Granada*. Edición, introducción y notas de Manuel Ángel Vázquez Medel. Granada : Diputación de Granada, 2002.

Maalouf, Amin. *León el Africano*. Madrid : Alianza Editorial, 2003.

Rodríguez Almodóvar, Antonio. *El palacio de los cuatro tesoros : un cuento sobre la Alhambra*. Madrid : S.M., 2008.

Romero, Felipe. *El segundo hijo del mercader de sedas*. Granada : Editorial Comares, 2003.

Seco de Lucena Paredes, Luis. *Los Abencérages. leyenda e historia*. Granada : Imp F. Román, 1960.

Tariq, Alí. *A la sombra del granado*. Madrid : Alianza Editorial, 2003.

15 Carnet de notes

PATRONATO DE LA ALHAMBRA Y GENERALIFE

DIRECTION GÉNÉRALE
María del Mar Villafranca Jiménez

COORDINATION
Carmen Yusty Pérez

AUTEUR
Jesús Bermúdez López

COLLABORATEURS
Jorge Calancha de Passos
Victoria E. Chamorro Martínez
Rafael de la Cruz Márquez
Lorena Fernández Payán
Eliseo Patrón-Costas
Ramón Rubio Domene
Jesús Salvador García
María del Mar Villafranca Jiménez

PLANIMÉTRIE
Service de Conservation du Patronato de l'Alhambra y Generalife
Francisco Lamolda Álvarez, Abelardo Alfonso Gallardo

DOCUMENTATION
Archives et Bibliothèque de l'Alhambra
Bárbara Jiménez Serrano, María del Mar Gil Serna, Antonio Ropero Padilla, Luisa Rodado Montes

REMERCIEMENTS
Miguel A. Martín Céspedes, Carmen Tienza, Pedro Salmerón, Ricardo Tenorio, José Ag. Becerril, Luis García Pulido, José Tito Rojo, Juan A. Vilar

En général, à tout le personnel du Patronato de la Alhambra y Generalife et notamment à : Gonzalo Alonso, Gaspar Aranda, Julio Baca, Francisco Bonachera, Irene Bonal, Mariano Boza, Eva Carreño, Mª Dolores de la Casa, Elena Correa, Ana Fernández, Stefano Ferrario, Isabel G. Garzón, Caridad García-Alix, Isabel Jiménez, Alfonso Jódar, Francisco Leiva, Mª José López, Purificación Marinetto, Mª José Martín, Pedro Martín, Fernando Martínez, Mª del Mar Melgarejo, Antonio Molina, Matilde Morales, Eva Moreno, José Luis Navarro, Sara Navarro, Lucía Pérez, Manuel Pérez, Belén Prados, Nieves Rodríguez, Raúl Rodríguez, Paula Sánchez, José Mª Visedo

Ce guide officiel de l'Alhambra est co-édité par le Patronato de la Alhambra y Generalife et Tf Editores

JUNTA DE ANDALUCIA

Patronato de la Alhambra y Generalife
CONSEJERÍA DE CULTURA

TF. EDITORES

TF EDITORES

PRÉSIDENT
Titto Ferreira

DIRECTEUR GÉNÉRAL
Alfredo Carrilero

COORDINATION DE L'ÉDITION
Paloma Nogués
Ignacio Fernández del Amo

TRADUCTION
Carma Traducción e Interpretación, S.L.

PRODUCTION
Alfredo Magro
Ángel Corral
Miguel Ángel Fernández

DESSIN
Eduardo Szmulevitch
Adrian Tyler

MISE EN PAGE
Tf Editores

IMPRESSION
Tf Artes Gráficas

Nous contribuons à un développement équilibré et intelligent de l'environnement. C'est notre héritage pour les générations futures

Sources mixtes
Groupe de produits issus de forêts bien gérées et d'autres sources contrôlées
www.fsc.org Cert no. SGS-COC-007252
©1996 Forest Stewardship Council

Le papier utilisé pour la publication de cet ouvrage provient de plantations certifiées gérées dans le respect de l'engagement social et économique de l'environnement. Recyclez-moi s'il vous plaît.

ISBN (ALHAMBRA) : 978-84-86827-44-1
ISBN (TF EDITORES) : 978-84-92441-01-3
DÉPÔT LÉGAL : M-45254-2010

SOURCES PHOTOGRAPHIQUES

Vicente del Amo, couverture et pp. 4, 8, 28 (bd), 32, 34 (h), 36, 41, 48, 53 (d), 55 (g), 63, 68-69, 72-73, 78, 80, 87, 89, 103 (h), 107, 109, 112-113, 114 (h), 115 (d), 119 (hd), 121, 127 (b), 128, 137, 138 (b), 142-143, 145, 146 (b), 147, 148, 152 (bg), 164, 165 (h), 170 (h), 171, 175, 192 (b), 194, 201, 222, 225, 229, 236 (h), 242 (bg), 243, 249 (g), 253 (b), 263, 278

Archives de l'Alhambra et du Generalife, pp. 19, 20, 26 (b), 27, 30, 31 (h et b), 37 (g et d), 38, 45, 57, 60 (bg), 61, 76 (h, bg et bd), 85 (b), 92 (g), 97 (hg), 102 (g), 104 (hd et hg), 106, 114 (b), 119 (hg), 123, 132, 134 (h et b), 135, 136, 139 (b), 140, 152 (h), 156, 166, 170 (b), 179, 185 (d), 198 (g et d), 207 (b), 214 (b), 234 (h), 236 (b), 237 (b), 238, 239, 240, 242 (hg et hd), 244, 245, 248 (g et d), 249 (d), 256 (h et b), 257, 258, 260, 265 (h), 268, 277, 280, 285, 287, 288, 294, 300, 302, 303, 305 (g et d), 306, 331, 337, 340

Alberto Caballero, pp. 26 (h), 28 (bg), 39, 47 (h), 53 (g), 55 (d), 60 (bd), 71 (b), 86, 91, 92 (d), 93, 103 (bg et bd), 104 (b), 105 (g et d), 118 (b), 120 (d), 127 (hg, c et d), 159, 160, 180,
186-187, 205 (g), 206 (d), 210 (h), 215, 223, 251 (d), 266, 295, 297

Luis García Pulido, p. 251 (g)

Cristina García Zarza, pp. 14, 60 (h), 75, 77, 79, 85, 94, 115 (g), 133 (g), 158 (h), 214 (hg et hd), 228, 241, 250, 253 (h), 274, 307

Instituto Valencia de Don Juan, Madrid, p. 185 (g)

Miguel Ángel Molina Bueno, pp. 2, 16-17, 21, 65, 81, 102 (d), 161, 189, 204, 323

Museo de Bellas Artes, Granada, p. 276

Museo Sorolla, Madrid, p. 157

Oronoz archivo fotográfico, p. 141 (h, c et b)

Österreichische Nationalbibliothek, Viena, pp. 15, 235 (d)

Patrimonio Nacional, pp. 252, 296

Adrian Tyler, pp. 10, 12, 22, 29, 33, 34 (b), 35, 44, 46, 47 (bg et bd), 49, 50-51, 52, 56, 62, 64, 70, 71 (hd et hg), 74, 84, 88, 98, 108, 116-117, 118 (h), 120 (g et c), 122 (b), 124-125, 133 (d), 138 (h), 139 (h), 144, 146 (h), 149, 152 (bd), 153, 154, 155 (h et b), 158 (b), 165 (bg et bd), 167, 168, 169, 172, 173, 174, 178, 181, 182, 183, 188, 192 (h), 193, 195 (g et d), 196 (g et d), 197, 199, 200, 205 (d), 207 (h), 208, 210 (b), 211 (g), 212, 218, 224, 227 (g et d), 230, 231 (h et b), 232, 233 (g et d), 234 (b), 235 (g), 237 (h), 246, 254, 261, 264, 265 (b), 269, 270, 272, 283, 284, 290-291, 292, 316

Abréviations : (h) haut, (b) bas, (c) centre, (d) droite, (g) gauche

marque également un des épisodes les plus intéressants de la culture artistique espagnole du XXème siècle.

Appréhender l'Alhambra avec le regard de la modernité a représenté un effort empreint d'illusion et d'engagement dans le contexte de critique des tendances nationales et internationales que traversait l'architecture contemporaine de l'époque.

L'Alhambra se dresse donc comme un lieu de rencontre réel et de référence intellectuelle ; un lieu où se rencontrent et se conservent un grand nombre d'idées avant-gardistes de l'architecture : le plan libre et adapté à son environnement géographique, le rapport intelligent entre architecture et paysage, la mesure et la proportion équilibrée de ses espaces et volumes, le dialogue entre formes et ornements, le lien entre art et nature, l'abstraction géométrique de ses profils et levés, la rationalité constructive de ses espaces, le raffinement intelligent de sa conception comme enclave monumentale. En définitive, des valeurs touchant aux préoccupations essentielles de ces intellectuels.

La rencontre de ce groupe d'architectes à l'Alhambra fut sans aucun doute une expérience critique particulièrement innovante. Ce fut la première tentative de penser le monument comme un patrimoine hérité, à travers le prisme d'une vision contemporaine qui prend en compte ce que l'histoire peut apporter au présent et au futur. Il ne s'agissait donc plus seulement de l'envisager comme un modèle de type historiciste, comme cela avait été le cas auparavant, peut-être en raison de l'influence du *revival* romantique dont il a fait l'objet.

L'Alhambra du XXIème siècle est toujours un lieu de rencontre où convergent les regards de la contemporanéité artistique dans toutes ses variations, sans limites ou conventionnalismes quelconques. Elle continue de donner de la lumière, de l'ombre et de la couleur à l'espace de la liberté créatrice. Elle continue de nous montrer l'exemple de ce que Dewey appelait l'expérience de l'art, celle qui fait de la compréhension de ses valeurs universelles le propre de l'être humain.

Pavillon supérieur du palais du Partal. L'Observatoire

13 Étapes historiques de l'Alhambra

L'Alhambra est un ensemble monumental qui renferme l'un des héritages culturels les plus riches du monde ; des trésors qui sont le fruit d'une longue série d'événements historiques et qui à eux tous, constituent l'essence de l'Alhambra. L'Alhambra, monument vivant, s'est construite au fil de plus de sept siècles sous l'influence de différentes cultures : conçue par la culture musulmane, adaptée à la Renaissance, reprise par l'imaginaire romantique et toujours interprétée de nos jours par la culture scientifique.

L'Alhambra avant l'Alhambra

Bien que le nom de l'Alhambra soit indissociablement lié à la dynastie nasride (du VIIIème au XVème siècle), la colline de la Sabika présente des constructions nettement antérieures chronologiquement parlant. Certaines pierres de taille, réutilisées pour leur dimension et leur résistance pour renforcer divers bastions, peuvent être attribuées à la période romaine. Et s'il est toujours impossible de déterminer avec certitude la présence de vestiges romains, certains historiens et archéologues spécialistes de l'époque classique affirment que les restes de certains murs datant de cette époque auraient ponctuellement servi de base à diverses constructions médiévales. Tours de guet, chaussées ou encore terrains agricoles de la Péninsule Ibérique ont traversé l'époque wisigothe et les premières étapes d'al-Andalus, puis été adaptés ou achevés plus tard. Actuellement, des groupes de chercheurs travaillent sur l'arpentage romain et son éventuelle utilisation dans les potagers médiévaux, ainsi que sur des aspects comme les liaisons et les exploitations minières pour lesquelles le cadre dans lequel se trouve l'Alhambra peut s'avérer déterminant.

Le XIème siècle confère à l'Alhambra la forme de l'enceinte de l'Alcazaba, coïncidant avec celle du château-résidence des Banu Nagrilla, vizirs de la Taïfa indépendante ziride dont les sultans installèrent leur résidence palatine à la place de l'ancien forum romain, sur la colline de l'actuel Albaicín. Ces deux enceintes séparées par le défilé du fleuve Darro furent les témoins des luttes qui se sont succédé entre les andalous et les envahisseurs successifs venus d'Afrique du Nord (Almoravides et Almohades), désireux de procéder à l'unification de l'Islam dans la Péninsule. D'ailleurs, même s'ils partageaient la même religion, les grenadins les considéraient comme des étrangers. L'ancien fortin ziride dont le côté principal subsiste toujours au niveau de l'Alcazaba, fut sans doute gravement endommagé à cette période, jusqu'à ce que la dynastie nasride en fasse l'axe central de la nouvelle enceinte de l'Alhambra.

Les Banu Nasr ou Nasrides

Le sultanat nasride de Grenade (1232-1492) fut le dernier état musulman d'al-Andalus. Son fondateur, Muhammad Ibn Youssouf Ibn Ahmad Ibn Nasr, al-Ahmar, membre d'une famille d'origine arabe qui gouvernait la ville d'Arjona (Jaén) en étendit les frontières le long de la côté méditerranéenne andalouse, depuis Tarifa jusqu'au-delà d'Almeria. Prise en tenaille entre les sultanats nord-africains au sud et les royaumes chrétiens au nord, convoitée par les uns comme par les autres pendant 260 ans, Grenade leur demanda tour à tour de l'aide en échange de lourds tributs ou de cessions territoriales.

En 1236, Mohammed Ier signa une alliance avec Ferdinand III le Saint : il l'aiderait à conquérir

Porte de l'enceinte haute de l'Alcazaba